Henscheid · *Die Wolken*

ECKHARD HENSCHEID

Die Wolken ziehn dahin

FEUILLETONS

HAFFMANS VERLAG

Umschlagzeichnung und Karajan-Portrait von
Stefan Siegert

1.–6. Tausend, Februar 1992

Satz: LibroSatz, Kriftel
Herstellung: Offizin Andersen Nexö, Leipzig
ISBN 3 251 00194 9

»Wie leichte Vögel, wie welke Blätter treibt er sie hin.«   (Hofmannsthal)

»Kleine Blumen, kleine Blätter streuen wir mit leichter Hand.«   (Goethe)

»Golden tropft Blatt um Blatt nieder vom hohen Akazienbaum.«   (Hesse)

»Braune Blätter fallen müd vom Baum.«
(Auf der Heide blühn die letzten Rosen)

»Wenn das Mohnblatt niederfällt – schlafe meine Rose.«   (Langgässer)

»Das Erscheinen dieser Gesichter in der Menge; Blütenblätter auf einem nassen, schwarzen Ast.«   (E. Pound)

»Den Pflaumenbaum glaubt man ihm kaum / Weil er nie eine Pflaume hat / Doch er ist ein Pflaumenbaum / Man kennt es an dem Blatt.«
(Brecht)

»Das fallende Blatt wird zum Boten kommender Katastrophen.«   (Adorno)

»Keine Blättchen mehr flattern in stürmischer Luft.«   (Letzte Rose)

»Eiserne Zäune, auf denen todgeweihte Ahornblätter während ihres Flugs vom kahlen Zweig zum nassen Straßenpflaster auszuruhen pflegen.«   (Nabokov)

»Jenes Weltgefühls, das sich Blattgefühl nennt.«   (K. Kraus)

»Bedenke, Blatt, das Ende.«   (G. Wohmann)

Hier, in diesem Sammelwerk, einmal nicht so sehr der Poet noch vorzüglich der Polemiker, noch der Pamphletist, auch nicht einmal der »Stalinist Henscheid« (H. Scheibner, 1991 – doch, heute ist wirklich alles erlaubt, heute goes wirklich anything), noch auch der bitterbös ballernde Böllsohnbeleidiger; sondern primär der elegante Plauderer, der kenntnisreiche Causeur, der liebenswürdige Connaisseur weit jenseits des zynisch Menschenverachtenden, der erbauliche Feuilletonist, kurzum: der Leninist.
Eher Nebenwerke, gewiß; aber doch nicht nur »Brotarbeiten« (Schmidt-Wüllenweber), gewiß nicht, dazu ist der Autor zu reich; aber doch Arbeiten für Zeitungen und andere Journale, geschrieben zumeist aus der Gier, noch reicher zu werden; nur zuweilen auch aus Spaß an der Freud.
Tucholsky, Polgar und Arthur Kalb schrieben eigentlich nur Nebenwerke dieser Art. Trotzdem starben sie unglücklich und arm. Das macht den Unterschied.
In der Textgestalt – auch der Überschrift – manchmal leicht nachgebessert, folgen die Arbeiten in der Regel ihrer Erstveröffentlichung. Aus der Zeit also, als der Autor meistenteils schon Trotzkist war, H. Scheibner aber noch immer schon Kabarettist.
»Es ist überhaupt ziemlich schwierig, beim Schreiben etwas anderes zu produzieren als Literatur« (B. Eilert, 1991). Genau. In diesem Fall auch noch gute.

HOCH LEBE HÜSCH

Spätestens mit der täglichen ARD-Vorabendserie »Punkt-um – Nachmittagsgedanken« ist H. D. Hüsch definitiv unkritisierbar, kritisch unanfechtbar geworden; denn jede Kritik erstickte sich selbst im Keim vor und mit dem Verdacht, dem sie sich zwangsläufig ausliefert, sie beneide ja eh doch nur den Hüsch, für den Nachweis nämlich, daß man selbst noch mit diesem unglaublichen Stiefel, diesem lustlos liebeleeren Scheißdreck im Fernsehen sehr wohl zu Potte kommen und Kohle machen kann; womit der Verdacht ebenso recht hat wie der ihn erkennende Kritiker; und der Hüsch ja sowieso.

NEUER PRESSETYPUS

Wohl hab ich sie an dieser Stelle schon einmal getadelt, R. Carrells meist allzu beliebige Tagesschau-Verarschung. Aber den Einfall, daß »Bild« ab sofort »Aids« und also »Bild am Sonntag« »Aids am Sonntag« heißen möge, den fand ich neulich doch recht präzise.

DIE WOLKEN ZIEHN DAHIN, SIE ZIEHN AUCH WIEDER HER

Alles über das Wetter

Besser ein schlechtes Wetter als gar keins, lehrte Karl Valentin. Recht hatte er. Denn ohne Wetter ginge gar nichts. Weder ragte der sogenannte Wetterpfarrer Josef Braun aus Alpirsbach im Schwarzwald irgend über die gewöhnliche Geistlichkeit hinaus, noch hätte der deutsche TV-»Wetterfrosch« Elmar Gunsch sein Auskommen – zu schweigen von den sonstigen gemütlichen Wetteronkeln und -tanten im Fernsehen, die es zwar über das tägliche Erklären des Wetters trotzdem zu keinem Namen, aber doch zu gesichtsweiser Bekanntschaft gebracht haben. In Italien ist die Lage übrigens noch avancierter. Da nimmt die abendliche Fernsehwetteranalyse nicht nur einen ungleich breiteren Raum ein und nahezu metaphysische Qualität an: Da rangieren die zuständigen Dottores an Würde und Reputation gleich hinter dem Staatspräsidenten, dessen Landeswohl ja nun freilich und weiß Gott von nichts so sehr abhängt wie vom schönen Wetter.

Denn natürlich, nicht nur passieren heute deutsche Italienreisende aus keinem anderen Grund den Brenner als aus dem, schönes Wetter gewärtigen zu dürfen; ich halte gegen jeden Kulturhistoriker jede Wette, daß die sogenannte deutsche Italiensehnsucht seit Goethes Tagen zu neunzig Prozent nichts anderes war als der Elementartrieb, dem nordischen tempo brutto zu entrinnen, auch wenn sie sich kunstliebend als Herzensergießung nach Raffael und Brunelleschi kostümierte und rationalisierte. Kein Wunder, daß der Gipfelpunkt (deutsch-österreichisch-)italienischer Dramenkunst in einem äußerst stringenten Dialog übers Wetter besteht. »Oh che bella giornata«, kichert an entscheidender Gelenkstelle von Mozarts »Cosi fan tutte« Fiordiligi – »caldetta anzi che no«, ein bißchen zu warm sei ihm, respondiert Ferrando versiert. Daß mit diesem so grundlegenden Wetterplausch über die Hochdramatik hinaus auch die Vollerotik eingeleitet wird und ihren trüben Lauf nimmt, darauf kommen wir an anderer Stelle zurück; bestehen aber hier schon darauf, daß sich in Da Ponte/Mozarts Fiordiligi der Frauentypus der »Wetterwendischen« als unio mystica von Metapher und Wörtlichkeit geradezu symbolisch exemplifiziert. Und zwar mindestens.

Was, wir kommen um die Frage nicht herum, ist »das Wetter«? Eine zweite Haut? Eine zweite Natur des Menschen? Gar menschheitsgeschichtlich seine erste? Ein Firnis, der uns allzeit zu unserem Wohl und Unwohl umhüllt? Schopenhauerisch gesprochen vielleicht das Ding an sich in Raum und Zeit? Nun, selbst Dümmere als ich sind an dieser Frage aller Fragen gescheitert – halten wir also vorerst lieber fest: Erstens: Nach Auskunft der am Wetter besonders interessierten Springer-Presse sind fünfzehn bis zwanzig Millionen Deutsche direkt und meist schmerzlich vom Wetter abhängig, sie leiden an sage und schreibe fünfundzwanzig Arten von »Wetterfühligkeit« – von der »dysphorischen Stimmungslage« über den Kopfdruck bis zum Schweißausbruch. Zweitens: Gegenwärtig sitzen wir wettermäßig auf einem »absteigenden Ast«; nicht nur war der Winter 83/84 in Amerika verheerend, sondern fast alle Spekulationen gehen auch dahin, daß wir einer neuen Eiszeit geohistorischen Formats entgegenschlottern – weshalb »Bild am Sonntag« unbeschadet des »Jahrhundertsommers 1983« (»Bild«) schon 1980 rumposaunieren konnte: »Der nächste Sommer kommt erst im zweiundzwanzigsten Jahrhundert.« Drittens aber weiß der Volksmund, Karl Valentin aufgreifend, noch immer die Problemlösung: »Es gibt kein schlechtes Wetter, nur schlecht angezogen.« Eben. Und was man auch gegen ihn sagen mag, gut angezogen ist er immer, unser Wetter-Gunsch, von seiner sonstigen sonnigen Wärmespendigkeit zu schweigen – so daß wir viertens fürs erste zusammenraffen können: Die Sonne im Herzen ersetzt zur Not immer noch die fehlende reale. Aber stimmt das auch wirklich?

Nein. Sondern es ist einfacher und verzwickter zugleich. Nämlich es gibt einen so fixen und offenbar kausalen Zusammenhang zwischen der Wetterqualität und seelischer Befindlichkeit, daß es mit wissenschaftlichen Begriffen kaum zu singen und zu sagen ist, – erteilen wir also der Dichtung das Wort, zum Beispiel Michael Schultes jüngstem Roman: »Wenn der Held übel gelaunt, schlechtes Wetter etc.« (Sabine Hubers Glück und Elend, 1983). Kürzer kann man die Basispoetologie wahrscheinlich des letzten Jahrtausends gar nicht formulieren – und nur allenfalls das logische Viceversa ergänzen: Nichts drückt so sehr auf das Gemüt von Romanhelden/innen wie mieses Wetter; nichts eröffnet so manierliche Perspektiven wie gutes – ja, als Arbeitshypothese könnte man ohne viel Gewalt diese fabrizieren: Daß der ideale Lebenszweck – nach gängiger Auffassung die Liebe und ihre Unterarten – in Wahrheit nichts anderes ist als die vielsträhnige Verinnerlichung von schönem Wetter. Wie das freilich auch schon die ältesten Volkslieder wußten – und wie umgekehrt Fachblätter wie »Playboy« und »Lui« nicht müde werden, im Jahresrhythmus darauf hinzuweisen, daß im Lenz die Liebe wieder anzutreten habe – und das weiß Gott warum auf Teufel komm raus ja meist auch tut.

Liebe – Lenz – Lyrik. Drei Viertel zumindest der älteren Lyrik bestehen aus Wetterbeschreibungen oder

-beschwörungen: »Wie glänzt die Sonne! Wie lacht die Flur!« – »Die Luft ging durch die Felder, die Ähren wogten sacht.« Germanistikstudenten tun gut daran, in diesem Zusammenhang vom Gleichklang des Innen und Außen zu faseln – und haben nicht einmal unrecht damit. Denn Kamerad Wetter diktiert nicht nur die intimsten Valeurs großer Poesie von Goethe über Hölty und Mörike zu Huchel und Rühmkorf; das alte poetische Banalschema, Natur- und Wetterumfeld und psychische Verfassung spiegelten sich wechselseitig, schafft noch immer den heute wohl einzigen Consensus omnium im Bereich des gedruckten Worts, verbindet Hoch- und Popularkunst: »Wolken zieh'n wie schwere Träume« (Eichendorff) – »Wolken sind wie Gedanken, die am Himmel stehen« (Titel eines Trivialromans, 1980). Und der Paragraph eins lautet: Gutes Wetter – schöne Seelenflüge, meist mit der Konsequenz von Liebe. Der neuere deutsche Volksroman gehorcht dem aufs Wort, meist je schon im Eingangssatz: »Die Flügeltür der Terrasse stand weit offen. Heller Sonnenschein flutete ins Zimmer und ließ die beigen Damasttapeten weiß schimmern« (Liegt ein Fluch auf meiner Liebe? Adels-Roman, Marken-Verlag 1983).

Derart sonnenbeflutet kann die höhere Gefühlskultur ihren Lauf nehmen – und wenn dagegen Thomas Mann seinen Tonio Kröger gegen die trügerischen Reize des wieder mal erwartbaren Frühlings granteln läßt, weil nämlich eben diese wahre Weltwahrnehmung sabotierten: dann ist das a) lediglich snobistische Ausnahme von der Regel und b) schön dumm, und Tonio Kröger ist c) selber schuld daran. Gescheiter verhält sich da schon Robert Musil, wenn er seinen Großroman vom »Mann ohne Eigenschaften« sozusagen affirmativ mit einem Wetterbericht anheben läßt, die europäische Großwetterlage versinnbildlichend: »Über dem Atlantik befand sich ein barometrisches Minimum; es wanderte ostwärts, einem über Rußland lagernden Maximum zu ...« Was Musil damit sagen wollte? Wenn ein Mann schon keine Eigenschaften i. e. Gefühle hat, siehe, dann hat er noch immerhin ein Wetter.

Männer und Wetter: Die Sache scheint, auch über die momentane Zigarettenwerbung hinaus, doch noch schwieriger. Nämlich komplexer. Dem »Helden und seinem Wetter«, vor allem im bürgerlichen Roman des neunzehnten Jahrhunderts, widmete der Schriftsteller F. C. Delius einst seine Doktorarbeit – und kam, ausgehend von der Beobachtung ominöser Wetter- und insbesondere Unwetterschilderungen, zu dem Fazit: in der Darstellung von Sturm und Hagel hätten die Autoren ihr »eigentliches« Thema, die unterbliebene deutsche Revolution, verklausuliert – und diese These widerspricht ja in keiner Weise Tucholskys Bonmot, in Deutschland habe die Revolution wegen schlechten Wetters in der Musik stattgefunden. Bringen wir jetzt beide Aussagen ein wenig sophistisch zur Deckung, dann haben wir den Befund, daß das Wetter das gegenblochische Prinzip des Konservativen schlechthinnig sei – und dieses nun inkarniert sich heute in nichts so sehr wie in der Person Helmut Kohl; weshalb Kohl umgekehrt seine letzte Bundestagswahl geschicktest auf die Konsolidierung des Wetters mit dem beginnenden Frühjahr 1983 anberaumte. Mit Erfolg: die Konsolidierung des Politischen wurde mit einem Beinahe-Bilderbuchjahr belohnt.

Allerdings hat nun ein anderer Konservativer, Georg Leber, 1977 im Zuge eines Bundeswehrskandalfalls unvergeßlich dem »Spiegel« eröffnet: »Im Frühjahr wird alles wieder anders«; womit er vollkommen recht hatte. Tatsächlich mußte Leber bald darauf seinen Hut nehmen

– indessen, das Schein-Paradox beleuchtet eben jenes Doppelgesicht des Wetters aus Varianz und Invarianz; dieses Irisierende, Inkalkulable, ja Inkommensurable und doch auch wieder Gutbürgerliche, Vertrauenschaffende, ja fast Treudeutsche – eine Dialektik, die abermals Karl Valentin genial auf die Formel gebracht hat: »Übermorgen ist selten schlechtes Wetter.« Und wenn irgend etwas noch stimmt, wenn sich in dieser aus allen Fugen gerutschten Welt noch etwas halten, ja sogar empirisch beweisen läßt, dann, Eiszeitspekulationen und Endzeitvisionen hin und her, dieses Machtwort aus München, das die Tiroler Gebirgsjäger ihrerseits ganz im Sinne Hegels bestätigen: »Die Wolken ziehn dahin, sie ziehn auch wieder her . . .«

Aber apropos Wetter und Musik: Läßt sich Wetter eigentlich musikalisch darstellen? Sicher, das ist eine Frage an die Grundfesten der Theorie der Programm-Musik – aber davon mal abgesehen: Ganz gepackt hat es genaugenommen keiner. Beethoven, Rossini und Verdi »malen« Gewitter, Chopin Regen, Schubert (»Der Wind spielt mit der Wetterfahne«) und Hugo Wolf (nach dem Gedicht von Mörike) Sturm, Wind und Regenpeitschen, Haydn wie Puccini und andere Sonnenaufgänge – und Wagner hat praktisch alles drauf: Gewitter, Sturm und sogar den mitternächtigen Frühlingseinbruch (in der »Walküre«), das sonnig-morgendliche Waldweben (in »Siegfried«), den lauen Juniabend (in den »Meistersingern«) – aber ist das »Wetter« in einem genuinen Sinn? Wetter als mixtum compositum, ja als Synthese all dieser launigen Naturimpromptus?

Reichen wir diese Frage hier schnell an Befugtere weiter, desgleichen die parallele, ob Malerei in einem thematischen Sinne je Wetter darstellte (bei etlichen Arbeiten von Vermeer etwa, Corot und Hans Thoma könnte man das glauben – aber meinen diese präzisen Tonwerte und Farbnuancen nicht doch vielmehr thematisiertes Licht zum Beispiel?). Es wird halt so sein, daß Kunstwerke es durchaus probiert haben, weil sie sonst nichts Gescheites mehr zu tun haben, dem Wetter auf seine Schliche zu kommen – das Wetter aber entzog sich letztlich jedem formalen und technischen Zugriff; so wie eben sein Wesen dies Sich-Entziehende ist; und hier rücken wir abermals dem Alpha und Omega aller Ästhetik, Anthropologie, Psychologie, Medizin und überhaupt hautnah auf den Pelz. Denn: »Die Schwermut des Abends ist nicht die Stimmung dessen, der sie fühlt, aber sie ergreift nur den, der so sehr sich differenziert hat, so sehr Subjekt wurde, daß er nicht blind ist gegen sie« (Adorno, Ästhetische Theorie, S. 397).

Haben wir das verstanden? Dann weiter:

Zum eher Habhaften. Es zeichnet sich ab, daß das Wetter nicht nur andauernd die Kunst infiziert, sondern auch – vergleiche unsere Anmerkungen über den Lenz – noch zweifelsfreier die Sexualität. Klar? Klar. Ob es freilich die gerade heute nationalökonomisch wieder so dringlich wünschenswerte Vermehrung anfacht, das ist, von Sekundärkausalkonnexen zu schweigen, trotzdem sehr das Problem. Weil: es geht zwar noch immer in deutschnationalen Vatertagskreisen die Rede vom »Wetter zum Heldenzeugen« (vergleiche noch einmal »Walküre«, Erster Akt) – aaaber: Könnte es nicht, in Analogie zum berühmten New Yorker Stromausfall, in dessen Folge die Geburtenziffern neun Monate später kreischend in die Kreißsäle sprangen, könnte es nicht so sein, daß gerade diese elend-mulmigen, erbarmungslos-erwärmungslosen, nichtsnutzig-gähnenden Tage um den November rum impulsreziprok der in Frage stehenden Sache dienlicher . . . ?

Antworten des Statistischen Bundesamtes stehen aus,

und der zuständige »Playboy« seinerzeit manövriert, raffiniert die Zwiegesichtigkeit des Wetters nutzend, seine Klientel auch nur in die brandendste Ambiguität hinein. Noch in jeder Novemberheft-Nummer wurden/werden dem Leser/der Leserin Rezepte verabreicht, mit welch abartig sündigen Dessous und Chemisetten der objektiven Unsäglichkeit, ja Unerträglichkeit des Winterdreckwetters noch am gescheitesten zu begegnen sei.

Zwar andererseits: der legendäre Fernsehpfarrer Sommerauer gestand einst coram cameram seufzend ein, auch ihm setzten jedes Jahr um Ostern die luftig-lasziven Fetzenkleidchen der Mädels im Münchener Englischen Garten aufs neue und weidlich zu – indessen, ich selber bin am 14. September geboren – und kurz: Man weiß halt nix Genaues. Jedenfalls im Humanbereich. Übersichtlicher wird die Lage schon wieder bei den Tieren – und tragischer zugleich. Irrtümliches Wetter bedeutet meist irregeleitete Sexualität: Denken wir hier nur an die wiederholten Fälle, da Großtrupps von Fröschen, verlockt von Liebesvisionen, zur Unzeit die Autobahnen überqueren und dann natürlich kein Land mehr sehen, im schmählich-glitschigen Sterben nicht selten Autofahrer mit ins Jenseits reißend. R. i. P. Beidesamt.

Sexualität, man weiß es, ist umgekehrte Aggression. Daß Kriege vom Wetter entschieden wurden, ist bekannt. Ob moderne Kriegführung wetterunabhängiger ist als klassische, möge Militärstrategen und -historikern ein schwerblütiges Aufsatzthema sein (und ist es sicher schon) – mit Gewißheit weiß ich meinerseits, daß Deutschland 1954 vor allem deshalb Fußballweltmeister wurde, weil im Berner Wankdorfstadion »Fritz-Walter-Wetter« herrschte, kältliches, leicht regnerisches – in diesem Fall »Geniewetter« sozusagen, von welchem in der Goethe-Zeit, mit dem Emporkommen des Geniewesens, tatsächlich da und dort die Rede war: Wetter quasi zum Bäumeausreißen und zum faustisch-prometheischen Götterstürzen; mythisch-mystisches Wetter gleichsam, das noch einem Gustav Mahler kurz nach seinem Ableben zu Gebote stand, als es nämlich zu seiner Beerdigung geradezu exemplarisch, symbolisch, ja kitschnah gewitterte. Derart wäre umgekehrt eine Funktion des Wetters, Mythen, ja Mythos zu begründen – und das haben wir nicht nur bei den ganz alten Göttern, sondern auch als mythische Aura rund um unsere Genies: Beethoven = Sturm, Mozart = sommerlich »serenadenhafte« Abendzephirluft, Schubert = frostige Winterkälte. Um aber auf Genie, Wetter & Goethe zurückzukommen: Versteht sich, daß unser oberster Universaliker nebenher natürlich auch Wetterkundler war; wobei er sich gegenüber dem verblüfften Eckermann vor allem mit einer freilich recht obskuren Theorie der »Wasserbejahung« im Rahmen der von ihm beobachteten Systole-Diastole-Bewegung der Erdrinde hervortat.

Um aber vor lauter Goethe den Fußball noch nicht ganz aus dem Auge zu verlieren: Nicht nur hatte eine Primaballerina wie die Frankfurter Eintracht ihre größten Erfolge allzeit zu Zeiten »idealen« Fußballwetters (Sommerabendwärme, leichte Brise), indessen Holzern wie den Kaiserslauterern jedes dreckige Wetter grad recht kommt; die innige Liaison von Wetter und Fußball spiegelt auch das Faktum, daß der Hofpoet der Frankfurter Eintracht, der erlauchte Dichter Ror Wolf, Wetter jeweils zu einem integralen Bestandteil seiner famosen Fußballgedichte gemacht hat; gleichwertig steht es neben den dort besungenen Kurz- und Doppelpässen:

»Im Juni rascheln plötzlich die Kastanien. / Der Wind ist weich gebogen: wie gemalt. / Die Männer auf dem Rasen angestrahlt . . .«

Ein Kreis von Wetter, Lyrik, Fußball rundet sich von neuem. Zum Ball an sich.

Wetter stiftet Mythos – und deshalb auch Religionen. Das bestätigte sich erst die Tage wieder. Zwei englischen Wissenschaftlern war es vergönnt, Jesus' Tod genau auf den 3. 4. 33 zu placieren, und zwar dank aller möglichen Himmelsphänomene, Unwetter und Mondfinsternisse, in deren Beschreibung Bibel und zeitgenössische Zeugnisse angeblich konvergieren. Der »Spiegel« faßt zusammen, das rare Farbspektakel am Nachthimmel habe dem noch am Kreuz hängenden Messias in den Augen des Plebs »eine Art übernatürliche Aura verliehen, ohne die seine Botschaft möglicherweise nicht überlebt hätte«. Das letztere dürfte das aktuelle Rom zwar weniger gerne hören – wohlgefällig aber möchte dort sehr der so ausrecherchierte Termin 3. April sein, in dessen Gegend die Cattolica übernatürlicher Weise ohnehin schon allzeit den Kreuzestod feierte. Und wundern sollte uns nicht, wenn aus diesem Termin-, nämlich Wettersegen ein neuer Aufschwung des Katholischen katexochen resultierte. Etwa dergestalt, daß der umtriebige Wojtyla den Karfreitag ab sofort zweimal stattfinden läßt: zum vagierenden und zum festen Termin. Zum Lohn und Dank heißt jedenfalls schon mal der neue Münchner Erzbischof: Wetter.

Wetter ist nach ziemlichem Meteorologenkonsens von Sonne, Mond und von der Konstellation der Gestirne geprägt. Religionen und Mythen verfügen deshalb allesamt über ihre Wettergötter – und diese sind, so paradox wie logisch, vor allem zum Schonen und zum Strafen da. Noch die Mannen von Wagners »Götterdämmerung« bitten beim Meineid Gott Donner, er möge sein »Wetter dreintosen« lassen, »zu schweigen die wüthende Schmach« – und der noch erhaltene Ausruf »Donnerwetter!« ist meines Erachtens die sinnverkrüppelte Kurzform des

Wunsches, ein Wetter möge niederfahren und diesen und jenen derbröseln.

Daß andererseits das Wetterwesen irgendwie in die teleologischen Gottesbeweise hineinspielt, da möchte ich zum zweitenmal wetten, so wie ja dann auch Petrus sinnig die Wettergewalt . . . und so wie sich mein Laienhirn die Sache auf dem Höhepunkt dieses Essays etwa so zusammenreimt: Wenn man die Welt halb christlich, halb kantisch als schieren Schein begreift, inmitten des nichtenden Nichts, dann wären die (hilf, Donner, bei diesem Gedankengang!) primären Emanationen und Epiphanien dieses Scheins eben solche des Wetters – und als solche die wichtigste Überlebens- und kulturbildende Unterhaltungsquelle, ja mit dem Wesen von Religion und Kultur irgendwie identisch oder so ähnlich, und Voraussetzungen nebenher auch für den höheren Journalismus, dem die Mitteilung »Das Wetter spielt verrückt« (»stern«) letztlich noch immer erheblicher ist als selbst die Umtriebe Straußens – und eines weiß ich jedenfalls ganz genau: Daß das Wetter auch wieder beim gerade heute ja sehr erwartbaren Weltenende eine tragende Rolle spielen wird. Das wußten mit mir Apokalyptiker wie Johannes, Expressionisten wie van Hoddis, und das weiß heute niemand so akkurat wie dies inständige, ja visionäre Gedicht des reifen F. W. Bernstein:

»Montag geht die Welt zu Grunde / Dienstag regnet's und ist kalt / Mittwoch um die zehnte Stunde / wird kein Geld mehr ausbezahlt. / Donnerstag nur Feuersbrünste / Freitag früh ist jüngster Tag / Samstag Ende aller Künste / und zwar zack auf einen Schlag.«

Und diese letzten dramatischen Wetterfreuden mögen zwar ihr Perfides haben, freundlicher sind sie allemal als das Valentinische Un-Wetter; und noch mehr lobe ich mir den Weltgeist, daß das Orakel des New Yorker Wissenschaftsjournalisten Waldemar Kaempfert aus dem Jahr 1940 jedenfalls bis 1984 nicht erfüllt wurde: »Vollständig überglaste Städte« sah der Mann voraus, in denen sich Leben »bei ganzjährig gleichbleibender Temperatur und Luftfeuchtigkeit« abspiele – pfui Teufel. Denn, halten zu Gnaden, wenn ich zum Finale dieses Essays einmal ganz höchstpersönlich von mir rede: Ich bin ein großer Wetterabhängiger und Wetterfan zugleich. Zwar, so wie ich hier an diesem Januarnachmittag 1984 vor meiner Schreibmaschine sitze und, hoffend auf zündende Gedanken, den Blick hinausschweifen lasse auf den ewig verwaschen-verregneten Feldberg, auf diese schlabbrigeklignasse Unholderei – Nibelheims neblichte Nacht dünkte mir neidlicher, der ganzen Menschheit Jammer möchte mich jäh anfassen, ich frage mich mit Ortega, ob diese Erde nicht letzten Endes doch unbewohnbar sei – und ich frage mich noch mehr, warum ich nicht von diesem schwerreflexiven Aufsatzschreiben ablasse und längst in der Kneipe sitze, dem Feuchten mit Feuchte zähneknirschend zu begegnen –

– aber dann richtet mich doch ein Gedanke wieder ragend auf: Bald wird es wieder März, und dann April und dann nach einer alten Bauernregel vielleicht sogar Mai, und ich werde keineswegs wie Tucholsky spotten: »Lenz! Dich hätten wir beinah vergessen!« – sondern ich spüre jetzt schon, wie etwas Berauschendes und Betörendes mich umhegen und bekribbeln und bezirzen wird, und wenn ich an den vergangenen sogenannten Jahrhundertsommer zurückdenke, dann – möchte ich eben diesem hier in aller Form meine gedruckte Huldigung abstatten:

Zwar verbarg auch der Juli 83 mit seiner wochenlangen Folge von Sonnentagen nicht sein doppelgesichtig Tückisches: Er bescherte meiner Heimatstadt Amberg/Gärmersdorf am 27. 7. den neuen deutschen Hitzerekord von

40,2 Grad Celsius – mir aber, zwei Kilomter vom Rekordort entfernt, die allerstärksten Herzkalamitäten. Unbeschadet dessen aber verblieb mir unterm Strich der pure Segen. Bei größeren Arbeiten ohnehin sehr von Sonnentagen abhängig, war ich mit dem Projekt eines Fünfhundert-Seiten-Romans dem Entgegenkommen des Großen Gestirns doppelt ausgeliefert – denn die imaginierte Romanhandlung trug sich im Zeitraum eines italienischen Strahlesommers zu. Schönwetter war also arbeitsstrategisch eine zwiefache Conditio sine qua non; und daß das Epos – die Trommel gerühret! – aufs trefflichste gedieh: dies geht zu zwei Dritteln auf das Wetter, und dafür sei ihm schallend Lob und Preis und Dank geschmettert!

Andere gehen noch weiter. Leiten nicht nur die Romangüte, sondern buchstäblich alles vom Wetter ab. Wie etwa jüngst ein amerikanischer Wissenschaftler, der in seinem Werk namens »Faktor Klima« weniger soziale Prozesse, sondern Eis und Sturm und Sonne für sämtliche Schicksale der Irdischen entscheidend am Werkeln sieht. Münchener Föhnopfer dürften ihm recht geben – geschworene Antipoden hatte der Mann in den letzten Jahren meines Wissens nur zwei: Die Deutsche Bundesbahn, die bekanntlich übers Wetter erhaben ist; und den weiland SDS, der die Parole für Plakatzwecke übernahm: Marx, Engels und Lenin trotzten darauf furchtlosen Blicks jedem Wetter. Was ein Schwindel. Wo doch gut zu sehen ist, wie gerade diese drei immer nur im Trio auftreten, sich kuschelnd aneinander vor der Kälte der Welt zu schützen. Und fröstelnd neidvoll auf den immerhin etwas wärmeren, nämlich freien Westen linsen.

KROETZ!

DKP-Eintritt, DKP-Austritt, mit 40 Theaterstücken Sozialanwalt der Erniedrigten und Beleidigten, als Baby Schimmerlos mit dem nackten Arsch durchs Fernsehen geprescht, Nicaragua-Tagebuch rausgehauen, TV-Talkmasterschaft begonnen und sofort wieder aufgehört, für die »Welt« aus Seoul berichtet, den Fall mit »Für die ›Zeit‹ kann jeder Depp schreiben« kommentiert, gleichzeitig der Schell-Tochter »Mausi-Schnuckili« ein Baby hingewürgt –

– früher, Kroetz, hätten wir gesagt: Der Ekel, der Selbsthaß muß diesen Mann schon ganz schön verzehren. Heute, klüger geworden, verstehen wir es besser: Kroetz, wir beneiden Dich!

Echt wahr. Eckhard und Co.

KAMPF DER PFEIFEN

»Der Kampf der Giganten« nennt sich eine sowohl aufs falsche Lachen wie aufs anspruchsloseste Publikum schielende Musikcassette (Arcade) mit Bonner Oberpolitikerreden und Debattenscharmützeln bis ca. 1980; die sehr hoffnungsraubend ist, in die ich gleichwohl immer wieder mal 'reinhöre, mich abermals zu versichern: daß das politpolemische ebensowenig mehr zu senken ist wie das zugehörige sowohl geplante als unfreiwillige Humor-Niveau.

Die ärgste Pein schafft der wabbelnd-schwabbelige, offenbar angesoffene, dabei humorvoll, witzig sein wollende, zu allem Überfluß auch noch so genannte »Bruder Josef« Ertl, ein imponderables Inkommensurablum, eine irdische Höllenstrafe par eminence. Als zweitgrößte Pest folgt die heute noch amtende Präsidentin und Etepetete-Karrieristin A. Renger, sobald ihre Staatsdarstellerinnen-Dignität sich auch noch mit einer gewissen Scherzkeksigkeit überweihräuchert, die aber gleich noch weniger zu ihrer Betonblondhaarpracht paßt. Der Drittunerträglichste ist der alte Herbert Wehner, hier in der »Titanic« einst als vorbildlich-erfrischender Polemic-drive-Mann gefeiert, was leider nur zum kleinsten Teil stimmt: zu 90 Prozent war Wehner zwar ein grandioser Plärrer, im übrigen aber eine Legende, nämlich ein erstaunlich törichter und absenter Mann, eine oft erschreckend dumpfe Nuß, der Erfreuliches nur in Form schieren oder hirnverbrannten Geschreis oder aber eher unfreiwillig gelingt; etwa, wenn sie einen Kohl-Gefolgsmann (ewig schade, daß das nicht dem damaligen Oppositionsführer selber galt) um 1976 herum als »Tüffeltoffel« anrüffelt; genau hörbar ein Zufallstreffer.

Am erträglichsten noch, punktuell fast intelligent und witzig, der etwas jüngere F. J. Strauß; wenn ihm nur nicht andauernd, kaum hat er etwas halbwegs Geistesgegenwärtiges gedröhnt, der Gaul der tiefen Bewunderung seiner selbst nebst dem lateinischen oder schellingstraßenmäßigen Bildungsgeschrumpel und G'scheiterlwesen mit ihm durchrumpelte – ach ja, unsere Nachkriegsaufsteiger, unsere unvermeidlichen Lateinlehrer als Spitzenpolitiker, wem erzähle ich das. Gleichwohl meine erfahrungsgesättigte Empfehlung: Sollten Sie mal sehr desperat, grippig oder sonstwie hirnschlaff sein – in solchen Phasen vermag der Schleim und Sumpf und Schrott durchaus so etwas wie regenerativen Segen auf Sie abzustrahlen; mit dem Geostrategen Strauß zu reden: Per aspera ad astra, Herr Wehner, Sie werden langsam kindisch, senil, infantil, dumm, töricht und semper saudumm!

UND SCHREIBT UND SCHREIBT UND . . .

Joachim Kaiser – Analyse eines deutschen Kulturmenschen

> *»Sprachlos faselnde Geschöpfe.«*
> *(Ödön v. Horvath)*

> *»Während sonst nach besten Kräften alles nur Erdenkliche kommentiert, kritisiert, gelobt und dargestellt wird, loben oder analysieren Journalisten nur in Ausnahmefällen die Kollegen.«*
> *(Joachim Kaiser, Festansprache 1970 anläßlich des 25. Geburtstags der »Süddeutschen Zeitung«)*

Nun gut, soll er also seine Analyse haben. Dr. Joachim Kaiser (43), Kulturchef der »Süddeutschen Zeitung« in München, ist einer der gebildetsten Menschen der Bundesrepublik und zweifellos der emsigste Beschreiber und Deuter ihrer hochkulturellen Belange. Er ist Theater-, Literatur- und Musikkritiker. Ein sogar preisgekrönter. Er ist leitender Kultur-Redakteur der »Süddeutschen«, war zuvor Mitarbeiter der FAZ, der »Frankfurter Hefte« und des Hessischen Rundfunks, er zeichnet als Autor von Büchern über Grillparzer und große Pianisten, er arbeitet für zahlreiche Zeitschriften, Zeitungen, für den Hörfunk und für TV-Bildungsprogramme, er ist Mitglied des deutschen PEN-Zentrums, publizistischer Fürsprecher der Gruppe 47, Mitdiskutant in des Gruppen-Chefs Hans Werner Richter literarischen Fernseh-Kolloquien, Tagungs- und Festredner . . .

Nein, keine eilige Polemik. Wer im Betrieb mitmischt, kommt seinem Zauber nicht aus. Identifiziert wird mit J. K. der Feuilletonist der »Süddeutschen Zeitung«, für die er seit 1958 fast täglich – gelegentlich wie am 19. 8. 72 vier an einem Tag! – Artikel verfaßt. Für ein Blatt also, das nicht zum wenigsten wegen seines Feuilletons zu den besten Zeitungen der Republik gerechnet wird. Der Ex-FAZ-Herausgeber Jürgen Tern hat J. K. 1971 in »Christ und Welt« geradezu als Garanten für das extrem hohe sprachliche und intellektuelle Niveau der SZ gefeiert.

1970 wurde J. K. von der Deutschen Akademie für Sprache und Dichtung mit dem Johann-Heinrich-Merck-Preis für literarische Kritik ausgezeichnet.

Der Wortschwaller

»Natürlich kann kein vernünftiger Mensch unterstellen, Verdis Requiem müsse vielleicht lau, betulich, protestantisch-vernebelt oder irgendwie scheu, verzagt und verklemmt musiziert werden ... Nur: Verdi wäre nicht Verdi, wenn nicht auch die Kraftstellen, die furiosen Höhepunkte durchaus noch geprägt wären von Kultur, Geschmack, von Noblesse und innerem Maß ... Wer Aufführungen von Solti, Fricsay und Karajan im Konzert (nicht im Fernsehen) erlebt hat, der weiß, wieviel differenzierteste Ausdruckskraft und intelligente Noblesse hier auch noch während der entfesseltsten Steigerungen möglich sind.«

J. K. teilt mit, daß er Verdi für keinen dummen Bauern hält. Das ist zwar nicht ganz neu, noch hat jemand unterstellt – »unterstellt«! –, er solle »lau und betulich« gespielt werden; aber abgesehen davon kann man an dem Text lernen, wie man Adjektive variiert und in der Gegend herumstreut; und zweitens mit gleichfalls dezent abgewandelten Leerformeln immer wieder das akkurat Gleiche sagt, ohne daß das sofort auffallen müßte.

Bei »Meistersinger«-Rezensionen empfehlen sich dagegen die Vokabeln *»wirkungsvoll festlich, betörend und sogar rührend«*, *»perfekt und glühend präsent«* sowie *»hilfreich demonstrative Durchsichtigkeit«*. Dagegen soll das Spiel des

Pianisten Richter besser als *»sehr poetisch, idealisch und direkt«* beschrieben werden. Und wenn du meinst, zwischen den beiden ersten Wörtlein und dem dritten bestünde doch eigentlich eher ein Widerspruch, dann hast du eben noch nichts kapiert.

Von der höheren Kunst des Feuilletons. Das da anläßlich des Salzburger »Figaro« 1972 zusammenfaßt: *»Der Aufführung fehlte es nicht an Sensibilität, Gefühl und Verstand, aber am Gleichmaß von Harmonie, Not und Glück«.*

Nun frag nicht dumm, wie das *»Gleichmaß von Harmonie«* aussehen mag, sondern präg dir einen anderen Galimathias gut ein:

Nämlich bei der »Lustigen Witwe« geht es darum, *»die schlagenden Einfälle Lehars, besonders die leisen, wirklich richtig und bravourös herauszubringen«.* Schlagend, leise, wirklich, richtig herausgebracht und auch noch bravourös! Na bitte, ist das kein Gesamtkunstwerk?

Der Stilblütler

J. K.s Lieblingsvokabeln indessen sind *»eminent«, »fabelhaft«* und *»überwältigend«*, in zweiter Front auch *»intelligent«, »hinreißend«, »grandios«* und *»exzeptionell«.* Denn fabelhaft z. B. ist nicht nur eminenter als märchenhaft oder unwahrscheinlich, vor allem gibt fabelhaft auch exzeptionell fabelhafte und eminent intelligente Wortkombinationen her, wie zum Beispiel *»fabelhafte Modernität«* oder den *»fabelhaft einseitigen«* Peter Weiss, der damit auch gleich weiß, in wem er seinen im Sinne der Moderne hochintelligent allseitigen Meister gefunden hat.

Ein favorisiertes Stilmittel J. K.s ist der Stabreim: *»Passion und Pause«. »Schattenloser Charme«. »Dann drang Meisels Charme unvermittelt durch, geriet jedoch nicht zur Charakterisierung etwa eines derben Chirurgen-Charmes«.* Den thomas-mann-nahen Bindestrich, der den durchdachten

Satzbau erspart, kennen wir schon. Eine Schnitzler-Komödie lädt *»auch heute noch zu heiter-überlegenem Interessiert-Sein ein«*. Mächtigen sprachlichen und gedanklichen Nutzen bezieht J. K. aus dem fast heideggerisch erhellenden Wortspiel: *»Warum und wofür Oper da ist: der Raum ist gefüllt, der Spannungsbogen erfüllt«*. Jawohl, das ist sie, die nagelneue Weltenformel.

Noblesse oblige: *». . . wird auf das Phänomen* (des Pianisten) *Pollini einzugehen sein«* (SZ 4. 12. 71); *»wird über Gelbers Kunst . . . weiter nachzudenken sein«* (SZ 8. 12.); *»wird zusammenfassend über Pollini, Gelber, Curzon und Martha Argerich nachzudenken sein«* (13. 12.). Und natürlich nicht an oder zu Ostern, sondern *»in österlichem Zusammenhang«* wird über gewisse Passionen noch viel *»weiter nachzudenken sein«*, als das so auf Anhieb klappte.

Ein Beispiel aus J. K.s Satzbaukunst: *»Wenn erst einmal sich herumgesprochen hat, daß ›The Godfather‹ (in der sehr anständigen, wenn offenbar auch etwas übereilt hergestellten deutschen Synchronisation heißt das Mafia-Epos ›Der Pate‹: manchmal stören Schwarz-Weiß-Flüchtigkeiten mitten in der gepflegten Farbfilmumgebung) die amerikanische Filmsensation zu werden verspricht . . .«*

Neinnein, Herr Samuel Beckett, einmal angefangene Sätze werden auch, komme was wolle dazwischen, entschlossen und schlüssigst zu Ende gebracht.

Der Denkblütler

Zur Verfügung steht J. K. durchaus auch die kühne Metapher. Ein Klaviertrio hat zu leise gespielt, schuld dran ist der Pianist, der aber auch Geige und Cello ins Fahrwasser zieht: *»Die Cellistin Angelica May habe ich . . . etwas temperamentvoller in Erinnerung. Im Augenblick wirkt sie, wenn der Vergleich gestattet ist«* (!) *»wie ein Raubvogel, der einen Singvogel geheiratet hat«* (nämlich den Pianisten) *»und* *sich bemüht, auch ganz zart und fein und gepflegt zu musizieren«*. Der kleine Lapsus, daß man bei einem Bild im Bild bleiben sollte und Vögel also nicht »musizieren« sondern pfeifen – der sei J. K. angesichts der sonstigen Grandiosität der Parallelfügung nachgesehen.

»Aus (dem Pianisten) Gilels ist ein Beethoven-Interpret geworden, ein Brahms-Denker, ein Mozart-Deuter.« Tja. Hoffentlich wird ihm bei solchen ein Denkdeuten vorgaukelnden grave schmachtenden Sätzen wenigstens manchmal selber so richtig schön schlecht.

Über eine Operette von Oliver Hassenkamp weiß der »Münchner Groß-Kritiker« (»Der Spiegel«), die Aufführung sei *»auf einer Folie von mißlingendem Wagnis angesiedelt.«* Nicht selten blitzen Witz und höherer Humor auf. *»So reine Gestalten . . . sind in irdischen Klavierabenden sonst nicht zu hören«*.

Und dann ist J. K. natürlich ein Groß-Mogul des luziden Aphorismus, des Epigramms. Über Pianistik: *»Wer ohne äußersten Einsatz spielt, der verspielt, auch wenn er sich nicht verspielt.«* Über die D. Oistrachsche Geigenkunst: *»Wenn man sehr gut Geige spielen will, genügt es eben nicht, (nur) sehr gut Geige zu spielen«*. Noch etwas grämlicher über die »Lustige Witwe«: *»Es gibt im Grunde nichts, was man mit der linken Hand machen kann«*. Und: *»Ernst zu nehmen, das heißt natürlich nicht, drei Stunden . . . seriös zu sein«*.

Aber auch der Germanistik-Professor ist voll da: *»Seiner Freiheit hat Sprache sich frei hingegeben«*, hört J. K. aus dem Kabarettisten Werner Finck, der *»mit einem Wort: wenn auch nicht königlich, so doch sprachlich dafür belohnt (wird), daß er sich lebenslänglich frei zu verhalten wußte«*. Eigenartig endet der Text trotzdem als kompletter Verriß. Denn Fincks *»Witze wirken gestrig, und sogar«* (!) *»die Inhalte sind seltsam gleichgültig«*. Denn: *»Man spürt, wie er seinen Goebbels braucht.«* Und, jetzt kommt's: *»Bei aller Bewun-*

derung für Fincks Genie: Lieber soll er seinen Goebbels und Hitler entbehren, als daß wir sie haben.«

Bedeutender Gedanke, der auch du einmal ohne Verschonung gesagt und sogar gedruckt werden mußtest.

Der Unergründliche

»Die zarte, durchsichtige und zugleich verhüllte ›Klangebene‹ ist sozusagen die Reflexionsebene, auf der er« (Michelangeli) *»den großen Werken der Klavierliteratur begegnet.«* Und da soll man keine Minderwertigkeitsgefühle kriegen!

»Aber wir schweifen ab«, lächelt J. K. einmal am Ende einer in der Tat Debilität streifenden digressiven Reflexion über Verdis Desdemona. Nun, das passiert öfter.

Aus einer Buch-Rezension über Beckett, einem der besseren Kaiser-Texte: *»Nicht Menschen sind, sondern die Höllenstruktur selber ist die Hauptsache, aus der sich Unendliches ableiten läßt.«* Unendliches? Was mag denn das nun wieder sein? Naja, ahnen kann man's schon, aber irgendwie denken traut man sich's nicht recht, und vor allem wird einem der philosophische Informationsvorsprung der SZ-Leser schon langsam und ad finitum unheimlich.

»Inständig wie wenige Betroffene (als ob wir anderen nicht viel mehr betroffen hätten sein müssen) dachte Günther Anders über Verflechtungen von objektiver Funktion und subjektiver Schuld nach. Obschon hochmusikalisch und mit einer Pianistin verheiratet . . .«

Ach, Kaiser, die Pianistin hätt's gar nicht mehr gebraucht: Der Satz ist auch so zum Depressivwerden. Vor allem das schwerst grübelnde *»als ob wir . . .«*

Aber übrigens wird nach der michelangelesken *»Klangebene«* und *»Reflexionsebene«* später auch noch eine *»Reinheitsebene«* eingeführt . . .

Nur leider nicht sehr reinlich expliziert.

Der Wunderer und Glückler

»Klavierwunder Gilels«. »Klavierwunder zum Verwundern«. »Das eigentliche Mozart-Wunder«. »Im Verlauf der Komposition wuchs er« (der Pianist Arrau) *»dann ins Wunder hinein«. »Wunder – das Gegenteil des Selbstverständlichen«.*

Bei Kaiser ereignet sich fast allzeit das Unvergleichliche, das altkatholisch säkularisierte Wunder – und daraus wächst man zumindest in München permanent ins Glück. *»Melodiöses Glück«. »Kempes Götterdämmerungs-Glück«. »Das reine Glück bei Kubelik«* (diese von ihm erfundene Formel beliebt J. K. auch zu zitieren). *»Theaterglück zu erzwingen«. »Das Glück fand statt, aber es war nur kurz«. »Glück mit kurzen Pausen«*, nämlich: *»Im Nationaltheater durfte man wieder einmal fast sechs Stunden lang, während der ›Meistersinger‹, glücklich sein – wenn auch, natürlich, mit einigen Pausen während des Glücklichseins.«*

Als in Salzburg eine Sonate zugegeben wurde, *»war das Glück vollkommen«. »Wie Christa Ludwig . . . sang, daran kann man glücklich zurückdenken«.* Allein der feige Felsenstein *»fürchtet Glück«*. Das soll nicht sein. »Wunder«, »Glück«, im Gefolge auch »Ereignis« und »Erlebnis« – das ist ausgerechnet für einen erklärten Schüler jenes Theodor W. Adorno, welcher fast gleichzeitig den geschwollenen Neojargon der höheren Eigentlichkeit geißelt, am Ende doch auch was. Im Überbau des späten 20. Jahrhunderts.

Der Nonsenspoet

Manchmal klingt das Unverständliche ganz lustig – wie das freie Spiel der Sprache im Sinne der späten Streichquartette Siegfried pardon: Ludwig van Beethovens: *»Dohnany war der Musik keineswegs lächelnd überlegen«. »Raum- und abendfüllende Brillanz«. »Zur Demonstration wurde, was er«* (Gilels) *»können könnte, wenn er wollte und wenn er vergäße, daß . . .«*

Jetzt geht's leider wieder von Karl Valentin weg, indessen: *»Wenn er eine durchaus differenzierte, keineswegs nur apollinische Klangrealität hergestellt hat, schafft er innerhalb dieser Wirklichkeit mittels immer neuer Farben, immer neuer Verhüllungen, Einfälle und Zurücknahmen die spezifischen Spannungen . . .«* Also, ich nur versteh Bahnhof, allerdings stellt sich zur gleichen Zeit ja aber am Bahnsteig 51 wohl die so betrübliche wie beinharte Frage:

»Liest gar noch jemand Goethe? Umfrage-Ergebnisse sprechen dagegen. Sie beweisen freilich auch, daß niemand hierzulande weiß, ob es einen Präsidenten des Bundestags gibt und wie der Mann heißt, falls es ihn gibt (Es gibt ihn aber).«

Ein Filou. Aber nun wieder Scherz beiseite. Sonst wird's decrescendo wirklich heiter.

Der Kulturwahnsinnige

»Arturo Benedetti Michelangeli, der große, gefeierte, sensible und heikle italienische Pianist« spielt *»Neuigkeiten und Gewichtigkeiten, wie man sie von Michelangeli . . . seit Menschengedenken«* (!) *»nie gehört hat. Da aber die Klavierwelt weiß«* (!), *»daß der vorsichtige Meister jahrzehntelang an einem Werk studiert, . . . wird man an die Wirklichkeit dieses Programms«* (!) *»wohl«* (!) *»auch«* (!) *»erst dann«* (!) *»ganz«* (!) *»zweifelsfrei«* (!) *»glauben, wenn der Künstler die As-Dur-Akkorde des ›Carneval‹ tatsächlich anschlägt«.*

Naja, besoffen sind wir alle mal. Aber wer außer J. K. vermöchte dann noch mit Tremolo des As-Dur-Bildungsfetts zu gedenken? Wohlgemerkt: Dies hier ist eine Vorankündigung – und wenn der heikle Meister erst dann ganz zweifelsfrei wirklich da ist, dann geht's definitiv auf zum Oktoberfest: *»›Carneval‹ aus der Sicht des Eusebius? Florestan, der Wilde, Ungestüme, Anti-Spießbürgerliche, als die Traumgestalt eines Lyrikers? Der Jean Paulsche-Schumannsche Kontrast zwischen Walt und Vult, zwischen extrovertiert und* *introvertiert, zwischen Eusebius und Florestan als die Chimäre eines Träumers? Die wirbelnden Figuren, zwischen E. T. A. Hoffmann-Phantastik und Jean Paulschem Metaphernreichtum, als Runges Hülsenbecksche Kinder?«*

Panta rhei, Hen kai pan, ich weiß nicht, was soll es bedeuten, als ging' mir ein Mühlrad im Kopf herum. Humbahumbahumbahumbatätärä.

Gelegentlich nimmt die totale Kultur im Kopf und ihre deshalb komplette Konfiszierung schon wieder sfumatohaft rührende Züge an. So wenn J. K. am 17. 9. 71 anläßlich der Kritik eines Klavierabends in der heftigsten Formuliererregung *(»sehr empfindsam, technisch lächelnd überlegen«)* herzbeklemmenderweise zu berichten vergißt, was denn da eigentlich präzis gespielt wurde.

Dann aber wird's, über die mehr ambiguische Verwirrung hinaus, doch wieder ärgerlich und sogar krud. So wenn dieser Aufgeklärte & Feinsinnige bar jeder Ironie über die Ansbacher Bachwoche 1971 sinnt sowie über deren makabersten Besucher, den *»Bankier Abs, der mit Liebe«* (!!!) *»an Bach und Ansbach hängt«*.

Es muß ihn wirklich der Affe gebissen haben: Anders und Abs, Glück und Götterdämmerung, Wunder und Weh, Rausch und Reinheitsebene, Hinz und Kunz.

Sagen wir's dezenter: Ein deutscher Intellektueller hat schon gar zu viele Hausgötter.

TV-PFARRER

Pfarrer Adolf Sommerauer, er retirierte, man erinnert sich, vor zwei Jahren seufzend ins Privatleben, war ein TV-Fertigkomiker der Extra-Klasse. Eine kohlrabiköpfige Wurzen von unglaublich traurig-tröstlicher Augen-, Lippen- und sogar Wangensprache; ein Mimiker und Rhetoriker von Elegie und Melancholie weit hinter sich abschmetternder Vergammeltheit; eine morose Orgelflachpfeife von nachgerade kostbarer humantheologischer Präsenz und Penetranz.

Sommerauer – dergleichen steht selbst innerhalb der Ressourcen der Ecclesia als einsamer Glücksfall, indessen: nach vielen Anlaufschwierigkeiten beginnt sich sein ZDF-Nachfolger im Rahmen von »Pfarrer Johannes Kuhn antwortet« mählich zu profilieren. Zwar bleibt es bei diesem blauäugig etwas in die Breite angelegten Hansi Rosenthal oft noch bei mittlerem Stumpfsinn wie »Die Generationen sollen sich auf Verständnis einlassen, nicht auf eine so totale Konfrontation«; beim TV-kurrenten Eigentlichkeitsjargon des »Die Ehe intensiver erleben« – aber sehr schön kann Kuhn bereits exakt wie »unsere jungen Leute«, »okay« sagen. Zwar mangelt ihm noch sehr Sommerauers pastorale Verve, dessen verzweifelte Dreistigkeit beim Dummdaherreden; aber er versteht es, schon recht expressiv-militant den Mund schiefzulegen, ja, manchmal reißt er ihn sogar jäh blitzartig und wie überwältigt auf und formt ihn quadratisch. Zu Gebot steht Kuhn das abwägend hilflos-helfende Kopfwackeln, das linke Auge vermag er leis kess-verschmitzt zuzuzwikken – und bei Schwerpunkt-Infantilismen (»Ich möchte Ihnen einen Orientierungsrahmen geben«) verschmäht er es nicht selten nicht, auch beide Augen kugelrundlich aufzureißen. Ein jongleurhaft verwirrendes Zweihändegeflirr signalisiert die Brisanz des Weltgefüges; den »starken Machtarm der Kirche« markiert Kuhn durch eine Art Handkantenschlag; sehr reif auch schon das rauchige Decrescendo der Demut, der Einsicht in die spezifisch christlich verschrumpelte conditio humana an sich.

Kuhns momentane Hauptpointe ist das zierliche Schürzen von Daumen und Zeigefinger zum Appell: Und nun, meine Dummerln, aufgepaßt! In fast profan polizeiblauem Hemd unter hellbeigem Jackett geht es, von einer Pfingstrosenvase umsäumt, meist um scharfchristliche Eheprobleme, ja Ehezerwürfnisse, die vielleicht daraus resultieren, daß eins vögeln, das andere aber Gottes rigiden Scharfblick auf sich kleben gesehen haben will. Nun ja. Ob es gar so ist, daß unsere Klerikalen exklusiv nur noch dazu da sind, komische Mimik, Sprache und Gebärdensprache in einer Zeit der Regression wo nicht als kaum verschmerzbare zu retten, so doch noch eine Zeitlang konservieren zu helfen?

HUMORKNEIPE I

Eine komische, eine Humor-Kneipe? Würde eine solche als solche für sich werben, es dürfte wohl Perhorreszierendes befürchtet werden. Und doch war mir neulich eine vergönnt – ausgerechnet im banalen München, ausgerechnet im verrottetsten aller Touristen-Lokale, dem »Donisl« am Marienplatz. Ich saß dort, nach der Oper, von 23 bis 5 Uhr und sah ca. 150 Personen ein und aus gehen bzw. sitzen, 150 Personen, von denen, inklusive dreier Kellner, 145 evident und freudvoll außerhalb der Norm agierten. Und dabei nicht übel fuhren. Es war erregend, es hatte etwas Divinisches, etwas fast noch über Kaisers Joachim hinaus Cölestisches . . .

DER SCHRECKLICHE GEGEN DEN SANFTEN

Aufregungen der Schach-Weltmeisterschaft 1978

Im Gegensatz zu den Fußball-Bürokraten, deren argentinische Weltmeisterschaft schon seit Jahren in allen lokalen und zeitlichen Details feststand, sind die Veranstalter vom Weltschachbund FIDE lockere, je nach Perspektive nahezu organisationsunwillige, ganz bestimmt aber überraschungsfreudige Herrschaften. Denn hundertprozentig fest steht über das Weltmeisterschafts-Match Karpow gegen Kortschnoj, wenige Tage vor seinem Beginn, noch fast gar nichts.

Zu 99 Prozent immerhin war bei Niederschrift dieses Artikels ausgemacht, daß nun doch in Manila auf den Philippinen gespielt werden soll, nachdem es im Mai noch so ausgesehen hatte, als ob abwechselnd Graz und Hamburg die Ehre hätten. Bis auf weiteres gilt als Starttermin der 16. Juli, aber das kann sich leicht noch ändern. Nicht einmal die Austragungsmodalitäten sind in allen Teilen so ganz sicher – noch gar die Länge des Zweikampfs. Felsenfest steht vorerst nicht viel mehr, als daß die Kombattanten Anatolij Karpow und Viktor Kortschnoj heißen und beide Berufsspieler sind.

Karpow ist 27 Jahre, Sowjetrusse und amtierender 19. Weltmeister in der Geschichte des Schachs; Kortschnoj ist 47, seit zwanzig Jahren Weltklassespieler und seit zwei Jahren Exilrusse, genauer: staatenloser Dissident, abwechselnd in der Schweiz und der Bundesrepublik lebend.

Mehr als sonst halten sich die Experten mit ihren Prognosen zurück. Es scheint ein Match nicht nur auf Biegen und Brechen sich anzubahnen, sondern, mehr noch, eins, das vielleicht von mikroskopischen Vorteilen entschieden werden wird – in einem Maß, wie es selbst in der angebrochenen Ära des Computer-Schachs selten ist, einer Spielweise also, bei der es viel weniger auf Inspiration und Eigenkalkül als auf die maximale Speicherung von Informationen ankommt.

Bereits 1974, vom 16. September bis 22. November, saßen sich Karpow und der damalige Sowjetbürger Kortschnoj entscheidend gegenüber. Es ging damals, in Moskaus schönsten Schachsälen, darum, im Kandidatenfinale den Herausforderer des Champions Robert Fischer zu küren. Es war ein erbitterter Fight und einer, der die schachspielende Welt sorgenvoll in die Zukunft blicken ließ.

Von 24 Partien endeten 19 remis, Karpow gewann drei, Kortschnoj zwei. Aber nicht einmal die raren Siege vermochten zu elektrisieren: Kortschnoj gewann zweimal, als es schon zu spät war, einmal aufgrund eines Fehlzugs, wie er in dieser Drastik bei Karpow alle Jubeljahre vorkommt; Karpow siegte zweimal aufgrund guter häuslicher Vorbereitung seiner Sekundanten und hatte nur eine Gewinnpartie vorzuzeigen, die sich der spontanen Eingebung nebst exaktem Kalkül am Brett verdankte.

Das Ganze war eine Mischung aus Verbissenheit und unleugbarer Langeweile; der Einsatz zu hoch für Glanz und Risiko. Es wurden fast ausschließlich und in ermüdenden Wiederholungen zwei (von fünf oder zehn unter Großmeistern gebräuchlichen) Eröffnungssysteme wiedergekäut, die jeweils bald die wechselnden Chancen auf ein Minimum reduzierten. Es gab in 24 Partien eine einzige allerdings grandiose Opferschlacht, sonst ausschließlich reine und stets remisliche »Positionspartien«: Schach, sozusagen ausschließlich für Großmeisterhirne. Droht dies sich 1978 zu wiederholen?

Das wäre ungut für die Breitenresonanz des Spiels. Die

nämlich war gerade nach dem letzten Finalmatch 1972 zwischen Fischer und dem Russen Boris Spassky in Reykjavik massiv, ja unvergleichlich angewachsen. Denn in Island gab es nicht nur ein für Schachverhältnisse einzigartiges publizistisches Echo durch Fischers Sperenzchen, in die sich einmal sogar Henry Kissinger einschaltete. Es blieb auch nicht nur beim medienwirksamen Affront Osten gegen Westen. Heraus sprang nicht zuletzt eine Mehrzahl von Partien, in denen von der Genialität bis zur Hirnlähmung ungefähr alles vorkam – kurz, es waren über Chaissas Enklave weit hinaus mitreißende und einleuchtende Zweikämpfe.

Schach hatte plötzlich ebenso öffentliches wie mythisches Format bekommen. Der US-Einzelgänger, ja Outsider Fischer spielte in Überform; Weltmeister Spassky, stellvertretend für die seit Jahrzehnten dominierende Schachmaschine UdSSR, hatte keine Chance. Was dann geschah, ist gleichfalls weithin zu trauriger Berühmtheit gelangt: Fischer, nicht als erster Weltmeister der jüngeren Schachgeschichte, verlor die Contenance und sich selbst in einer Art Größenwahn: ward an Schachtischen nicht mehr gesehen und tauchte mehr oder weniger nur noch als Gerücht auf, abwechselnd in Klöstern, im Alkohol und in der Sexualität verschollen.

Der Eklat kam 1975: Fischer hatte im Zusammenhang mit seiner Titelverteidigung der FIDE derart absurde Konditionen übermittelt, daß sich der Verband nach fast unglaublichem Hin und Her bequemen mußte, sein geliebtestes, gefürchtetstes und jedenfalls attraktivstes Kind fallenzulassen; und Karpow, der sich soeben im Kandidatenfinale über Kortschnoj qualifiziert hatte, zum Weltmeister auszurufen. Das 3 : 2 war Schicksal geworden.

Fischer war ein strahlender, überdimensionaler, annähernd dämonischer Champion gewesen, dem sogar Psychoanalytisches anzudichten war wie der Hang zum Muttermord, nämlich gelegentlich eines ziemlich kühlen Damenopfers, dem spektakulärsten Zug des Schachspiels. Dergleichen »Dämonie« fehlt Karpow bis heute ganz. Er ist seit Jahren der stärkste Spieler der Welt; ein angesehener, aber keineswegs entflammender Primus inter pares.

Wie Fischer heute gegen ihn abschneiden würde, weiß niemand. Aber die Wiederholung der symbolträchtigen Konfrontation Ost–West sollte nicht sein, zum Ärger wiederum der »Medien« und Zeitdeuter verwandten Schlags, denen ja nicht zuletzt im Sport allzeit an Archetypisch-Sinnfälligem gelegen ist.

Immerhin hat es der Weltgeist gnädig gefügt, daß auch dem Match Karpow–Kortschnoj nun ähnlicher Kitzel zukommt: Durch Kortschnojs publicityträchtige Dissidentenrolle, die der Großmeister seit zwei Jahren mit einigem Pomp spielt, nachdem er sich anläßlich eines Turniers in den Niederlanden von seiner Nationalmannschaft abgesetzt hatte und später als Spielertrainer des begüterten Kölner Bundesligaklubs Porz engagiert worden war.

Es hatte ihm in der UdSSR einfach nicht mehr gepaßt – schwer auseinanderzudividieren, ob das »System« und Leben überhaupt, oder seine spezielle Schach-Existenz. Direkt antikommunistisch, prowestlich hat sich Kortschnoj nie geäußert, wohl aber den schachlichen »Personenkult« attackiert, der in seinem Fall dahin ausschlug, den jungen angeblichen Modell-»Funktionär« Karpow mit allen Mitteln zu fördern, aufzubauen; dagegen ihn, den alternden, nicht immer jasagenden Haudegen, nach Kräften zu drücken. Konkret: Beim Match 1974 waren Karpow zwei der besten Sekundanten, Kortschnoj hingegen nur ein anonymer Großmeister beigestellt worden. Das habe ihn, Kortschnoj, ruiniert.

Schwer zu entscheiden, wie berechtigt oder auch nur larmoyant derlei »Regimekritik« sein mag – seit Kortschnojs Abschied jedenfalls knistert es wieder ziemlich laut. Die »Medien« ließen sich erneut und dankbar von dem alten Ost-West-Konfliktmodell beflügeln, diesmal in der Variante Regimetreue hie, dort Emigrantenschicksal und – Emigrantenglanz! Denn fürwahr, geradezu lächerlich leicht, in einer Art Spielrausch hatte Kortschnoj in den Vorentscheidungskämpfen ausgerechnet die alten Landsleute Polugajewski und die Ex-Weltmeister Petrosjan und Spassky »vom Brett gefegt« (Schach-Jargon) – ganz als ob der Archetypus Ost–West ihn selber in eine Art kreative Wut hineingetrieben hätte.

In Wirklichkeit freilich sind derlei Archetypen (hie Disziplin, dort Phantasie) im Schach nur äußerst bedingt als Erklärungsschema brauchbar, vorsichtiger zu genießen als in anderen Sportarten – dazu ist die mathematische Komponente des Schachs zu dominierend. Noch verfälschender sind freilich analoge mythische Bilder, die ausgerechnet in Computerzeiten Vorwelt und Heldensaga beschwören möchten, dem überforderten Zeitgenossen zu dienen.

»Viktor, der Schreckliche«, so wurde Kortschnoj gelegentlich in Turniersälen genannt – um des sinnigen Widerparts willen ward für Karpow jetzt einfach das analoge »Tolja, der Sanfte« erfunden. Die Realität ist weithin prosaischer. Wenn es überhaupt so etwas wie »Stil« im Schach gibt (man spricht etwa vom »romantischen«, »klassischen«, »hypermodernen«, vom »Opfer-« Stil usw.), gar einen Personalstil, dann ähneln Weltmeister und Herausforderer einander so innig wie nur irgend möglich.

Beide sind primär »Positionsspieler« (sehr vereinfacht gesagt: Sie vertrauen einer durch Aufbau und Abtausch zunehmend um winzige Vorteile optimierten Stellung;

Kombinationen und Opfer spielen nur eine sekundäre Rolle), beide sind in Angriff und Abwehr gleich stark, beide scheuen – zumal in entscheidenden Partien – jenes Unkalkulierbare, dem als letzter unter den Weltmeistern zwischen 1950 und 1960 Michail Tal grandios, frech und zum Entzücken des Publikums sich anheimgab.

Seitdem ist Schach – wieder mal – unromantischer, gefühlssensationsärmer geworden.

Sucht man schon nach elementaren Antithesen im Kampf Karpow–Kortschnoj, so wären die, viel mehr als im Ost-West-Schema, in der Konfrontation zwischen Jugend und »Alter« aufzuspüren. Den 47jährigen Herausforderer drückt ein heute für Weltmeisteraspiranten schon fast unmögliches Alter – es ist dies jedenfalls seine letzte Chance, es der Jugend, die auch im Spitzenschach zunehmend dominiert, zu zeigen. Dazu hat sich Kortschnoj 1977 und 1978 in eine rational schwer erklärliche Form seines Lebens hineingespielt, was zuletzt Spassky in Belgrad schmerzhaft zu spüren bekam.

Offenkundig wurde dort freilich auch Kortschnojs Nervenanfälligkeit, die plausible Nähe zum »Tick«, die sich darin äußerte, daß der bereits haushoch führende Favorit hintereinander vier Partien, zum Teil sinnlos, verlor. Diese Nerven werden, meinen Experten, auch das Match mit Karpow entscheiden, so oder so.

Mit Nerven hängen im Schach die oft infantilen Volten zusammen, die großmeisterliche Computerhirne sich gerade in kritischen Phasen heute wie eh und je leisten. Die daraus entstehenden Anekdoten amüsieren Schachwelt und nichtspielende Öffentlichkeit gleichermaßen.

Wo alles oder nichts von zunächst meist kleinsten und kaum wägbaren Vorteilen abhängt, bedarf es der Kompensation durch Kindereien und der Psychostrategie durch Tricks. Gerade die abgelaufenen Kandidatenkämpfe bescherten derlei wieder in Überfülle. Da weigern sich zwei großmeisterliche Heroen, dieselbe Toilette zu benutzen; da verlangen sie ein Trennbrett unterm Tisch; da stellt ein Kandidat die Figuren nicht genau in Spielfeldmitte und bringt dadurch seinen Gegner zur Weißglut. Da sekkiert Petrosjan seinen »Todfeind« Kortschnoj, indem er, diesen fixierend, die Dame länger als üblich in der Hand hält. Der Schiedsrichter soll einschreiten, doch siehe, in keiner der ehrwürdigen Schachregeln findet sich über dieses Problem ein Vermerk – und Kortschnoj verliert wenig später die Partie.

Reich an Kinderei plus Psychoterror war jüngst sein Match mit Spassky in Belgrad. Eine ominöse Sonnenblende auf Spasskys Haupt führte nahezu zum Spielabbruch. Allerdings wollen besonders eingeweihte Kreise wissen, daß die beiden Sports- und politischen Feinde (Kortschnoj wirft dem nach Grenoble exilierten Ex-Weltmeister Halbherzigkeit vor) in Wirklichkeit die besten Freunde sind, daß aller Nervenfight abgekartetes Spiel war, einschließlich des Partienverlaufs . . .

Haben es, in der Erbschaft Fischers, die Schach-Koryphäen spät, aber ehern begriffen? Kortschnoj selber ist keineswegs der Bravste – die Wühlarbeit läuft schon auf Touren. Bereits nach dem Match 1974 hatte der Verlierer den neuen Weltmeister nicht gerade schmeichelhaft gewürdigt; in seiner jüngsten Buchveröffentlichung »Ein Leben für das Schach« (Walter Rau-Verlag) teilt Kortschnoj mit, der spätere Champion habe ihm damals, er habe es genau gesehen, einen »wilden, haßerfüllten, wütenden Blick« zugeworfen.

Dergleichen wird auch diesmal nicht zu unterbinden sein von Großmeister Lothar Schmid, der als Schiedsrichter das zweite Element Bundesrepublik in die Streitsache bringt. Spaß muß andererseits auch sein – die Schachwelt hofft freilich letzten Endes auf brillante Partien. Und da braucht sich die Enttäuschung von 1974 nicht unbedingt zu wiederholen.

Es gehört zu den vorerst unveräußerlichen Schönheiten des Schach, daß selbst in ruhigen oder vorsichtig geführten Partien innerhalb weniger Züge wilde Dramatik aufrauscht, fiebrig, als hätten Mozart, Verdi und Wagner zusammen eine Oper komponiert; auch die Nervenästhetik bei manchen Fußballspielen ließe sich als Vergleich durchaus heranziehen.

Nicht zuletzt das Belgrader Halbfinalmatch Spassky–Kortschnoj hat da wieder Hoffnung gemacht: Es war dies keineswegs die befürchtete Friedhofsruhe des Bürokraten-, ja Automatenschachs; sondern meist hochdramatischer, partiell hochqualifizierter Kampf und mehrfach sogar wilde Bolzerei. Einmal, bei einem ebenso hanebüchenen wie metaphysischen Damenverlust Kortschnojs, sahen die Kommentatoren sogar irgendwie die Fünfte Dimension als Dämonie aufschimmern . . .

Und derlei Zeichen lassen den Schachfreund denn doch noch heftig hoffen.

SIR HANSDAMPF

Walter Scheel ißt und trinkt für Deutschland

Wie würdefrei soll ein Bundespräsident, ein ehemaliger Bundespräsident sein? Friedrich Schiller, in seinen Ästhetischen Schriften, verstand »Würde« als »Ausdruck einer erhabenen Gesinnung«, als Widerschein von Geistesfreiheit i. e. Gottheit; zusammengefaßt als irdischen Abglanz einer höheren moralisch-metaphysischen Instanz, die aus der Menschlichkeit die Humanität gebiert. Davon ist in unseren profanierten Zeiten längst und endgültig keine Rede mehr. Doch wäre selbst hier und heute von den institutionalisierten Statthaltern des Erhabenen – der Staatsidee z. B. – noch immer so etwas wie der Schein eines Scheins mit Fug zu verlangen und zu erwarten. Meist bemüht man sich auch. Noch Heinrich Lübke strengte sich in aller Tolpatschigkeit und über sie hinaus an, dem Anspruch seines Amts im Sinne von Würde zu willfahren, gelegentlich anrührend, hin und wieder nicht ganz ohne Erfolg. Auch Karl Carstens sind Versuche in dieser Richtung nicht vollends zu bestreiten. Der einstige Bundespräsident Walter Scheel hat sie schon mit Beginn seiner Amtszeit, fröhlich schmetternd den »Gelben Wagen«, weitgehend aufgegeben. Auf dem Altenteil läßt er nun definitiv die Sau raus.

Vorsitzender und Präsident aller möglichen mehr oder minder mysteriösen gesamteuropäischen Gremien zu sein, sich auf Jagdgesellschaften herumzutreiben, jede Art von postpräsidialer Schutz- und Schirmherrschaft für alles und jedes zu übernehmen, für die »Bild«-Zeitung Kommentare zu schreiben: all dies lastet den sehr dynamischen Mann nicht länger aus. Daß er sich mit seinen Sorgen zur Lage der Koalition unqualifiziert und abermals in Bonner Politik mischt, genügt auch nicht. Im farbigen Schein der Medien vor allem will Scheel sich sehen, hören und lesen; und sei's im schmachvoll kunterbunt-topmunteren Verblödungsblatt »essen & trinken« im Gespräch mit der Chefredakteurin.

»Unser raffiniertes Menü im Mai – Von Witzigmann gekocht, von Walter Scheel getestet«, so prangte dort im Maiheft ein bilderreich eingedeckter Artikel, der, im Zusammenwirken mit einer ZDF-Serie, den wegen seiner »Verdienste um die gute Küche Deutschlands« zum »Feinschmecker des Jahres 1980« gekürten Scheel in Aktion zeigt, nämlich: »Zum Abschluß gab es vor den Fernsehkameras ein Gespräch mit vertauschten Rollen: Walter Scheel, normalerweise derjenige, der von Journalisten befragt wird, spielt diesmal den Interviewer, Angelika Jahr, sonst die fragende Journalistin, ließ sich diesmal selber ausfragen.« Das »kulinarische Tischgespräch, das die beiden Fachleute« (Jahr und Scheel) »bei ihrem Drei-Sterne-Menü« führten, nämlich zwölfgängig in der Münchner »Aubergine« – das vor allem konnte sich wahrhaft hören lassen. Denn »lebhaft wurde das Gespräch, als es um die Gleichberechtigung am Kochtopf ging«:

Walter Scheel: »Kochen ist normalerweise etwas, das von Frauen betrieben wird. Aber die großen Köche sind ausschließlich Männer, wie kommt das?«

Angelika Jahr: »Das kommt, weil die Männer sich überall in den Vordergrund drängen (. . .)«

Walter Scheel: »Mir kommt es trotzdem merkwürdig vor, daß Frauen sich am Herd nicht mehr profilieren. Meine Frau ist ja nun wirklich nicht die typische Köchin, im Gegenteil, sie mag die Küche gar nicht, aber wenn sie kocht, dann schmeckt das immer hinreißend. Also, am mangelnden Geschmackssinn der Frau kann es nicht liegen.«

Angelika Jahr: Nein, aber das ist wahrscheinlich wieder das Typische. Bei Ihrer Frau ist es wie sonst bei Männern: Weil sie nicht immer kochen müssen, kochen sie, wenn sie kochen, besonders gut.«

Usw. – ein erlesenes Spitzengespräch »vor surrenden Kameras« über jus naturel, verschärfte Emanzipation und Quarksoufflé nebst Muscadet sur lie. Schwer zu sagen, was das Aufregendste an diesem allseits geglückten Vorgang im Hause Witzigmann ist: die pressestrukturelle Innovation, daß ausgediente Bundespräsidenten journalistische Karriereweibsen »interviewen« bzw. immerhin, um sich die Mahlzeit zu verdienen, ein bißchen so tun? Die höhere Ironie von Sir Walters Schlußstatement, die da, nach einer knappen Elegie über die unsoziale Höhe der Preise, dahin lautet: »Ich bin so froh, daß ich Sie interviewen darf, denn so bin ich eingeladen zu diesem Essen. Ich kann mir das nur zu hohen Festtagen leisten«?

Und das trotz Niedrigstmiete für die Kölner Villa. Oder vielleicht letzten Endes doch die irgendwo erfreuliche Quintessenz, daß Scheel die »essen & trinken«-Ankündigung Lügen straft und keineswegs »testet« und kein Wort übers Essen sagt?

Sondern nur ißt.

Walter Scheel, mit seiner Gattin seit Jahren im harten Clinch um die Peinlichkeitsprädominanz in diesem Land, ihr bisher leicht, aber doch noch spürbar unterlegen – Walter Scheel, der »politische Frei-Herr der Bundesrepublik« (Dumm-Herr Herbert Kremp), hat aufgeholt. Nun könnte man natürlich fragen, was ein Alt-Bundespräsident denn Schlaueres tun solle als essen, trinken und darüber Rapport erstatten – bleiben uns so doch immerhin möglicherweise jene Memoiren erspart, deren säkulare Wucht sonst schwerlich zu verhindern sein würde. Man könnte freilich auch von einem Zugwind der Bitternis gestreift werden darüber: daß der Mann, der vor zehn Jahren in unser aller Wählerauftrag nach Moskau und Warschau fuhr, in Wahrheit einer ist, dem nichts mehr am Herzen liegt, als mit den Angelika Jahrs, dem ZDF und dem Rattenschwanz aller Horribilitäten dieser Welt »Es wird a Wein sein, und mir wer'n nimma sein« zu schmettern und vor allem aus ganzer vitaler Seele zu denken.

Wem es Spaß macht, wer Bestätigung dafür sucht, daß dieser Staat in Gestalt seiner trügerischen »Spitzenrepräsentanten« sich immer verwerflicher und rasender selbst entlarvt als das, was er wohl nach seinen innersten Gesetzlichkeiten ist: ein Freßtrog bzw. ein Gedrängel nach dem schönsten und größten; der freilich kann die beispiellosen Rührigkeiten des Walter Scheel nur mit jenem warmen Wohlwollen begrüßen, das von Gang zu Gang schmelzender wird und spätestens beim Punsch-Sorbet noch im rosigen Zerfließen die neue Würde der Humanitas gesichert weiß.

Laut Jury wurde Scheel zum Jahresfeinschmecker ausgerufen, »weil er gut essen und trinken kann«. Freilich, so ziert sich jetzt der Geehrte: »Es zählt nicht nur, was, sondern auch mit wem man ißt.« Meistens aber klappt's: »Wissen Sie, ich mag das hier alles sehr.«

Das glauben wir.

LIEBES KNABBERCHEN

Chipsesser und Kulturkonsumenten

Am Anfang war das Fernsehen, dann kamen die Kartoffelchips hinzu. Nach dem Willen der Chips-Hersteller soll diese unauflösliche Einheit nun durch ein Drittes, höheres ratifiziert und verklärt werden: durch die Kultur. Die Frage ist nur, ob solcher Wille zur Synthese sich nicht bald sehr schlecht auszahlt.

Die Chio-Chips hat zusammen mit Interessenten aus dem Margarine- und Mineralwasserlager eine Aktion »Poly-Punkte« gestartet, das heißt: wer möglichst schnell möglichst viele Chips wegputzt, zu dem kommt die Kultur ins Haus gedonnert. »Die Poly-Punkte berechtigen dich, lieber Verbraucher, zum Bezug von vielen interessanten und lehrreichen Bildern.« Für 49 Poly-Punkte gibt es schon eine Farbbilder-Serie »von bestechender Schönheit«, wobei du, lieber Verbraucher, deine Bildung systematisch vervollständigen kannst mit Streifzügen zu den Vögeln Ostafrikas, zu den Löwen, an die afrikanischen Flüsse und in die europäischen Sümpfe.

Du kannst auch, liebes Knabberchen, die »großen Stars des runden Leders« haben mit der »Biographie des bienenfleißigen Norddeutschen Uns Uwe«. Du kannst gleichermaßen ein Buch mit »Großraum- und Überschallflugzeugen« vollkleben. Oder du knabberst dir »Unsere Schmetterlinge« an, ein Werk, »das die Vielfalt und Farbenprächtigkeit unserer Schmetterlinge so richtig zum Ausdruck bringt«. Deshalb: »Die ganze Familie sammelt Poly-Punkte – und ist stolz auf ihre Bibliothek.«

Und schon sehen wir sie, auf dem buntscheckigen Prospekt, die neue Familie, vier Mann hoch, um das erste Klebealbum geschart, vier ausgezeichnete Knabberchen, die im Kommen sind: Zwei glücklich vollgestopfte Kinder, eine überraschend schlanke Mutti und einen hemdsärmelig überlegen lachenden Vater – schau, wie schön er, das Pfeifchen zwischen den durchtrainierten Zähnen, die Frösche und Schmetterlinge einklebt, ein hornbebrillter Freund der Wissenschaften, wer hätte das bis gestern noch gedacht.

Wir aber, unerbittliche Analytiker des neuen Glücks, vermissen – die Chips. Denn sosehr uns das Kleben an sich überzeugt: so richtig den goldbraunen, knusprigen, fast materiefreien Schwachsinn in sich hineinschieben läßt sich dabei nicht. Und wir fürchten, das haben die Herren Chipser bei der Konstruktion ihres neuen und allen Interessen gerecht werdenden Bildungsmodells übersehen; die Dialektik der Kulturbewegung, der schon Gottfried Keller vollrohr vertraute, macht auch vor der schönsten Synthese aus der Kartoffelfront nicht halt, panta rhei, tut uns leid, ihr Herren, fressen und gefressen werden, Sie wissen ja, Darwin usw.

Aber was solls's? Auch der liebe Kleber, seien Sie dessen versichert, wird sich eines schönen Tages zum Kleben wieder einen neuen, noch dufteren, einschmeichelnderen, betörenderen, berauschenderen Dreck ins Maul stopfen lassen – im Sinne der ruhelosen schon vorhin erwähnten Dialektik und der immer höheren und schöneren und schmackhafteren Synthese.

ROMEO UND JULIA '71

Oder: Liebe heute

Vor einiger Zeit stand es halbfett bis fett in den Tageszeitungen; kurz danach konnte man in den Illustrierten die lyrischen Backgrounds nachlesen. Fest steht: An einem Morgen Ende August fuhren Patrick Kvot (19), Gymnasiast und Sohn eines Fabrikdirektors, und Maryvonne Louchel (21), Tochter eines Kassierers und angehende Lehrerin, mit einem geliehenen Fiat 500 über die Kreidefelsen an der nordfranzösischen Atlantikküste 150 Meter tief in den Tod. Die beiden hatten sich vier Wochen zuvor kennengelernt und in der vorausgegangenen Nacht zum erstenmal miteinander in einer Absteige an der Küste geschlafen. Am Morgen hatten sie dort gefrühstückt, waren in Richtung Tréport gefahren, das Auto stand einige Minuten an den Kreideklippen, rollte an und krachte in die Tiefe. Bei der Bergung der »engumschlungenen Leichen« fand sich im Handschuhfach des zertrümmerten Wagens ein Zettel: »Es handelt sich weder um einen Unfall noch um einen Selbstmord aus Verzweiflung. Wir sind glücklich. Wir wollen vermeiden, daß unsere Liebe durch die Gesellschaft zerstört oder beschmutzt wird.«

Bekanntlich reagieren wir heute auf reale Ereignisse literarisch. Erste Assoziation also: Romeo und Julia, nicht so sehr Shakespeares als die »auf dem Dorfe« von Gottfried Keller. Was dort die beiden Esel von Väter anrichten, ist hier durch »die Gesellschaft« ersetzt, und die meinte ja auch Keller schon. Auch die Umstände gleichen sich: die ersten »freien« Stunden miteinander, »wir sind glücklich«, das Frühstück, der »eng umschlungene« Tod im symbolkräftig kühlen Wasser. Eine der rührendsten, die einfältigste, die sublimste, die tränenzwingendste Liebesgeschichte des 19. Jahrhunderts jetzt also real im späten 20.

Es darf nicht wahr sein. Die zweite Assoziation scheint weniger naiv: Love story und kein Ende, die Unappetitlichkeit in Potenz, das Verlogene und Verblödete im Breitwandformat. Aber die Assoziation stimmt natürlich nicht. Hier haben's zwei, pardon, real »gebracht«. Die Falsch-Assoziation ist Ausdruck jener längst von Kraus und Benjamin auf den Begriff gebrachten Täuschung, welche Literatur und Preßwesen im besondern anrichten: reale Katastrophen sind nicht anders mehr wahr denn als Reflex in der Konsumindustrie, hier als Love story für die Illustrierten: »Die ungewöhnlichste Liebesgeschichte des Jahres« (»Quick«) unterscheidet sich medienessentiell in nichts von Segals ideologisch übertünchtem Schleim.

Unterstellen wir, wiederum naiv, wir vermöchten von solcher Pervertierung der Optik zu abstrahieren, den realen Vorfall erfassen. Es handelte sich also um: Liebe. Kein halbwegs vernünftiger Schriftsteller brächte den Begriff heute ungebrochen, ohne Ironie, ohne Sarkasmus zu Papier. Gar todbringende Liebe. Nichts stellt sich erst mal ein als ein Wust von eingefrorenen Banalitäten, Slogans von Platon bis zu Fassbinder. Liebe macht blind, o daß sie ewig grünen bliebe, die Dingsda, Liebe ist stark wie der Tod, Liebe ist kälter als der Tod. Tickets, Quatsch, Gerümpel. Haben Patrick Kvot und Maryvonne Louchel – nach einem »Quick«-Foto zu schließen ein sehr anmutiges Mädchen mit intelligenten Gesichtszügen – haben die beiden Kitsch produziert? Kitsch, bis daß der Tod euch scheidet?

Zurück zu Keller, zurück zur »Gesellschaft«, welche »unsere Liebe zerstört oder beschmutzt«. Das ist wahr, das haben wir mit Ausnahme von Kolle und Co. halbwegs kapiert: daß »Liebe«, d. h. das Integral von Sexualität, etwas gesellschaftlich Vermitteltes ist. Das haben schon die Erfinder jener romantischen Liebe gewußt, um die es offenbar hier geht. Liebe und Gesellschaft. Ein Frankfurter Philosoph, der eine Ahnung von diesen Dingen hatte, war der Meinung, daß man die Menschen, wie sie heute sind, gar nicht mehr lieben könne. Das ist das Spiegelbild der Einsicht, welche Patrick und Maryvonne zur Reaktion trieb. Man möchte nicht sentimental werden, aber auch nicht zynisch. Es empfiehlt sich, die beiden jungen Franzosen ernst zu nehmen. Es empfiehlt sich für Kunst- und Kitschtheoretiker und noch mehr für jene, die mit Politik zu schaffen haben.

EX-FASCHINGSPRINZEN

Einen großen Tusch, ein dickes Bussi auf den »Ex-Faschingsprinzen-Club Düsseldorf«, vorgestellt am Rande des TV-Features »Tolle Tage – Portrait einer Faschingsprinzessin«! Aber was war diese Hübsche schon gegen das im Ex-Prinzen-Club versammelte und verrammelte gute Dutzend Schnarcher der Extraklasse, das heute noch auf irgendwie freier Pläsirbasis weiteroperiert! Eine nachgerade wundersame Corona von bebrillten Orgelpfeifen, pausbäckigen Dörrpflaumen und sonstigen frischfröhlichen Halbleichen unter der Narrenkappe! Am niedlichsten jener offenbar zum Sprecher der Truppe auserkorene Schnauzbart, der irgendwie an einen zum Kehraus aufgeblasenen Elias Canetti gemahnte und freilich Sinn und Funktion seiner Leute irgendwo auch nur sehr fragmentarisch zu erklären vermochte und sich's aber trotzdem nicht verdrießen ließ – nein, sein rechter Flügelmann schillerte noch erbarmungswürdiger, munterer, gemütsverrotteter, zäher, die Stellung haltender mit dem extrem runzeligen Bratapfelkopf – ach, ich spür's, beim Schwärmen gehen mir die Worte aus – allzu schnell toste der charmante Spuk vorüber – doch Trost für mich und dich: Mainz, wie es singt und lacht, nebst anderer Büttnerei hebt ja erst jetzo wieder furchtlos an. Ich werde mich mit Kafka rüsten.

DE MORTUIS NIHIL NISI QUACK

Jean-Paul Sartres Verlöschen im Spiegel ausgewählter deutscher Rechtspresse

Es wäre ja an sich schnurzegal, was die sogenannte bürgerliche Presse zum Abgang von Jean-Paul Sartre am 15. 4. 1980 zu sagen hatte, nämlich nichts; wenn sie's nur wirklich getan hätte. Indessen, sie erhob das Wort. Und dies so mächtig und alle Erwartungen landläufig gewohnter kritisch-konstruktiver Totenehrung derart absehbar über den Haufen fegend, daß es schon wieder zur ziemlich verdammten Pflicht der Chronique comique wird, den Spuren der zur intellektuellen Feier angetretenen Würdenträger zu folgen.

Was war da, vor etlichen Wochen? Das Ableben Sartres ließ sich medial insofern besonders pikant an, als der existentialistische und marxistische Schriftsteller zwar weiß der Hegel nicht »einer der populärsten Philosophen der Gegenwart« war, wie die Deutsche Presseagentur in schon grobdebiler Verrammeltheit schmarrt; in scharfer Verkennung der Tatsache, daß diese z. B. in Deutschland Curd Jürgens, André Heller und Hildegard Knef heißen; indessen an Sartre, dem im Mai dann unbarmherzig hereinprasselnden Sartre-Bücher-Boom zur Schande, weltweit allenfalls tausend arme Seelen interessiert und zur Auskunft fähig sind; was der dpa-Redakteur zwar auch weiß, aber ist doch wurscht.

Soviel immerhin ist richtig, daß Sartres Existenz offenbar etwas derart Magisches und im Negativen Ragendes hatte, daß sich ARD und ZDF sogar noch am Tag der Todesmeldung dazu verdonnert fühlten, zu nachtschlafender Zeit sich des langen und breiten über einen Mann auslassen zu müssen, dem ein wahrer Fernsehmann aufrichtigerweise eher den Stoßseufzer nachschicken sollte:

Gott sei Dank, wieder einer weniger von denen, die noch immer nicht an uns glauben.

Selbstverständlich kam keine deutsche Zeitung beim Ableben Sartres (wie vorher dem Horkheimers oder Adornos oder Blochs) auch nur annähernd auf die Idee, den Toten angemessen zu würdigen, indem man ihm wie »Le Monde« die ersten vier »politischen« Zeitungseinheiten einräumt; sondern dort ging es wie allzeit um Lambsdorff, Olympia und Kinderfreibeträge. Die FAZ schlug aber immerhin die Spitzenmeldung Seite 1 links außen für Sartre frei – und gestattete im Feuilleton einen fast ganzseitigen Epitaph, einen überaus ehrenden und analytischen und keineswegs törichten, an dem nur leider leicht verblüffend ist, daß er von einem zweifelsfrei und rechtschaffen Linksliberalen, dem Feuilleton-Altmeister François Bondy aus Zürich, stammt – der, aus welchen gesinnungstechnischen Gründen auch immer, in den Spalten der »Frankfurter Allgemeinen« aber sonst nie wirksam wird. Doch siehe – jetzt referiert Bondy über die schiere Sachkompetenz hinaus die schlagartig geläuterte Position der FAZ in Sachen Sartre! Unschuldiger hat seit Pilatus keine Kulturabteilung ihre Hände vor Deutschlands Klügsten und Chefärzten und Diplompositiven gewaschen; zumal diese noch am selben Tag in den vorderen Teilen des Blatts weiterhin aus den Federn der vertrauten Facks und Frommes und Reißmüllers erfahren durften, wo es trotz Sartres »kompromißloser Darstellung der menschlichen Beziehungen« und seines »Traumes von einer versöhnten Menschheit« (Bondy) letzten Endes und recht eigentlich langgeht zu Abs' und Friederichs Eierkuchen: »(Der ehemalige Ministerpräsident von Baden-Württemberg) Gebhard Müller, einer der wenigen Zeugen der Nachkriegszeit, hatte schon Ende der fünfziger Jahre davor gewarnt, daß der Sozialstaat auf ein schleichendes Einzementieren der Freiheit hinauslaufen könnte« (Friedrich Karl Fromme in der gleichen FAZ-Ausgabe).

»Die Welt« räumte dem Heimgang Sartres (Seite 1) zwar nur fünf Zeilen ein; ihr Sartre-promovierter Sartre-Experte Günter Zehm, der dem toten Ernst Bloch insofern noch immer Kummer macht, als er partout einst sein Schüler gewesen sein möchte, räumt um so vehementer mit einem Vorurteil auf, ja namens der »Welt« taucht Zehm den Leser in nachgerade Irritation noch jenseits der FAZ. Anläßlich von Sartres »Verlöschen« berichtet er anhaltend von epischen »Meisterwerken«, Thesen von »gnadenloser Schärfe«, von »höchst präzis gebauten Theaterstücken«, von »luziden Analysen« auf insgesamt »außerordentlichem Niveau«. Zwar – eben, wenn der Leser schon meint, das falsche Blatt in den Händen zu halten – kommt Zehm nicht ganz drumrum, dem Verstorbenen die »schmähliche Farce« zeitweiser »alberner Terroristentraktate« anzulasten, und auch das Engagement für Algerien, Fidel Castro und den Pariser Mai 68 hätt's nicht unbedingt gebraucht – indessen, am Ende entlarvt der Grabredner dann doch wieder die überaus erfreuliche Wahlverwandtschaft zwischen »Welt« und Sartre, diesem »echten französischen Bürger und Bourgeois«, der dieser trotz allen »spontanen, weitgehend unreflektierten antibürgerlichen Affekts« summa summarum gewesen sei. Alles fließt, c'est égal, als Deutscher wäre Sartre, wenn man's ihm richtig erklärt hätte, sogar gegen die Mauer gewesen – dem ist nur noch das Lob für seine »Bescheidenheit und respektvolle Mutterliebe« anzufügen, mit beiden hätte er's bei einem etwas moderateren Leben weit und fast zum Springer-Kolumnisten bringen können.

Nur stimmt halt alles doch nicht ganz. Und deshalb blieb es einmal mehr der »Bild«-Zeitung vorbehalten, die

Ehre der Zyniker-Presse im Alleingang und insofern zu retten, als sie, der Schwester »Welt« Fisimatenten hin und her, sagte, was seitens »Bild« richtig und aufrichtig zu sagen ist: »Er war der Häßlichste von allen« (Überschrift). Ein angebliches Zitat von Simone de Beauvoir, das archiviert oder aber getürkt zu haben man »Bild« schwer loben muß. Und noch mehr für die Wiederholung und Präzisierung der Aussage im Text: »Ein abstoßender, fast blinder, alter Mann (...) er war der Häßlichste und Schmutzigste von allen.«

Stimmt. Eine Schönheit, Klarheit und Unbestechlichkeit der journalistischen Aussage mal Standortbestimmung, welche nur noch durch die Konfusion bei der Plazierung des Artikels ins Strahlende gesteigert wird. Eigentlich sollte dieser Text auf Seite 2 eine Fortsetzung von Seite 1 sein, dort aber war er nie zugange – sondern ein weiser Weltgeist oder aber der konsequenteste aller »Bild«-Redakteure hatte es verhindert. Und statt dessen mächtiggroß mitgeteilt, Mildred habe ein neues Krebsmittel in der Hand, der Himmel lächle übers Wochenende und Weisweiler sei schon am Samstag bei Cosmos. Der Hauptbalken bezieht sich offenbar auf diese drei Hauptmeldungen gemeinsam: »Hoffnung«.

Eine Kategorie, die Sartre leider ziemlich fremd war. Und außerdem hat er geschielt.

MÄDELS ETC.

Aus der Welt des Spitzen-Journalismus

Ein pressestrategisches Novum vergleichsweise unauffälliger und doch eklatanter Größenordnung tat sich jüngst auf den leckeren Spalten des Herrenmagazins »Lui«. Wer nicht näher hinsah, der mochte glauben, mit der ersten Nackte-Mädels-Bildserie den üblichen redaktionellen Augenservice im ersten Drittel des Hefts zu genießen. Sechs Seiten lang räkelten sich Stücker 15 Spitzenleiber auf ca. zehn Farbfotos, zu sehen waren nebenher ein paar todchic stahlblaue Automobile – und auf diese geläufige Symbiose Sex-PS lief auch der impressionistische Beitext (»das aufregende Brennen und Kribbeln unter der Haut«) hinaus. Auf fiel allerdings dann bald, daß auf den Nummernschildern der Wagen schon überdeutlich »Renault Alpine A 310« zu lesen stand. Und jetzt erst wohl nahm der verwunderte Blick auch jenes kleinzierliche Wörtchen »Anzeige« wahr, das jeweils in den Ecken der Farbseiten zu lesen stand.

Was kann der heutige Top-Journalist aus diesem offenbaren Debutvorgang folgern?

1. Ohne schmucke Mädels geht überhaupt nichts mehr – dies gilt für Werbeagenturen wie Redaktionen gleichermaßen und obligat. Das sollte endlich sogar die FAZ einsehen und ihrem Herzen einen Hieb geben. Einen doppelten: Sie möge auf ihrer Seite 1 nicht nur dem Foto an sich Raum gewähren; sondern gleich am besten dem sexualen. Damit der Leitartikel nebenan erträglicher wird. Zumindest könnte sie diesem ein hurtiges Mädel-Foto als zartgroben Raster unterlegen.

2. Im neueren Top-Journalismus rutschen nicht nur Fakten und Meinungen egalweg durcheinander, nicht nur

Journalismus und PR-Funktion – sondern schlußendlich und definitiv auch Anzeigen- und redaktioneller Teil. Mehr und mehr entledigen sich die Redaktionen der noch bestehenden und ziemlich lästigen Pflicht, dem Leser neben den Anzeigen auch redaktionelle Texte zu offerieren – genauer, »Lui« führt's beispielhaft vor: Die Anzeigenkunden basteln selber die redaktionellen Seiten zusammen. Wie könnte das Modell »Lui« in anderen gedruckten Medien Platz greifen? Zum Beispiel so:

Im »Deutschen Waffenjournal« (DWJ) verbinden die G-3-Hersteller eine Anzeige mit einer Fotoreportage über allerlei Erschießungen in Kurdistan. Die Gewehre wären dabei optimal herauszustellen, damit klar wird, daß hier höchste Wertarbeit am Böllern ist.

Die Firma Sechsämtertropfen übernimmt für die überlastete »Geo«-Redaktion eine Fotoreportage über besonders schöne und edle Kräuter des Fichtelgebirges. Der Zufall will es, daß alle 87 vorgestellten Kräuter im Sechsämtertropfen enthalten sind.

Im »Vorwärts-Spezial« erscheint eine kombinierte Bild-Text-Story über die verdammte Lage der Kaffeeplantagenarbeiter in Mittelamerika. Geschrieben und geknipst hat sie der Tschibo-Experte, der auch mehrfach beim Trösten dieser Proleten zu sehen ist. Bild-Unterzeile: »Trost im Alltag auch für Sie: 1 Tasse Tschibokaffee«.

Wetten, daß diese drei Visionen eines entschlossen progressiven Pressewesens schon bis Weihnachten von der Wirklichkeit locker überholt sind?

HUMORKNEIPE II

Um auf meine Münchner Humorkneipen-Hommage von neulich zurückzukommen: Bis vor kurzem gab es in der Schwabinger Leopoldstraße ein fast lupenrein italienisches Boulevard-Café, in dem sich's angenehm sein ließ, auch wenn in den letzten Jahren eine Groupie-Mafia rund um den Schwabinger Dauerverfilmer Lemke durch ihre schrille Präsenz etlichen Schaden anrichtete.

Jetzt ist eine Wienerwald-Imbißstation draus geworden. So weit, so normal die Katastrophe. Daß es aber in diesem Wienerwald fast ausschließlich Hamburger zu kaufen gibt, dieser coup d'idiotie ruft erneut den Humorrezensenten auf den Plan. Glückwünsche, Friedrich Jahn! Stimmiger wurde selten das Ambiente einer Stadt und ihres italienisch-österreichisch-nord-und-süddeutschen Lebensscheißgefühls auf die Realmetapher gebracht.

DISCO-DEUTSCH

Eine Übungsstunde

»Können Sie noch Deutsch?« erkundigte sich jüngst die FAZ und räumte ihre Spalten dem Abdruck eines Beitrages der Offenbacher Schülerzeitung »Pauke« ein, welcher allerdings geeignet ist, alle kulturträgerische Selbstgewißheit in Sachen Sprachbeherrschung mächtig ins Wackeln zu bringen.

Die »Pauke« erstattete nämlich einen Erlebnisbericht aus der herrschenden Disco-Szene in »Disco-Deutsch« – und stellte dessen »Übersetzung ins Neudeutsche« daneben. Denn hätten Sie, Leser, etwa ohne weiteres gewußt, was ein »Bock auf Terror« ist, was eine »riesige Tussi«? Nun, dieses ist ein »sehr hübsches Mädchen«, jenes bedeutet »Lust auf Streitigkeiten«. Ein »beknackter Gent« aber ist ein »etwas unsympathischer Mann« und eine »echt einsame Schnecke« ein »Spitzenweib«. Oder hier, ein etwas längerer Abschnitt:

»Als ich neulich mit Peter in die City drückte, macht der mich unheimlich an aufs Tilbury. Na, schon bohren wir dahin, obwohl ich eigentlich aufs Lollipop stand. Ich Chaot hatte keine Matte mit, weil ich meinen Kaftan vergessen hatte und sagte zu Peter, er solle mal ausklinken. In dem Schuppen zogen ein paar People schon eine heiße Show ab.«

Die autorisierte Übersetzung des Autors, eines Disco-Deutsch-Insiders, lautet:

»Als ich neulich mit Peter in die City fuhr, überredete er mich, ins Tilbury zu gehen. Nun, wir fuhren dorthin, obwohl ich lieber ins Lollipop gegangen wäre. Dummerweise hatte ich kein Geld dabei und bat Peter, er möchte für mich zahlen. In dem Lokal sorgten einige Leute gehörig für Stimmung.«

Soweit die zweifellos etwas spröde Übersetzung. Dennoch scheut die FAZ vor der farbigen Live-Version, diesem »neuesten Deutsch«, unverkennbar horribilisiert leis zurück. Das eben sollte aber nicht sein. Denn steckt nicht letztlich etwas Genuines in ihr, eine fast expressionistische Sprengkraft, ein Innovationsmumm, welcher der ruinierten Sprache der Erwachsenen, der Sprache der verwalteten Welt, der literarischen und philosophischen Sprache sogar, entscheidend neu auf die Beine helfen könnte? Und gar der vollends verkalkten der – Politiker!

Stellen wir uns vor, daß die heute 15- bis 20jährigen in zehn bis zwanzig Jahren an den Schaltstellen der Macht sitzen und dahin vielleicht sogar ihre Disco-Sprache mitnehmen. Wäre diese nicht so ein rechtes Erfrischungsbad für uns weithin lustlose Rezipienten? Ja, könnte sich nicht heute schon so mancher ausgelaugte Regierungs- oder Oppositionspolitiker vom folgenden Bericht zur Lage der Nation so manche visionäre Scheibe abschneiden?

»Tussis und Gents! Dieser unheimlich hohe Schuppen hat in den letzten Jahren schon massiv beknackte Vibrations erlebt. Wenn ich so an die ehrlich einsame Mitbestimmungs-Chose denke oder an den elend seltenen Ostpolitik-Terror – wie wir alten Spinner da tagelang rumgehängt sind, angetörnt und bei der Schlußauszählung echt high . . . ja, Greise, damals war das Plenum noch ein scharfer Laden für Chaoten – aber was läuft eigentlich heute so?

Noch nie sind wir so echt unheimlich durchgehängt wie heute, noch nie war die Lage, wie der alte Conny Adenauer echt cool gesagt hat, so beschattet wie heute! Typen! Ist diese Shit-Politik denn heute ganz zu? Was läuft in dieser Schrott-Parteien-Scene? Was ist denn – ohne Schmus! – die große heiße Message? Stamokap? Der Radikalenkack? Der freiheitliche Demo-Trip? Das Numerus-Clausus-Gewichse? Aber das sind doch alles abgefackte Buschkackereien!

Worauf stehn denn in Wirklichkeit diese Bürger-Chaoten draußen in der City? Ich denk, ich steh im Wald! Logo! Die sind voll angemacht auf möglichst viel Sore, jeden Ersten ein Schlag schicken Kaftan, riesige Jobs und einsame Schnecken! Das läuft voll rein bei denen – der bürgerliche Parlamentarismus- und Gemeinschafts-Trip ist doch denen viel zu link! Worauf sie heute alle wie beknackt hindrücken: daß sie unheimlich stark sind, daß sie nicht zurückgeworfen werden in ihrem ego-business-Trip – bewußtseinsmäßig, Marx oder Jesus und so, rutscht denen doch alles weg; ich denk oft, mich streift ein Bus. Die wollen doch nur, daß ihnen der Planet auf Mallorca möglichst easy in die Wampe sticht!

Tanten, Freaks, Eulen, Wuschermänner, Schnecken! Laß uns deshalb schnellstens die happy-dynamische Frühopa-Verpflegung abziehen: Anmachen, abschleppen und aufreißen wie nix Gutes, bevor nix mehr geht. Laß uns nochmals den Hammer hochhängen, bevor das bescheuerte People die Power selbst in die Hand nimmt! Noch ist der Ofen nicht ganz aus: Gebt dem Bürger draußen im Lande, was er rafft und worauf er steht: Wuschis, Lämmis, Tilbury und Lollipop! Blickt durch! Sonst können wir hier, alle 500 Glimmermänner hoch, gleich die Mücke machen – oder vom Plebs einen satten Satz heiße Ohren und Taucherbrillen erben. Da aber würdet ihr angesäuerten MdB-Bohrer ganz schön schattig in die Scheiße kucken. Meine Partei-Freaks und ich haben da jedenfalls keinen Bock drauf. Yeah!«

So, Leser, alles geschnallt? Und was würden Sie ggf. dazu meinen, wenn z. B. der momentan etwas angesäuerte Helmut Kohl, seine notorischen Profilierungstroubles gegenüber Helmut Schmidt zu liften, sich mal in dieser

Richtung versuchte? Und ungewohnt revolutionär einsam aufs Blech haute? Eventuell über diesen Sender die noch fehlenden Wuschis und Lämmis für die 50,1 Prozent anzubohren?

DOSTOJEWSKI-VERFILMUNG

Die ARD wiederholte kürzlich ihre »Dämonen«-Verfilmung aus dem Jahr 1977. Mir war's nochmals erstaunlich, wie gut eine unprätentiös konservative Übersetzung eines 1000-Seiten-Romans in sechs Stunden Bild gelingen kann. Und dies deshalb, weil sich Buch und Regie (Leopold Ahlsen und Claus Peter Witt) engst an Geist und Buchstabe des Romantextes halten. Ich habe gelacht, so oft und so laut wie beim Lesen. Am häufigsten über Hannes Messemer, der vielleicht dazu auf die Welt gekommen ist, den unsterblichen Stepan Trofimowitsch zu spielen – am lautesten über den Satz, den Helmut Qualtinger als angezwitscherter Hauptmann Lebädkin der Generalissima Warwara P. Strawrogina zuteil werden läßt, als sie ihn zur peinvollen Rücksprache wegen allerlei Inkorrektheiten, Intrigen, Infamien zu sich rekommandiert: »Es hat sich soviel aufgehäuft in diesem schlichten Soldatenherzen, daß Gott es selbst nicht verstehen wird, wenn er es am Jüngsten Tag erfährt!«

Genau. Dostojewski steckt diesen Herrn noch allweil in die Tasche.

AUTOKONFESSIONELLES

»66 Prozent unserer Publizistik bestehen darin, daß Autoren *über* Blätter schreiben, *für* die sie nicht schreiben wollen oder, zumeist, nicht schreiben dürfen.«

Und das gilt auch für Eckhard Henscheid, den artistischen Ausklügler dieses Aphorismus. Der sich nun wieder den unsäglichen in der »Frankfurter Rundschau«-Wochenendbeilage zuwendet; auf daß ihm noch viel schlechter werde.

BIN ICH EIN GI-GA-GANTENBEIN? ODER EIN WUSCHEL NUR?

Unbescheidener Hinweis auf zwei begnadete Vertreter deutscher Nonsens-Literatur

Am zweiten Weihnaxfeiertag
als ich grad im Schterben lag
war im Flur ein großer Krach
und der drang ins Schlafgemach
Als ich dieses Lärmen hörte
was mich so beim Schterben schtörte
– ich wär' eine dumme Sau
stürbe ich bei dem Radau
bei so einem Heidenlärm
kann kein Schwein mehr ruhig schterm –
Schtand ich auf und ging nach draußen
sah dort meine Kinder zausen
schlug ein Hühnerei entzwei
briet mir draus ein Schpiegelei
in der Küche wo der Krach
nur noch schwach zur Tür reinbrach
Derart war ich abgelenkt
und dem Leben neu geschenkt
dankbar aß ich noch ein Ei
und dann kam der Tod herbei
Als er sah wie es mir schmeckte
wie ich aß und nicht verreckte
legt' er seinen Hobel hin
und sagte mir »Adjöh«.

Der dies Liedlein erfand, schreibt sich Fritz Weigle, ist Studienrat für Deutsch und Akademischer Rat zu Göttingen, macht privat auch einen recht manierlichen Eindruck und ist trotzdem eine der eigenwilligsten Nüsse der Nation. Am

2. Weihnachtsfeiertag, wird in der Vorrede des Gedichts mitgeteilt, »ging es ihm gar nicht gut«, aber statt, wie andere, nur herumzulamentieren, »verarbeitete er seine Erfahrungen zu einem Gedicht, in dem private Misere und gesamtgesellschaftlicher Reimzwang ein Bündnis eingingen«.

So ist es. Genauer gesagt ist es so, daß der Dichter Weigle, gemessen an den klassischen Postulaten, furchtbar windige Reime baute – »Krach – gemach – brach«; »draußen – zausen« usw.; noch genauer: daß ihn vermutlich der zugeflogene Reim »Sau – Radau« erst zu einem Gedicht veranlaßte; daß er dem unwiderstehlichen Zauber dieser Konstellation gleich noch einmal Tribut zollte: »Heidenlärm – kann kein Schwein mehr ruhig schterm«; daß er dem Motiv des Schterbens in Penetranz und Zähigkeit auch noch den Reim »schmeckte – verreckte« abtrotzte. Seine endliche Reife aber gewinnt das Werk erst in der Schlußzeile mit dem trugschlußartigen, dem Raimundschen Couplet abgelauschten Unreim: »legt er seinen Hobel hin und sagte mir ›Adjöh‹.«

Dies, kleinere Schönheiten außer acht gelassen, die Kurz-Interpretation. Was bleibet aber, ist der Gesamteindruck von Ach und Weh, von Rotz und Wasser, von zeitgenössischem Glanz und Elend, oder aber von »Chemie und Wahnsinn«, und dies ist auch die Überschrift, unter der dieses »Weihnaxgedicht« erschien.

*

Zu sehen ist ein x-beliebiges Kino-Agenturfoto, auf dem sich zwei ältere Herren freudig tätschelnd begrüßen. Dazu dichtet Robert Gernhardt:

»Mensch Erwin! Lange nicht geseh'n!
Wie geht's?« »Mein Gott, wie soll's schon geh'n –
Man schlägt sich durch als Aufsichtsrat,
Der auch sein Teil zu tragen hat.«

»Du Aufsichtsrat? Mach mal 'nen Punkt!
Ich denke, du bist Forstadjunkt!?«
»Das war ich, lieber Werner, war ich,
Doch diese Zeiten waren haarig:
Frühmorgens, wenn die Hähne krähten,
mußt' ich schon mit den Hasen beten,
Kaum daß die Zeit zum Frühstück reichte,
Kam drauf der Dachs zur Ohrenbeichte,
War die vorbei, da war auch schon
Bei Igels heil'ge Kommunion,
Und damit war's noch nicht genug . . .«
»Du, Erwin . . .« »Ja?« »Ich glaub', mein Flug . . .«
»Klar, Werner. Tschüs. Ach ja, was macht . . .«
»Yvonne? Die hab' ich durchgebracht.
Und zwar in – Mensch, ich muß jetzt geh'n!«
»Tschau, Werner!« »Erwin! Wiederseh'n!«

Das mit dem geschilderten Foto gezierte Gedicht trägt den Titel »Kurzes Wiedersehn auf dem Flughafen« und hinterläßt beim Leser den nachhaltigen Gesamteindruck von Zack, Trara, Wow und Tralala bzw. c'est la vie; d. h. die Welt steht auf kein' Fall mehr lang, aber das Leben geht weiter:

Bin ich auch arm
Bin ich doch dumm
Bin ich auch schief
Bin ich doch krumm
Bin ich auch blind
Bin ich doch taub
Bin ich auch Fleisch
Werd' ich doch Staub.

Robert Gernhardt und Fritz Weigle alias F. W. Bernstein; beide Mitte 30, beide als Poeten, Zeichner und Filmer ihren Tripel-Begabungen dienend, repräsentieren heute in der Bundesrepublik ziemlich einsam die Gattung der

Nonsense-Lyrik. Und diese Spitzenstellung zu halten, ist gar nicht schwer, denn Konkurrenz ist weit und breit nicht zu sehen. Nonsense-Lyrik ist hierzulande so gut wie nicht vorhanden, kein Wunder, wo es auch keine – zumindest offizielle – Tradition gibt.

Deutsche Nonsense-Poesie assoziiert flink und allenfalls die Namen Morgenstern, Ringelnatz und vielleicht noch Hans Arp und das deutschsprachige Geäst des Dadaismus; vorrangig aber richtet das Stichwort Nonsense nach wie vor den Gedanken auf seine Heimat: auf die Poems von Edward Lear und Lewis Carroll, auf Chesterton, vor allem aber auf die 150 Jahre alte Gattung der Limericks, die dem allgemeinen Begriff von Nonsense so sehr identisch sind, daß sich die Zeitschrift »Der Monat« vor Jahren zu der These aufschwang, in Deutschland gebe es keine Nonsense-Gedichte, weil es hier keine Limericks hätte oder allenfalls schwache Nachbildungen davon.

So kann man es natürlich auch sehen. Beachtlich an diesem unbedarften Befund ist immerhin, daß er aufzeigt, wie unbekannt die Gattung ist und wie wenig öffentliche, geschweige denn literaturwissenschaftliche Reputation sie genießt. Soweit zu sehen, schweigen sich deutsche Ästhetiken und Handbücher, »das Komische« betreffend, über Nonsense und seine Geschichte hartnäckig aus, und das ist nicht einmal so verwunderlich, denn abgesehen von einem einsamen Morgenstern war die zuständige Galaxie bisher ja wirklich nur sehr mäßig erhellt.

Immerhin, es gibt erwärmende Kleingestirne, apokryphe und halbverschollene Leuchten, eine nicht zufällig mit der Aufklärung und also der Popularisierung von »Bildung« einsetzende 200jährige Geheimtradition. Fragt man Gernhardt und Weigle nach Leitbildern der eigenen Produktion, so fällt häufig der Name des unfreiwillig-genialen Professors Galletti, der, in Goethes zeitlicher und lokaler Nachbarschaft tätig, seinem Gelehrtenwahnsinn die anmutigsten Blüten abgewann: »Ich bin so müde, daß ein Bein das andere nicht sieht«, oder: »Das größte Insekt ist der Elefant«.

Zu denken wäre in diesem frühen Stadium deutscher Nonsense-Ahnung ein bißchen auch an die gleichzeitigen Anakreontiker, an manches aus dem »Wunderhorn«, von Eichendorff, Mörike und vor allem Brentano (»Wenn der lahme Weber träumt« u. v. a.) – zu erinnern wäre vielleicht auch an die dem Somnambulen abgehorchten Passagen aus »Leonce und Lena«, möglicherweise an romantische Ironie – vor allem aber an die (1960 vom Hoffmann und Campe-Verlag wieder in Erinnerung gebrachten) fiktiven Kriegsberichte des Julius von Stettenheim, der um die Jahrhundertwende unter dem Pseudonym »Wippchen« nicht so sehr militärische als metapherngesegnete Scharmützel zu Papier brachte (»Es kann die Spur von meinen Erdentagen / Das Unvermeidliche mit Würde tragen«) und dabei wohl als erster Nonsense als Gegenbewegung zu philiströs sinnamputierter, ja sinnkonfiszierter Bildungswut, hier der klassischen, installierte.

In dieser Linie und winzigen Kontinuität zu sehen wäre auch Hanns von Gumppenberg, ein vor-Neumannscher Parodist, der gleichfalls um 1900 Poesien von Eichendorff bis Dehmel und Mombert streng und zärtlich auf ihr Komisches abklopfte und dabei gelegentlich übers Parodistische hinaus in ein metaphysisch Verblasenes und Derangiertes hineingeriet, durch das Nonsense – soviel mag einer noch zu leistenden ästhetischen Bestimmung vorweggenommen werden – wesentlich definiert sein dürfte (Gumppenbergs »Das teutsche Dichterroß« liegt als dtv-Band wieder vor).

Es reimte um diese Zeit in Bayern auch ein gewisser Hermann Lingg, der 1905, vermutlich als Zufallstreffer, seinem Volk ein Werk schenkte, das ob seiner stillen Einfalt und edlen Größe hier zitiert zu werden verdient: »Das Krokodil von Singapur«:

Im heil'gen Teich zu Singapur
Da liegt ein altes Krokodil
Von äußerst grämlicher Natur
Und kaut an einem Lotosstiel.
Es ist ganz alt und völlig blind
Und wenn es einmal friert des Nachts
So weint es wie ein kleines Kind
Doch wenn ein schöner Tag ist, lacht's.

Hier hat einer so gnaden- und ziellos drauflosgedichtert, daß einen nicht nur des armen Krokodils, sondern der ganzen Menschheit Jammer anfaßte – wenn nicht die letzte Zeile die sub specie aeternitatis waltende Trostlosigkeit blitzartig ins Versöhnliche manövrierte, und dies ganz allein durch die Gewalt des Reims, der, scheint's, bei Nonsense-Poesie noch entscheidender die landläufige Dualität Form–Inhalt trägt als sogar im Volkslied oder im Brentano- und Eichendorff-Gedicht. Das poetische Verfahren: Der Reim ersetzt den Sinn, der Reim ist Bruchstelle des Sinns, kraft seines Schocks bremst er das Glatte und Geläufige und transzendiert so den lyrischen Allerweltsverhau in eine neue sublime Qualität.

Verfolgt man die Spuren von Nonsense-Lyrik seit der Jahrhundertwende weiter, so stößt man außer auf Morgenstern und seine Imitatoren auf nicht allzuviel, immerhin aber doch auf die rettungslos und subtilst vermurksten Couplets des Karl Valentin:

Das Nilpferd, das Nilpferd
benahm sich wirklich ganz gschert . . .
Der Löwe, der Löwe
der war maskiert als Göwe . . .

und dann, etwas überraschend, auf den, der sich als sein Schüler verstand: auf Bertolt Brecht, der in einem Randbezirk seiner Lyrik Dingelchen aufgeschrieben hat wie dies »Liedchen aus alter Zeit«:

Eins. Zwei. Drei. Vier.
Vater braucht Bier.
Vier. Drei. Zwei. Eins.
Mutter braucht keins.

Heute ist, von Gernhardts und Weigles Produktionen abgesehen, das Spezereiengewerbe nahezu zum Erliegen oder qualitativ bei Heinz Erhardt und noch viel energischer im barbareigestählten Fernseh-»Klimbim« auf den Hund gekommen. Berührungen mit Gernhardts/Weigles Fabrikation haben allenfalls noch die von Peter Rühmkorf vor zehn Jahren aus dem proletarischen Subterrain ans Licht geförderten Volkspoesien; erwähnt werden sollte immerhin als Fern-Verwandter Wolfgang Bauer mit seinen ambitioniert »schlechten« Gedichten, in deren Nachbarschaft wohl auch Insterburg & Co. mit ihrem allerdings mehr dem besseren bzw. eben deshalb schlechteren, weil uneingestandenen Bierhumor zugeneigten Multi-Media-Allround-Gemache.

Als aparte Solo-Spezies von Nonsense, aber Gernhardt/Weigle nicht unverwandt, hat kürzlich Christa Reinig ihren letzten Gedichtband »Papantscha Vielerlei« vorgestellt und dabei die lyrischen Beklopptheiten gewisser Teile des »Knaben Wunderhorn« erneut auf den Plan gerufen: jene sozusagen dem kollektiven Unterbewußtsein abgeschriebenen Sinn- und Klangfigurationen, die wohl auch der alte Goethe im Auge hatte, als er dem Lyrischen ein bißchen Wahnsinn als obligat attestierte.

*

Klassifizierte man Gernhardt/Weigles gesammelte und oft auch in Kooperation verfertigten Gedichte, so bildete eine Großgruppe das – Heines romantischer Manier vergleichbare – Spiel mit den überlieferten Formen. Exemplarisch dafür: eine Sammlung von »Rotbart-Liedern« scharferotischen Inhalts:

Als Kaiser Rotbarts Lieblingshand
In seinem Hosentürl verschwand
Da schauderten die Staufen.
Und sie beschlossen kurzerhand
Die schönste Frau im ganzen Land
als Kaiserin zu kaufen.

Ein anderer Ansatz: die à la Gumppenberg sich verselbständigende, emanzipierende Parodie; eine Parodie auch etwa im Rühmkorfschen Sinn nicht so sehr der Karikatur, sondern des Weiterschreibens. Noch dem unsäglichen Udo Jürgens gewinnt solche Assimilation sich erbarmend Charmantes ab:

Ma chérie!
Hab acht!
Ma chérie!
Hab acht!
Ich komme zu dir in der Nacht –
Und wer bei dir versammelt,
Wird gnadenlos gerammelt . . .

Ob Uhland, Benn oder Jürgens: es kommt darauf an, »Tonfälle, die irgendwo im Hinterkopf nisten, mobil zu machen« (Gernhardt). Bildungs- und Kulturgut, zu Kulturschrott vergammelt, werden regeneriert, Trivialitäten zu Edelsteinen rückverwandelt; zum Beispiel poetisch expressionistisches Allerweltsgetue in dem Gedicht: »Identität – ja oder nein?«

Bin ich's oder bin ich's nicht?
Wer ist's – wenn ich's nicht wär?

Ein Reh ist Reh im Walddickicht
und selbst der Bär bleibt Bär.
Ich seh mich so –
die andern so;
ich weiß oft selbst nicht recht:
Bin hier ich oder anderswo,
bin Herr ich oder Knecht.
Bin ich ein Fürst? Ein Bettelmann?
Bin Heil'ge ich oder Hur?
Bin ich ein Gi-Ga-Gantenbein?
Oder ein Wuschel nur?

Dem pathetisch-prätentiösen Ernst des Max Frisch sei's ins Stammhirn gefragt. Nonsense-Verse, definiert Kröners Sachwörterbuch der Literatur, beruhen auf der »bloßen Absurdität und der unlogischen Verbindung paradoxer Vorstellungen, z. T. auch auf bloßen Klangspielen, mit der Absicht verblüffender Wirkung und Unterhaltung; vorgebildet in einigen Kinderliedern (Abzähl- und Wiegenliedern) wohl als Endstufe eines Zersingungsprozesses«. Hier dürfte eine noch zu erarbeitende Ästhetik von Nonsense-Lyrik ihren Brennpunkt finden: Nonsense als Ausdruck später Kulturstufen, deren Formen ein letztes Mal als regredierende und ihrem Bildungs-Überbau-Charakter entkleidete fruchtbar gemacht werden. »Zersingung«, das meint das Verfahren des Wegschlaffens und Verlotternlassens von ambitioniertem »Sinn«, aber auch der lyrischen Form selber; merkwürdigerweise bezieht guter Nonsense gerade aus solchem quasi-wurschtigen Ausscheren neue kommunikative und, wie schon vielfach bei Clemens Brentano, quasi-musikalische Qualitäten:

Häufig hörte Mangold Laute,
denen er mit Recht mißtraute.
So ein Schaben und ein Klirren,

Knallen, Rattern, Sausen, Girren,
meistens kurz nach Mitternacht,
manchmal abends auch um acht.
Er beschloß, dem nachzugehen,
ging, und kam auch ungesehen
in den Hof an eine Stelle,
wo in einer Bodendelle
jener läst'ge Lärm entstand.
Mangold murmelt: allerhand!
Acht handgroße, runde Wesen,
grün und frech, mit langen Besen,
saßen da und schabten, klirrten,
sausten, ratterten und girrten.
Mangold hat nicht viel gesagt,
sondern alle fortgejagt.

Die präzise Balance zwischen einer geradezu faustdicken Gegenständlichkeit und dem sozusagen ätherischen Revier von Klang-Quatsch, wenn man will: von Onomatopoesie, die dieses erste der drei »Mangold-Gedichte« (!) von Weigle trägt, ist hörbar und zumindest assoziativ vorgeprägt im »Zauberlehrling« – aber im Unterschied zu diesem läßt sich jetzt beim besten Willen kein Nutz und Frommen mehr daraus ziehen. Möglicherweise, das sollte man mal untersuchen, liegt hier der Hund begraben: die Traditionslosigkeit von Nonsense in der deutschen Literatur ebenso wie der geringe Grad von Beliebtheit innerhalb einer Nation, die entweder permanent mit orphischen Urworten nach den Sternen greift oder aber sich's bei einheimischen Unterhaltungskünstlern defizitär gemütlich macht. Qualifizierter Nonsense provoziert fast immer einen Anflug von Unbehaglichkeit, gleich der Groteske etwas drastisch Einfallendes oder eben Schwankendes oder Bodenloses.

Sitz ich in der Eisenbahn
Will die Fahrt genießen
Kommt ein bucklig Männchen an
Zeigt mir seinen
Schwerbeschädigtenausweis.

Den kleinen Formen, Zwei- und Vierzeilern, sind Weigle und Gernhardt besonders liebreich zugetan. So etwa mit der Sammlung »Tierwelt – Wunderwelt« aus »Die Wahrheit über Arnold Hau«, dem fiktiven Lebensbericht des verkannten Dichtergenies gleichen Namens, einem inzwischen vergriffenen Büchlein, das Nonsense-Freunde für eins der erhabensten der Gattung erachten:

Die schärfsten Kritiker der Elche
Waren früher selber welche.

Aus dieser Kollektion erwuchs eine neue: »Animalerotica«:

Die Dächsin sprach zum Dachsen:
»Mann, bist du gut gewachsen!«
Der Dachs, der lächelte verhalten,
Denn er hielt nichts von seiner Alten.

Und:

Der Bär schaut seinen Ziesemann
Nie ohne stille Demut an.

Gernhardt und Weigle haben neben ihrer speziellen Lyrik auch eine Menge anderer Neuformen von Nonsense kreiert: Zeichnung, Zeichenstrip, Fotoroman, Nonsense-Essay, Aphorismus (»Gegen Götter kämpfen selbst Dumme vergebens«), Briefwechsel, Interview (»Hallo, wir hier« / »Ich bin's« / »Sie dort?« / »Nein hier« usw.). Eine ihrer bleibenden Leistungen ist die Etablierung des »Kriminalgedichts« in den Lyrik-Parnaß; hier einige Auszüge aus »Scherge und Mörder«:

Das enge Tal, das schmale Tal
liegt länglich zwischen Bergen
und rettete so manches Mal
den Mörder vor dem Schergen.
Der Scherge ist so korpulent,
daß er viel Platz braucht, wenn er rennt.
Der Mörder, etwas schmäler,
flieht drum in enge Täler (...)
Nur als er sich an Storm vergriff,
da ging die Sache elend schief.
Denn das war in der Ebene –
für Schergen das Gegebene (...)

Eine neuerdings bevorzugte Spezialgattung, vermutlich großväterlicher Illustrierten-Art abgesehen: »Worte zu Bildern«. Etwa nach dem Modell des zitierten Flughafen-Gedichts; oder aber auch Reime zu Erlauchtem; z. B. zu Breughels »Bauernhochzeit«:

Zum Schrein
Wie er die Leinwand füllt,
Die von Figuren überquillt,
Von Leuten groß und klein –
Zum Schrein!

Oder zu Dürers Handzeichnungen:

Zum Heul'n
Wie viele tausend Blatt
Er blindlings vollgezeichnet hat
Mit Männern, Frauen, Eul'n –
Zum Heul'n!

Die beiden poetischen Frankfurter Nonsense-Verwalter voneinander zu unterscheiden, fällt selbst aufmerksamen Beobachtern ihrer Produktion schwer. Viel wird ohnedies in Kooperation ausgehandelt, stimuliert durch nicht mehr als hie und da einen Klaren oder ein Bierchen. Gernhardt dürfte insgesamt mehr aus einem unverwüstlichen und spontanen Assoziations-Tick heraus reimen und aus seinem elendscharfen Sensorium für gewisse und meist leicht bescheuerte zeitgenössische Sprach-Unholdereien; Weigle zehrt wohl noch einen Tick dominanter aus einer halbwegs pathologischen Überfülle an literarhistorischem Bildungsgewusel im Hirn.

Beider Forum ist gelegentlich der Rundfunk, vor allem aber die »Welt im Spiegel – Unabhängige Zeitung für eine saubere Welt«, dies eine Kolumne (und, mit Abstand, die beste) der Zeitschrift »pardon« – eine Spielwiese für die verheerendsten geistigen Umtriebe.

»Cui bono?« pflegt die »Welt im Spiegel« gelegentlich bei anfallenden Streitfragen der Zeit ihre Leser zu fragen. Natürlich wäre gelegentlich die Frage an die Adresse Nonsense und Nonsense-Lyrik zurückzurichten. Denn die Disziplin genießt gegenwärtig auch bei literarisch ambitionierten Herrschaften nicht eben die beste Reputation: Lyrik, wenn überhaupt, hat heute gefälligst kritisch-politisch und mindestens engagiert zu sein – und kein l'art pour l'art und keine »elitäre« Kinderei. Dem ließe sich im Ernst eine Menge entgegenhalten, im übrigen aber eine immerwiedermal ewigtiefe Einsicht von F. W. Bernstein: »Gibt es ein größeres Engagement als die Wahrheit?« Oder, um dem momentan herrschenden Weltgeist seine eigene metamorphotische Dialektik noch transparenter zu machen:

Lieber Gott, nimm es hin,
Daß ich was Besondres bin.
Und gib ruhig einmal zu,
Daß ich klüger bin als du.
Preise künftig meinen Namen,
Denn sonst setzt es etwas. Amen.

MENSCH, KLIMA, HINZ UND KUNZ

Ein weiterer Beitrag zur verschärften Aufklärung

In einem alten Buch ist sinngemäß zu lesen, daß der Mensch ein Produkt seiner gesellschaftlichen Verhältnisse sei. Ab sofort wissen wir es besser und genauer. Nämlich:

1. »Das Klima formt den Menschen und seine Geschichte.« Allerdings: 2. »In jüngster Zeit ist aus der Interpretation der Geschichte ein Glücksspiel geworden, bei dem jedes Los gewinnen kann.« Immerhin steht fest: 3. »Die Geschichte ist beeinflußt worden von großen Männern, Rassen, Religionen und sicher auch durch die Syphilis.« Mit anderen Worten: 4. »Das menschliche Drama ist vielschichtig und subtil wie die Stücke von Shakespeare und Euripides.«

Darum hat es 5. »mir Spaß gemacht, das Buch zu schreiben, und ich hoffe, daß es auch dem Leser Spaß macht«. Dochdoch, bisher durchaus. 6. »Es geht jedoch um etwas mehr als nur Spaß. Das Klima ist ein Puzzlespiel, und ich bin ein besonderer Liebhaber solcher Spiele. Wenn es sich aber lohnen soll, damit zu beginnen, dann gewiß nur deswegen, weil wir damit der Lösung eines noch weit größeren Puzzlespiels ein Stück näherkommen können: der Frage nämlich, was der Mensch ist und wie er so wurde – kurz: der Geschichte.« Also nochmals: die Geschichte ein Puzzlespiel – die Interpretation der Geschichte (s. o.) ein Glücksspiel. Bon.

Was aber soll man nicht machen? 7. »Es gibt Maler, die besonders gern Abfalltonnen malen, um damit zu sagen, daß die Kunst Quatsch sei . . . So gibt es auch nicht wenige von der Hippiekultur beeinflußte Leute, die ungewollt in das gleiche Horn stoßen wie jener Ober-Querkopf Henry Ford, der behauptet hat, Geschichte sei Quatsch.«

Nein, sondern wir sollen erst einmal im Sinne Shakespeares und der Puzzles zu erkennen versuchen, was 8. »für den primitiven Menschen (und bis vor etwa 10 000 Jahren gab es nur solche)« so alles seine Rolle spielte. Dazu muß man wiederum wissen, daß 9. »für den Klimatologen ebenso wie für jeden anderen Wissenschaftler (...) die Gegenwart der Schlüssel zur Vergangenheit (ist). Um zu verstehen, was damals geschah, muß er zunächst verstanden haben, was heute geschieht (...) Die gegenwärtigen Verhältnisse können jedenfalls beobachtet und gemessen werden. Das trifft für die Vergangenheit nicht zu.« Eine klare Aussage.

So. Zum Beispiel weiß man heute hundertprozentig: 10. »Die Atmosphäre selbst wiegt etwas mehr als 5½ Millionen Milliarden Tonnen. Das ist das Vielhundertfache des Gewichts aller Ladungen, die von Lokomotiven, Schiffen, Lastwagen und Flugzeugen der ganzen Welt in einem Jahr befördert werden.« Fest steht auch: 11. »Die Wüsten sind unfruchtbare Gebiete, in denen nur wenige Menschen freiwillig leben.«

Ergo 12. »Verlassen wir diese ungesunden Regionen und wenden uns nach Norden.« Doch welche Enttäuschung! 13. »Zu meinem Bedauern muß ich jetzt gestehen, daß vieles von dem, was ich bisher in diesem Kapitel geschrieben habe, eine abstrakte Vereinfachung ist.«

Also fangen wir ein neues Kapitel (Nr. 5) an. 14. »Cape Cod ist sicher eine der schönsten Gegenden für den Sommerurlaub. Hier findet man fast alles (...) Das Klima von Cape Cod ist ebenfalls ausgezeichnet (...) Natürlich gibt es auch auf Cape Cod Steine. Am Strand liegen vom Wasser rundgeschliffene Kiesel.« Alles in allem gewinnt man 15. »den Eindruck, daß eine Menge Leute hier gewaltige Arbeit geleistet haben. Doch bei näherer Betrachtung der Tabellen drängt sich einem der Gedanke auf, daß der Wert des Materials nicht immer den Mühen entspricht, die man darauf verwendet hat.«

Deshalb schleunigst zurück zu den größeren Zusammenhängen, zum Universellen. 16. »Trotz all unseres Erfindungsgeistes und unserer Intelligenz und trotz aller verfügbaren Energiequellen sind wir doch nur kleine und schwache Lebewesen in einem gewaltigen Universum.« Doch seien wir froh: 17. »So unbedeutend unser Planet im kosmischen Zusammenhang auch sein mag, so ist er doch eine Oase.« Und nicht zu vergessen: 18. »Die Welt, in der wir leben – mit ihren klimatischen und sonstigen Verhältnissen –, ist die einzige, die wir haben.« Tröstlich dabei auch: »Dem Menschen ist zwar das Klima wenige Millimeter über seiner Haut das wichtigste, doch er interessiert sich ebenfalls für das etwas weniger intime Klima in der unmittelbaren Umgebung seiner Wohnung.«

Allerdings nun sollte im Sinne einer glücklichen Zukunft der Menschheit das vermieden werden, was sich in Deutschland ab 1400 so zugetragen hat: Die Ostsee wurde aus gewissen etwas komplizierten Gründen nach einem 200jährigen »klimatischen Optimum« immer kälter, und das hatte verheerende Folgen. 20. »Die Klimaveränderung verringerte den Salzgehalt; der niedere Salzgehalt führte zum Verschwinden der Heringe; das Verschwinden der Heringe schwächte die Hansestädte; die Schwächung der Hansestädte wiederum führte dazu, daß die Kleinstaaterei erhalten blieb; dies wiederum hatte zur Folge, daß die Religionskriege mit besonderer Heftigkeit geführt wurden, die schließlich in den Dreißigjährigen Krieg mündeten; dieser wiederum brachte die Intervention ausländischer Mächte – Franzosen, Schweden etc. – mit sich, als deren Ergebnis Zerstörung, Hunger, Pest und noch größere Uneinigkeit über Deutschland kamen; als Reaktion hierauf kam es zu einer Überschätzung des Militarismus und zu einem Hang zu Disziplin und Ordnung; so wurden Friedrich der Große und Bismarck Vorbilder des deutschen Volkes, und so kam es schließlich auch zur Machtergreifung durch Adolf Hitler.«

Dies – vom Autor kokett als »Spielmodell« für klimatologische Großreflexionen referiert – der Ziel- und Höhepunkt des Buchs »Entscheidungsfaktor Klima« des amerikanischen Wissenschaftsjournalisten Robert Claiborne, dessen aus dem Zusammenhang gerissene Aussagen in den rechten Zusammenhang zu bringen hier versucht wurde.

Was bleibet aber? 1. Die Frage, ob den möglicherweise an Syphilis dahingegangenen Ostseeheringen nicht vielleicht auch andererseits die »Kritik der reinen Vernunft«, die »Phänomenologie des Geistes« sowie der Gewinn der Fußball-Europameisterschaft 1972 zu verdanken ist. 2. Die Erkenntnis, daß ein großer und munter ausgepuzzelter Zettelkasten einem sogenannten Autor immerhin 399 engbedruckte Seiten andient. 3. Daß es um den amerikanischen Wissenschaftsjournalismus ganz hervorragend steht. Und 4. Daß der Fritz-Molden-Verlag den Schmarren für nicht mehr und nicht weniger als satte 30 Deutsche Mark verhökert. Prost, spätkapitalistische Aufklärung.

Robert Claiborne. Entscheidungsfaktor Klima. Der Einfluß des Wetters auf Entwicklung und Geschichte der Menschheit. Verlag Fritz Molden, Wien, München, Zürich, 1973. 399 Seiten. 30 DM.

DOSTOJEWSKI-FESTE

Neulich fand in Frankfurt ein gestaltenreiches Fest statt. Zur rechten Einstimmung las ich das Kapitel »Das Fest« aus Dostojewskis »Dämonen«-Roman wieder. Es ist auch aus dem Romanzusammenhang gerissen ohne weiteres verständlich: Ein russisches Provinznest heckt aus nie so ganz transparent werdenden Gründen eine Art halbamtliche großkotzige Stadtmatinee aus, führt sie durch – und wird an Ort und Stelle wahnsinnig dabei. Komitees werden formiert, Intrigen in Lauf gesetzt, patriotische Reden geschwungen, zur Reform des Staates, des Hochschulwesens, der Poesie, rezitiert von ewigschönen humanistischen Grattlern, an ihrer Spitze der verkrachte und hochedle Stepan Trofimowitsch – in Wirklichkeit passiert nichts als ein mächtiges Kontinuum omnilateralen Scheiterns und die buchstäblich lauthals schreiquietschende Freude aller Beteiligten eben darüber, die majestätisch banale Sado-Lust: »Herr Gott, was für Quatsch!«

Kränker und gesünder haben wohl nie Menschen aufs krakeelend walzende Unheil reagiert.

Ich habe, am Abend, beim realen Auftrieb etwas gezielter als sonst aufgepaßt. Alles ähnelte durchaus dem Romanfest – und war doch wie moralisch stark gehemmt. Schade. Das Fest war nicht übel – »Das Fest« hat die Sau auf die freie Wildbahn der Steppe gejagt.

Daß Dostojewski einer der ragendsten, ja eminentesten Humoristen aller Zeiten war, Weltmeister eben vor allem in der Beschwörung notorisch sich chaotisierender Festivitäten, welche alle seine Romane zentrieren: die Entdekkung ist weißgott nicht meine Glanztat; die Ehre gebührt, im deutschen Umfeld, Kafka und (doch, lesen konnte er!) Thomas Mann. Daß dieser Gigantokomiker aber immer noch vom vage vagierenden Lebenssinnhuberei-Dunst eines fernen Roman-Ingmar-Bergman umweihräuchert ist, diese nichts Genaues wissende und eh scheint's nicht ausrottbare Frucht unserer abendländisch hermetisch sich fortzeugenden Heuchler- und Deppenkultur stimmt betrüblich. Bei unseren akademisch-feuilletonistischen Literaturzuhältern und Zugehaltenen ist wohl nix mehr zu retten – aber, ihr jüngeren Menschen, lest ihr immerhin Dostojewski con gaudio! J'appelle!

Da hat es z. B. eine dem »Fest« sehr ähnliche Erzählung »Eine dumme Geschichte« (auch: »Eine peinliche Geschichte«), die euch Hängern und Rockern einleuchten müßte wie sonst nur Chianti Classico! Wieder geht's um ein absolut ungutes »tolles Fest«, ums wahrhaft atemberaubend finstere Gala-Danebenbenehmen aller irgend Aktiven – es geht um die wohl erste poetische Großinkarnation dessen, was allmonatlich in »Titanic« als Spitzen-Peinlichkeit abgefeiert wird, freilich: Der Katastrophe folgt hier immerhin halbe Katharsis, nach der spukhaften, nimmersatten, himmelschreienden Entlarvung im Grandioso-Stil senkt der Dichter doch den Schleier universellen Wohlwollens auf seine hoffmannesk »wie durch Zauberschlag« gebeutelten Zauseln und Knitteln und Exzellenzen – nur so schimmern am Ende Rührung und Rettung auf . . . hm ja, so kann man's . . . zur Not sagen . . . aber apropos Chianti Classico, ein Gratis-Lesetip: Diesen sollte man (ich hab's gestern getestet) sich zur Lektüre schön moderato, aber planvoll hinter die Binde gießen. Fazit: Eine Synästhesie, die schnurstracks ins Synkretinistische . . . äh bzw.: Wundersame greift.

KARLSTADT CONTRA VALENTIN

Mag ja sein, daß die großartige Elisabeth Wellano alias Liesl Karlstadt allzeit und zu Unrecht in Karl Valentins Schatten operierte; auch wenn dieser an ihrem Rang allein durch die vollkommene Parität ihrer Präsenz keinen Zweifel ließ. Dies sollte aber einem Text, welcher der Komikerin endlich-endgültig Gerechtigkeit antun möchte, noch lang nicht zu dümmlichen Thesen geraten wie der: Diese Frau sei, klar, wieder mal Männeropfer geworden. Derlei suggerierte Ria Endres, die mir kurz vorher auch mit einer (vorsichtig gesagt:) sehr eindimensional argumentierenden Arbeit über Thomas Bernhard ungut aufgefallen war, vor einiger Zeit in der »Zeit«; Kate Millett, ich hör' dir wursteln.

Was aber von der komischen Rezeptionsfähigkeit der gnadenlos-feministisch ihre Grundthese mörtelnden Autorin zu halten ist, erhellt ein Befund wie der: »Zwar haben die Auftritte des Komikerduos (. . .) nicht den Charakter einer politisch aggressiven Satire wie in den dadaistischen Berliner Kabaretts, aber der subversive politische Instinkt legt die Strukturen des schrecklich verkommenen Kleinbürgertums bloß.«

Mein Gott, dieses perfide Kleinbürgertum! Die bare strukturelle Inhumanität! Beim Plattenhören habe ich meinerseits immer eher das transdadaistisch subversiv rumorende Gefühl, in jeder anderen sozialen/soziologischen Sphäre wären Karlstadt/Valentin nicht nur kreativ, sondern buchstäblich kreatürlich erstickt.

ENTENTRAUM-NACHFOLGE

Ein Traum des – ehrlich – Eckhard Henscheid:

Ich sitze in der U-Bahn und möchte Haltestelle Hügelstraße aussteigen, schlafe aber im Wagen ein. Werde – im Traume – wach, springe aus der Bahn und merke, daß ich zu weit gefahren bin, nämlich Haltestelle Lindenbaum. Beginne also retour zu marschieren und denke – im Traum –, daß ich nun »bei der Gelegenheit ja auch wirklich aufwachen könnte, ist ja wahrscheinlich auch schon halb neun«. Und wache auf.

Artig, oder?

STARKBIERHUMOR

Ein Wort zur jüngsten, mittlerweile schon traditionellen Kabarett-Satire »Nockerberg – Starkbierprobe«, bei der alljährlich – zuerst live, dann TV-weit – im Frühjahr mehr oder weniger populäre bayerische Allzweck-Mimen bayerische und Bonner Politik »auf die Schippe nehmen«; nämlich mit meist miserablen Politiker-Stimmenimitatoren und noch elenderen uralt-kabarettistischen Wortspielen und Pointen, welche sich meist ohne jeden Realitätsbezug sozusagen aus ihren eigenen Klischees heraus freihändig zusammenschmieren. Derlei wäre nicht der Rede wert, hätte der Vorgang nicht eine seltsame Komponente. Noch forcierter als in den Finalzeiten der alten Lach- und Schießgesellschaft gehört zu dieser Art von Satire die geschlossene Präsenz der satirisch Angegangenen – und da wird's dann durchaus interessant.

Es ist doch so: Wenn Kohl, Genscher, Strauß den Karl-Valentin-Orden kriegen, dann schreit das zwar zur Hölle, liegt aber andererseits durchaus schlüssig auf der Linie sich selbst folkloristisch-humoristisch liquidierenden Schwachsinns. Eine Art entrückter Paroxysmus, der fast schon wieder einige Helligkeit abstrahlt. Bei der »Starkbierprobe« geht's ungleich trostloser her: Humor ist vollends auf die Lodentracht und auf die Unerbittlichkeit des ihn ertragenden unerbittlichen Dabeiseins gekommen. Wobei die SPD-Herren Vogel, Kronawitter und Rothemund noch zäher und frenetischer ihre Lachbeißer in die Kamera zu halten haben als die überlegene CSU-Corona um Zimmermann, Maier, Hillermeier und Waigel – Strauß fehlte diesmal. Aus den gleichmäßig nach allen Seiten Schmäh verteilenden Reden des Schauspielers Sedlmayr geht hervor, daß ihm das Bonn-Münchner Politikerwesen genauso witzlos erscheint wie seine eigenen Standardwitze über sie. Warum er dann selber welche macht und so die Unseligkeitskette verlängert, bleibt sein Geheimnis – und daß die Regionalmedien bis hin zu der fortschreitend volkstümelnder daherschwafelnden »Süddeutschen Zeitung« den obszönen Humorvorgang auch noch gutheißen, obwohl zu unterstellen ist, daß sie derart blöd am Ende vielleicht doch auch wieder nicht sind: das hat vermutlich schon mit Theosophie, nämlich Theodizee o. s. ä. zu tun.

Spricht Mißgunst aus mir? Neid? Darüber, daß etwa bei der »Titanic« die Dinge umgekehrt liegen? Weil zur »Starkbierprobe« Regierung und Opposition geschlossen zum Lachen antreten – während der Kanzler unser Blatt nicht liest und schon deshalb selten darüber schmunzeln kann?

Trotz allen abgefeimt abgekarteten Satire-Simulationsspiels soll es dem Sedlmayr vor Jahresfrist nichtsdestoweniger gelungen sein, die trübste aller SPD-Tassen, den Vorsitzenden Rothemund, verärgert und zum Ausbruch aus der Applausschiene veranlaßt haben. Als Sedlmayr dann 1985 eben darauf anspielte, da lachte Rothemund – während Stoiber beim Debut nur tolerant schmunzelte – pflichtschuldigst und verbissenst, ja »unerbitterlichst« (K. Valentin) Tränen.

Jetzt stimmt definitiv gar nichts mehr.

ÜBERNATÜRLICHES AUS DER OBERPFALZ

Von einem psychokinetischen Dorfspuk, von großer Dummheit und noch größeren Niederträchtigkeiten

Der Fall ist verwickelt und erinnert an alles mögliche. Ein bißchen an mittelalterliche Hexenjagd, ein bißchen an die moralische Pogromhetze Ludwig Thoma'scher Bauerntragödien, ein bißchen an das schnöd mißachtete »Wunder des Malachias« des englischen Dichters Bruce Marshall, das den Übergang zur Tagesordnung nicht aufhalten kann. Ein klein bißchen erinnert der Fall sogar an das Schicksal des Galileo Galilei: Nicht gelitten wird, wahr darf nicht sein, was nicht in den Kram paßt. »pardon«-Autor Eckhard Henscheid ging einem in mehrfacher Hinsicht ominösen Fall nach. Er fand zweierlei Spuk. Einen übersinnlichen und einen hochgradig sozialpsychopathischen.

In der 100-Seelen-Gemeinde Pursruck bei Amberg in der Oberpfalz spukt es. Seit dem 10. November 1970, im alten Schulhaus, das von der 60jährigen Anna Haas allein bewohnt wird, nachdem am gleichen Tag der andere Hausbewohner, der 68jährige Rentner Georg Lubrich, gestorben ist. Der Spuk: Knarren an der Wand, Kratzen an Bett und Sofa, ein Sägen, das sich bis zum Kreischen steigert. Später kommen dazu ein Wackeln des Schranks (»als ob einer 'raus wollte«), und außerdem hebt sich der Teppich etwa einen halben Meter hoch.

Bald stellt sich heraus, daß das furchterregend Unerklärliche nur dann eintritt, wenn die Enkelkinder Helga (13) und Anna (11), Töchter der ortsansässigen Arbeiterfamilie Karl und Gretl Reitinger, bei der Großmutter zu Besuch sind. Nachdem man zunächst an natürliche Ursachen (Ratten?, Holzwurm?) glaubte, nachdem man eine Zeitlang vom »Geist des unruhigen Verstorbenen« Lubrich salbadert, nachdem aber wegen zunehmender Häufigkeit der »Erscheinungen« natürliche Erklärungen immer weniger ausreichen, konzentriert sich das Interesse rasch auf die beiden Mädchen, physisch und psychisch gesunde Schulkinder. Die Gesetzlichkeit des »Spuks« ist nicht ganz klar: Zwar tritt er regelmäßig abends zwischen 8 und 12 Uhr ein, doch im allgemeinen nur, wenn die Mädchen allein im Zimmer sind. Freilich, wie von Zeugen versichert wird, auch bei geöffneter Tür – ein Schwindel ist ausgeschlossen. Im Augenblick, da aber ein Dritter die Türschwelle überschreitet, hören Klopfen, Sägen und Teppichheben schlagartig auf.

Das »Gespenstische« wird langsam dorf- und Anfang dieses Jahres pressepublik. Amtliche Zeugen wie die Landpolizei und die Gemeindegeistlichkeit, auch so honorige Herrschaften wie Ambergs Bürgermeister Hans Seuss bestätigen das Unerklärliche. Manche Leute wissen Bescheid: der Ortsgeistliche Jakob Wolfsteiner macht vernünftigerweise Tonband- und Blitzlichtaufnahmen; er und das »Amberger Volksblatt« streiten nachträglich um die Ehre, den schon legendenumsponnenen Freiburger Lehrstuhlinhaber für »Grenzgebiete der Psychologie«, Professor Dr. med. und phil. Hans Bender, verständigt und nach Pursruck gerufen zu haben. Der kommt und nimmt die Kinder zur Beobachtung mit sich ins Badische. Dort »hatten wir eine sehr schöne Zeit miteinander« (Bender) und die Klientinnen erholten sich bei Schwarzwald-Ausflügen. Das war bitter nötig. Denn in der Heimat hatte längst der Spuk begonnen.

Ungleich bemerkenswerter als die relativ alltägliche parapsychologische (etwa: neben-seelische) Erscheinung, interessanter als der wissenschaftlich fast ganz ungeklärte Streit um die Ursachen ist, was derlei Mysteriöses an Dummheit und Niederträchtigkeit in den Köpfen der Zeitgenossen zu mobilisieren vermag. Der einerseits »aufgeklärten«, aber andererseits, wie man hört, dem Zweiten Gesicht neuerdings wieder so zugeneigten Zeitgenossen. Pursruck demonstriert es beispielhaft.

Ad eins: Sinnlose, sensationsgeile Quälerei der Familie Reitinger, der Kinder zumal. Die lokale und die überregionale Presse haben zugeschlagen, jetzt wollen täglich bis zu 70 Menschen das Spektakel erleben. Sie kommen mit Autos aus der ganzen Oberpfalz, auch ein Omnibus ist im Einsatz. Sie umlagern das Spukhaus, Karl Reitinger traut sich nicht mehr, die Kinder vor die Tür zu lassen.

Am 1. Juli, dem Höhepunkt des Publikumsinteresses, kracht die Haustür zusammen, die Menge dringt ins Haus und durchstöbert es, scharf auf den »Spuk«. Karl Reitinger wird Geld angeboten: man will sich an den Schweißausbrüchen der Mädchen, welche die allnächtliche Erscheinung begleiten, erfreuen.

Die Kehrseite derselben häßlichen Medaille: die Dorfbewohnerschaft delektiert sich zum großen Teil an der Pogromstimmung. Angst vor Unerklärlichem schafft Aggression, die Reitingers werden still oder auch massiv geschnitten. Man fordert nicht gerade Hexenverbrennung, aber man rückt von der Familie ab. Zum Beispiel in der Kirche. Anna Reitinger: »In der Bank hat mich eine Frau gefragt, was ich überhaupt dort will, ich hätt' ja sowieso den Teufel im Leib.«

Von den Pursruckern wird dergleichen mittlerweile entschieden dementiert: »Das haben die Zeitungsschmierer erfunden«, weiß Gastwirt Willibald Donhauser. Der betreffende Lokalredakteur schwört auf den Wahrheitsgehalt solcher und ähnlicher Zitate. Nachträgliche Scham, nachträglicher Selbstschutz der Gemeinde? Pfarrer Wolfsteiner, ein am ehesten neutraler Zeuge, zu »pardon«: »Sie wissen ja selber, daß es immer solche gibt. Aber im übrigen hat gerade an sowas die Presse die meiste Schuld, die redet ja das den Leuten direkt ein!«

Da dürfte viel Wahres dran sein. Wer, wie das »Amberger Volksblatt«, von »Panik und Grauen«, von »tobendem Spuk« und von »Todesangst bei den Bürgern« schwadroniert, der weckt, angesichts unverstandener Dimensionen, latente Aggressionen und leitet sie stracks über in die Verteufelung des Geheimnisvollen. Hexenwahn ist heute in halbwegs zivilisierten Regionen vermutlich nicht mehr apriorisch da; er muß erst, in vorgeblich aufklärerischer und sanitärer Absicht, von den Massenmedien geschürt werden. Das scheint die doppelte Wahrheit von Pursruck zu sein.

Gnadenlos warf sich auch die als fortschrittlich firmierende Nürnberger »Abendzeitung« auf den mysteriösen Fraß und faselte von »Boten aus dem Jenseits«. Die Oberpfalz-Gazette »Die Woche« hörte »einen Toten« – den Rentner Lubrich – »spuken«: »Alarm aus dem Jenseits«. Und natürlich blieb auch »Bild« nicht untätig, stieß am 4. Juni mächtig ins Wunderhorn und zog am 18. mit der aparten Balkenmeldung nach: »Pfarrer vertrieb den Klopfgeist mit Beatmusik«. Der aus Benediktbeuren angereiste Salesianerpater Dr. Adolf Heimler habe derlei Wunder bewirkt. Daran ist nach Aussage des Ortspfarrers Wolfsteiner nur wahr, daß tatsächlich bewegungstherapeutische Versuche unternommen wurden – die Klopfgeister aber blieben.

»G'logn haben's alle«, ereifert sich Rupert Maier gegenüber »pardon«, bis vor der kürzlichen Umgemeindung Bürgermeister von Pursruck, »am meisten ›Bild‹-Zeitung und's ›Amberger Volksblatt‹ – einen so einen Krampf schreiben!« Tatsächlich wurde der »Krampf« immer verworrener, und die Presse half dabei begeistert mit. Unter dem Motto: »Wer bereit ist, den Spuk von Pursruck aufklären zu helfen, wende sich bitte an die Redaktion« kam es selbstverständlich zum Abstrusesten, und es fehlte auch, von Leserbriefschreibern eingebracht, der Vorschlag der Teufelsaustreibung nicht. Pfarrer Wolfsteiner, ein leidenschaftlicher Kartler, aber sonst offenbar einer der wenigen Durchblicker der Affaire, sagt »pardon« dazu den sehr vernünftigen Satz: »Das Tollste ist, daß ein Journalist, von dem man doch einiges Allgemeinwissen erwartet, in solch einem diffizilen Fall die Bevölkerung zur Mitaufklärung auffordert.«

Und Professor Bender resümierend: »Bei Pursruck hat es sich um ein echtes psychokinetisches Phänomen gehandelt, und wie gewöhnlich hat sich die Bevölkerung zwischen Betrug und Teufelei entschieden. Beides ist völlig leichtsinnig, anmaßend, ja gräßlich.«

Die dritte und letzte Wahrheit von Pursruck: die schließliche Abschiebung des Unerklärlichen ins Triviale und Gleichgültige. Zunächst will der zugezogene Amberger Wünschelruten-Matador Franz-Xaver Hermann, nachdem er keine passende Erklärung gefunden hat, erkannt haben, daß die Kinder selber den Klopfgeist spielten; sie hätten gerötete Handknöchel (was nicht einmal falsch sein muß: Helga und Anna, tagelang zum Beweis »gefordert«, könnten ja tatsächlich so durchgedreht reagieren). Die Zeitungen nehmen, langsam müde geworden, die simple Auflösung gern und dankbar entgegen, scheren sich plötzlich nicht mehr um das längst angehäufte Beweismaterial, von Dutzenden Zeugen bestätigt.

Heute, sechs Wochen später, wollen natürlich die Pursrucker nichts mehr davon wissen, daß so etwas wie eine Verteufelung der Familie Reitinger stattgefunden hat. Alt-Wirt Josef Gebhard, darauf angesprochen, meint, »naja, ein bißl dumm dahergeredet« sei schon worden, wendet sich aber dann schnell dem angenehmeren Thema

Wünschelruten zu. Und sein Kollege Donhauser entrüstet sich, man habe »ganz im Gegenteil nur Mitleid mit der Familie g'habt«.

Der Ausklang ist Farce. Ein Nürnberger Instrumentenbauer und »Playboy«, der in der Gegend eine Jagd hat, will das »Spukhaus« für 20 000 Mark kaufen. Interessenten haben sich, so hört man, auch aus Hamburg und dem Rheinland angemeldet. Die Gemeinde hat sich nach einigem Zögern zum Verkauf entschlossen. Vielleicht wird eine schöne Nachtbar draus.

GEWALTIG IST IHRE EITELKEIT

»25 Jahre Akzente« – eine Ausstellung in Sulzbach

Im vor zwei Jahren eröffneten Literaturarchiv Sulzbach-Rosenberg, das sich vor allem um eine lebendige Dokumentation der deutschen Nachkriegsliteratur kümmert, begeht gegenwärtig die Literaturzeitschrift »Akzente« das Jubiläum ihres 25jährigen Bestehens. Die aus diesem Anlaß eingerichtete Ausstellung bietet einen recht genauen Blick in die Innereien des jüngeren deutschen Literaturbetriebes.

Schon am 8. September 1953 – ein halbes Jahr vor dem Erscheinen des Periodikums – wurde Arno Schmidt, damals noch wohnhaft in Gaubickelheim/Rheinhessen, vom nachmaligen Herausgeber Walter Höllerer zur Mitarbeit eingeladen. Nämlich zur Ablieferung einer 6 bis 10 Seiten starken »Art Erzählung«. Diese aber »sollte nicht als reine Unterhaltungslektüre, sondern (von welchem Standpunkt Sie immer es auch fassen wollen) als Dichtung geschrieben sein«.

Sehr prononciert verstanden sich die »Akzente« von Beginn an als »Zeitschrift für Dichtung« – die Umtaufe von 1968 in »Zeitschrift für Literatur« war offenbar das Äußerste, was sich das (mittlerweile allein von Hans Bender edierte) Blatt an Tribut an den Zeitgeist zumuten mochte. Tatsächlich stand Heideggers Hölderlin-Aufsatz ». . . dichterisch wohnet der Mensch« nicht zufällig, sondern fast programmatisch über einem Vierteljahrhundert Literaturförderung und -beförderung – auch wenn den »Akzenten« heute der Abdruck zum Beispiel gerade dieses Textes wohl etliche Pein bereiten würde.

Das Konservative, das sozusagen erhobenen Haupts Kulturkonservative, war der Zeitschrift immer Leitlinie – es ist auch einer der dominanten Eindrücke der Sulzbacher Ausstellung; der dritte »Akzente«-Herausgeber Michael Krüger versteht es in seiner Festrede als Resistenz gegen alles Skandal- und mithin vermeintlich Auflagenträchtige. Kulturträger in einem durchaus vornehmen Sinn waren die »Akzente« all die Jahre über, obwohl das Blatt von Stürmern, Drängern, zumindest literarischen Revoluzzern nicht zum wenigsten lebte – so kultur-, ja staatstragend freilich, daß zum Jubiläum der bayerische Minister für Kultus, Hans Maier, bedenkenlos zum Glückwunsch antreten konnte.

Die Kontinuität schon fast steifhosiger Ernsthaftigkeit in Dingen der Hochliteratur, welche sich nicht von jedem Modemätzchen und marxistischen oder strukturalistischen oder sonst neudeutschen Windchen gleich die ganze Richtung verwehen läßt: dieser sympathische Eindruck von Bonität und Nachdenklichkeit wird durch die Ausstellung sehr bestätigt.

Etwas anderes beleuchten die Exponate – die Jahrgänge der Hefte, Manuskripte, literarisch bezogene oder private Briefe – freilich ebenso schön: Das nicht eben dichterisch-reine Interieur deutscher Nachkriegsliteratur; wobei 25 Jahre Abstand das Betrachtergefühl mehr oder weniger leiser Lächerlichkeit forcieren. Gewaltig ist der Narzißmus unserer Dichter, noch gewaltiger ihre glühende, flagrante Eitelkeit, die mehr als einmal strotzend Peinlichkeit streift; bei Lichtern zumal, die heute eben so gar nicht länger leuchten.

Ein oft betäubender Schwall an binnenliterarischem Tratsch umweht den Besucher. Sottisen, Anbiederei, Ängstlichkeiten und ängstliche Koketterien. Kaum einer offenbar unter den Hundertschaften von »Akzente«-Autoren, der sich nicht als zumindest genial empfand; Paul Celans »Nur wahre Hände schreiben wahre Gedichte« (in Sulzbach als eine Art Leitwort plakatiert) scheint unseren Nachkriegsdichtern sehr aus der Seele gesprochen, bis 1960 vielleicht nachdrücklicher noch als später.

Parallel zum Belustigenden des durchaus ernstgemeinten dichterischen Hochgefühls verläuft die Komik des schon halb historischen Umgangstons. Auch da hat sich in den letzten 25 Jahren einiges gewandelt, gar gebessert.

Ob wohl Walter Höllerer den potentiellen Mitarbeiter Heimito von Doderer, dessen kalligrafische Schriftwinzigkeiten nebst dem rot gemalten ornamentalen Initial fast ebensoviel Preziosität enthalten wie sein sprödes Angebot, »trotz dem Finale eines etwas überdimensionierten Romans (Dämonen)« eventuell mitarbeiten zu wollen, –: Ob Höllerer Doderer heute noch als »Werter Herr Doktor« anschreiben würde?

Wer nach Sulzbach reist, der sollte sich tunlichst in solche nicht immer Wohlklang sprechenden Kleinigkeiten versenken.

EINE LIAISON JEAN PAULS MIT RICHARD WAGNER

Bayreuth öffnet seinem Heros ein Museum

Der bayerische Kultusminister Maier hat zwar mit den aktuellen Poeten fast allweil akute Kalamitäten, ob sich's nun um ministerielle Preisvergoldungen handelt oder um Unterschriftslisten pro Strauß: aber seinen Jean Paul läßt sich der Rundumhumanist, der sogar ein bißchen Jean-Paul-Fachmann sein soll, natürlich nicht nehmen; und nicht einmal die Chance zu einer Museums-Eröffnungsrede. Zwar soll es auch, laut Rolf Vollmanns Büchlein »Das Tolle neben dem Schönen«, kaum einen größeren Gegensatz geben als den zwischen einem Jean Paulschen Himmelsflug und der Weltgenügsamkeit eines CSU-Politikers (dtv-Ausgabe, S. 120): aber erstens war Jean Paul Richter auch Humorist, zweitens für fruchtbare Widersprüche stets zu haben, und drittens trat ja Strauß immerhin nicht selber in Bayreuth an, den großen Landsmann zu ehren. Bzw. schad drum. Denn letzten Endes ist der bayerische Ministerpräsident ja auch nur eine besonders phantastische Jean-Paul-Figur; mit ihm hätte Richter gewiß romanlich gern gespielt.

Die kürzliche Öffnung des neueingerichteten Jean-Paul-Museums im – ausgerechnet – Chamberlain-Haus, im Schatten des Hauses Wahnfried am Hofgartenrand, ist eine verspätete Geste der Stadt und mehr oder weniger die Leistung eines Mannes: des praktischen Arztes Dr. Philipp Hausser, so da sozusagen familiendynastisch Jean Paul betreut, als Sammler von Jean-Paulien nämlich – den Nachlaß selber vermachte der Dichter der Preußischen Staatsbibliothek, der heutigen Deutschen Staatsbibliothek in Ost-Berlin. Hausser, der sogar in Richters letztem

Bayreuther Domizil in der Friedrichstraße (seinem achten!) wohnt und praktiziert, überließ der Stadt jetzt dauerleihweise seine Sammlung, diese machte dafür die Parterre-Etage des ehemaligen Wahnfried-Museums frei – Jean Paul und Wagner jetzt gleichsam unter einem Dach.

Den man in Habitus, Gestik und Redeweise als eine Art Marcel Prawy Jean Pauls bezeichnen könnte: Philipp Hausser ist ein eminenter Kenner und noch besserer Causeur, auch Verfasser eines nicht nur lokal interessierenden Buchs »Jean Paul in Bayreuth«. Und sicher einer der letzten der schätzungsweise 200 Ärzte der Bundesrepublik, die sich ihre kulturelle Mission nicht nur einreden, sondern ihrer Agilität, Sammlerpassion und Empfindsamkeit zu einer Legierung verhelfen, welche den Gegenständen der Kultur sogar zugute kommt.

In der Vita Richters, der seine letzten 21 Jahre in Bayreuth verbrachte und die Stadt mochte, macht dem poetischen Arzt kaum einer was vor, er hat auch in Rede- und Denkweise einiges von Jean Paul absorbiert. Das neue Museum, dessen Bestände zu neun Zehntel von ihm stammen, dankt seine planvolle, lehrsame und hübsch-bunte Einrichtung weitgehend ihm. Die Auswahl Richterscher Lebens- und Arbeitsdokumente kommt dem Experten ebenso entgegen wie dem Rein-Riecher. Sie reicht von den z. T. raren Erstausgaben bis zu den (meist kuriosen) ersten wirkungsgeschichtlichen Zeugnissen, von des Dichters letztem Kachelofen bis zu einem Jean-Paul-Briefchen, das bei einem Bayreuther Professor um Nachhilfestunden für den Sohn Max nachsucht.

Hausser lebt eine Etage unter Jean Pauls letzter Wohnung. Im Hintergarten des Gebäudes kann man sich in des Dichters Laube sommerlich verzaubern und von seinen Johannisbeeren kosten. Schräg gegenüber ist noch eine der Bleiben Jean Pauls, neben ihr ein »Jean-Paul-

Café«, eine »Jean-Paul-Apotheke« – es gibt da auch Schneidiges wie eine »Oertels Saloon Bar«, die zwar nichts mit Richters Freund Lorenz Adam von Oerthel im Sinn hat, aber sonst durchaus jean-paulisch klingt. Ganz in der Nähe und vorerst noch erhalten ist die wundersam vergreiste, fensterlädenverschlafene »Grau'sche Buchhandlung«, deren Vorgängerin, als einzige Bayreuther Druckerei, ein Richter-Werk herstellte, das »Quintus Fixlein« – zu preisen die Stadt, die etwas derart Shop-fernes noch birgt.

Bayreuths neue Amoure mit Jean Paul freilich dürfte zwiespältig bleiben. Zwar zitiert man in der Fremdenbroschüre »Liebenswerte Stadt Bayreuth« zwei recht hymnische Jean-Paul-Statements über seine neue Heimat – aber in jeder Weise ist und bleibt Bayreuth primär einem anderen Genie verpflichtet, Wagner. Den Witz freilich, daß ein alles in allem eher zweitrangiger Kompositeur die Stadt berühmt, fast »mythisch« gemacht hat; indessen Deutschlands, vielleicht der Erde Sprachmächtigster (der zudem viel mehr der »Aura« der Stadt angehörte) die allenfalls zweite Geige spielte und spielen wird –: den Witz will Philipp Hausser, der auch ein großer Wagner-Kenner ist, durchaus nicht einsehen. Erstens seien sich die beiden gar nicht so fern, z. B. habe der Schriftsteller den Musikdramatiker (in der Vorrede zu Hoffmanns »Phantasiestücken« und ausgerechnet 1813!) gewissermaßen vorweggeahnt. Und dann: »Welche Stadt kann sich rühmen, zwei Genies in sich zu vereinen?«

Jetzt logieren sie beinah unter einem Dach. Richards PR wird die des Johann Paul Friedrich auch künftig mühelos unter den Scheffel schubsen. »Wagner macht Krach, Jean Paul nicht« (Hausser). Irgendwo ist das zwar fatal für die Deutschen, aber letzten Endes schon recht.

LIEBLING DER GÖTTER?

Hans J. Fröhlichs Schubert-Porträt

Zum 150. Todestag von Franz Schubert (1797–1828) am 19. November erschien vor einigen Wochen im »stern« etwas Artikelartiges, das vorgeblich den Komponisten vor Verkitschung, Unverständnis und Verfälschung retten wollte. Mehr als 150 Jahre, wurde in einem seltsam peitschenden Vokabular geklagt, sei Schubert als besserer Operetten- und Rührstück-Kasper gehandelt worden, dem sei schnellstens Einhalt zu gebieten, dem sei der tragische Schubert entgegenzustemmen. Nämlich – offenbar – durch dessen engsten Bruder im Geiste, den »stern«.

Das ist natürlich Unsinn und Art unserer Illustrierten, die ihrerseits Kunst und Genie als einwöchiges Spektakelobjekt ärger verkasperlt als aller bekannter schubertgeschichtlicher »Schwammerl«-, »Götterliebling«- und »Dreimäderlhaus«-Dumpfsinn es vermöchte und vermochte; da war wenigstens noch eine Spur Wahrheit dran. Und trotz derlei Katastrophen ist Schuberts Singularität, sein oberster Rang seit 150 Jahren auch keineswegs Geheimnis mehr. Wenn nicht schon (was fraglich bleibt) Beethoven und die Schubert-Genossen: spätestens Schumann und Liszt begriffen ihn sehr wohl und etablierten den Halbverschollenen, mählich posthum Entdeckten in jenen Musikhimmel, in dem später auch ein so rationaler Herr wie Strawinsky selig mitschwamm, wenn er die C-Dur-Sinfonie hörte.

*

Ernsthaft war Schubert, sieht man von periodischen kurzen Irrungen des Kunstverstands ab, nie »verkannt«, auch nicht außerhalb der Fach-Riege. Spätestens nach 1950, mit dem massiven Vordringen der Schallplatte, sanktionierte sich ein durchaus sinnhaltiges Bild seines Genies – mit einer sogar schon fast wieder schubertfremden Dominanz des Ernsten, Gebrochenen, »Tragischen«; was die Existenz des Komponisten anlangt wie seine Musik. Über dem Erfinder des tatsächlich unglaublich kühnen G-Dur-Streichquartetts und des Quintetts, der »Winterreise« und der erst in den letzten Jahren ganz »entdeckten« späten Klaviersonaten (»spät«? Der Mann war 30!) schien umgekehrt der »andere« Schubert wiederum gar zu sehr zu verschwinden: der Komponist der Deutschen Tänze, der wundersam verblasenen valses nobles und valses sentimentales; also der Biedermeier-Bohemien, der »affirmativ« Konservative, der als Phänotyp leicht verwurstelte Wiener Modekomponist. Denn zweifellos, ein »gemütvoller«, ein »gemütlicher« Tonsetzer, ein »Weaner« war Franz Schubert, wegen des Broterwerbs nolens, aber daneben durchaus volens – auch.

Wahr ist immerhin, daß über den Mann – und dies Erbe teilt er allerdings mit der Mehrzahl aller Komponisten – seit 150 Jahren kaum etwas zugleich Vernünftiges und Lesbar-Populäres geschrieben wurde. Weder eine befriedigende Biographie; noch eine Werkdeutung von Rang – sieht man von fast Apokryphem wie dem Adorno-Essay aus dem Jahr 1928 ab; noch auch eine phantasieverpflichtete, z. B. romanhafte Darstellung, wie sie Werfel im Fall Verdi immerhin partiell glückte. Zwischen sentimentalen Halbwahrheiten und sturer Gelehrsamkeit war für Schubert offenbar am wenigsten Platz.

Das Jubiläumsjahr ließ da zumindest eine Hoffnung reifen, das Vakuum lebendiger zu machen: des Münchner Romanciers Hans J. Fröhlich Biographieprojekt, das jetzt termingerecht (allzu termingerecht, denn etliche Flüchtigkeiten, Widersprüchlichkeiten gehen eindeutig auf

Finalstreß zurück) Buchmesse und Buchläden erreichte: »Schubert«, Hanser Verlag, 352 S.

*

Ein Fortschritt, ein Zugewinn – gemessen nicht nur an einem bis heute aufgelegten und auferlegten Standardwerk wie Fritz Hugs Biographie, die mit Erkenntnissen prunkt wie der: »Engelsgestalten flossen ihm aus unergründlicher Tiefe zu.« Dergleichen halb wahren, halb verschmockten Schmonsus vermag Fröhlich fast immer zu meiden. Und obgleich der Biograph, basierend vor allem auf Otto Ernst Deutschs »Schubert – Dokumente seines Lebens«, so etwas wie eine Sozialgeschichte der Schubert-Zeit im Sinn auch hat und in dieser Richtung schürft (Schubert: »Wien ist leer an Herzlichkeit«), kommt er auch so gut wie ganz ohne den schon sozusagen klassischen Soziologen-Sermon aus, wie er heute ja noch immer von kritisch-ehrgeizigen Studien befürchtet werden muß, bis hinein ins Perhorreszierende.

Mit Wolfgang Hildesheimers Mozart-Buch von 1977 teilt Fröhlich über weite Strecken das Pathos des Nicht-Wissens: Das Genie bleibt uns letzten Endes fremd, um so fremder, je näher wir uns ihm auf der Spur glauben. Parallel zu diesem Motiv versucht sich der Autor mit Erfolg in unterschiedlichen Deutungs-Strängen: ein paarmal in der musikalischen Analyse; in der Rekonstruktion von Schuberts Arbeitsweise rund um das Zentral-Zitat »Wollte ich Liebe singen, ward sie mir zum Schmerz«; sodann in der Interpretation von Texten, Schubertscher und fremder, für die Lieder adaptierter; schließlich in einer Art Synopse von (Lied-)Texten und Musik, wobei Fröhlichs These einer starken Assimilierung der Texte durch den Kompositeur bis hin zur Identifizierung ebenso wenig entgegenzuhalten ist wie der anderen, daß Schubert in der

Auswahl seiner Liedtexte sich als durchaus urteilsfähiger, literarisch gebildeter Mann zeigte, auch wenn er in der Not noch viel Mediokres verwenden mußte.

Mit wechselndem Glück wandelt Fröhlich auf den Spuren Freuds, der gewissermaßen psychoanalytischen Textinterpretation. Manches wirkt andeutend, jedenfalls unausgeführt, aber vor allem die Auslegung von Schuberts bislang sehr vernachlässigter Prosaaufzeichnung »Mein Traum« vom 18. 7. 1822 ist originell und hat viel für sich – auch wenn man das Resultat nicht partout glauben muß. Danach wäre Schubert via eine halbinzestuöse, aber auch geradezu religiöse neurotische Mutterliebe, die ihrerseits lebenslang mit einer merkwürdig halbernsten Jenseits-Sehnsucht korrespondiert, geradewegs in einen fast allzu klassischen Ödipuskomplex hineingesteuert. Dergleichen Ansätze Fröhlichs erklären weißgott nicht revolutionär den ganzen Schubert; aber sie suggerieren doch, dem sehr schattenhaften Mann ein bißchen nähergerückt zu sein. Fremd, vergleichbar tatsächlich vor allem Mozart, bleibt er weiter, in grandioser Manier.

*

Fröhlichs Aufdröselung des Motivbündels, der Motivkonstante Sehnsucht – Himmelssehnsucht – Wanderung – Doppelgängerschaft – Tod, plausibel vor allem in den Liedern, ist gleichfalls kein deuterischer Paukenschlag, indessen sinnig; und sie gehört zum wenigen »Gesicherten«, das sich über Gestalt und Werk Schuberts sagen läßt. Es ist sein – im populären wie im wissenschaftlichen Sinn – Romantisches, das für Fröhlich weithin identisch ist mit seiner quasi experimentell freien Künstlerschaft; diese wiederum konvergiert mit der Kompositionsproblematik in nachklassischer Zeit, angesichts dessen, was man später häufig als Epigonendilemma begriffen hat.

Aber Schubert hatte, nach Fröhlich, nicht nur »genug Chaos in sich, um an den Regeln nicht zu zerbrechen« – als repräsentativ nach-mozartischer und nach-beethovenscher Künstler lebt und komponiert er »Avantgardismus als Schicksal«. Dabei muß man es heute schon als wohltuend empfinden, daß in diesem Zusammenhang des »Romantischen« vom Biographen neben dem neoakademisch sogenannten sozioökonomischen Umfeld und der retrospektiv-restaurativen Ideologie auch der alte Himmel nicht ganz ausgespart bleibt. Fröhlich gibt ihm, sowohl was die Vita als was die Musik anlangt, den gehörigen, nämlich viel Platz. Denn tatsächlich drängt Schuberts Werk – und insofern haben die Blumigkeiten der Trivialdeutung nicht so ganz unrecht – allzeit ins Chimärische, in eine durchaus naive Himmelstranszendenz. Gar nicht so sehr die der Versöhnung per Kunst, eher in die katholische der Heiligen Jungfrau; und, nach Fröhlich, eben auch der früh verstorbenen Mutter.

Gemessen an der »Winterreise«, jenem von Schubert so definierten »Zyklus schauerlicher Lieder«, wird bei Fröhlich die »Schöne Müllerin« merkwürdig bündig abgehandelt. Nicht zufällig. Ganz auf die Entfaltung des Bezugssystems von Wanderung–Tod fixiert, auch eines vor-kierkegaardschen Nicht-Sterben-Könnens, entgeht dem Autor möglicherweise der »Müllerin« eigener und bewegendster Reiz: das eichendorffnahe Erregende des Morgendlichen, des Abenteuerlichen, des romantischen »Aufbruchs an sich«, dessen Idyllik und Naivik natürlich die reine Utopie ist, wie die des »Taugenichts«.

Ähnlich werden überhaupt Schuberts »lyrische« Lieder gegenüber den »dramatischen« (und diese Vokabeln sind nun wahrlich Hilfskonstruktionen) eher vernachlässigt: »Doppelgänger« und »Leiermann« sind Fröhlich A und O von Schuberts Lied. Musik könne niemals fröhlich sein, so lautet ein bekanntes Wahrwort Schuberts. Und trotzdem scheint es vor allem in seinem Lied-Kosmos einen Sektor außerhalb der »dramatischen« Dialektik von Schönheit, Liebe, Schmerz zu geben: ein Reich des schlechthinnig Lyrischen, des, klassisch-hegelisch gesagt, seligen Scheinens in sich selbst, sozusagen jenseits jeder inneren und äußeren Dramatik vom frühesten Typ des »Erlkönig«. Exempel dafür wären gerade einige der »schönsten« Lieder Schuberts, die in der Biographie nicht einmal erwähnt werden: »Der Hirt auf dem Felsen« (für Sopran, Klavier und Klarinette – geradezu eine Definition von Idylle!), »Im Frühling«, »Auf dem Wasser zu singen« (nach einem brillant-lieblichen, Goethe-Höhe erreichenden Gedicht Stolbergs), »Fischerweise« und – allen voran – »Nähe des Geliebten« nach dem Goethe-Gedicht, das seinerseits zu den obersten Leistungen deutscher Sprache zählt: Auch die »Forelle«, wäre sie nicht gar so unrettbar Ohrüberdruß, gehörte hierher.

All diese Lied-Idyllen sind, auch nach Fröhlichs Neuansatz, nur schwer mit Schuberts Leben zusammenzureimen, noch mit seiner Idee des tödlichen Scheiterns: das Rätsel des »Unvermittelten« bleibt am Ende. Die kleine Kollektion macht aber auch wieder ein bißchen fraglich, ob Schubert sich eher an großen oder an minderen Gedichten entfachte: »Im Frühling« nach einem Text des Kleinmeisters Schulze ist ebenso von der ersten bis zur letzten Minute »inspiriert« wie das Goethe-Gedicht. (Die erwähnten Lieder finden sich übrigens fast vollzählig in einer Platten-Anthologie von Rita Streich. Zehn Jahre alt, weist das bei Heliodor neuaufgelegte Dokument alles kühl in den Schatten, was seither in diesem »lyrischen« und Sopran-Genre veröffentlicht wurde.)

*

Leer- und Dunkelstellen sind das gute Recht einer Biographie, hier demonstrieren sie aber auch recht angenehm, wie viel über Schubert noch zu recherchieren sein wird. Wenig ist ausgemacht, nicht einmal das scheint's Selbstverständliche, das als Platitüde in aller Munde ist: z. B., was eine spezifische Schubert-Phrase sei, eine Schubert-Melodie, welche man ja gelegentlich mit »Melodie« schlechthin gleichsetzt; denn auch bei Beethoven finden sich – Schubert-Melodien! Beethoven: War er nun mehr ersatzväterliches Haßliebe-Objekt, wie Fröhlich eher vorsichtig meint? Oder doch mehr das alternative Ich-Ideal zu »O Mozart, unsterblicher Mozart!« (Schubert)? Der aber einer so wesentlich anderen, nämlich höfischen Periode angehört, daß der freie Künstler Schubert sich an der Drohgestalt Beethoven, dem Pionier eben dieses neuen Künstlertyps, orientieren mußte?

Was hat er unserer Zeit noch zu sagen? Die alte Oberlehrerfrage ist so dumm gar nicht. Schubert könnte u. a. das bescheren, was sog. Sensitivitätstraining, Gruppentherapie, transzendentale Meditation und weiß der Teufel offenbar doch nicht so recht zuwege bringen: das Bewußtsein von »Seele«, den Bewußtseinsquell: daß »Seele« über jede vitale Verzweiflung hinaus so etwas wie ein Schutzraum sein möchte. Nichts anderes meinen Schuberts Adagios, Wiegenlieder eines jammernden Herzens. Am exponiertesten sind die Seelen ihrer selbst am sichersten: Das wäre vielleicht die Botschaft dieser Musik.

Das Schubert-Jahr: Es brachte bisher nicht viel außer den betriebsüblichen Konzert- und Funk-Hommagen zuwege. Eine Ausnahme machten die vorbildlichen Fernsehkurse des Pianisten Alfred Brendel über Schuberts Klaviersonaten: Dem grandiosen Beethoven-Zyklus »objektiv« sicher nicht gleichwertig, sind sie gleichsam epische Alternative, ja die Avantgarde; ihr Rang beruht schon allein darin, am Klassischen und damit Ewiggleichen zu kratzen. Und sie schaffen neue Himmel: von dem der B-Dur-Sonate ahnte vorher niemand etwas.

Einiges wird zu Schubert noch diskografisch zu entdecken sein – einfallsreich zeigte sich die Plattenindustrie im Gedenkjahr nicht, sieht man von Rara-Einspielungen ab wie den Flöten-Klavier-Variationen über das Lied »Trockne Blumen«: der hochvirtuose und dabei zugleich schneidend wehmütige Ton klingt auch versierten, schubertgewohnten Ohren neu. Empfehlen kann man – auch zum Gehörtraining – die Audite-Platte mit zehn Lisztschen Transkriptionen Schubertscher Lieder, erfrischende Zeugnisse früher Schubert-Verehrung – aber auch von fraglosem Schubert-Verstand!

DER COMMENDATORE ALS KÜCHENFEE

Auf den Spuren Verdis – eine Reise nach Sant' Agata und Busseto

Wenn man, je nachdem, Glück oder Pech hat, tritt man die Besichtigung der Villa Verdi Sant' Agata im Verein mit vierzig Damen und Herren einer katholischen Pfarrgemeinde aus Lucca an, die auf Kulturreise durch die nähere Heimat Toscana-Emilia ausgesandt ist.

Der betreuende geistliche Herr, ein stiftenköpfiges Weinfäßchen und filmreif wie mindestens Fernandel als Don Camillo, betritt das melancholisch noble Gutshaus mit dem Brevier in der Hand und verzieht dann gleich schmerzlich die Miene, wenn die Führerin vor der Büste und dem mit einem Baldachin aus himmelblauer Seide prunkenden Bett der Giuseppina Strepponi mitteilt, diese schöne Dame sei erst spät vom Maestro Verdi geheiratet worden, nachdem man jahrelang »wild« zusammengelebt habe. Übrigens – was die Führerin verschweigt – nicht zuletzt deshalb, um die von Unmoral zischelnde lokale Geistlichkeit zu ärgern.

Aber sonst sind die Gäste aus Lucca mit der hier versammelten nationalen Hochkultur sehr zufrieden, denn sie stellt sich dar wie der Verdi-Librettist Ghislanzoni es beschrieben hat: als ein Produkt aus Eleganz und Gemütlichkeit.

Hier, in der Villa Sant' Agata, drei Kilometer von Busseto entfernt, etwa im Mittelpunkt des Provinzen-Dreiecks Parma–Piacenza–Cremona in der Po-Ebene, lebte Verdi ziemlich ausschließlich von 1850 an. Hier entstanden von der »Traviata« ab so gut wie alle seine Meisteropern, hier fand der fast bis zum eigenen Überdruß weltberühmt gewordene einstige mit Noten säbelrasselnde »maestro della rivoluzione italiana« sein Exil, seine Fluchtstätte, wohl auch sein Inspirationsrefugium.

Hier, im stattlichen Ökonomiebetrieb von Sant' Agata, wollte sich der »Landmann von Le Roncole«, dem nahen Geburtsdorf, auch sein Denkmal jenseits der Musik errichten, hier begehrte er, dem Landvolk wieder nahe zu sein, dem er entsprang. Dies allerdings in Maßen. Denn das zweistöckige »viktorianische« Gutshaus mit Terrassen und Seitenflügeln auf Arkaden verkörpert mit dem Park, seinen Trauerweiden und Pappelreihen forciert mondänen, hochherrschaftlichen Gepräges totale Großbürgerlichkeit in Wonne und Vorzeigelust, ja sogar mit einer Spur Neureichenpeinlichkeit.

Verdi-Verehrer und Freunde der italienischen Oper sollten zur Verständniserweiterung auf alle Fälle mal dies Altersdomizil aufsuchen: Seine sichtbare Sehnsucht nach Elite und Exklusivität vor dem Hintergrund des »Zurück zur Natur« spiegelt sehr genau auch die beste Verdi-Musik, die hoch-bourgeoise Opernwohnung dieses genialen Eklektikers, der allzeit ein bißchen auch Barbar, Parvenu und Kitschier blieb.

Die Welt des arrivierten Verdi mußte reich und schön und nobel sein wie die Partitur des »Don Carlo«; die durchaus kühne Kitschnähe gerade der allerbesten »Aida«-Partien hat ihr optisches Pendant in der »Aida-Grotte« im Park von Sant' Agata, in dem sich Verdi auch Mätzchen wie einen kleinen Teich in der Buchstabenform »GV« nicht versagen mochte. Daß er diesen, auf dem die Familie an schönen Tagen zu rudern pflegte, dann jeweils beharrlich untertreibend »Tümpel« nannte, ist nicht weniger von psychologischem Reiz, und fehlen durfte auch nicht das notorische »Tempelchen« im Park. Verdis Selbststilisierung zum Patriarchen, zum Reichsverweser des italienischen 19. Jahrhunderts ist auf Gruppenfotos von Sant' Agata schön dokumentiert – königlich fühlte sich der »große Alte« zumeist am wohlsten.

Das Gutshaus birgt Verdi-Memorials und Studienmaterial die Fülle. Gemälde im Zeitgeschmack dokumentieren Verdis Kunsthorizont: Es gibt dort Foto-Preziosen, glorifizierende oder parodierende Plastik, den Erard-Flügel, den Schreibtisch und das Bücherregal mit der Privatbibliothek, die für ein skurriles, aber furchtloses Querbeetinteresse einsteht. Wem nach hehren Gefühlen zumute ist, der darf (nach Sondergenehmigung der Führerin) in Verdis italienischer Schiller-Ausgabe blättern, die ihn zu Ungebührlichem wie den »Räubern«, aber auch Ewigkeitlichem wie dem »Don Carlo« animierte. Einiges Autografische an den Wänden dürfte selbst dem fortgeschrittenen Verdi-Kenner neu sein: etwa eine Skizze zum ersten Radames-Rezitativ, denn statt des bekannten endgültigen »O wäre ich erkoren«, prächtig von Tenor und Trompete geschmettert, hatte der Komponist zuerst eine geschmeidig zarte Version »Oh! Perchè il cuore mi palpita cosi? – Warum zittert mir mein Herz so?« im Sinn. Wie würde er wohl dies Herzklopfen komponiert haben? – à la Mozart?

Ergänzungen zu den Beständen in Sant' Agata finden sich in Busseto selber, im »Museo Verdiano«, einer Abteilung des Renaissance-»Palazzo Pallavicino«. Hier gibt es neben Büsten und der Totenmaske, neben Briefen und Verdi-Gemälden auch das Spinett, das der Siebenjährige traktierte, und das Pianoforte des sehr jungen Komponisteurs. Wer wiederum drei Kilometer weiter in Richtung Fidenza fährt, kommt in das Nest Le Roncole, heute immerhin als »Roncole-Verdi« ausgewiesen. Hier wurde Verdi am 10. Oktober 1813 geboren. Die »Casa natale« nennt ein lokaler Prospekt zwar »ein demütiges Haus«, es ist aber gut erhalten und zu besichtigen. Etwas zu bombig thront eine Verdi-Büste im Vorgarten. Gegenüber in der Kirche hat »Peppino« die heute noch vorhandene Orgel gespielt und damit noch als Student sein Geld verdient.

Busseto ist die sehr typische heiter-verschlafene Provinzstadt; ihre 9000 Einwohner verstehen sich selber allerdings als sehr »allegro«. Sie würde sehr wenige Touristen anlocken, wäre hier nicht Verdi ins vorerst lokale Musikleben eingetreten, hätte er hier nicht seine erste Frau Margherita gefunden, die Tochter seines ersten Mäzens Antonio Barezzi, die früh starb. Hier ging Verdi aufs Gymnasium, hier hakelte er sich zeitlebens mit den biederen Bussetanern, hierher zog es ihn doch im Alter zurück.

In Busseto erinnern das (nur noch museale) »Teatro Giuseppe Verdi« im heutigen Rathauskomplex »La Rocca« an den ragenden Sohn, ferner das die zentrale »Piazza Verdi« beherrschende Monument von 1913, das den patriarchisch thronenden »Vegliardo« zeigt; hier gibt es regelmäßig Nachwuchswettbewerbe für »Verdi-Stimmen« und hin und wieder Verdi-Gedenkmusiken.

In Galabesetzung gab man anläßlich des 75. Todestages unter freiem Himmel auf der Piazza das Requiem. Den Tenorpart sang Carlo Bergonzi, in der Nähe Bussetos geboren, derzeit neben Sant' Agata, Museum und Roncole die vierte Attraktion einer Verdi-Reise ad origines. Nämlich via sein Hotel »I due Foscari«, das ein paar Meter hinter der Piazza und dem Verdi-Monument steht. Bergonzi, heute ein gestandener Fünfziger, immer noch einer der führenden italienischen Tenöre unserer Tage, wahrscheinlich stilsicherster Belkantist und vielleicht sogar die allerschönste lyrische Tenorstimme der Schallplattengeschichte, nannte sein Hotel »Due Foscari« nach der selbst in Italien fast unbekannten frühen Verdi-Oper einfach deshalb, »weil es alle anderen Verdi-Opern als Lokale schon gab«. Ein Restaurant zu besitzen, sei schon immer eine Marotte von ihm gewesen, daneben sei es Kapitalanlage und Refugium vom recht anstrengenden Opernbetrieb zugleich. Später soll es mal seinem Sohn Marco gehören; der ältere Sohn Maurizio studiert in Parma Medizin.

»Due Foscari« ist das empfehlenswerte Quartier für Verdi-Reisende. Ein bißchen maurisch-neuitalienischer Palazzo-Pomp, ein bißchen Nachtlokal mit Kaminlichtspielen; einerseits Nobelabsteige mit Lüster und Wandgobelins operesken Geschmacks, andererseits lokaler Honoratioren- respektive Seniorentreff. Die Übernachtung in den luxuriösen Gemächern ist für deutsche Verhältnisse billig. Man wird ausgezeichnet versorgt, und natürlich werden auch einige regionale Spezialitäten wie der »Classico-Culatello«-Schinken aus den Beständen von Bergonzis Schwiegervater serviert – denn übrigens, empfiehlt der Sänger, »auch Verdi war ein begeisterter Culatello-Esser«.

Wem es in dieser Umgebung nach großer Oper zumute ist, dem legt der Barkeeper gern Verdi-Bergonzi-Tonbänder zum Grappa auf. Es soll sogar vorkommen, daß der kleine stimmgewaltige Tenor zum Landwein ein kostenloses »Libiamo, libiamo« aus der »Traviata« hinlegt. Oder der »mamma« beim Umrühren der Spaghetti in der Küche hilft, um den Opernstreß ein wenig zu lockern.

Carlo Bergonzi, dem Kritiker seit fünfundzwanzig Jahren ein besonders warmes, edles, eigenartig großmütiges, bestrickendes, gleichsam unwiderstehlich einspinnendes Timbre nachrühmen, ist auch privat ein legerer, gentiler und allürenfremder Herr. Anekdoten aus der großen Opernwelt erzählt er nicht nur anreisenden Pressemenschen. Sohn eines heimischen »Käsekünstlers«, wurde er, wie im Bilderbuch, bei der Arbeit entdeckt, als er vor sich hin trällerte und der Boss ihm sagte: entweder arbeiten oder singen – beides geht nicht. »Ich entschied mich für das Singen.«

Zwischen dem Sänger und seinem verehrten Maestro Verdi gibt es nette Parallelen. Wie Verdi hat sich Bergonzi eine Landwirtschaft mit Viehzucht bei Busseto aufgebaut und ist stolzer Besitzer von hundert Kühen. Wie der alte Verdi kümmert sich sein belkantistischster Interpret um Soziales, gibt etwa Gratiskonzerte für soziale Randgruppen; unter anderem dafür wurde ihm von Saragat die zweithöchste italienische Verdienstauszeichnung, der Titel des »Commendatore«, verliehen; in diesem Jahr gibt es sogar den höchsten Titel, den »Grande Ufficiale«.

Von einem Vergleich will der muntere Commendatore dennoch nichts wissen, er schmeichelt ihm nicht einmal. Aus Bergonzi redet die pure Andacht: »Verdi ist zu groß, als daß man ihn nachahmt.«

EIN DRITTER »FALL SVEVO« SOLL NICHT SEIN

Rowohlt kündigt eine neue Werksausgabe an

1978, im Jahr des 50. Todestages, geschah absolut nichts, ja weniger als das: Da war zeitweise nicht einmal das Opus maximum, der Roman »Zeno Cosini«, mehr zu kaufen. Offenbar hat die Peinlichkeit aber doch etwas ins Verlags-Gewissen gegriffen, denn für Ende 1979 steht den Bewunderern und Verehrern des Triester Romanschriftstellers Italo Svevo alias bürgerlich Ettore Schmitz (1862-1928) endlich eine gute Nachricht ins Haus: Der Rowohlt-Verlag, der Svevos Werk schon bisher betreute, bereitet eine neue Ausgabe vor, die sich zwischen dem Status der »Gesammelten Werke« und einer vernünftigen Auswahl bewegen soll.

Damit wird zumindest in Deutschland quasi ein drittes Mal jener »Fall Svevo« aufgegriffen, von dem James Joyce 1926 erstmals in Paris redete, als er seinen Protegé, den Kaufmann Ettore Schmitz, nachdrücklich »europäisch« durchzusetzen sich anstrengte – zuerst sehr zum Mißvergnügen der Italiener. Denn der »Fall Svevo«: Das meinte jene groteske 25 Jahre lange Ignorierung eines Propheten, nämlich eines Großgenies, durch sein Heimatland, das ihn, verblendet durch die »höfisch«-postwagnerianische Kunstrichtung D'Annunzios, nicht erkannte; entweder als Provinz-Marotte links liegen ließ – oder sich an seinem friaulischen Kaufmanns-Pidgin stieß, das (zur halben Ehrenrettung der damaligen Beckmesser sei's gesagt) tatsächlich im Original problematischer ist als man das z. B. in der deutschen Übersetzung ahnt.

Frankreich ernannte Svevo kurz vor seinem Tod zum »italienischen Proust« (nicht ganz glücklich – später freute man sich mehr an der erstaunlichen Verwandtschaft des »Svevoischen« mit dem »Kafkaesken«); Italien begann sich nolens volens auch bald des großen Semi-Sohns zu rühmen (Schmitz' Vater war Deutscher, Ettore wurde in einem Internat bei Würzburg erzogen und war ein glühender Verehrer der deutschen Klassiker – daher sein ostentatives Pseudonym: der italienische Schwabe = Deutsche) –, auch wenn Svevos Roman-Triest entscheidend ein späthabsburgisches ist.

Europäischer Ruhm ereilte den davon völlig Konsternierten etwa ein Jahr vor seinem Tod – Joycens Weissagung an seinen Triester Englischschüler Schmitz von 1907, er sei der einzige italienische Dichter von Interesse, erfüllte sich sozusagen im letzten Moment vor jenem Autounfall, den, so meinen Eingeweihte, Svevo möglicherweise überlebt hätte, wäre sein Nervenkostüm von der Aufregung plötzlicher Publizität nicht so angegriffen gewesen.

Ab 1930 war Svevo »Weltliteratur«, saß im epischen Parnaß ganz oben neben Joyce und Proust, wird seither genannt neben Musil, Kafka, Beckett. Die Kollegen von Musil bis Robbe-Grillet und Sartre zollten superlativisches Lob, die italienischen Neo-Realisten von Vittorini und Pavese bis Moravia verehren in Svevo den Ahnen.

Uneins ist man sich eigentlich nur darüber, was denn nun an Svevo so fesselt, erregt, bezaubert. Ist er eher Tragiker, respektive sind seine Un-Helden, Zeno voran, tragische Figuren von oberstem Rang? Oder sind Romane und Kurzprosa so hinreißend kraft ihres verwirrenden, oft lakonischen, oft wie unterirdisch brodelnden »sordinierten« Humors? – zu welcher zweiten Deutung man heute mehr neigt. Der Streit ist im Grunde fruchtlos. Man würde sich einfach auf das Etikett »tragikomisch« einigen können, wäre es nicht gar zu sehr Platitüde, nämlich charakteristisch für fast alle große moderne Epik.

In Deutschland muß Svevo schon zeit seines Unfalltodes ein recht berühmter Mann gewesen sein, wovon man sich im Svevo-Archiv in der Triester Stadtbibliothek überzeugen kann: Unsummen von großen und kleinen Nachrufen erschienen in deutschen Blättern, obwohl der »Zeno« von 1919 erst 1928 im Zürcher Rhein-Verlag erschien (in der von Svevo mitbetreuten Übersetzung von Piero Rismondo). 1932 brachte Müller und Kiepenheuer einen Band ausgewählte Erzählungen; eine kontinuierliche Svevo-Edition und -Rezeption verhinderten offenbar Nazi-Ära und Weltkrieg.

1959 bewegte einer der ältesten und unverzagtesten Svevo-Künder, François Bondy, den Verleger Ledig-Rowohlt zur neuerlichen Pioniertat: einer Svevo-Ausgabe. Sie erschien nach und nach, in Rismondo-Übersetzungen, in vier Bänden: »Zeno Cosini«, »Ein Leben«, »Ein Mann wird älter« (Senilità) sowie ein Band Erzählungen mit dem nachgelassenen Fragment einer Zeno-Fortsetzung. Svevo wurde von der Kritik wieder einmütigst, fast hymnisch gelobt, ebenso wie die schöne Ausgabe – und die wurde dennoch zum Desaster. Noch immer sind nach 20 Jahren jene 4000 bis 5000 Exemplare der Erstauflage nicht durchwegs verkauft; nur ausgewählte Erzählungen und »Zeno« übernahm Rowohlt – deshalb? – viel zu spät ins Taschenbuchprogramm, auch dies ohne nennenswerte Breitenresonanz – Svevo war in Deutschland zum zweiten Male zum »Fall« geworden: zur Prominenz auf dem Abstellgleis der Experten, Jünger und Doktoranden, welche letzteren hier und vor allem in Italien inzwischen allerdings Rekordmarken anpeilen. Der italienische Deutsche ist heute ein dankbares Objekt für die akademische Aura. Was um so absurder mahnt, als Svevo, schon aufgrund der leichten Verständlichkeit seiner planen Lektüre, womöglich als einziger innerhalb seiner modernen Großmeisterriege das Zeug zum Volksschriftsteller gehabt hätte.

Die Gründe der anhaltenden Abstinenz und Resistenz eines potentiellen Leserpublikums zu recherchieren, das langte vermutlich wieder für ein Dutzend vor allem geschmackssoziologisch interessierter Doktorarbeiten. Das Übel soll indessen jetzt – im dritten Anlauf – ein Ende haben: durch die Neuausgabe der Werke bei Rowohlt. Sie wird in der ausreichend attraktiven Reihe »Das Neue Buch« stattfinden, nach der Taxierung des Lektors Delf Schmidt sechs Bände stark sein und vor allem auch alle noch fehlenden poetischen Arbeiten enthalten. So die in den letzten Jahren sehr gelobten, aber bei uns noch ungedruckten Dramen, etwa »Ein Ehemann« oder »Ein Mann wird jünger«, neue Erzählungen und, in Auswahl, die noch unbekannten Tagebücher und Briefe.

Nachdem in Italien, bei Svevos Ur-Verlag dall'Oglio, inzwischen fast alles irgend Belangvolle veröffentlicht ist, kann man auf eine solide Basis zurückgreifen. Einiges ist neu zu übersetzen, im übrigen wird man es wahrscheinlich bei Rismondos schöner, trockener, farbiger Erstübersetzung der Romane und Erzählungen belassen.

Herausgeber des neuen deutschen Svevo ist Claudio Magris, ein in Triest und Turin lebender 43jähriger Germanist, der zuletzt in Italien und Deutschland mit etlichen Arbeiten über Svevo hervorgetreten ist (u. a. in »Akzente«); in denen er, wie auch im Gespräch immer wieder und etwas penetrant, Svevo aus der »Spannung zwischen Bürgerlichkeit und latenter Anarchie« heraus deutet. Auf Magris' Edition wartet besonders gespannt sein Freund und Mit-Kämpfer Bondy, der das Material für eine erste deutsche Svevo-Biografie längst in der Schublade hat; und neuerdings von Rowohlt sogar drum gebeten wird, nachdem man jahrelang abgewunken hatte: Svevo in der rororo-Monographienreihe erbringe nicht die obligate Verkaufsauflage!! Bondy möchte aber erst abwarten – momentan stieße ja sein Svevo-Buch auf ein gar zu trübseliges Vakuum.

Mit besonderem Interesse, ja mit riesiger Freude erwartet gleichzeitig in Triest eine alte Dame die deutsche Ausgabe: Svevos 81jährige Tochter Letizia Svevo Fonda Savio, die, außer um ihre Funktionen in der Triester Kommunalpolitik, sich heute noch regsamst um das Werk des Papas kümmert. Auf die erste deutsche Ausgabe von 1928, berichtet Letizia, habe sich Ettore Schmitz wie auf keine andere gefreut – er habe deutsche Sprache und Literatur nicht nur leidenschaftlich gemocht, ein bißchen habe er sich eben wirklich als tedesco gefühlt. Und übrigens kann Frau Fonda Savio aus erster Quelle zur Klärung der Streitfrage beitragen, ob die Bücher ihres Vaters eher tragische oder komische seien: Nie sei die Familie Schmitz, d. h. sie und Mutter Livia (eins der Modelle für Joyces Anna Livia Plurabelle, des Gatten Svevo »allerliebste, süße Ziege« im Brief vom 30. 5. 1899), so fröhlich gewesen wie zur Zeit der Niederschrift des »Zeno«: Der Vater Ettore habe nämlich am Schreibtisch immer vor sich hin gekichert und nicht selten auch laut gelacht.

ITALIENISCH

Volkstümlich, aber gut – mein Lieblingswitz vom Sommer '79: Eine Hannoveranerin hat ihren Urlaub in Oberbayern verlebt. Zurückgekehrt, wird sie von ihrer Arbeitskollegin gefragt, wie's denn so gewesen sei.

»An sich prima – nur die jungen Burschen reden z. T. italienisch.«

»Italienisch?«

»Ja. Einer ist tagelang hinter mir hergestiegen und hat immer wieder gesagt: ›Di ficchiano, di ficchiano!‹«

DER ANTICHRIST ALS WELTERLÖSER

Michael Weißmüller und seine Friedensengel-Partei

Das Heil kommt nicht länger aus Bethlehem, sondern aus Pöring (Postleitzahl 8011). 20 Kilometer östlich von München, an der Eisenbahnstrecke nach Rosenheim, dort wo die Welt aus Voralpenambiente, Leberknödelsuppen und absoluter CSU-Vorherrschaft besteht, wird die Sanierung des Erdballs vorbereitet. In diesem Pöring, einem 2000-Seelen-Kaff, nämlich lebt und wirkt in einem Einfamilienhäuschen (Am Burggraben 15) der 59jährige Obsthändler, Welterlöser und Chef der 1964 von ihm begründeten »Friedensengel-Partei« Michael Weißmüller.

Michael Weißmüller weiß, was er will. Nach dem Weltuntergang, vermutlich 1972, wird er Deutschland und später die ganze Menschheit führen. Wie zwar nicht Jesaias, aber der »Mühl-Hiasl« ihm geweissagt. Dieser, ein vor fast 200 Jahren im Bayerischen Wald wirkender Prophet und eine der populärsten Legendengestalten des Bayernlands, hatte sowohl Weltuntergang als auch Welterlöser für das laufende Jahrzehnt angekündigt, und nach Weißmüllers Analyse des Seher-Worts konnte mit dem Erlöser nur er gemeint sein.

Zuvor aber ist der Weltuntergang fällig. Michael Weißmüller hatte ihn schon für Ostern 1969 programmiert und war mit mehreren Getreuen zum Fuchsenriegel, einem Bergrücken bei Zwiesel im Bayerischen Wald, gereist. Dort sollte, nach Mühl-Hiasl, der Weltuntergang einsetzen. Doch Weißmüller lauerte vergebens. Es klappte nicht. Bzw. Gott hatte der Welt noch eine Schonfrist gegeben, und nur so pietätlose Subjekte wie die Münchner »tz« und die »Abendzeitung« mochten darüber in großen Reportagen besserwisserisch sich delektieren.

Doch wer die Gewißheit hat, den schert das nicht. Weißmüller wartet weiter. Simultan auf das Ende und seine Berufung nach Bonn. Und betet und arbeitet. Zum Beispiel an Flugschriften und an einem 30-Punkte-Parteiprogramm der Friedensengel. Mit Weißmüllers Machtübernahme soll dann alles anders werden. Wie, das erfuhr unser Mitarbeiter Eckhard Henscheid bei einem Gespräch mit dem Inhaber des Friedensengels in Pöring.

Frage: Herr Weißmüller, wie viele Mitglieder hat die Friedensengel-Partei?

Weißmüller: Ich weiß es nicht. Aber zahlreiche Anhänger in aller Welt.

Frage: Sind auch Frauenspersonen vorhanden?

Weißmüller: Ja, meine Frau. Aber richtig politisch können die Frauen nicht denken.

Frage: Wird Mitgliederbeitrag erhoben?

Weißmüller: Ja, eine Mark monatlich. Gott gab uns das Wirtschaftswunder. Deshalb hat jeder eine Mark übrig.

Frage: Was geschieht mit der Mark?

Weißmüller: Wir heben es auf für das Reich Gottes.

Frage: Haben die Friedensengel schon bei Wahlen kandidiert?

Weißmüller: Nein, wir kandidieren nicht. Wir haben das nicht nötig. Was soll ich kandidieren, wenn ich sowieso weiß, daß ich berufen werde. Bis dahin warte ich und halte Vorträge.

Frage: Wo denn?

Weißmüller: Zum Beispiel in Passau und Regensburg. Vor 20 bis 30 Leuten, Interessierten. Aber kandidieren tun wir nicht. Wir sind keine politische Partei. Die Parteien, das sind doch alles die gleichen Lügner und Gauner.

Frage: So? Auch die christlichen?

Weißmüller: Wer?

Frage: Naja, die CSU und so.

Weißmüller: Ja, die ganz besonders. Alles dieselben Gauner. Sie belügen das Volk und rüsten auf.

Frage: Und die SPD?

Weißmüller: Ist gottlos.

Frage: Gibt es denn gar keine moralischen Unterschiede zwischen den heutigen Vertretern der Politik?

Weißmüller: Naja, der Kiesinger ist der schlimmste. Wenn ich den schon sehe ...

Frage: Nicht der Franz-Josef Strauß?

Weißmüller: Der auch.

Frage: Wie beurteilen Sie das gute Abschneiden der FDP bei den hessischen Landtagswahlen?

Weißmüller: Das interessiert nicht.

Frage: Herr Weißmüller, wie ging das eigentlich zu, daß Sie Welterlöser wurden?

Weißmüller: Schon 1937 hat mir Adolf Hitler durch den getreuen Hans Baumann, den Gauführer im Arbeitsgau Oberbayern-München, gesagt, er hätte einen großen Auftrag für mich, bitte übernehmen Sie ihn durch Ehrenwort und durch Händedruck. Ich sagte sofort, jawohl, Generalarbeitsführer, jeder Befehl wird ausgeführt. Er sagte, es ist zwar ein großer und schwerer Auftrag, aber ohne Bedenken durchführbar.

Frage: Und warum verfiel Baumann gerade auf Sie?

Weißmüller: Er sagte, diese Aufgabe kann nur ein kleiner Führer übernehmen. Ein Mann aus dem Volke, der aber ein geborener Idealist ist. Der Generalarbeitsführer sagte, ich soll den Friedensengel vom Himmel als Helfer holen und mit ihm Gottes Reich schaffen nach Christi Muster. Ich habe gesagt, dann werden sie mich ans Kreuz schlagen, und dann steh ich da. Er sagte, nein, ich brauch keine Angst haben, denn ich mache keinen Fehler und ich werde schon vorwärts kommen, wenn auch ganz langsam. Und er sagte, Weißmüller, Sie haben eine große

Rednergabe, Sie können reden wie der Führer. Und der Friedensengel bringt Ihnen die besten Informationen aus dem Himmel.

Frage: Und wann hat das dann mit dem Friedensengel geklappt?

Weißmüller: Vor zehn Jahren, 1960. Damals habe ich gespürt, daß er kommen kann. Ich bin in eine Gnadenstätte, eine Kapelle in Heroldsbach bei Forchheim bei Nürnberg gegangen, wo besonders laut und gut gebetet wird, Tag und Nacht. Da habe ich zur Himmelsmutter gesagt: Schau, welches Leid und Not und Waffen ist in der Welt. Und dann habe ich den Friedensengel eingeladen.

Frage: Eingeladen?

Weißmüller: Ja, dann kommt er. Aber nicht bei allen Menschen. Man merkt es direkt, wenn er einzieht.

Frage: Können Sie das Gefühl beschreiben?

Weißmüller: Man wird ganz leicht und frei davon. Und das geht dann nicht mehr weg.

Frage: Was sind Ihre Beweise, daß der Friedensengel noch in Ihnen sitzt?

Weißmüller: Erstens Redegewandtheit. Zweitens große Weisheit. Drittens genügend Mut. Viertens Unantastbarkeit.

Frage: Sind Sie unverletzlich? Wie Siegfried?

Weißmüller: Wer?

Frage: Wie Siegfried, der germanische Held?

Weißmüller: Jawohl, der Welterlöser muß unverletzlich sein. Darum hat es auch bei Christus nicht geklappt. Deshalb wurde er bestraft und umgebracht. Er hat versagt.

Frage: So?

Weißmüller: Christus hatte die Welterlösung versprochen. Aber sie ist nicht gekommen. Er hat es falsch gemacht!

Frage: Was denn?

Weißmüller (überlegt): Vielleicht war er zu unerfahren.

Frage: Mit 33 Jahren?

Weißmüller: Das ist keine Alterssache. Sondern eine Sache der Redegewandtheit.

Frage: Aber Christus hatte den Friedensengel?

Weißmüller: Ja. Alle Welterlöser. Auch Hitler. Wir dachten zuerst, Hitler ist der Erlöser. Aber er war wie Christus nur ein Vorkämpfer, weil er schwere Fehler machte, die dem Herrn nicht ganz gefielen.

Frage: Welche denn?

Weißmüller: Er wollte die Welterlösung mit Gewalt. Und so kam, daß Hitler in der Falle saß und der Teufel den Krieg gewann. Der Teufel dachte: Der Adolf ist kaum so schlau, sonst hätte er doch gleich die himmlische Armee gegen den Osten angefordert. Dagegen der Adolf: Erst einmal die irdische. Dann kann ich immer noch die himmlische zum Einsatz bringen. Das war sein Fehler.

Frage: Das heißt aber doch, der Friedensengel machte es mit Gewalt. Ist das nicht ein Widerspruch?

Weißmüller: Der Engel kann nichts dafür. Auch die Christen machten es mit Gewalt. Deshalb wird der Antichrist die Welt erlösen.

Frage: Der Antichrist? *Sie* sind also der Antichrist??

Weißmüller: Jawohl!

Frage: Unter dem Antichristen versteht man aber doch normalerweise den Teufel!

Weißmüller: Jaja, aber das ist falsch. In meinem Herzen wohnt der Friedensengel. Er wird im Alleingang Sieger über den Teufel werden, wenn auch erst ganz allmählich.

Frage: Können eigentlich den Friedensengel mehrere Leute haben? Wie zum Beispiel den Schutzengel?

Weißmüller: Nein. Vielleicht kleine Friedensengel. Die haben noch ein paar Heilige.

Frage: Haben Sie zu solchen Heiligen Kontakt?

Weißmüller: Nur zu der Frau Buchela in Remagen.

Frage: Wer ist denn das?

Weißmüller: Eine Wahrsagerin. Die beste Kraft auf diesem Gebiet. Sie ist meine persönliche Beraterin.

Frage: Was meint sie denn?

Weißmüller: 1972 oder auch schon 1971 wird die Einladung nach Bonn kommen. Dann beginnt das Reich des Friedens.

Frage: Zurück zur Unverletzlichkeit. Sind Sie noch nie verletzt worden? In einer Schlägerei oder vielleicht von herunterfallendem Obst?

Weißmüller: Mir kann keiner was tun. Das ist ein sicherer Beweis. Mir ist noch niemals jemand nahegetreten, seit der Engel in mir ist. Das merken die Leute.

Frage: Aber Sie sind nicht unsterblich?

Weißmüller: Nein, ich sterbe eines natürlichen Todes.

Frage: Herr Weißmüller, Sie stützen Ihre Weltherrschaft auch auf die Voraussage des legendären »Mühl-Hiasl«, des Sehers vom Bayerischen Wald.

Weißmüller: Jawohl. Mathias Sturmberger hat vor 170 Jahren prophezeit, daß der Welterlöser in den bayerischen Wald kommen wird. Der hat viel prophezeit, und alles ist bisher eingetroffen. Zum Beispiel, daß auf dem Kirchturm von Zwiesel ein Baum wachsen wird. Auch das ist eingetroffen.*)

Frage: Und Sie waren Ostern 1969 im Bayerischen Wald. Das war die Sache mit dem mißglückten Weltuntergang ...

*) Das ist richtig. 1938 wuchs – vermutlich trug der Wind Samen in das Erdreich zwischen dem Gebälk – eine Birke auf dem Kirchturm. Der NS-Kreisleiter, dem die ganze Mühl-Hiasl-Richtung nicht paßte, veranlaßte ihre Entfernung. 1958 wuchsen sieben Birken nach, die ebenfalls wieder entfernt wurden.

Weißmüller: Der ist nicht mißglückt. Das hat die Presse wieder einmal nicht richtig dargestellt. Ich habe gesagt: Entweder geht die Welt unter oder die Macht des Satans wird gebrochen und es geht langsam aufwärts.

Frage: Also hat der Satan jetzt ausgespielt?

Weißmüller: Im großen ganzen. Damals an Ostern ist auch die Prophezeiung des Mühl-Hiasl eingetroffen: Der Erlöser kommt, wenn der Rauch aufsteigt über Innenried. Wir sind dagestanden und haben gewartet und gebetet, und plötzlich ist der Rauch aufgestiegen. Ganz fein.

Frage: Eine zusätzliche Bestätigung für Sie. Herr Weißmüller, einiges in Ihrem 30-Punkte-Parteiprogramm ist mir noch unklar. Sie wollen Schluß machen mit den Zeugen Jehovas, den Gammlern, den Miniröcken, dem Jazz und dem Twist. Welche Aufgabe ist vordringlich?

Weißmüller: Gammler sind ganz schlimm. Die liegen da so herum.

Frage: Aber sie dienen doch dem Frieden?

Weißmüller: Was?

Frage: Sie sind doch ganz friedlich.

Weißmüller: Aber dreckig. Der größte Feind ist der Militarismus.

Frage: Und der Twist?

Weißmüller: Wer?

Frage: Der Twist. Parteiprogramm Nr. 14!

Weißmüller: Ja so, das ist so eine Hopserei. Schöne Tänze müssen wiederkommen, die sind besser. Tango und langsamer Walzer.

Frage: Punkt 8 Ihres Programms fordert Einheitsrente ohne Rücksicht auf Stand und Beruf. Sollen nicht doch vielleicht besonders verdiente Personen wie Sie einen Zuschlag von 35 Mark erhalten?

Weißmüller: Nein, kein Zweierleimaß!

Frage: Auch kein Dreierleimaß?

Weißmüller: Gott will es nicht. Dagegen hilft nur die Partei der Friedensengel.

Frage: Das Parteiprogramm fordert weiter »keine Führerscheine unter 23 Jahren«. Ein Psychotherapeut hat ausgerechnet, daß 29 Jahre die Stichzahl sein soll, weil da die zweite Pubertät überwunden ist.

Weißmüller: Jawohl. Heiraten mit 27 Jahren. Wenn die Pubertät überwunden ist.

Frage: Nein, der Führerschein ...

Weißmüller: Führerschein mit 25!

Frage: Im Parteiprogramm steht aber 23!

Weißmüller: Oder 23.

Frage: Der Psychotherapeut plädiert aber für 29.

Weißmüller: Es bleibt bei 23.

Frage: Herr Weißmüller, Sie fordern zehn Jahre Arbeitshaus für den, der mehr als zwei Kinder zeugt. Das ist sehr hart. Acht Jahre würden auch genügen.

Weißmüller: Die Strafe ist nicht hart. Das Arbeitshaus ist nicht versperrt. Keiner läuft davon. Die Mutter bleibt daheim. Die Gestrauchelten sollen den Weg zur Gerechtigkeit wiederfinden. Durch das Arbeitshaus wird der Ertrag an lebenswichtigen Gütern gesteigert.

Frage: Und wenn das dritte Kind wieder stirbt? Darf dann der Vater wieder nach Hause?

Weißmüller: Nein, auch das wäre Zweierleimaß.

Frage: Eines verstehe ich nicht: Sie, Herr Weißmüller, sind absolut für den Frieden, fordern aber in einer Ihrer Schriften, die Feinde im Osten »mit einem guten Programm reihenweise niederzuschlagen«.

Weißmüller: Gott schützt das Gute. Später lassen wir die Völker durch eine geistige Revolution wieder erwachsen. 80 Prozent wissen, daß Gott kein Morden mag.

Frage: Abgesehen von Schund und Schmutz sind Sie fürs Fernsehen?

Weißmüller: Ja. Das ist gut. Museen und Opernhäuser soll man zusperren. Fernsehen genügt. Das ist die schönste Oper.

Frage: Was haben Sie gegen Opernhäuser?

Weißmüller: Gehen Sie nur mal ins Münchner Nationaltheater! Da sitzen nur die Reichen und Wucherer drin!

Frage: Herr Weißmüller, irgend jemand hat gefordert: »Redet nicht alle durcheinander!« Heute sage der eine »Hüh!«, der andere »Hott!«. Warum fehlt dieser Friedenspunkt bei Ihnen?

Weißmüller: Mein Programm ist nicht komplett. Heute sehe ich noch viel klarer. Bald bin ich reif. Die Gewißheit ist in mir.

Frage: Aber Sie billigen die Worte?

Weißmüller: Was?

Frage: Man soll nicht durcheinanderreden.

Weißmüller: Vollkommen richtig. Bald wird nur noch einer reden.

Frage: Meiner Ansicht haben Sie in Ihrem Programm das Problem der entgleisenden Eisenbahnen vergessen.

Weißmüller: Das kommt daher, daß die Leute in den Schrankenhäuschen oft zu müde sind.

Frage: Wegen der Straßendirnen und Nachtlokale?

Weißmüller: Ja, das bedroht den Frieden. Es ist ein heißes Eisen.

Frage: Wird das mit Ihrer Herrschaft aufhören?

Weißmüller: Nicht ganz, aber fast.

Frage: Wird es dann auch keine Morde mehr geben?

Weißmüller: Nein. Oder vielleicht zuerst noch ein paar. Gott hat da noch nicht gesprochen. Es kommt, wie es kommen muß.

Frage: Zum Parteiprogramm Punkt 27: Was soll dem geschehen, der in der Schule nicht laut, sondern nur andächtig betet?

Weißmüller: Hauptsache ist, daß der Kopf nicht andauernd nach links und rechts gedreht wird.

Frage: Sollen die Beamten – Programmpunkt 29 – nicht doch mehr Kindergeld kriegen als die anderen? Weil die Beamten wegen Ihres Eides ja auch nicht streiken dürfen.

Weißmüller: Was?

Frage: Streiken!

Weißmüller: Streiken ist kein gutes Programm. Er dient nicht dem Frieden. Nein, das Kindergeld ist einheitlich.

Frage: Sie fordern auch, daß Rechtsanwälte vom Staat ein Gehalt bekommen. Widerspricht das nicht dem Geist des Vatikanischen Konzils, auf dem der Papst gefordert hat: »Der Rechtsanwalt aber sei frei«?

Weißmüller: Die Rechtsanwälte werden verschwinden. Es genügt ein Richter.

Frage: Sind das Sie?

Weißmüller: Ja, der Welterlöser. Bald ist es soweit.

Frage: Haben Sie eigentlich Kontakt zu den Herrschern der Welt, den gegenwärtigen?

Weißmüller: Ja, ich habe schon Briefe von Johnson, Brandt und Ahlers bekommen.

Frage: Was schreiben denn die Herren?

Weißmüller: Der Ahlers schreibt, daß es schön ist, daß für den Frieden gearbeitet wird. Ich habe ihn nämlich angeschrieben und natürlich ein paar harte Brocken hineingepackt. Der Welterlöser kann sich das schon leisten.

Frage: Also doch Zweierleimaß!

Weißmüller: Warum?

Frage: Naja, Sie können eben gegen die Herrscher der Welt härter auftreten als ich zum Beispiel. Auf der anderen Seite wollen Sie das Zweierleimaß abschaffen.

Weißmüller: Jetzt geht es noch nicht anders. Erst 1972. Vielleicht auch schon 1971. Ich bin bereit. Frau Buchela hat es mir noch nicht gesagt.

Frage: Werden Sie in Bonn absolutistisch oder demokratisch regieren?

Weißmüller: Minister brauche ich schon.

Frage: Die stellt aber auch die Friedensengel-Partei?

Weißmüller: Ja.

Frage: Werden Sie den Vertrag mit Moskau rückgängig machen?

Weißmüller (mit feierlich erhobener Stimme): Ich werde den Herren des Ostens sagen: Meine Herren! Hier spricht das Weltreich der Liebe, der Wahrheit und der Gerechtigkeit. Der Satan hat unter dem Deckmantel des Kommunismus die Kinder Gottes restlos versklavt. Das muß wieder ausradiert werden. Der Osten muß seine Waffen entweder einschmelzen oder verrosten lassen.

Frage: Das heißt, Sie annullieren den Vertrag mit Moskau. Das dient aber doch offensichtlich nicht dem Frieden!

Weißmüller: Ich bin unantastbar. Die kommunistische Kriegsmaschine kann nichts machen gegen das Reich des Friedens. Es wird ein Friedensrausch ohne Ende.

Parteiprogramm

Partei Friedensengel

Sitz München, Geschäftsstelle 8011 Pöring, Am Burggraben 15

Der Friedensengel, vom Himmel gesandt, wird die gottgewollte Ordnung herstellen. Da helfen dem Osten seine Waffen nichts mehr, denn Gott steht auf unserer Seite.

1. *Schluß mit dem Militarismus.*
2. *Schluß mit Schund und Schmutz am Fernseh.*
3. *Schluß mit Entwicklungshilfe.*

4. Schluß mit Straßendirnen und Nachtlokalen.

5. Schluß mit dem Preiswucher.

6. Schluß mit der Lüge der Kirchenfürsten, daß Christus die Welt schon erlöst hat. Es muß heißen, er wollte sie erlösen mit einem guten Programm.

7. Wer auf Gott vertraut, hat auf einen festen Grund gebaut. Zweifler mag Gott nicht.

8. Schaffung der Einheitsrente, ohne Rücksicht auf Stand oder Beruf.

9. Schluß mit der Verfolgung ehemaliger Nationalsozialisten, weil sie nicht absichtlich Fehler machten. Hätten die Amis und Tommis geholfen, wäre der Osten frei von Sklaverei und der Kommunismus existierte nicht mehr.

10. Schluß mit allem Zweierleimaß.

11. Nur denen Wohnungen, die sie dringend brauchen und nicht den Volksausbeutern.

12. Schluß mit den Zeugen Jehovas.

13. Schluß mit Gammlern und Miniröcken.

14. Schluß mit Jazz und Twist. Wir lieben unsere Deutsche Volksmusik besser als den Fremden Export. Er verdirbt die Jugend Deutschlands.

15. Schluß mit Atomversuchszentralen in Deutschland, die Wüstengebiete taugen auch dazu.

16. Wir fördern den Glauben an Gott und lassen die Bischöfe täglich zu Wort kommen, am Fernseh und Rundfunk. Der Glaube an Gott macht uns stark und frei. So hilft Gott allzeit.

17. Gebet und Arbeit gilt ewig fort. Die besten müssen die Gottgewollte Ordnung herstellen, die hohen Ämter besetzen, wachsam sein und bleiben, ewig fort.

18. Keine Gastarbeiter mehr. Denen soll man auch genügend Industriezweige durch die EWG sichern, damit sie zu Hause glücklich sein können.

19. Wir schaffen ein Gesetz, nach dem keine Familie mehr als höchstens 2 Kinder haben darf, damit einer Erdüberbevölkerung vorgebeugt sei. Wer das Gesetz bricht, wird schwer bestraft. Nicht unter 10 Jahren Arbeitshaus. Das gleiche gilt für ledige Mütter.

20. Der Friedensengel, vom Himmel gesandt, sorgt für Generalreinigung. Er wohnt in meinem Herzen.

21. Wir dulden keine Führerscheine unter 23 Jahren.

BERUFSBERATUNG MIT THOMAS BERNHARD

Der österreichische Romancier gibt wertvolle Tips für Schulabgänger

Sprecher: gemütlich, vertrauenerweckend; 3 Zitatsprecher Z 1, Z 2 und Z 3: sehr schnell und munter, evtl. leicht fugiert.

S: In diesen Tagen, meine Damen und Herren, da sich die junge nachwachsende Generation wieder einmal anschickt, hinaus ins feindliche Leben zu stürmen und, sei's als Haupt- und Mittelschulabgänger, sei's als Abiturient, dem ganzen Ernst des Lebens den Tribut zu zollen – in diesen Tagen der allgemeinen, durch Jugendarbeitslosigkeit und Akademikerschwemme verstärkten existentiellen Ratlosigkeit kommt, meine Damen und Herren, Rat und Zuspruch aus kompetentem Munde, nämlich aus unserem lieben Nachbarland: Der österreichische Staatspreisträger, Büchnerpreisträger und vermutbar nächste deutschsprachige Nobelpreisträger für Literatur, Thomas Bernhard, hat in seinen Romanen, Erzählungen und Dramen sich immer wieder und mit hinreichender Deutlichkeit über die unterschiedlichsten, ja nahezu alle Berufssparten der Gegenwart geäußert. Wir aber haben alle diese berufsrelevanten Stellen gesammelt, nämlich aus Bernhards Dramen »Die Macht der Gewohnheit« und »Die Jagdgesellschaft«, aus den Romanen »Frost«, »Verstörung«, »Ungenach«, »Amras«, »Watten«, »Gehen« sowie dem »Kalkwerk« und nicht zuletzt aus des Dichters kleinerer Prosa. Hören Sie, lieber Schulabgänger, lieber Berufswilliger, gut zu, bevor es und d. h. alles zu spät ist.

Beginnen wir mit einem nahezu zeitlosen Traumberuf. Was hat uns Thomas Bernhard zum Beruf des Arztes zu sagen?

Z 1: »Die Unverschämtheit der Ärzte« –

Z 2 »Größenwahnsinnige Ärzte« –

Z 3: »Kaum haben sie ihren Doktorgrad, sind sie nichts als eine rücksichtslos in Gemeinheit und Niedertracht dampfende Geldmaschine im Ärztekittel« –

Z 1: »Im Grunde studieren alle diese Leute die Medizin nur, um unsereinem das Geld herauszuziehen« –

Z 2: »Oft waren diese Ärzte für mich nur mit den ungeheuerlichsten Kosten verbunden gewesen« –

Z 3: »Unter den Ärzten ist die Unwissenheit eine Gewohnheit« –

Z 1: »Gut angezogene Reisende in Heilungsschwindel« –

Z 2: »Medikamente verschreibende Heuchler« –

Z 3: »Nichts ist unheimlicher als die Medizin« –

Z 1: »Sie wissen nichts und sie bringen auch nichts heraus. Die Ärzteschaft, das sind bloße Vormacher« –

Z 2: »Die größten Heuchler« –

Z 3: »Ich weiß nicht, was aus mir werden wird. Ein Arzt? Das wäre unheimlich.«

S: Dankeschön. Soweit Thomas Bernhard zur Ärzteschaft. Was aber meint unser Dichter zu Wesen und Art der Juristerei, der Justiz?

Z 1: »Die Juristen stiften Verwirrung in der Menschengeschichte« –

Z 2: »Die Welt ist eine einzige ungeheuerliche Jurisprudenz« –

Z 3: »Es gibt heute eine hochentwickelte Justiz, aber keinerlei Fortschritt in der Justiz« –

Z 1: »Menschenverstörend arbeite die heutige Justiz« –

Z 2: »Das Juristische verbittert und lähmt oft schon zu allem Anfang die Menschen, die mit dem Juristischen in Berührung kommen, fürs ganze Leben« –

S: Danke, das genügt. Wie steht es nun aber mit den Staatsdienern, den Beamten und Staatsangestellten? Bitte:

Z 3: »Ein unvorstellbarer Schwachsinn kurbelt an unserer Staatsmaschinerie« –

Z 1: »Der Staat ist morsch« –

Z 2: »Der Staat, der alles ruiniert« –

Z 3: »Der völlig zerrüttete Staat« –

Z 1: »Der Staat ist ein kopfloser Staat« –

Z 2: »Die Stumpfsinnigkeit des Staates« –

Z 3: »Unser Staat ist lächerlich. Zudem gibt sich das Ganze noch hochmusikalisch« –

Z 1: »Die ganze Erbärmlichkeit der Staatsangestellten kommt Ihnen da zu Bewußtsein, die ganze Niederträchtigkeit der Altersversorgung.«

S: So. Schön. Sehr schön. Und wie beurteilt der Dichter Status und Chancen der Politik? Des Politikers?

Z 2: »Diese unaufgeforderte schamlose Parlamentsheuchelei« –

Z 1: »Die Verheerungen der Politik« –

Z 2: »Dieses durch seine extreme Unmenschlichkeit und Unverantwortlichkeit unheimliche Land« –

Z 3: »Die Finsternis ist eine politische Wissenschaft.«

S: Sehr gut gesagt, sehr interessanter Aspekt. Die Bildungspolitiker hat Bernhard mehrfach gesondert gewürdigt:

Z 1: »Grauenhafte Schulkonzentrationen« –

Z 2: »Widerlichste ministerielle Schulvorschriften« –

Z 3: »Bildungsschwachsinn« –

Z 1: »Es gab damals ungeheuerlich viele Schüler und keine Lehrer.«

S: Eben diesen Lehrern widmet Thomas Bernhard nun aber seine besondere Aufmerksamkeit. Die ist um so aufmerksamer, als gegenwärtig nicht recht klar ist, ob unsere Nation mehr unter einem Lehrermangel oder vielmehr einer Lehrerschwemme leidet – und deshalb sind des Dichters Worte besonders genau zu beachten:

Z 2: »Dreißig Jahre hat er sich vorgemacht, er sei Lehrer, aber in Wirklichkeit ist er nicht einmal Lehrer, sondern nur ein armer Mensch« –

Z 3: »Das Schicksal der Landlehrer ist ein bitteres« –

Z 1: »Führen sie ein erbärmliches Leben« –

Z 2: »Verfallen meist in der kürzesten Zeit einem tödlichen Stumpfsinn« –

Z 3: »Ihre schon sehr frühe Neigung, das Leben als nichts als eine Strafe Gottes zu empfinden« –

Z 1: »Ununterbrochen in einer Umgebung, die sie nicht ernst nimmt, von überall auf sie herunterschaut« –

Z 2: »Existieren sie in einem Klima, das ihren ohnedies schwachen Verstand zerraufe und sie in sexuelle Verirrungen hineintreibe« –

Z 3: »Im Gesicht des sterbenden Lehrers habe mein Vater deutlich die Anklage eines Menschen gegen die Welt gesehen« –

S: Bernhards Aussagen über Post und Feuerwehr:

Z 1: »Die Post, die ganz und gar verwahrloste Post« –

Z 2: »Die Feuerwehrleute ruinieren mehr als sie nützen« –

Z 3: »Die Feuerwehren sind hilflos. Schläuche ohne Wasser, Feuerwehrhauptleute, die völlig machtlos dastanden, die Mannschaften haben die Schläuche entrollt, aber dann kam kein Wasser.«

S: Was weiß aber nun Thomas Bernhard über das Ressort Landwirtschaft und Forsten, über den Beruf des Landmanns, über das Landvolk?

Z 1: »Das ist ja nur mehr ein Gerümpel, das Landvolk« –

Z 2: »Überhaupt ist das Land verkommen, heruntergekommen« –

Z 3: »Die Landwirtschaft ist glatter Unsinn« –

Z 1: »Dieser ungeheure Land- und Forstwirtschaftsanachronismus« –

Z 2: »Dieser ungeheure, menschenverschleißende Grundstücksdespotismus« –

Z 3: »Die von den Verantwortlichen auf das gemeinste vernachlässigten Waldwege.«

S: Brav. Wie andererseits steht Thomas Bernhard zu den Gendarmen?

Z 1: »Die Unmenschlichkeit der Gendarmen« –

Z 2: »Die unordentliche Kleidung des Gendarmen« –

Z 3: »Die Polizisten und die Gemüsewagen, das alles kommt auf Sie zu, als wollte es Sie vernichten« –

Z 1: »Die Schnapsflaschen waren den Gendarmen jetzt gerade recht« –

Z 2: »Wie wird man Gendarm? Indem man nicht weiß, was ein Gendarm ist« –

Z 3: »Wie wird man Polizist? Wie wird man so etwas, das so abstoßend ist?«

S: Große Aufmerksamkeit wendet Bernhard dem Beruf des Reisenden zu:

Z 1: »Gegen Reisende habe ich immer das größte Mißtrauen, und sie sind mir die widerwärtigsten Menschen« –

Z 2: »Wo ein Reisender ist, ist auch ein Verbrechen« –

Z 3: »Die Instinktlosigkeit des Reisenden« –

Z 1: »Die Reisenden finden Selbstmörder und werden überhaupt immer mit dem Kriminalistischen in Beziehung gebracht.«

S: Wie nun steht es mit dem Beruf des Gastwirts?

Z 2: »Die ungeheure Roheit der Gastwirte« –

Z 3: »Beim Wirt, einem der übelsten Menschen« –

Z 1: »Eine solche Gastwirtschaft sei eine brutale Frauenzuchtanstalt« –

Z 2: »Der Gastwirt sei der geborene Verbrecher und Gewalttäter.«

S: Bernhard war früher selber Schauspieler. Wie sieht er heute diesen Beruf, das Theater?

Z 3: »Das Theater ist eine perfide Ungezogenheit, eine ungezogene Perfidie, eine Schweinerei« –

Z 1: »Mir sind die Schauspieler zuwider« –

Z 2: »Theatergruppen sind fast immer Verbrechergesindel.«

S: Gleichfalls über seinen jetzigen Beruf, den Dichter, äußert sich Bernhard mit wünschenswerter Eindeutigkeit:

Z 3: »Die Person des Schriftstellers bedeutet nichts« –

Z 1: »Uns ekelte vor der geschwätzigen Literatur« –

Z 2: »Das dumme Erzählerische« –

Z 3: »Der ganze Romanunsinn.«

S: Ähnlich werden die übrigen Künstler bewertet:

Z 1: »Zur Geistesschwäche dieser sogenannten Philharmoniker kommt auch noch die Gehörschwäche« –

Z 2: »Ich habe immer alle Kunstmenschen gehaßt« –

Z 3: »Die Künstler, das sind die Söhne der Widerwärtigkeit« –

Z 1: »Erztöchter und Erzsöhne der Unzucht« –

Z 2: »Die Künstler, das sind die Onanierpflichtigen auf dem Erdball« –

Z 3: »Das Kunstgegeifer« –

Z 1: »Dieser Künstlergeschlechterverkehr« –

Z 2: »Diese allgemeine Künstlerekelerregung« –

Z 3: »Die Künstler, das sind die großen Erbrechenerreger« –

Z 1: »Die allergrößten Erbrechenerreger« –

Z 2: »Eine verheerende Armee der Lächerlichkeit« –

Z 3: »Der Abschaum.«

S: Wie fast schon zu erwarten, beurteilt der Dichter den Beruf des Journalisten ganz ähnlich:

Z 1: »Der Lokalredakteur Lanik, einer der übelsten Charaktere« –

Z 2: »Die Kritiklosigkeit der Kritiker« –

Z 3: »Innsbrucker Journalistenkletten.«

S: Gleichfalls der Industrielle wird von Thomas Bernhard in klarster und erwartbarster Weise gedeutet:

Z 1: »Die Industrie macht alles nur für das Auge und für den schlechten Geschmack der Massen« –

Z 2: »Vor allem an Bändern und Schnallen spart die Industrie« –

Z 3: »Die Industrie hat nichts anderes im Kopf, als Erzeugnisse auf den Markt zu werfen, die in kurzer Zeit wertlos sind.«

S: Weil Thomas Bernhard ein entschiedener Feind von Verallgemeinerungen ist, deshalb geht er sehr folgerichtig mehrfach ins Einzelne:

Z 1: »Die Optiker halten einen immer zum Narren« –

Z 2: »Denken Sie nur an die Türklinken, man macht eine Tür auf und man hat die Klinke in der Hand und alles ist peinlich usf.« –

Z 3: »Die vielen schütteren, tatsächlich unübersehbaren schütteren Stellen in diesen sogenannten neuen Hosen.«

S: Das Handwerk ist auch nicht mehr das, was es einmal war: Zum Beispiel: Zimmerer . . .

Z 1: ». . . aus dem Hinterhalt seiner Unzurechnungsfähigkeit . . .«

S: Oder: Fuhrmänner . . .

Z 2: ». . . klopfen an die Tür und stülpen uns ihre Neugierde als eine tödliche Gemeinheit über den Kopf.«

S: Oder: Bergmänner . . .

Z 3: »Bergmänner, die bereits mehrere Stunden betrunken« –

Z 1: »Von einem der Bergmänner grundlos auf den Kopf geschlagen.«

S: Wie aber ist es mit dem im allgemeinen sehr geachteten Beruf des Bankangestellten?

Z 2: »Die Physiognomie der Bankangestellten ist immer die gleiche Physiognomie, ihm komme es immer vor, die Köpfe der Bankleute seien mit nichts anderem als mit Papiergeld angefüllt und ihre Gesichter aus nichts anderem als aus Papiergeld.«

S: Was bleibt? Das Staatsoberhaupt. Was ist das Staatsoberhaupt für einer?

Z 3: »Ein Konsumvereinsvorsteher.«

S: Und – Kandidaten, herhören! – was ist der Kanzler?

Z 1: »Ein Naschmarktzuhälter.«

S: Kommen wir zum Beschluß, zur Bilanz. Man sieht, liebe Schulabgänger und Berufskandidaten:

Z 2: »In den Köpfen ist nichts als die Gewinnsucht und die Niedertracht zum Betrug. Das ganze Land ist ja, wie man sieht, voller Verbrecher. Voller Mörder und Brandstifter.«

S: Was tun? Einfach irgendwas studieren? Und dies bei der . . .

Z 3: ». . . katastrophalen Unlust aller Zöglinge am Studieren«?

S: Also nichts tun, nichts lernen, nichts besitzen? Nein:

Z 1: »Die Armen sind doppelt brutal, gemein und verbrecherisch.«

S: Peinlich, liebe Schulabsolventen und Berufswillige, peinlich und bedauerlich. Und doch hat uns der Dichter Thomas Bernhard am Ende noch den Weg gewiesen zu einer Existenz jenseits der Gemeinheit, Niedertracht, Perfidie und größtmöglichen Schweinerei:

Z 2: »Die besten Einfälle kommen tatsächlich auf Spaziergängen.«

S: Na bitte. Die junge Generation möge sich aufgerufen fühlen. Tschüß und danke schön für's Zuhören! Servus!

PEINLICH, PEINLICH

In einem der, nach Alma Mahler-Werfels vorgeblichen Memoiren, peinlichsten, peinvollsten Bücher der Weltliteratur, in Bettina von Arnims »Goethes Briefwechsel mit einem Kinde«, hat es nichtsdestoweniger Sequenzen von großartiger Peinlichkeitskomik; weil diese noch immer vor allem dann entsteht, wenn – Modell Dostojewski – zwei Stimmen unbarmherzig aneinander vorbeireden. Hier sogar kalkuliert: »Ich saß und fror«, schreibt die nachmalige »leidige Bremse« (Goethe) Bettina am 30. 3. 1808 an den Geliebten, »und doch durchdrang mich heiße Liebe zu Dir, ich zitterte vor Angst hinunterzustürzen (. . .) da fühl' ich, daß dies Leben ein Gefängnis ist, wo ein jeder nur eine kümmerliche Aussicht hat in die Freiheit: das ist die eigene Seele« – und Bettina endet ihre halb planvollen, halb von sich selbst überwältigten Herzensergießungen mit der Confessio: »Alles bist Du. Bettina.«

»Die Dokumente philantropischer Christen- und Judenschaft«, pariert Goethe ungerührt und unmißverständlich am 3. 4., »sind glücklich angekommen, und Dir soll dafür, liebe kleine Freundin, der beste Dank werden. Fahre fort, mir von diesen heilsamen Anstalten, als Beschützerin derselben, von Zeit zu Zeit Nachricht zu geben« –

– usw. Leider, Bettina hat auch was gemerkt: »Wir haben einen naßkalten April, ich merk's an Deinem Brief.« Und dann zerstört sie vollends die hehre Kasperliade: »Ich glaub's, daß ich Dir lieb bin, trotz Deinem kalten Brief.« Und sie wünscht sich, daß Goethes »schöne Mäßigung plötzlich zum Teufel« ginge und seine »Kunst und (sein) feines Taktgefühl« dazu. Nichts da. Geheimrat

Goethe bleibt hart. Und genau sehen wir ihn vor uns, wie er sich beim Lesen des zweiten Bettina-Briefes mindestens so betreten abwendet wie Iphigenie.

TUCHOLSKY-TODESTAG

Am morgigen 21. 12. jährt sich Kurt Tucholskys Todestag zum 50. Male. Drei Dinge fielen mir, wenn ich's recht erinnere, im Tucholsky-Jahr 1985 auf. Erstens Ende November ein angenehm unprätentiöser und autorendienlicher ZDF-Film von Wiltrud Mannfeld. Zweitens, daß die beiden konkurrierenden deutschen Tucholsky-Statthalter Zwerenz und Raddatz sich im Gedenkjahr noch tucholskygemäßer bewährt haben als schon die Jahre zuvor; jener als Schweinigel, dieser als 5-PS-Pyrenäenreisender und Goethist dazu. Und drittens hat der Kanzler Kohl kürzlich noch einmal bekräftigt, er sei nicht nur in Hölderlin immer gut, sondern trage auch stets bei Dienstreisen von Bonn nach Ludwigshafen »seinen Tucho« mit sich im Rucksack.

Aber auch solche sich selbst in den Schwanz beißende Fertigsatire beleuchtet heute nicht mehr viel, sondern dünkt uns schon gar zu vertraut. Tucholsky: »Es verfängt alles nicht (. . .) die Pfeile fallen matt zu Boden«. Und: »O hochverehrtes Publikum, sag mal: bist du wirklich so dumm?«

Aber sowieso.

DIE DAMENWACHT AM RHEIN

Vor 100 Jahren erstand das Niederwalddenkmal

»Die gestrige Fahrt des Kaiserpaares von Coblenz nach Aßmannshausen«, berichtet die »Münchner Allgemeine Zeitung« vom 18. September 1877, »war ein fortgesetzter Triumphzug. Alle Ufer-Städte und Rhein-Schiffe hatten geflaggt, die Dampfer salutierten, an den Stationen waren Vereine und Schulen aufgestellt. Von Aßmannshausen begab sich das Kaiserpaar im Wagen nach dem geschmückten Festplatz . . . Der Kaiser führte den ersten Hammerschlag . . . Das ganze wohlgelungene Nationalfest machte den tiefsten Eindruck.«

Ein Nationalfest war dies zwar mitnichten; sondern bestenfalls eine dem Volke verordnete Selbstdarstellung der Reichsrepräsentanz. Aber spätestens an diesem 16. September 1877 war das Unglück nicht länger zu verhindern und seit 1883 haben wir es knüppeldick vor Augen: Das National- oder Niederwalddenkmal zwischen Rüdesheim und Aßmannshausen.

12,38 Meter hoch und 700 Zentner schwer ist sie, die Dame Germania im Kaisermantel und mit Kriegsschmuck, wie sie vom Throne aufspringend die wiedergefundene Kaiserkrone in den Himmel hebt. Vier Jahre lang wurde sie gegossen, ihr Schwert mißt 7,05 Meter und wiegt sechs Zentner, ihre Krone ist 1 Meter hoch. Der Reichsadler ihr zu Füßen bringt es auf 2,5 Meter, das ganze Postament auf zwölf. Die allegorischen Gestalten des Kriegs und des Friedens zur Seite der Germania messen sechs Meter. Germania und Denkmal zusammen bringen es auf 38,10 Meter, und gekostet hat das ganze Spektakel 1 100 000 Mark.

Gebaut wurde das Niederwalddenkmal vor hundert

Jahren »Zum Andenken an die siegreiche Erhebung des deutschen Volks und an die Wiederaufrichtung des Deutschen Reichs 1870–1871«. Die Urkunde im Grundstein lautet auf: »Steht all einig zu Kaiser und Reich« und »Deutschland, Deutschland über alles«. Alle fünf Strophen von »Es braust ein Ruf wie Donnerhall« wurden in Sandstein gemeißelt, aber sonderlich stark muß es vor hundert Jahren dennoch nicht gebraust haben. Nochmals die »Münchner Allgemeine Zeitung«: »Einladungskarten zu dem Enthüllungsfest sind an sämmtliche Reichstagsabgeordnete ergangen, doch scheint es nicht als ob, wenigstens aus Norddeutschland, ein sehr zahlreicher Besuch von Volksvertretern zu erwarten wäre.«

Aber ab sofort wurde es ernst. Der gewonnene Siebziger-Krieg und die Reichsgründung brauchten ihr kolossales patriotisches Denkmal. Obwohl ein Nationaldenkmal eigentlich schon im Bau und 1875 enthüllt worden war: das Hermannsdenkmal bei Detmold. Aber besser zwei, als gar nichts, abgesehen davon, daß es seit 1913 auch noch ein drittes, das Völkerschlachtdenkmal bei Leipzig, gibt ...

Es war die Zeit der nationalen und imperialen Naivität und des Denkmalwahns. Die Idee des Wiesbadener Kurdirektors Ferdinand Hey'l, der den jetzigen Platz zwischen Rüdesheim und Aßmannshausen vor Augen hatte, verband sich mit der früheren Sehnsucht des Spielbankcroupiers Christian Johann Glücklich, der ein Loreley-Denkmal wünschte, zu zündender Forderung. Bismarck und der Kaiser wurden dafür gewonnen, den Wettbewerb gewann schließlich Johannes Schilling, der auch als Erfinder des Denkmals für Kaiser Maximilian von Mexiko in Triest, des Reformationsdenkmals in Leipzig und des Kaiser-Wilhelm-Denkmals am Warmen Damm in Wiesbaden in die Kulturgeschichte eingegangen ist.

Der Schöpfer der Germania vom Niederwald, wie übrigens auch Karl Weissbach, der Architekt des Denkmals, wird heute nicht mehr für ganz voll genommen. Schilling war Schüler Ernst Rietschels und wie dieser Exponent des Klassizismus der Gründerjahre. Beide setzten die Tradition Christian Daniel Rauchs fort und seines Denkmals Friedrichs des Großen in Berlin Unter den Linden, des Hauptzeugnisses der ganzen Richtung.

»Nie ist unwahrhaftiger gebaut worden«, befindet Golo Mann – aber immerhin stand Deutschland mit diesem Monumentalstil nicht alleine: Die Italiener brachten 1885 mit dem Denkmal für Vittorio Emanuele in Rom etwas dem Niederwalddenkmal gleichwertig Barbarisches zustande – und nennen es seither respektlos »il monumentalissimo« oder auch »Schreibmaschine« und »Riesentintenfaß«.

Die künstlerische Geschmacksverwilderung in Deutschland im Verein mit der politischen muß eine entsetzliche gewesen sein. Der Traum von Germanien in Pomp und Expansionslust verband sich mit der Sehnsucht nach antikem Heldentum ausgerechnet dann, als der Kaiser in Gesinnung und Habitus unverwechselbar mit dem Bürger die Rolle des Bürgers par excellence spielte. Das große Relief am Niederwalddenkmal zeigt ihn denn auch als Reiter inmitten seiner siegenden Militärs von 1870/71.

Weil das doch allzu unglaubwürdig ist, wird ihm der Mythos Germania beigegeben; auf daß schon gar nichts mehr stimmt: »Die nationale Begeisterung verlangte ein Erinnerungsmal an die Gründung des wilhelminischen Reiches. Leider«, seufzt Reclams Kunstführer, »erstarrte die bedeutende Aufgabe unter den Händen des Bildhauers zur leeren Pathetik der Hauptfigur.« Das bis dato heldenfernste war – eben deshalb? – das denkmalwütigste Jahrhundert.

Erwärmender als der Stein sind da heute schon Trubel und Trouble der schließlichen Denkmalseinweihung am 28. September 1883 nach sechsjähriger Bauzeit. Es muß ein mächtiger, in der nostalgischen Perspektive nachgerade herzergreifender Zirkus gewesen sein. Schon den Transport der Statue von Worms her auf dem Rhein nannte die Presse einen »Triumphzug«, ihre Montage soll von Tag zu Tag triumphaler geworden sein – und dann trat ein großer Redner vor die versammelten Herrschaften.

Die »Kölner Zeitung« gibt am 29. September den Wortlaut der Festrede des damaligen preußischen Innenministers wieder, des Grafen Botho von Eulenburg. Wo die Literatur der Zeit weitgehend in Festrednerei erstarrt, wird die Festrednerei schon fast wieder Literatur. Blumiger wurde wohl selten von einem Demagogen gedröhnt: »Nun laßt die Glocken von Thurm zu Thurm / Durch's Land frohlocken im Jubelsturm! / Des Flammenstoßes Geleucht facht an! / Der Herr hat Großes an uns gethan.«

Aber auch die Prosa Eulenburgs kann sich sehen lassen: »So hallte es wieder im ganzen Vaterland, als der Sieg erkämpft, Deutschland geeinigt, das Reich neu erstanden und durch den ruhmvollen Frieden das Errungene besiegelt war. Das Hochgefühl, welches die Brust eines jedes Deutschen durchbebte, es verlangte einen ebenbürtigen Ausdruck, ein bleibendes Zeichen« – eben das Nationaldenkmal: »Dasselbe darf nur da seinen Platz finden, wohin beim Ausbruch des Krieges des deutschen Volkes Zorn und seine Begeisterung sich ergossen: Wo Deutschlands Wacht war, muß Deutschlands Ehrendenkmal sich erheben.«

Über ein Totengedenken (»Des Kaisers Thräne ehrte des Vaterlandes Schmerz«) und lyrisch verbrämte Rache (»Nimmer soll, das ihr vergossen, Euer Blut umsonst geflossen, nimmer soll's vergessen sein«) gerät Eulenburg ins Homerische (»Kühn und besonnen lenkten die

Schlachten die Heerführer, die Feldherren zumal aus königlichem Stamm«) und ins vollends mythelnd Mystische: »Wir alle wollen Hüter sein!« – von was auch immer, aber jedenfalls wurde der Krieg aus einem einzigen Grund gewonnen: »Gott war bei uns!«, und das sollte niemand je vergessen, dazu sei das Denkmal da: »Auf lichter Bergeshöhe am deutschen Strome – möge es fest stehen und ragen bis in die fernsten Zeiten . . . Heil Deutschland, Heil dem Kaiser, Hoch Kaiser und Reich!«

Der Kaiser selber machte es kürzer: »Den Gefallenen zum Gedächtnis, den Lebenden zur Anerkennung, den künftigen Geschlechtern zur Nacheiferung. Das walte Gott!« Der Rest ging den Journalisten »leider verloren, weil durch ein beklagenswerthes Mißgeschick die Geschütze zu früh ihr Feuer begannen, welches Feuer von allen umliegenden Höhen sofort aufgenommen wurde.«

Alte Fotos zeigen den Kaiser bei der Enthüllung zusammen mit dem Kronprinzen Friedrich Wilhelm, den deutschen Bundesfürsten und den Generälen unter einem merkwürdigen Prachtzelt – es muß ein bunter, gleichwohl eher trister Auflauf gewesen sein. Sieben Ehrenjungfrauen sagten Gedichte auf, man sang die »Wacht am Rhein«, deren Strophen man vom Denkmal ablesen konnte, und endlich passierte etwas Hochsymbolisches: Als der Kaiser nach dem Festakt den Platz umschritt, endete der große Regen dieses Tages – »es zerteilten sich die drohenden schwarzen Gewitterwolken, und leuchtende Sonnenstrahlen umflossen des Kaisers hohe Gestalt. Wie ein Zeichen göttlicher Gnade empfanden das die vielen Tausenden . . .« (Schriftführer Sartorius).

»Eins der herrlichsten Feste«, stellt die »Münchner Allgemeine« fest, »welches der deutschen Nation jemals zutheil geworden ist« – und die ministerielle Provincial-Correspondenz zitiert im Überschwang sogar Theodor

Körners Vision: »Mit Gott! – Einst geht, hoch über Feindes Leichen, / Der Stern des Friedens auf: / Dann pflanzen wir ein helles Siegeszeichen / Am freien Rheinstrom auf!«

Verschwiegen wird von den Zeitungen, daß es bei all dem beinahe zur Katastrophe gekommen und der Kaiser und die gesamte Fürstenschaft des Denkmal-Reliefs um ein Haar durch Anarchisten in die Luft gesprengt worden wäre. Die Schriftsetzer Friedrich August Reinsdorf und Emil Küchler sowie der Sattler Franz Rupsch wollten die Festversammlung samt Denkmal mittels Dynamit beseitigen. Weil es regnete, wollte die Schnur nicht brennen; die beiden Rädelsführer wurden enthauptet, Rupsch wurde begnadigt.

Die deutsche Presse tönte gewaltig, und die Londoner »St. James-Gazette« sorgte sich etwas wegen der Franzosen. Aber die »Erbfeinde« hatten insgesamt wohl Verständnis für die nationale Selbstdarstellung. Ein französischer Journalist, de Vogué, notiert 1887 in der »Revue de deux mondes«: »In Bingen unterbrach ein Aufenthalt des Zuges meine Lektüre. Ich erhob die Blicke. Da sah ich eine Erscheinung am Himmel . . . die Germania. Gewaltig in ihrer Vollkraft ragte sie empor, und wie eine mächtige Beherrscherin der Ewigkeit, fühlte man, wie sie auf diesem Lande laste; unerschütterlich stand sie da auf ihrem Felsensockel, unverwundbar in ihrem Panzerkleide, das aus zertrümmerten Kanonen geschmiedet ist. Das war wahrlich das versinnbildlichte Deutschland, der einzige Gedanke von 40 Millionen, in Erz gegossen und auf Granit gestellt. Ich bewunderte ihre Schönheit. Ich verfluchte dies Denkmal nicht. Seien wir gerecht! Wenn dieses siegreiche Weib das Szepter der Welt emporhebt, so hat sie hinter sich ein Jahrhundert der Geduld, der Selbstverleugnung, der Bürgertugend. Das schafft das Recht auf die Größe.«

Ein Monstrum feiert Geburtstag, die Stadt Rüdesheim gibt sich etwas verschämt, und 800 000 Deutsche und Nichtdeutsche pro Jahr werden weiterhin zur Germania hinauffahren, Zwiesprache zu halten oder auch nicht. Seien wir gerecht. Die ernsthafte Kunst hat den Kitsch als Kunstspezies längst wiederentdeckt und fast rehabilitiert. Pionierarbeit leistete hier übrigens kein geringerer als Kurt Tucholsky mit seinem Feuilleton über das »Denkmal am Deutschen Eck« von 1930: »Da stand – Tschingbum – ein riesiges Denkmal Kaiser Wilhelms des Ersten: ein Faustschlag aus Stein. Zunächst blieb einem der Atem weg.« Aber dann kommt selbst dem Rationalisten Tucholsky die Wahrheit: »Es war ganz großartig. Ich schwieg erschüttert . . .«

Ein Gefühl, das auch dem geistesverwandten Niederwalddenkmal in seinem Jubiläumsjahr – Bumtsching – ein bißchen zu wünschen ist.

NACHHOLARBEIT IN UNGARN

Anläßlich einer Reise

Vor einigen Jahren, erzählt Ambrus Bor, Cheflektor des Budapester Magvetö Verlags, habe Heinrich Böll den ungarischen PEN-Club besucht und gelegentlich von einem entstehenden Roman erzählt, der die Liebe einer jungen Deutschen zu einem russischen Kriegsgefangenen zum Thema habe; aber das werde ja die Ungarn nicht sehr interessieren. Doch doch, habe er, Bor, gebohrt – Böll solle nur gleich die Druckfahnen schicken. Böll habe geschickt, und als der Roman in der Bundesrepublik erschienen sei, sei die ungarische Übersetzung halb fertig gewesen, und drei Monate später habe »Gruppenbild mit Dame« in Budapest in den Buchläden gelegen.

Die Geschichte beleuchtet etwas sehr Symptomatisches in den Literaturbeziehungen Ungarn–Bundesrepublik, etwas sehr Angenehmes und auch leicht Degoutantes: das Interesse, den Eifer und die große Informiertheit der Ungarn hinsichtlich der westdeutschen Literaturszene; innerhalb des sozialistischen Staatenblocks etwas ziemlich Einzigartiges. Sie läßt aber auch die bedauerliche Eingleisigkeit dieser Kommunikation ahnen, das Fehlen dessen, was die Ungarn immer wieder als »bilaterale Kontakte« erhoffen.

Dies der beherrschende Eindruck einer einwöchigen Reise, die fünf westdeutsche Schriftsteller – Walter Kempowski, Hans Peter Renfranz, Herbert Rosendorfer, Ror Wolf und ich – kürzlich nach Budapest antraten. Eingeladen hatte über die Münchener Südosteuropa-Gesellschaft das »Institut für kulturelle Beziehungen«, eine Organisation des ungarischen Außenministeriums. Zweck der Reise: die Begegnung mit Autoren und Übersetzern des ungarischen Schriftstellerverbands und des

PEN-Clubs, die Bekanntschaft mit literaturpolitischen Institutionen.

Neuere ungarische Literatur ist in der Bundesrepublik nennenswert nur mit den Altmeistern Tibor Déry und Magda Szabó präsent; der Rest schon fast Spezialistensache; obgleich ein Autor wie László Németh z. B. annähernd zur Weltliteratur zählt. Die Ungarn nennen im Gespräch selber zwei gute objektive Gründe für solche arroganzverdächtige deutsche Abstinenz. Der eine ist die (jedenfalls von den Deutschen aus gesehen) unüberwindliche Sprachbarriere – zum anderen orientiert sich die kleinere »Kultur« immer an der größeren. Ein dritter, sehr erheblicher Grund bleibt eher ungenannt: der politisch-gesellschaftliche Kontext seit 1956. Schlichter: Ungarns Literatur war zu bedeutenden Teilen offiziös und damit uninteressant geworden.

Trotzdem, fand man, hängt vieles an Zufällen: an den weithin irrationalen westdeutschen Literaturmoden vor allem, die bisher Ungarn eben einfach ignoriert hätten. Notwendig wäre ein »Kontakter«, ein »Promoter«, wie ihn etwa für Polen Karl Dedecius stellte, der fast im Einmannbetrieb eine ganze Welle Polen-Interesse inszenierte. Wobei eine Gattung die andere befeuern könnte, der Film die Kunst, die Musik die Prosa.

Manche Dinge, hören wir, können heute in Ungarn »gesagt« werden, manche nicht, auch heute nicht. Die Kulturpolitik ist dirigistisch, aber, so wie Budapest fast atemberaubend westlich ist, innerhalb dieses Rahmens (was die Ungarn mit gemischten Gefühlen hören) erstaunlich liberal, vergleichbar wiederum Polen, kaum der DDR und der CSSR, wo heute noch formale Neuerungen, Avantgardismen – etwa im Umfeld »konkreter Poesie« – als »formalistisch« und lächerlich genug »antihumanistisch« denunziert werden.

Die biederbanausische Verengung des »sozialistischen Realismus« scheint ziemlich überwunden. Obwohl es dann doch wieder wundert, daß ein Name wie (pars pro toto künstlerischer Freiheit) Nabokov in Gesprächen auf Unkenntnis oder eisige Nichtreaktion stößt. Und Böll ist zwar mindestens so populär wie in der Sowjetunion, aber deutsche Autoren der Eigenwilligkeit Jürgen Beckers, Ror Wolfs oder Alexander Kluges sind noch überhaupt nicht existent. Indessen politisch genehme westliche Systemkritiker wie Hochhuth oder Degenhardt emphatisch übersetzt werden. Eine besondere Vorliebe weht derzeit den jungen Österreichern im Umkreis der »Grazer« entgegen, und gegenwärtig beißt man sich übersetzungstechnisch an Thomas Bernhard Zähne aus.

Viel Nachholarbeit geschieht bei modernen Klassikern wie Joyce, Musil, Broch, aber auch Camus oder Highsmith. Vorrangig besorgt das der Budapester Europa-Verlag sehr imposant, aber problematisch wird's natürlich sofort, wenn dessen Leiter die Kriterien seines Verlagsprogramms als »dem abendländischen Denken verpflichtet« und – vag oder listig – als »wertvoll« umreißt. Offenbar setzt man mehr auf gute Titel als gute Theorien.

Die ungarischen Schriftsteller, Übersetzer und (staatlichen) Literatur-Agenten, die wir trafen, sind über die jüngsten bundesdeutschen PEN-Eklats wohlunterrichtet, Problemfälle wie Kunze und Biermann brauchen wir ihnen nicht auseinanderzulegen – im Unterschied zum Volk genießen die Kollegen die Lektüre bundesdeutscher Meinungsbildungsträger. Zu einer Diskussion, zum Versuch eines Konsens über die Dissidenten-Frage zum Beispiel kommt es aber im Gespräch kaum.

Neid erweckten bei unserer Besucher-Truppe die absoluten, aber auch, gemessen an der Kaufkraft des Forint, relativen Niedrigpreise ungarischer Bücher; auch ihre übrigens sozusagen marktanalytisch sehr genau vorkalkulierte Auflagenhöhe, die bei Übersetzungen aus dem Deutschen oft die des Originals erreicht – Ungarn zählt nur 10 Millionen Einwohner! Interessant für sehr junge deutsche Autoren könnte eine neue Übersetzungsreihe des Magvetö-Verlags werden: westeuropäische, vor allem auch westdeutsche Prosa und Dramatik neuesten Datums – sozusagen »nach« Handke, der in Ungarn wohlbekannt ist, dessen Thematiken offenbar oder angeblich heute schon von der Budapester jungen Generation als die ihren verstanden werden. Jetzt wäre eine Echo-Geste deutscher Institutionen fällig, vor allem der Verlage und ihrer Markt-Auguren.

UNSELDS VERMÄHLUNG

In memoriam Buchmesse 1981

Soeben lese ich, aus Buchmessenanlaß, die glänzende Satire zum Wesen des Suhrkamp-Verlags wieder, die, gleichfalls aus Buchmessenanlaß, vor fünf Jahren statt hatte: Suhrkamps Kooperation mit der Lebensmittelvertriebskette Aldi – eine der besten Satiren bzw. Satireaktionen der Nachkriegszeit, gewiß die beste der mir bekannten nicht wenigen Suhrkamp-Verscheißerungen.

Tief suhrkampisch empfunden Dr. Siegfried Unselds edelgaunerischer Begründungstext zu diesem ungewöhnlichen und gewiß kulturinnovatorischen Schritt, nämlich der Etablierung einer »edition sual«. Präzise: Dr. Theo Albrechts Replik, betreffend das Wesen des Hardselling, des Monopolismus und der gepflegten Verpackung; erinnernswert der Verwirrunfug, welchen die Aktion 1981 während der Messe bei den Suhrkamp-Leuten anzettelte; und partiell genial die dem bekannten Suhrkamp-Styling nachgepäppelten Werbe- und Anreißtexte zum »sual«-Debutprogramm: von »Peter Handke, Höchlichste Heimat, Gipfelbucheintragen auf dem Großglockner, 72 S., 28 DM« über »Thomas Brasch, Berlin, Scheißdreieck« und »Alexander Kluge, Nebensinn, 1998 S., ca. 7,50 DM« bis hin zu »Siegfried Unseld, Warum ist Kafka kein Suhrkamp-Autor? Rede vor der interamerikanischen Gesellschaft für Triebabwehr in Denver/Colorado, 28 S., Schweinsleder, ca. 47 DM, im Sonderangebot«.

Gewiß, in manchem hat sich die berühmte »Suhrkamp-Kultur« seit fünf Jahren schon wieder gewandelt, hat sich dem üblichen Kulturdreck sehr opportun- und occasionistisch etwas angeglichen oder ist noch stromlinienförmiger, auch »postmoderner« geworden – und Handke inzwischen noch imperialer und infantiler. Aber die Texte sind immer noch schön und irgendwo ewig-aktuell. Erinnert wollte ich an sie immerhin haben und sie recht verspätet loben. Und die Frage zu bedenken geben, ob sich's nicht lohnen könnte, die Broschüre wiederaufzulegen und dem Buchmarkt zur Verfügung zu stellen. Warum z. B. nicht durch den Wagenbach-Verlag? Der wird schon wissen, warum.

POESIE UND FREIER OBERKÖRPER

Zur Buchmesse 1984

Eine Frankfurter Buchmesse steht wieder ins Haus. Sie bringt wie immer mancherlei Neuerscheinungen auf den Gebieten Lyrik, Prosa und Sachbuch – so wie sie in der abgelaufenen Saison 1983/84 zahlreiche Novitäten auf den Sektoren Epik, Fachbuch und Gedichte erbrachte. Und dennoch liegen die eigentlichen Innovationen, insbesondere des deutschsprachigen Buch- und Verlagswesens, auf ganz anderen Feldern, offiziell weithin unerkannten und nämlich auch nicht so ohne weiteres erkennbaren. Die folgenden scheinen uns die wesentlichen des letzten Jahres zu sein:

1. Erstmals zählt die Ankündigung eines noch sehr fernen Romans medial weit mehr als die Majorität bereits erarbeiteter und evident existenter. Günter Grass' Annonce, er werde eventuell eine Art Fortsetzung der »Blechtrommel« schreiben, nämlich deren Projektion ins Video-Zeitalter, – diese über dpa gelenkte Information juckte die meisten Zeitungen weit mehr als es die allermeisten der bereits geschriebenen und gedruckten Bücher tun. Analog dazu wurde die schon fast unerträglich schmerzhafte Drohung Wolfgang Hildesheimers, *keine* Bücher mehr zu schreiben, weil dergleichen im Raketenzeitalter sinnlos sei, viel häufiger als Meldung wahrgenommen und in Kommentarform erörtert als die schon geschriebenen Bücher Hildesheimers zusammengenommen wohl je rezensiert wurden.

2. Eine entscheidende Buch-Wendemarke setzte auch Uwe Johnsons Tod. Der »stern« z. B., der dem lebenden Autor nie auch nur eine Minute Aufmerksamkeit geschenkt hatte, tat dem toten u. v. a. die Ehre einer großen

Reportage an, nämlich über die unglücklichen Lebensumstände des Poeten – denn siehe: Nur ein toter ist ein interessanter Dichter. Vor allem für den neuen Stern im Kulturleichenaussaugerinferno, den Spitzenreporter Tilman Jens.

3. Entscheidend zugenommen hat abermals die Fotografie im Zuge der Buchausstattung. Zum einen in Form von Szenenfotos aus verfilmten Romanen, die nun vice versa dem Buchcover aufgeklatscht werden. Dem Schicksal entgingen in den vergangenen Jahren weder Thomas Mann noch Döblin und nicht einmal Fontane noch Kafka – jetzt ereilte es endlich auch Marcel Proust: Sein deutscher Verlag entblödete sich nicht, den Roman »Eine Liebe von Swann« mit einem knallbunten Foto aus Schlöndorffs eher schwernotdummer Verfilmung zu verhunzen – nein, doch, Ornella Muti als Odette macht sich wirklich prima.

4. Gleichfalls entscheidend vermehrt hat sich die Zahl derjenigen Autoren, so in kerngesundem Narzißmus nichts so gern auf dem Buchcover wiederentdecken als ihr Portraitfoto. Und zwar keineswegs auf dem Buchrücken oder vergleichsweise verstohlen im Einschlag des Klappentexts – sondern pfeilgrad vorne über oder unter dem Buchtitel. Handelt es sich dabei, z. B. bei dem Luchterhandschen Tagebuch- und Briefband der Brigitte Reimann, um recht hübsche Frauen, die gleichzeitig irgendwie innig und bedeutungsvoll dreinzuschauen vermögen: dann weiß der potentielle Käufer und Rezensent natürlich auch schon, in welche approbierte Richtung seine Lektüre bzw. Rezension zu marschieren haben wird – diese Art subtiler Gehirnwäsche wird beiden gleichsam unausweichlich imprägniert.

5. Umgekehrt und ein bißchen weniger subtil denn sexy: Immer mehr Jung- und Nachwuchsautoren sind

dazu übergegangen, nicht nur auf Verlagsprospekten, sondern gleichfalls auf ehedem eher heilig gehaltenen Buchumschlägen mit nacktem Oberkörper zu posieren – derart nicht nur ihrem Selbstwertgefühl ungehemmt freien Lauf lassend, sondern womöglich verlagsstrategisch neue Käuferschichten ansprechend. Bisher beschränkte sich die Innovation auf das Ambiente des auch hier pionierhaften Hauses Suhrkamp und auf sportlich-hochappetitliche junge Männer mit gleichwohl schwer sensibilistischem Air – wahrliche Appetitshappen von Morshäuser bis zu R. Goetz. Zu hoffen wäre, daß auch diese neueste Vulgarität und Verschmocktheit (wie all die anderen genannten) in der bevorstehenden Saison weiter eskaliere: Auf Frauen hin. Stichwort: Titten raus, wenn's geht auch Speckmusch. Ich sage nur: K. Struck. Und: A. Jonas. Sowie M. Gr. Dönhoff. Auf daß wir noch schneller und leichter vergessen mögen, daß es sich bei Büchern ursprünglich ja eher mal um Produkte des Geistes handelte: Gott, wie kindisch, ja vorweltlich schon!

MISCHKULTUREN

Zur Buchmesse 1987

Einer alten Unsitte folgend, möchte ich hier wieder mal etwas grundsätzlicher werden.

Zum ungefähr viertenmal in kurzer Zeit begeistert sich Hellmuth Karasek im »Spiegel« über lange Seiten hin an Helmut Dietls »Kir Royal«- und »Monaco Franze«-TV-Serien. Dies nämlich sei der Stein des Weisen: die unio rarissima von Unterhaltung und realistisch-sozialkritischer Aufmüpfigkeit – und Spaß obendrein. Mir wiederum war genau wegen dieser Dreieinigkeit bei beiden Serien immer recht unwohl. Als »kritische Folklore« hat Michael Rutschky in etwas anderem Zusammenhang dies neue Ideal bezeichnet; ein Ideal, das hier engagierte und/oder artifizielle Filmerei abermals mit der forumsnotorischen Flachheit auszusöhnen sich untersteht – und unter dessen Sammel-Hut mir meinerseits immer besonders flau in der Seele wird. Hie »Woyzeck«, dort »Schwarzwaldklinik«, da sind die Fronten klar – bei Dietl stimmt weder das eine noch das andere – und eben darum, wurde mir nach längerem Nachgrübeln plausibel, ist er momentan so allseits beliebt; beim Karasek wie bei den Millionen, die's von ihm bestätigt kriegen: wie gut das sei, was ihnen ohnehin so mächtig zusagt. Und wenn Dietl im Interview am Serientypus »Derrick« die »totale Einheitsware« schmäht: »Das ist der Tranquilizer schlechthin. Das ist das internationale Fastfood« – dann hat er damit allenfalls zur Hälfte recht. Für, sagen wir, den heutigen kritisch FDP wählenden Rundumhedonisten ist exakt »Kir Royal« mit seinen kritisch sich gerierenden Beichtstuhl-Schmiergeldern und Redaktions-Rammeleien über den Hellmuth mit dem sexy Doppel-l-th-Soundkick hinaus der derzeit liebsamste Quickstuff – um auch einmal mein in Hollywood gereiftes Instant-English vorzuführen.

Aber ich bin ein bißchen vom Thema abgekommen: der derzeit besonders kurrent-konformen Vermixung von allem und von jedem. Seit einigen Jahren beobachten wir sie einigermaßen benommen speziell auch in der Aura academica. Wo ordentliche Professoren wie D. Kamper und H. P. Duerr daherkommen, als wären sie Originalgenies der Goethezeit oder zumindest zu allem entschlossene flippige TV-Plauderer, – obschon sie doch eigentlich Wissenschaftler sind. »Das klingt alles ein bissel romantisch. Nicht daß ich für Romantik nichts übrig hätte . . . das ist dann das höchste der Gefühle . . . ich glaube, daß die wahrheit (klein geschrieben) uns mitunter unheimlich eine in die Fresse donnern kann« (Duerr, Satyricon, 1982) –

– usw. Schlimm. Legitimiert wird der Tratsch mit dem neuen »Konzept einer fröhlichen, lustvollen Wissenschaft«, in der »anything goes«, nämlich »es gibt den Uni-Typ und den Freak, und das Freibier und den Joint, und den Habermas und die Habergeiß« (a. a. O.) – und es gibt den überangepaßt katzbuckelnden Anbiederer sowie den scientichicen Modegecken, der schon über den Titel »Satyricon« zaunpfahlwinkt, daß er eigentlich von Haus aus ein donnerwettriger Fuzzi ist; und daß seine forciert schräge Fun-Wissenschaft der Satire entraten kann, weil sie selber damit hausieren geht, hahaha, grauslig. Der Bamberger Soziologe Beck wäre ein zweiter und verwandter Unfall von professoraler Schnickschnack-Schaumschlägerkultur, und am Ende des Wischiwaschiwegs haben wir endlich die Theologin Prof. U. Ranke-Heinemann am Keckern, wie sie im Zeitungsinterview weit jenseits ihrer Beamtung und weit über ihre Verhältnisse hinaus keck den Spruch gebiert, mit der Gottesmutter habe »es sich ausgejungfert«.

Höllisch. Kritische Folklore und allseitige Spaßgesinnung reifen soft zum neusten Terror. Gerhard Polts Anni klagt vollkommen zu Recht: »Also, diese jungen Priester, die sind nimmer des, net, die reden daher wie die Studenten.« Von den älteren ärgerlichen Theologinnen, den zudringlich professoralen Kultbuchautoren und den fernsehlichen Sozialkritikern samt ihren hingegossenen Hellmuthen mit deren filmtheoretisch obsessiv helläugigen Feuilletonmuthproben und ihrer ganz spezifischen Unbelehrbarkeit noch gepeinigter stoßzuseufzen.

APRÈS SCHUMANN LE DÉLUGE

Eine weitere Überlegung zur Kultur

Kultur ist, wenn

– im Schaufenster neben Franz Alts Bestseller »Liebe ist möglich« ein Preisschild mit der Aufschrift steht: »Hier kriegt man noch was für die Knete«

– nach Tschernobyl erst mal nachweislich drei oder zehn Menschen zu Tode kommen, die deutsche »Bild«-Zeitung aber schon mal freudig von 30 000 Toten lärmt

– der Literaturprofessor Fritz J. Raddatz, wie erinnerlich, ca. 1830 mit dem IC vom Schrebergarten Frankfurt nach Weimar zu Goethe düst, nicht ohne die Tiefseelurche auf dem Nanga Parbat als dem Dach der Welt dabei mitzunehmen: all der Unfug, wie bekannt, stand in einem einzigen Raddatzschen Leitartikel zur Buchmesse 1985

– bei gleicher Buchmessengelegenheit ein Buchhändler im ARD-Fernsehen wiederholt darauf besteht: Dies sei ein literarisch vorzüglicher Bücherherbst; es habe diesmal nämlich gleich vier »Stapeltitel«: Böll, Lenz, Walser, Härtling

– in München fünf Jahre nach dem Ausbruch der Seuche noch immer als Nackerte verkleidete Hornochsen im Englischen Garten sich herumwälzeln, um, bärenstolz auf sie, ihre speckigen Geschlechtsteile in die Luft zu recken

– Karajan beim Salzburger »Don Carlo« 1986 vier der wichtigsten Teile der Oper streicht, ohne daß eine Sau protestiert; geschweige denn die dazu angereisten Großkritiker, allen voran J. Kaiser nicht.

Beim Wort Kultur entsicherten die Nazis nach eigenem Bekenntnis den Revolver. Der doch sehr anders geartete Henry Miller gab ihnen darin 40 Jahre später durchaus nicht unrecht. Dabei kannten beide die achtziger Jahre noch nicht, die uns momentan so rumpelnd aufs Gemüt einschlagen. Ei ja, es sind eindrucksvolle Jahre: Kultur ist da, um noch ein paar beliebig vermehrbare Exemplare hochzuhalten, wenn

– der deutsche Bundeskanzler Kohl, ein gelernter Geisteswissenschaftler und Schüler von Dolf Sternberger, dem Mitverfasser des »Wörterbuchs des Unmenschen«, auf dem CDU-Parteitag die »Solidarität der Tagesordnung der Zukunft« ausruft – und kein Kommentator fand das zum Zitieren noch Davonrennen

– von Proust bis Thomas Mann bald kein Buch mehr in Druck geht, ohne daß der Verlag das Titelblatt mit einem Knallfarbfoto der zugehörigen Verfilmung verschauerlichte.

Wer es heute noch fertigbrächte, einen Kulturbegriff zu statuieren, wie es Toynbee oder Eliot oder Spengler oder Freud oder, dieser gleichsam ex negativo, sogar noch Adorno vermochten; der müßte schon beklagenswert abendländisch oder aber wahrscheinlich beneidenswert bescheuert sein. Nichts geht mehr, nichts ist mehr zu sehen. Als Wahn, Wahn, überall Wahn.

Kultur ist heute, wenn

– nach einem fünfjährigen Kulturträger-Rundum-Geschwafel über »Postmoderne« nun plötzlich von »Postpostmoderne« oder »Postismus« die Rede schwallt

– es im bayerischen Wackersdorf drei Wochen nach Tschernobyl fast um alles oder nichts geht, die deutsche »Bild«-Zeitung aber tags darauf die zehn Zentimeter hohe Balkenüberschrift »Steffi! Jaaah!« von sich stößt. Bei »Steffi« haben wir es – künftigen Geschlechtern zur Lehr' – mit der 16jährigen Tennisspielerin Steffi Graf zu tun.

Für Theodor W. Adorno und seinesgleichen deutete Kultur sich immerhin noch aus ihrer Utopie resp. aus ihrer schweren Beschädigung heraus. In der Gestalt einer

Elegie über all das, was die waltende, affirmative, die offizielle Kultur den Menschen an Wahrheit vorenthalte, verweigere. Solche Insistenz und Resistenz als kritische Operationsbasis dürfte jetzt gleichfalls in sich selbst versunken sein. Nichts geht mehr. Das Unheil walkt zu allseitig heillos, auch dieser Laden ist längst dicht.

Und doch geht freilich dauernd irgend etwas weiter. Schlecht zu erkennen nur, was.

Die alte Freudsche Formel, Kultur nähre sich wesentlich aus Triebverzicht und ziele auf Sublimation, spielt heute, zumindest im sogenannten Kulturbetrieb, auch nicht die kleinste Rolle mehr. Sondern, auf eine Kürzestform gebracht, hat Kultur jetzt kategorisch Lust zu sein, Hedonismus, Happiness-Maximierung – ob sie nun vom Himmel handelt oder vom Geschlecht oder zur Not sogar vom Tod. Zwei neue Journale, »Tempo« und »Wiener«, haben sich jüngst solcher zeitgeistlicher Sendung als Kulturinhalt programmatisch verschworen. Und verstehen sich dabei lauthals auch noch als Avantgarde. Den Coup hätten noch vor fünf Jahren alle Ambitionierten gescheut, damals, als nämlich der Zeitgeist nachgerade das Feindbild von Kultur vorstellte. Nichts von diesem Geist des Widerstands ist mehr zurückgeblieben; weder Marx noch Kritische Theorie, weder Ideologiekritik noch immerhin die vielbelächelte »Betroffenheit«. Pure Affirmation, so wollen es jedenfalls die neuesten Medien-Zeitgeistzaren, ist der Gehalt von Kultur; so sich ebendiese überhaupt in Kritik übt, so im Geschmäcklerischen sowie am Tempo ihrer Hervorbringungen und Verabschiedungen. Freud ist momentan angeblich »out«. Adels-Sprößlinge sind »in«. Darauf reduziert sich's.

Ähnlich wie in der Wochenzeitung »Die Zeit«, die da in ihrem Feuilleton kürzlich Überlegungen anstellte zu einer neuartigen Ästhetisierung des Alltags, einer Art Boulevardisierung des Ästhetischen, bzw. zum »Ästhetisierungsschub in der fortgeschrittenen Industriegesellschaft«. Kultur, so der Tenor Ulrich Greiners, wuchere neuerdings in alle Alltagsbereiche hinein, potenziere sich selber wie rasend – und irgendwie auch fröhlich.

Wahr daran ist dies, daß ich heute andauernd in der U-Bahn oder auf den Frankfurter Boulevards neuen, ja revolutionären Ästhetisierungen begegne wie den Reklamespruch-Wortspielen »eisgeliebt« und »schuhverlässig« – und in Westberlin sind es momentan fünf Firmen und Behörden, die einheitlich mit gereimten Zweizeilern operieren: »Ob West oder Ost / dein Päckchen bringt die Post«; um uns durch diesen hysterischen Veitstanz der letzten und vergammelten Kulturdrecksreste, hier des Binnen- und Endreims, noch vollends in den Wahnsinn zu treiben: des Wahnsinns in der Kulturformation eines explodierenden, ja entropierenden Gewusels und Gegiggers von allem mit je jedem.

Aber was soll's? Es ist dies alles ja letztlich doch nicht neu, Karl Kraus hat unter dergleichen auch ja schon gelitten. Einen neuen und sei's albernen Kulturbegriff stiften auch diese aktuellen Alltagsverheerungen nicht, so wenig wie die Zynismen des Politiker- und Pressewesens uns noch groß zum Widerstand oder doch zum Lachen reizen: Es läßt sich offensichtlich über die Zerstörung von Kultur ebensowenig Plausibles mehr sagen wie über die fortschreitende Zerstörung jener Welt, der, nach Richard Wagner, Weise ohnehin nichts mehr zu melden haben.

Dies, immerhin, zum Beschluß: 1. Wenig schadet es, wenn einem zum Begriff Kultur wenn schon nicht der Revolver einfällt, so doch das Schnappmesser in der Hosentasche aufspringt. 2. Noch einigermaßen klar umrissen treten uns Sinn und Gehalt der Kulturtasche resp. des Kulturbeutels entgegen: nämlich das gute alte Zahnbürschtl. 3. Seit einer halben Stunde gehe ich immer eindringlicher mit mir zurate, was mich eigentlich diese ganze Kulturschamottdiskussion groß interessiert und enerviert, und warum ich den Schrott nicht abschüttle und nicht längst am Klavier sitze, Robert Schumanns Phantasie op. 17, »durchaus phantastisch und leidenschaftlich vorzutragen«, zu üben. Zumindest heute, 27. Mai 1986, bin ich mir ganz sicher, daß sie allein, so mühsam und fehlerreich ich ihre Akkorde greifen werde, rudimentär den kulturellen Strebepfeiler dessen vorstellt, was ich mir im Kainszeichen der noch immerzu durch die Dämmerung fliegenden Eule der Minerva als Widerpart zum ... äh ... sturzbachartigen Kulturverfall der ... äh ... Kultur oder wie ...

Oder jedenfalls so ähnlich.

DER KNABE ROBERT WEINTE NICHT VERGEBLICH

Hübner fordert Kortschnoj

Zweimal bisher war es dem Verfasser dieser Zeilen beschert, dem Genie des Dr. Robert Hübner im Abstand von zwei Metern sozusagen materiell zu begegnen. 1977 feierte der Deutsche Schachbund sein 100jähriges Bestehen mit einem Großmeisterturnier in Bad Lauterberg. Hübner spielte die Eröffnungspartie gegen den Isländer Fridrik Olafson. Zwischen den Zügen animierte er sich durch Homer-Lektüre, ich aber hatte das Mißgeschick, beim Kiebitzen eine Cola-Flasche umzustoßen. Das schmerzende Geräusch muß katastrophal gewesen sein, denn der Kölner Großmeister strafte mich mit einem Blick, in dem zwar nicht gerade Morddrohung hauste, aber doch unendliches Weh über die schlechthinnige Unerträglichkeit eines Schach-Untermenschen.

Zwei Jahre später beteiligte sich Hübner an einem gleichfalls mit dem russischen Weltmeister Anatolij Karpow verzierten Turnier im Münchner Hilton-Hotel. In einer fesselnden, vor allem publikumsträchtigen Partie stand der hochfavorisierte Großmeister gegen das deutsche Nachwuchstalent Ralf Lau (jedenfalls nach dem Konsens-Gefühl der zuguckenden Laien, aber auch etlicher Experten) glatt auf Verlust. Zwischen den Zügen sah man Hübner äußerst gelassen im Foyer mit einem Bekannten parlieren, als sei es ihm total schnuppe, was da an ungeheurem Prestigeverlust auf ihn zukomme; schon damals galt er als einer der zehn oder zwanzig besten Spieler der Welt. Hübner trat wieder ans Brett, machte drei, vier Züge – und hatte die vermeintlich höchst aggressive Stellung Laus entzaubert und gewonnen; so geschmeidig, als habe derlei auch nicht eine Sekunde lang in Frage gestanden.

Die beiden Impressionen drücken schon ein bißchen was über den Menschen und Schachspieler Dr. Robert Hübner aus: Seine Existenz in einer fast hermetischen Schach-Binnenwelt; seine, fast möchte man sagen: Idiosynkrasie gegen den Rest des Lebens, seine »Überreaktionen«; und außerdem seine sozusagen traumwandlerisch intuitive Sicherheit auf jenen 64 Feldern, die das Auge und das »Brettgefühl« des Laien nicht selten schwer in die Irre führen.

Mit seinem ziemlich sensationellen 6,5 : 4,5-Matchsieg gegen den ungarischen Großmeister und Favoriten Lajos Portisch im italienischen Badeort Abano Terme zieht, ein gutes halbes Jahrhundert nach den beiden deutschen Schachdoctores Lasker und Tarrasch, erstmals wieder ein Deutscher, und selbstverständlich auch er ein Doktor, in den absoluten Weltschach-Parnaß ein.

Sofern es dem 31jährigen Hübner gelingen sollte, nun den russischen Dissidenten und staatenlosen Vizeweltmeister Viktor Kortschnoj zu schlagen, hat er das Recht erworben, den amtierenden Weltmeister, den etwas jüngeren Sowjetbürger Karpow, in einem WM-Titelkampf noch unbestimmter Dauer herauszufordern. Heute schon darf Hübner sich nominell als der mindestens drittstärkste Spieler der Welt einstufen.

Der Fakt schien selbst dem sonst wenig schachfreundlichen deutschen Fernsehen erregend genug, diesem geheimnisvollen Wesen im sonst fußballgesättigten ZDF-Sportstudio ein Zehn-Minuten-Feature einzuräumen. In der FAZ erschienen vierspaltige Artikel für die bekannt klugen Köpfe der Nation; der »Spiegel« war von Hübners erster Gewinnpartie gegen Portisch (der 9. Match-Partie) so hingerissen, daß er das – ausnahmsweise auch für

Schach-Dilettierende – hochdramatische, nervenkitzelnde Auf und Nieder der Gewinnchancen zwei Heftseiten lang kommentierte und feierte.

Fast noch nervender, nach dem zweiten Sieg Hübners, war freilich die Schlußpartie, in der der Deutsche noch ein Remis brauchte, in der er aber bald (wie die Schacher es ausdrücken) »auf Verlust stand« – und schließlich mit fast akrobatischen Endspielkapriolen, die für Normalsterbliche ein wenig Magie enthielten, das nötige halbe Pünktchen rettete: Deutschland war wieder wer, auch im Schach.

Der beste deutsche Spieler ist Dr. Robert Hübner aber schon seit einem runden Jahrzehnt. Die Vita des Köln-Porzer Schachgroßmeisters begünstigt den Mythos. Ausgerechnet so etwas Exotisches wie ein (»summa cum laude«) Doktor für Papyrologie, einer Spezies der Altertumswissenschaft, ist der dostojewskibärtige, dabei kleine und schmächtige deutsche Champion. Seine Einzimmerwohnung in Köln assoziiert ebenso heiligmäßig Asketisches wie seine ominöse Abstinenz in Sachen Geld und Frauen es gleichfalls tut.

Ein Leben also in Reinheit und Schönheit dem Schach geweiht? Und doch stimmt das auch nicht so recht: Immer wieder hatte Hübner in den letzten Jahren Mühe, Studium, Beruf und Schach zu koordinieren; oft schloß er Kompromisse, wollte auch schon verzagen und Brettgöttin Chaissa an den Nagel hängen. Erst nach seinem Erfolg im vorentscheidenden Interzonenturnier, das ihn zur engsten Weltspitze vorantrug, erst da trat, vor ein paar Monaten, Schach die endgültige Vorherrschaft in Hübners Leben an. Daß er nun als einziger Nichtberufsspieler innerhalb der Welt-Corona um die Weltmeisterschaft fightet, erhöht den Rang seiner Leistung: Die noch zu fürchtende Konkurrenz, Kortschnoj und Karpow, tat ihr Leben lang nichts als schachspielen.

»Mythisch« wirkt nicht wenig im Leben des Dr. Hübner: Die annähernd klassische Schach-Kinderkarriere; die Geschichten und Legenden von den strömenden Tränen nach den ersten und natürlich unverdienten Niederlagen; die frühen lokalen und nationalen Titel für das Kind Robert; die Förderung durch den weitsichtigen Altmeister Dr. Paul Tröger, der zum Spiel des 11jährigen ESV-Köln-Mitglieds auch das passende Bonmot liefert: »Wenn er auf h7 opfert, muß er aufstehen. Aber seine Opfer sind immer berechtigt.«

Für Nichtschachspieler: Figurenopfer auf dem den König schützenden, freilich besonders gefährdeten Feld h7 gehören zum Schönsten und Atemberaubendsten dieses Spiels – sie sind, von einem Könner ausgeklügelt, früher oder später fast immer tödlich.

Zum Mythos Hübner zählt auch, daß der nachmalige und heute seinerseits legendäre US-Weltmeister Robert Fischer dem damals international noch wenig renommierten Deutschen den prophetischen Segen mitgab: »Diesem Hübner gehört die Zukunft.« Und Fischer war recht sparsam mit Kollegenlob.

Ein anderer lobte noch massiver, allerdings etwas taktisch: Der Ex-Weltmeister Tigran Petrosjan, der Hübner 1972 als »einen der begnadetsten Spieler der Welt« fast schon kanonisierte. Der »Eiserne Tiger« hatte freilich gut schmeicheln, hatte er doch gegen den jungen Kölner gerade in Sevilla ein WM-Vorentscheidungs-Match ziemlich glücklich mit 4 : 3 gewonnen.

Petrosjan blieb erst mal Hübners Schicksalsgegner. 1976 in Biel, es ging abermals um die WM, stand Hübner knapp vor dem Gruppensieg, übersah dann aber ausgerechnet wieder gegen den Armenier wahrhaft begnadet dank sogenannter Schachblindheit ein vierzügiges Matt, das jeder Dorfvereinsmeister auszuführen in der Lage gewesen wäre, machte noch einen dicken Lapsus, verlor die Partie, schied aus und – Petrosjan kam weiter. Die Nerven. Fachleute rätseln, ob Hübner sie nun endgültig »in der Hand hat«. Noch seine Folgesiege über die beiden Ungarn Adorjan und Portisch (der galt zuletzt als der wohl zweitstärkste Spieler der Erde) gerieten im letzten Augenblick nervenflatternd in Gefahr.

Mehr oder weniger starke Abnormität, auch im Alltagsverhalten, prägt ja jeden Spitzenschachspieler; die Neigung zum Hypernervösen, zum Überkandidelten, überhaupt zu Über-Reaktionen spricht auch aus den wenigen bekanntgewordenen schachbiografischen Details des Großmeisters Hübner. Da legt er sich z. B. 1975 während eines Turniers in England nachhaltig mit dem Schiedsrichter Golombek an. Es geht wahrhaft kohlhaasmäßig um die Frage des Spielbeginns; offenbar können über derlei Hochkompliziertes zwei erwachsene Schachmenschen sich nicht mehr verständigen. In einem deutschen Schachorgan kommt's in der Folge zu einer bierernsten Beschwerde- und Anklageschrift Hübners, drauf zur Gegendarstellung, zur Gegen-Gegendarstellung, das Ganze in einem einerseits schweifigen, andererseits überjuristischen, nur noch zum Lachen reizenden Kanzleistil – aber Hübner, obwohl er (auch das gehört zu seinem »Mythos«) angeblich sogar Kafka-Anhänger ist, entgeht ganz und gar die Komik des Techtelmechtels.

Drei Jahre vorher kam's zu einer ähnlichen affaire de guerre, einer noch herzigeren: Der übermüdete Hübner bietet seinem Gegner nach dem ersten Zug c4 Remis an, was aber das Kampfgericht als Verhöhnung des edlen Schachsports nicht akzeptiert, und siehe, es gibt da überhaupt keine einschlägige Vorschrift – worauf Hübner erzürnt hinweist, um aber dann doch eine Partie von 14 Zügen herunterzuspielen, die unter Schachern als Abtausch- und »Idiotenvariante« gilt. Und nun ist das Kampfgericht noch saurer, Hübner aber legt in den »Deutschen Schachblättern« dar, daß ein Gentlemens-Agreement-Remis-Abkommen von 15 oder 20 auswendig gelernten Zügen nicht sinnreicher sei als die von ihm gewählte einzügige Version. Der Fall ist bis heute nicht definitiv geklärt.

Überreaktion, Rechthaberei, Mystifikation: Nach seinem Matchgewinn in Abano Terme vergönnte Hübner der Deutschen Presseagentur ein Interview, dessen Desinformationsglanz an ein Gespräch anknüpft, das der deutsche Boxer Norbert Grupe einst dem Fernsehen gewährte: Grupe schwieg sich fünf Fragen lang wortlosest aus. Hübner machte es spannender und noch snobistischer. Er habe nichts zu sagen, beteuerte er in mehreren Varianten, um dieser Resistenz bei der letzten Frage den Syllogismus als lange Rochade aufzusetzen: Nachdem er bisher nichts gesagt habe, »erzwinge das Gesetz der Logik (nun) die gleiche Antwort«.

So kann man's auch sagen. Zuweilen hatte der Kölner auch ernsthafte schachliche Kritik zu ertragen. Er praktiziere ein seelenloses, ein Computer-, ein Anti-Schach ohne Risiko und Inspiration, fußend einzig auf den Dogmen des Nürnberger Arztes Dr. Tarrasch, der zwar auch einer der besten Spieler seiner Zeit war, der aber ziemlich verbiestert an »Ideologien« festhielt wie jener, »es gebe immer nur einen richtigen nächsten Zug«. Reichlich ambivalent war das Lob, Hübners »Stil« gleiche dem des Ex-Weltmeisters Capablanca, denn dieser gilt den einen zwar als Mozart des Schach, den anderen aber als Schreckgespenst für überraschungs- und risikofreies, ergo undramatisches Spiel.

Hübner ist alles in allem ein lupenreiner »Positionsspieler« – für Nichtfachleute: ein Spieler, der sein Heil fast ausschließlich in der mühsam-mählichen Summierung kleinster Stellungsvorteile sucht, in der wohl leider richtigen Annahme, daß die Zeit des »romantischen« Schach, der Kombinations- und Opferkünste, ein für allemal vorbei ist. Man hat Hübners Spiel als »gründlich und tief« beschrieben, als (für den Gegner) »undurchsichtig«, er verwirkliche meist »einfache Pläne« in »brettweiter Strategie«. Das klingt paradox, wie so vieles im Schach. Fest dürfte immerhin stehen, daß der Kölner WM-Kandidat mit seinem Sieg gegen Portisch einen deutlichen qualitativen Sprung getan hat – und optimistisch stimmt, daß er sich dem rundum ausgefuchsten Ungarn auch psychologisch gewachsen zeigte. Denn Portisch – ein Großmeisterkollege sprach es aus – war wohl drauf aus, Hübner mit einem Stau von Remispartien erst mal »mürbe« zu machen, und er wiegte sich quasi selber in dieser Remis-Sicherheit, als Hübner plötzlich – riskant zwar, aber erfolgreich – zuschlug. Ein Schock, den der »betrogene Betrüger« nicht mehr rechtzeitig verdaute; so daß er gleich auch noch die nächste Partie verlor.

Er sei »faul, lese keine Schachliteratur und (sei) physisch schwach«, so charakterisierte sich Hübner einmal selber. Er kokettierte wohl schon damals; heute stimmt davon sicher nichts mehr. Hat er gegen Viktor Kortschnoj, den sie homerisch »den Schrecklichen« nennen, eine Chance? Die Frage bringt auch Experten in Verlegenheit; denn einerseits sind die Spielstärkenunterschiede in der internationalen Schachspitze noch viel geringer als die etwa zwischen Bayern München und Hamburger SV in der letzten Bundesliga-Saison; andererseits sind auch totale »Einbrüche« immer mal drin.

Seltsam: Soweit sich im Schach überhaupt »Stile« ausmachen lassen, sind sich Kortschnoj und Hübner auch da sehr verwandt. Weitgehend teilen sie sogar ihre besonderen Stärken und Schwächen. Die beidseits virtuose Endspielkunst zum Beispiel, die Fähigkeit, bereits verlorene Spiele noch irgendwie zu retten – und andererseits den Hang ins gar zu Grüblerische, extrem Berechnete, zuwenig »Intuitive«. Einmal trafen die beiden Finalisten (die sich ausnahmsweise sogar mögen, jedenfalls bisher) auch schon in größerem Rahmen zusammen: zu einem Kortschnojschen Trainings- und Vorbereitungsmatch, das der Exilrusse knapp gewann, wobei er nachher freilich drüber Klage führte, daß Robert Hübner sich nicht gerade überanstrengt habe.

Für den Deutschen spricht möglicherweise seine Jugend, denn Kortschnoj geht auf die 50 zu und hat seinen Zenit wahrscheinlich überschritten. Gesetzt den Fall, Hübner behauptet sich, dann droht ihm freilich Anatolij Karpow, jener zierliche und gar nicht, wie die sinnlose Etikettierung es möchte, »sanfte« Sowjetmensch, der nur auf Schach und Zum-höheren-Ruhme-des-Sozialismus hört – und der seit seiner Installierung als Weltmeister 1975 fast alle relevanten Weltschach-Konkurrenzen derart souverän beherrschte, daß zumindest im Augenblick an eine Äquivalenz Hübners noch nicht zu denken ist.

Aber bis zum Finalmatch-Jahr 1981 ist noch eine lange Zeit. Spielstärken kommen und gehen im Schach manchmal ziemlich unvermittelt – und so oder so, die Fachleute sehen ohnehin schon weiter: Nämlich fast gebannt dem Aufstieg eines neuen Sowjetsterns namens Garri Kasparow zu, der (Großmeister Pachman hat's unlängst in dieser Zeitung dargelegt) bereits heute mit seinen 17 Jahren so gut wie alles innerhalb der internationalen Großmeisterriege in Grund und Boden spielt.

Mit ihm, wenn alles gutgeht und Robert Hübner wirklich Weltmeister wird, hat der Deutsche jetzt schon zu rechnen.

NUN ÜBERNEHMEN, HERR HEINRICH JAENECKE

vom ausgerechnet »stern« Sie sich mal nicht vor lauter »tiefer, tiefer Scham« sowie seitenlang vor sich hin mopsender Anklage, Wut und Trauer über den Fall Jenninger; den Sie irgendwie gleich hinter Auschwitz, Hiroshima und Gulag ansiedeln und sich dabei unter vielen publizistisch voll reinsteigernden Wütenden und Trauernden aber auch volle Pulle aus der Kurve dessen tragen ließen, was kristallnachtsgedenklich Ihres und des »stern« ist.

Zumal aus Ihrem psychoanalytisch schwerst reinwuchtenden Trauertext nur auch wiederum hervorgeht, daß Sie ein Blindschwätzer, ein Schluri, daß Sie zu faul zum Lesen sind. Denn die von Ihnen großmächtig beklagte deutsche »Unfähigkeit zu trauern« meint recht eigentlich was ganz was anderes, als Sie und Hunderttausende, ach was: inzwischen Millionen pseudozitierender Nachschwätzer zu meinen meinen – Sie brauchen das nur bei Mitscherlich (S. 34ff.) mal nachblättern –, aber nein, blättern Sie besser nicht, das bringt nur Unheil, ein Mensch Ihres gefestigten Alters und sich selbst hochachtenden Ressentiments: der soll besser bei dem Stiefel bleiben, den er aus welchen Fehlbildungen heraus schon immer zu glauben glaubt.

QUERDENKERIN L.

Wenn man über die musterhaft kritischen und ganz bestimmt märtyrermäßigen und freilich gleichwohl lebenden Satiriker und Volksaufklärer des Landes redet; wenn man die Namen der ebenso unverbrüchlich kassandrastarken wie unveräußerlich teiresiasfesten Künder und Warner aufzählt, jene ebenso artistisch Bonitätsbesessenen wie virtuos Abstauberischen unter den gegenwärtigen mühselig allerlei Gedanken vortäuschenden garantiert Gedankenfreien, garantiert nicht im Sinne des Marquis Posa, also; kurz, wenn man der landesüblich ganz Blöden und/oder ganz Ungustiösen des bedrückenden Genres gedenkt, dann sollte man zwischen Hüsch und Scheibner, zwischen Schneyder und Kittner künftig auch Lore (»Spielregeln für Querdenker«) Lorentz vom weltberühmten und mörderischerweise noch immer so genannten »Düsseldorfer Kom(m)ödchen« möglichst nicht und niemals übersehen, nein, nie.

KOMIKER UND PREISE

Ob nun Loriot den ausgerechnet Otto Heinrich Kühnerschen Humorpreis entgegennimmt oder jüngst Dieter Hildebrandt aus den Händen von ausgerechnet Volkmar Gabert »für mutiges Eintreten« usw. den de facto bayerisch-sozialdemokratischen W. v. Knoeringen-Preis: Sobald Komiker, Humoristen, Satiriker dekoriert werden, wird's allweil gleich doppelt brenzlig, und das weiß natürlich auch der Hildebrandt und entschuldigt sich prompt mit einer Danksagung, welche Gerhard Polt zitiert: »Preise suchen ihre Träger unerbittlich« – und auch dies habe ihm, Hildebrandt, der Kollege Polt ans Herz gelegt: Vorgehen, dankschön sagen, abtreten.

Allein, das Understatement, die melancholische Koketterie, befriedigt mich nicht. Wenn schon, dann wirklich subversiv wie Polt, der einst den ZDF-Preis mit einem mehrminütig virtuosen Schweigen quittierte – aber auch das darf man natürlich nicht ewig kopieren. Wie dann? Nun, es gibt kein richtiges Leben im falschen, wie man's macht, ist's verkehrt, und ganz verkehrt wär' zweifellos, den Laudator mit einer Wasserpistole zu nässen und den Preis der Dritten Welt zu verscherbeln oder den Juden, eher schon den Schlesiern – bzw. wie wär's, die Subversion selber samt dem Preis mit einer besonders labrigbräsigen Dankesrede zu konterkarieren?

Wie auch immer, ich habe hier leicht reden und empfehlen – erkläre mich aber andererseits und immerhin gern bereit, erträgliche Komiker-Preis-Akzeptanzen, sofern sie an mein Ohr kommen, hier jederzeit vorzustellen und wahrscheinlich zu beloben.

EISKALT AUF DEN BUSCH GEKLOPFT

Der Vater von Max und Moritz wird 150

Mein siebenjähriger Neffe Philipp sieht die Sache so: »Am schönsten ist Fipps, der Affe, da, wo der Neger vor dem Busch sitzt und der Affe schiebt ihm einen Zweig durch die Nase. Wilhelm Busch ist schon Spitze, und Herr und Frau Knopp auch.«

Meine 13jährige Nichte Susanne gibt zu Papier: »Also früher, wie ich noch den Wilhelm Busch gelesen hab, hab ich noch drüber lachen müssen, wie Max und Moritz durch den Kamin die Hähnchen klauen und dann durch die Mühle gemahlen werden. Grausam ist das schon, aber sie haben's ja auch verdient. Und in echt gibt's ja sowas nicht, da braucht man sie auch nicht zu mahlen. Gut ist außerdem die Geschichte mit dem Vogel (ich weiß jetzt den Titel nicht), der Schnaps trinkt, über den Tisch torkelt und stirbt. Wenn ein Mensch torkelt, ist das nicht so lustig, das gibt's ja dauernd.«

Mein 15jähriger Neffe Michael findet es »schön, wie beim Busch jemand Körner ißt und der Bauch wird ihm dabei wie ein Sack immer voller. Und dann kann ich mich erinnern an die Witwe Bolte, wie sie auf den Spitz losgeht und ihn erschlagen will, und der Spitz weint dabei sogar. Daß Max und Moritz zuletzt in die Mühle geworfen werden und als so eine Art Plätzchen wieder rauskommen, macht nichts – das wird ja doch ziemlich bagatellisiert. Oder ironisiert – oder jedenfalls so was Ähnliches.«

Meine 40jährige Erwachsenheit kann das alles nur unterschreiben. Schon als 25jähriger, während des Germanistikstudiums, in einem Seminar über »literarische Groteske« und in einer Phase, da einem wohl erstmals die Banal- und Schluderstruktur des Lebens auf- und einleuchtet, war ich bewegt, ja ahnungsvoll erschüttert von der Passage aus »Eduards Traum«:

»Beim Scheine der Lampe sitzt ein altes Ehepaar. Fast fünfzig Jahre sind's her, daß sie sich liebend verbunden haben. Sie muß niesen. ›War das eine Katze, die da prustet?‹, fragt er. ›War das ein Esel, der da fragt?‹ spricht sie. So soll's sein! Wenn man auch früher verliebt war, das schadet nichts; wenn man nur später gemütlich wird.«

Schlüssiger als diese erste surrealistische Novelle konnte auch ein Flaubert das bürgerliche Ehe-Inferno weitab jenseits von Philemon und Baucis nicht auf den Dialog bringen. Der Text gilt als eine der Meisterleistungen der deutschen Groteske – und eine mir schwerlich vergeßliche ist gleichfalls jene Bildgeschichte, in der ein Mensch, durch Berührung mit einem Stab, Bildchen für Bildchen zunehmend in eine Sau verwandelt wird. Wir verkehrten ehedem in einer Münchner Stehausschank-Kneipe namens »Geyer-Wally«, hinter der Theke stand ein Wirtsungetüm namens »Wallus« – und sah grad so aus wie Buschens Held nach drei Stabberührungen.

Zehn Jahre später fühlte ich mich wieder, wunderlicherweise über Werner Herzogs Kaspar-Hauser-Verfilmung in Dinkelsbühl, ganz entscheidend an Busch und seine Welt erinnert. Herzogs Film stellt, hier ähnlich Wassermanns Roman, nicht so sehr die ernstliche Gegenseite der Bürger- und Spießerkomik des Wilhelm Busch vor: Er liefert auch das sehr schönheits- und melancholiegesättigte Milieu mit seinem oft verborgenen Hintergrund von Grausamkeit und Unmenschlichkeit. Im Gegensatz zu Buschens Humor, der keineswegs harmonisiert, wirken Film und Roman trotz ihrer Realistik durch Schönheit, Anmut, Idylle freilich geradezu konziliant und »romantisch«.

Wenig später arbeitete ich an einem Roman, der sich so entschieden in der aktuellen deutschen Kleinstadt-Aura bewegt, daß er mit der zeitlosen Busch-Welt konvergieren mußte. Drei der fast unvergleichlich komischen Busch-Namen gingen ins Nebenpersonal ein: Sie stimmten damals und stimmen akkurat noch heute. Zu der Zeit flog mir auch ein Busch-Vers (ich weiß nicht, aus welcher Bildergeschichte) wieder zu, der sich seither unvertreibbar im Hirn eingenistet hat: »In dieser Stadt ernährte sich / Nicht schlecht Assessor Hinterstich.« Einen kurzen Treffer kann fast jeder mal landen, das aber (vgl. Postscript) – ist große lakonische Poesie. Ein heute wie ehedem luzides Kleinstadt-Blitzlicht, ein Personal-Spotlight in zwei Zeilen. Sie heißen eben nicht Müller und Huber, diese wie auch immer gearteten und besoldeten »Assessoren«. Der Titel soll, wie man bedauerlicherweise hört, jetzt aus der Gymnasiallehrer-Hierarchie herausgenommen werden: Ein unwiederbringlicher Verlust, sobald man an jene Gattung denkt, so da gußeisern ein Leben lang »Assessor« bleibt. Es ist die Dämonie des Provinzdeutschen, die sich in diesem alles und nichts bedeutenden Titel »Assessor« niedergeschlagen hat. Das behäbig Behagliche wie das ständig leicht Existenzbedrohte, das Schranzen- und Lakaientum, die gnadenlose Angepaßtheit, die bodenlose Seßhaftigkeit durch dick und dünn wird außerdem wahrhaft genial durch Buschs Formulierung »ernährte sich« charakterisiert. Denn natürlich ist es ein mühsames, krummes, »ungelebtes« Leben in Öde und Kargheit, das der Assessor Hinterstich da ableistet; und tatsächlich und plausibel wird es sich ja so abspielen, daß bedeutende Teile seines Salärs dem Hinterstich in Form von Speis und Trank so sinnlos wie sinnerfüllt durch den Schlund rutschen; sei's am Honoratiorenstammtisch der schläfrig lauten zweiten Garnitur. Das gibt's ja heute alles noch, in Forchheim wie in Nördlingen: das ledern ungelebte Leben sozusagen in aller satten Lebensfülle.

»Übrigens«, teilte Goethe Eckermann mit, »geht es uns Europäern überhaupt heute allen herzlich schlecht.« Das deckt sich exakt mit der »nicht-schlechten«, freilich auch alles andere als guten Lebensverfassung des späteren Assessors Hinterstich. Dennoch ließ der es sich wohl sein, wie wiederum Eckermanns Goethe: »Indes, das Leben ist kurz, und wir wollen uns einen Spaß draus machen. Trinken Sie, Herr Doktor!«

Über den gerade überstandenen Feierlichkeiten und Hektiken zum Goethe-Todesjahr 1832 drohte fast übersehen zu werden, daß der riesengroße Wilhelm Busch in diesen Tagen seinen 150. Geburtstag begehen würde, wären die biokosmischen Verhältnisse besser geregelt. Dieser Geburts-, Mahn- und Eingedenktag hat sogar etwas wirklich Erfreuliches: Ganz ungleich Goethe, mit dem sich die Deutschen schon immer schwer taten, steht Busch »im Volk« unverhältnismäßig gut, intakt und geradezu dick da; ja, mit ihm wußten die Deutschen, von geringfügigen Perioden abgesehen, eigentlich allzeit gar nicht so verkehrt umzugehen. Kaum zu glauben, aber auch dem bösesten kulturpessimistischen Blick unleugbar: Busch war und ist »im Volk« weithin verstanden und vorbildlich präsent.

Was sich verständlicherweise ja keineswegs von selbst versteht. Denn »Klassiker« und »Volk«, das soll angeblich nur im Französischen und Englischen zusammengehen; im Deutschen, laut Wagners »Meistersingern«, schwerlich. Und bei Busch, dessen Gütezeichen der Humor ist, so daß mit einem gewissen Recht die Gleichung Humor = Busch aufgestellt werden konnte, kommt dabei ja sogar hierzulande erschwerend hinzu, daß Volk und Humor weißgott in aller Regel keinen harmonischen Bund zu schließen in der Verfassung sind.

Wie man's auch dreht und wendet: Mit Humor hatten's

die Deutschen nie so recht, heute womöglich weniger denn je. Jeder bildet sich ein, ihn zu haben, und vermißt ihn peinlichst beim Nachbarn; jeder versteht etwas anderes darunter; nicht einmal über die elementarsten Grundbegriffe von Humor können sich die Ästhetiker und Wissenschaftler leidlich einigen, geschweige denn die grassierenden TV-Komiker und ihre lausigen Zuhälter. »Humor« ist offenbar nicht zu fassen, mit ihm ist nicht zu spaßen – und dennoch: Die Zuneigung der Deutschen zu Wilhelm Busch war wohl allzeit ohne Falsch und ohne Zwang. Busch erwies sich unleugbar als kleinster gemeinsamer Nenner im unterentwickelten deutschen Humorverständnis; ein haarsträubender Glücksfall, der dem Deuter – schon wieder Kummer macht.

Aller Wahrscheinlichkeit nach geht die noch immer kursierende Halbwahrheit, daß Humor mit »Versöhnlichkeit« und »Harmonisierung« zu tun habe, im Deutschen auf Jean Pauls »Vorschule der Ästhetik« von 1804 zurück; aufs nämliche Buch freilich auch der Begriff der »Vernichtung«, der mit dem des Humors zusammenfällt. Leider taten dann die Humoristen Gottfried Keller, Friedrich Theodor Vischer, Raabe, Fontane und so weiter nicht immer genug, den Humor-Begriff vor jenem flink ausgeblasenen Versöhnlichkeitsdunst zu schützen – und ihn überhaupt zu klären. Bierbaums geflügelte Feststellung »Humor ist, wenn man trotzdem lacht« hat, obwohl nicht ganz verkehrt, ja wohl mehr Schaden denn Nutzen verursacht. Denn mit Gewißheit meint das Diktum gar zu schnelles Einverständnis mit der Misere, mit notfalls der schlechtesten aller Welten – und das genau: will großer Humor nicht. Sondern eher das Austragen, bisweilen auch das exzessive Entfalten der Schmählichkeiten und der Spannungen und der Widersprüche – brutalen Realismus also zumeist eher – und eben nicht eilige »Versöhnung«.

Das mochte man in Deutschland nie so recht glauben; kein Wunder, daß nur Dritt- bis Achtrangiges als »Humor« kursierte, indessen große Humoristik der deutschen wie der Weltliteratur (Dostojewski, Gottfried Keller, Kafka, Svevo, auch Beckett) kaum je als solche aufgefaßt wurde. Dagegen konnte selbst Thomas Mann als Theoretiker wie Praktiker wenig ausrichten, und erst heute bequemt man sich allmählich dazu, den Humorbegriff auch auf »Faust II« und sagen wir James Joycens »Finnegans Wake« auszuweiten. Die lange Zeit mehr als das Gegenteil rangierten. Obwohl beide Autoren deutliche Fingerzeige gaben.

Bei Busch entstanden derlei Mißverständnisse nie. Er hat zwar, wie bekannt, nach seinem Scheitern als »seriöser« Maler, mit Bildgeschichten in den »Fliegenden Blättern« und anderen anrüchigen Foren eine Art Zweitexistenz angefangen, die ganz dem Volkstümlichen, Gängigen verpflichtet war. Allein wie durch ein Wunder entging der Autor doch fast allen Konzessionen an den Trivialgeschmack. Es erwuchs derart Kunst und gleichsam nebenher – auch wenn ihn Bölls Heinrich nicht recht einsehen mochte, sondern vielmehr mit einer abstrus zurückgebliebenen Schmähung bedachte – ein neuer, zugespitzter Begriff von »Humor«.

In einem Aufsatz unter dem Titel »Die Sau rauslassen – eiskalte Pointen« (im von Gerd Haffmans edierten »Wilhelm Busch Bilder- und Lesebuch« des Diogenes-Verlags, der heute den Klassiker am zuständigsten betreut) hat Robert Gernhardt das eigentümlich Harte, Rücksichtslose, Frivole unterstrichen, das Buschens Bild- und Sprachwelt durchaus unharmonisch strukturiert. Dies eben sei, dem naiven Auge gut erkennbar, das Humoristische – und keineswegs die von den deutschen Humanisten im nachhinein über die Biografie ins Werk geschmuggelte Ideologie, Humor rühre aus der »Nähe zum Tragischen«.

Busch wollte – Briefe belegen es, z. B. der an Moritz Schauenburg vom 12. August 1870 über den »Antonius von Padua« – komisch sein und nichts als komisch. Das war das Programm – und er folgte ihm mit traumwandelfester Rücksichtslosigkeit. Buschens Komik erschimmert »vollkommen herzlos und herzlich flach« (Gernhardt) – Kälte ist ihr Signum, ja ihr Wesen.

Das ist wohl wieder ein bißchen gar sehr einseitig ausgelegt. Denn Buschens gestrichelter und gedichteter Kosmos besteht auch aus Wärme und Idylle, aus Kokettieren und Einverständnis mit der eigenen Beschränktheit, der zeitlos-aktuellen deutschen Philisterkultur der Provinz und des Landlebens vor allem – wie ja das »Gemütliche« und »Behagliche« insgesamt vom alten Goethe bis zu Keller und Raabe und Richard Wagner und Brahms gleichsam Lebenswert-Kategorien des späten 19. Jahrhunderts wurden. Wer weiß hat gerade diese schwer auseinanderdividierbare Verschränkung von Wärme und Kälte Buschs »Humor« – und seinen Ruhm begründet.

Zu Recht haben auch früh die Psychologen und Pädagogen zu rätseln begonnen, ob denn wohl die Freude an einem derart kalten, brutalen Busch-Strip unbewußt sadistisch-destruktiven Triebelementen bildungsbürgerlicher Wohlanständigkeit zum Ausdruck verhelfe – gottseidank, weil die sich sonst womöglich ewig triebhaft im Trüben getummelt hätten. Analog dazu hat Busch, der Reimer, Kinder ja auch als frivol, gemein, zynisch, als perverse kleine Ungeheuer dargestellt – und da behält er gegen das idealische Kinderimage in Jean Pauls Erziehungslehre »Levana« ebenso triebhaft recht wie gegen die Neo-Positivisten von der antiautoritären Front. Auch von daher prangt Busch selbstredend als ein Glücksfall, denn offiziell herrscht ja, weniger im »Volk« als bei den

Volkserziehern und -veränderern, noch immer die Meinung vor, der Mensch sei edel, hilfreich, gut.

Wird Busch seit hundert Jahren »aus den falschen Gründen zu Recht« geliebt?

Dieser Malerdichter hat, eine Binsenweisheit, auch als »Texter« nachhaltiger Schule gemacht als Goethe, Schiller, Brecht und Kafka zusammen. Das Erbe erstreckt sich von den Comic-Infantilprodukten (vor denen Pädagogen inzwischen nicht mehr warnen) über allerlei herzige Büttenredenartistik bis hin zu den kritisch spaßigen Strips heutiger eher »elitärer« Gazetten. Das zeichnerische Erbe prägt wiederum immer noch stark das Trachten der besten unserer gegenwärtigen Könner, die ohne Busch meist so nicht denkbar wären und die es ihm auch oft mit versteckten oder laut ausgesprochenen Huldigungen gedankt haben: Hans Traxler und Chlodwig Poth, Loriot und Peter Neugebauer, F. K. Waechter, Robert Gernhardt und F. W. Bernstein.

Ein Glücksfall Busch? Schreckliche Vorstellung. Größe und Bedeutung eines Humoristen messen sich prinzipiell und nach Altvätertradition am Grad der Ablehnung und/ oder Ignorierung durch sein banausiegestähltes Volk. Wenn aber der Humorist groß ist, keineswegs »entschärft« durch Zeit und Weile – und dennoch gemocht wird von diesem seinem Volke?

Ein humoristischer Fall. Busch kann nichts für ihn. Er muß es halt erleiden. Seine Sätze wuseln in allen Hirnen. Vielleicht weniger als klassisches Zitat (»Das Böse, dieser Satz steht fest, / ist stets das Gute, das man läßt«), denn als Halbzitat und unvergänglicher Erinnerungsschrott: »Seht, da ist die Witwe Bolte, / die den Käs' zum Bahnhof rollte.«

Unser Glücksfall hat zweifellos mehr Heil als Unheil ausgelöst und ausgelassen. Nicht gar viele Künstler können das von sich behaupten. Es ist schon wieder zum

Verzweifeln. Der wenig später womöglich, wäre er da noch am Leben gewesen, als »Volksschädling« geführt worden wäre, weil sein Menschenbild konstruktiv, »aufbauend«, gewiß nicht war: Gerade in seinem destruktiv-bösen Blick, so wittert wohl das Volk, ruht Versöhnendes. Es ist zum Haarauszupfen. Wetten, daß auch in fünfzig Jahren nichts Nachteiliges über diesen Mann zu sagen ist?

Postscript zur Buchausgabe:
Im nachhinein nicht unterschlagen sei, daß es sich beim vorhin erwähnten »Hinterstich« nun gerade nicht um einen »Assessor«, sondern – zwei Leserbriefschreiber paßten auf – um einen bloßen »Doktor« handelt. Um so energischer besteht der aus dem allzu vermessenen Langzeitgedächtnis falsch zitierende Essayist darauf, daß seine Version die bessere sei; und er also erst recht recht hat; auch mit seinen noch bei den falschen Prämissen sehr, sehr wahren Deduktionen.

CHRISTLICHER HUMOR

Zwar hat schon vor ca. 20 Jahren Hans Wollschläger in einem großdisponierten Aufsatz dem Populärtheologen Helmut Thielicke das Weiterschreiben verboten; wie billig hat das diesen aber wenig geschert; sondern er hat einfach mit Buch auf Buch weitergemacht; und weil der Casus ja wirklich zum Lachen, hat er 1974 auch noch ein Taschenbuch namens »Das Lachen der Heiligen und Narren« (Herderbücherei) mit ins christlich-protestantische Wischiwaschi-Rennen geschickt; das ich meinerseits jetzt erst in die Finger kriege; und da lese ich also, daß es neben dem tragischen Humor den »spezifisch christlichen Humor« gebe, nämlich z. B. als »Aufhebung der Grenze zwischen Sakralem und Profanem«. Ich lese von »Phobos und Katharsis« und von »vorletzten Tabu-Bezirken«, ich lese vom »Osterlachen«, vom »eschatologischen Gelächter« und von altbewährten Pastorenanekdoten, ich lerne zu differenzieren zwischen »christlichem und parachristlichem Humor«, welchem letzteren noch ein bißchen die »Geborgenheit des christlichen« mangele. Ich überlese falsche bzw. falsch verstandene Jean-Paul-Zitate und die »conditio sine qua non von Überlegenheit und Distanz«. Ich höre vom »Lächeln Gottes«, versenke mich immer tiefer hinein in die altchristliche und hier parawissenschaftlich verbrämte Infantil- und Quatschwelt – und glaube schließlich und endlich auch noch, was der Verlag mir erzählt: »Lachen ist christlich«, richtig, denn siehe, die polnische Kartoffel in Rom zahnt ja auch bei jedem geringsten Kamerasurren wie ein aufgezogener Hausmarder in eben dieses hinein – und natürlich habe ich wegen der Lach-Beispiele des Buchs noch weniger lachen müssen als im Zuge seines Theorie-Gemopses –

– lachen sehr mußte ich aber und muß es noch immer beim Anblick des Cover-Fotos, das den ca. 70jährigen bebrillten Thielicke beim energischen, ja fast hemmungslosen Doppel-Lachen mit einem anderen etwa gleichaltrigen pastoralen Lach- und Schnarchsack zeigt, es könnte der Superintendent von Schaumburg-Lippe oder aber der propere Prachtpropst von Probstzella sein –

– und natürlich stelle ich mir am liebsten vor, daß sich die beiden Knaller gerade einen besonders schweinischen Witz erzählen, hahahaha! – doch ach, aber nein, selbst dazu dürften sie ja zu beschränkt sein, nein, ein namenlos undefinierbarer Jesus- oder Synodalscherz wird es wohl sein, den sie sich gerade inmitten der Geborgenheit ihres christlichen Witzlebens unterjubeln –

– und kurz: So ein Leser einen besonders gut passenden Witz und/oder Dialog zum Foto einschickte, wäre ich durchaus geneigt, dieses nochmals und jenen erstmals zu veröffentlichen.

DER ERDBEERSCHORSCH

Folgender Witz aus Nürnberg hat mir sehr gefallen:

Die Kleine kommt aus der Schule nach Hause: »Mama, wir müssen uns morgen schön anziehn, weil der Erdbeerschorsch kommt, und der will uns dann alle filmen!« Die Mama ruft bei der Lehrerin an, was es damit auf sich habe. »Ach«, sagt die Lehrerin, »das hat Ihre Kleine falsch verstanden: Der Erzbischof kommt und tut alle firmen!«

Was mir bei dem Witz bei aller konventionellen Verhörer-Strickart – das Ur-Muster findet sich m. W. im Nesthäkchen-Roman (»Konferenz« / »Zirkus Renz«) – so zusagt? Daß über den niedlichen Namen/Beruf des Erdbeerschorsch sogar noch die widerwärtige Profession des Erzbischofs ihren entfernt schimmernd göttlichen, ja direkt theologischen Sinn empfängt.

HUMOR-KIOSK

Bei Gelegenheit habe ich früher Humor-Kneipen empfohlen – diesmal einen Humor-Kiosk, zugegeben einen unter vielen zu ehrenden. Es handelt sich um den Großkiosk »Internationale Presse« in der Frankfurter B-Ebene, der auch ausgewählte Taschenbücher führt, und zwar in einem Regal, aber in fünf Sektionen. Sektion 1 »Krimis«, Sektion 2 »Science Fiction«, Sektion 3 »Sachbuch«, Sektion 4 »Konsalik«, Sektion 5 »Konsalik«.

Ich denk', ich seh' nicht recht. Hat er's also effektiv zu einer eigenen Literaturgattung gebracht! Als m.W. erster Autor der Weltgeschichte! Evviva!

HUND, LUZERN UND ICH
Ein Aufruf

»So arbeiten die Leute
an ihrer eigenen Verwirrung.«
(Kafka, Das Schloß)

Sicherlich ist das Sammeln von Bernhardinerhunden nicht sonderlich geistreich; und das Sammeln von Bernhardinerhundpostkarten schon gar nicht. Andererseits hat beides mein Verhältnis zu Luzern bisher mehr geprägt als Richard Wagner, die Schach-Olympiade 1982, das Eisenbahnmuseum und ein piekschönes Abendessen nach einer Lesung 1983 zusammengenommen es taten.

Es geht um Folgendes: Im Wallis war es, März 1984, da kauften meine Frau und ich eine Postkarte mit einem Bernhardinerhund drauf; wir schickten sie einem Freund, weil dieser dem Tier etwas ähnelte. Weil sie so possierlich bzw. lustig-behämmert knallfarbig waren, kauften wir bald drauf noch zwei weitere Bernhardiner-Motive: Ein Elternpaar nebst einem Jungen und ein Elternpaar nebst vier Jungen. Und von da an gab es, über die Stationen Brig–Chur–Altdorf, kein Halten mehr. Wir erwarben: ein Bernhardiner-Liebespaar (»auf der Hochzeitsreise«); einen großen Bernhardiner und einen kleinen; ein Elternpaar plus drei kleine; ein Paar plus vier kleine; einen Bernhardiner mit Schnapsfäßchen vor dem Matterhorn; derselbe vor der Jungfrau; einen Bernhardiner mit Trachtlerfamilie; einen Bernhardiner mit Alphorn – und dann passierte es: In Luzern, in den späten Abendstunden, ersahen wir hinter den Scheiben eines schon geschlossenen Kiosks ein Motiv, das uns noch abging: zwei

Eltern plus zwei Junge, also eine Vierergruppe – am nächsten Tag wollten wir sie sofort kaufen und triumphal heimfahren, die teure, noch mangelnde – und – da gab es sie nicht mehr. Verkauft als letztes Exemplar? Einfach verschwunden?

Wahrscheinlich ist meine Frau ungefähr gerade so bescheuert wie ich. Im wesentlichen verbrachten wir nun eineinhalb Tage in Luzern damit, seeauf, seeab und durch die Altstadt ziehend, nach dieser Vierergruppe zu recherchieren, in zirka 45 einschlägigen Läden und Kiosken – und? Nichts, niente, nada. Vom Erdboden verschwunden. Auflage vergriffen? Hatte ausgerechnet dieses Motiv nicht überzeugt und nicht ausreichend Freunde gefunden? Unsere Kollektion wuchs beim Suchen auf 16 Postkarten, eine so schön wie die andere – wo war die verfluchte Viererbande? War sie im Gegenteil so beliebt, daß sie in Luzern ständig ausverkauft war? Aber irgendwo mußte sie doch noch – nein, wir hatten am Vorabend nicht geträumt: Vier hellwache Augen hatten zusammen vier Hunde gesehen, zwei große und zwei kleine, unglaublich riesig und/oder niedlich in die Welt linselnd und –

Fehlanzeige. Ein Jahr ist seither vergangen. Die 16 Motive hängen mittlerweile kunstvoll ineinandergeschachtelt zu Hause in der Wohnung. Aber irgendwie fehlt uns was. Vielleicht seither sogar unserer Ehe . . . und meine Frau und ich fehlen zuweilen auch nicht, uns die Ursache dieses Ehefehlers . . . kurzum:

Morgen bin ich wegen einer Lesung wieder in Luzern. Vermutlich sind Sammler, wenn sie mal am Sammeln sind, generell nicht mehr ganz koscher. Ehe ich aber vor und nach der Lesung Bernhardiner suchen gehe, erlasse ich hiermit lieber einen Aufruf an die gesamte lesende Bevölkerung: Achtung, Achtung! Wer die ominöse Vierfamilie hat, wer auch immer ihrer ansichtig wird oder wer sonst sachdienliche Hinweise geben kann, der helfe mir um Himmelswillen c/o Luzerner Neuste Nachrichten oder c/o 1. Luzerner Literaturfest, Hotel Eden. Denn siehe, Leser, der Mensch ist geschlagen von der Erbsünde her usw. – so mir aber morgen die vier Verschollenen kurz vor der Lesung knallbunt entgegenhecheln, so verspreche ich: Ich werde mich ins Zeug legen und, mit Flaubert zu reden, lesen wie ein Engel.

BONN – WIE ICH'S GERN HÄTTE

Eine halbreale Vision

Nein, außer zum Umsteigen nach Siegburg hab ich mein 44 Jahre langes Leben noch nie Bonner Boden betreten. Nie. Und hab's auch ferner nicht vor zu tun. Nicht für viel Geld. Naja, für ein Flicksches Monatssalär vielleicht schon. Aber eigentlich auch da nicht gern.

Obwohl: Auf der anderen Seite würd's mich dann schon wieder jucken. Zumindest Bonn von seiner besonders gammeligen Seite her. Von einem Freund hab ich z. B. mal eine eindringliche Schilderung einer Bus-Exkursion seiner CSU-Parteigänger nach Bonn gehört, mit Besuch im Parlament, im Adenauer-Haus usw. – geradezu rauschend vor Alkoholbeflügeltheit muß es da hergegangen sein, als die christliche Ausflüglertruppe endlich die Bundeshauptstadt gefunden hatte; mit dem Gipfelpunkt des Vordringens in die heimatlich anheimelnde CSU-Landesvertretung; die, wenn ich mich recht entsinne, man sich wohl als so eine Art Großkantine mit Dauerskat und Dauerschafkopf o. s. ä. vorzustellen hat, und der verehrungswürdig dumpfe Richard Stücklen immer mittendrin – ja, das muß ich zugeben, das könnte schon reizvoll sein, diese verschwitzten und unausgeschlafenen Banalfiguren beim betrüblich nimmermüden Frohsinn; dem noch beim kordialen Biertrinken emsig agitierenden Theo Waigel lauschend, gar einem vom Richtlinien-Brüllen immer durstiger werdenden Franz Josef Strauß –

Doch, doch, dieses folklore-märchenhaft-sinistre Bonn erweckt durchaus meine Neugier; zumal wenn es sich mit großen und törichten Festaufläufen und feurigen Getränken verbindet, welche des Tages Müh' und Vergeblichkeit hinwegzuschwemmen haben. So wie man sich ja eben seinerzeit bei der Aussage des Grünen-Greenhorns Joschka Fischer in seinem alten Verdacht nur zu bestätigt fühlte, das ganze politische Bonn sei eine ungeheure Alkoholikerversammlung, riechbar buchstäblich durch alle Ausschüsse und Lobbies und Geheimdienste mit ihren wiederum skatspielenden Schnapsleichenfahnen.

Doch, und wo's dann wirklich dick kommt, wie damals im Fall des scheinsoignierten CSU-Landesgruppenchefs Leo Wagner, leuchtet's mir sehr ein: Die totale existentielle Verkrachtheit, diese nun wirklich bilderbuchhaft-schrankenlose Orgiastik einer zwischen Nachtleben und Spielschulden herumtorkelnden bayerisch-schwäbischen Bonner Highlife-Honoratiorenfigur bis hin fast zur Tragik – ja, sofern ich das authentisch hätte erleben dürfen, buchstäblich geführt von Leo Wagners durstiger Hand, dann hätte ich vielleicht doch gern mal eine verhaute Woche Bonn eingelegt und ... aber nein: wahrscheinlich soll man das doch alles besser in der Zeitung nachlesen und in der Phantasie nachspielen, als daß man sich selber dem sukzessiven Wahnsinn aussetzte.

So wie ich insgesamt Bonn zwar weiter meiden möchte, aber doch immer wieder um so lieber davon lese, je strahlend nichtiger das Zeugs auch ist; sei's in Walter Henkels' öd-humoristischen Berichten, sei's z. B. in Ernst Goykes Nachschlagewerk »Die 100 von Bonn«, einem schon etwas veralteten Prominentenführer von Barzel bis Wehner. Die meisten der da Vorgestellten sind schon abgetreten – aber gerade die Taten und Personalia der älteren Politiker-Riege vor allem aus der zweiten und dritten Garnitur, ihre pseudo-geistreichen Zitate und erbärmlich lustig sein wollenden Sprüche: so einfältig das alles ist, doch, so was lese ich immer sehr sehr gerne.

Etwa zweimal im Monat passiere ich im Eisenbahnzug den Bonner Hauptbahnhof, mein einziger realer Halt, mir von Bonn ein Bild zu machen; und ein sehr angenehmer: Ich brauche wieder mal nicht auszusteigen. Von der Oktobersonne beglänzt wirkt dieser Bahnhof besonders klein, niedlich, putzig. Das Kirchlein gegenüber den Bahnsteigen könnte in einem 2000-Seelendorf in Lübkes Sauerland stehen. Die den Bahnhofsplatz schmückenden Häuser der BfG, der Commerzbank und der Sparkasse Bonn scheinen dem Spielzeugland der Märklin-Eisenbahnen zuzugehören.

Ein bißchen schöner wär's da natürlich noch, läge Bonn mitten in die romantisch-rheinische Gebirgslandschaft zwischen Bingen und Koblenz eingepreßt, sagen wir in die Rheinschleife bei Boppard. Das wäre dann für Kohls Birnen-Republik noch sinniger und plausibler – doch nein, das möchte vielleicht dann doch wieder mehr Lübke als Kohl sein, aber apropos: als Kohl vor einiger Zeit mal eine Bonner Uhland-Straße tatsächlich in eine Lübke-Straße umbenannte – bei diesem hanebüchen-herzigen Unfug wäre ich natürlich doch wieder gerne vor Ort dabeigewesen. Für ein paar Minuten nur.

Der Bonner Bahnhof: Gern stelle ich mir immer wieder mal vor, wie z. B. Rainer Barzel z. B. circa 1975 wahrhaft samtenen Schrittes diesen betritt, freundlich-gnädig dem Bahnpersonal zunickt, ölig in die 1. Klasse des TEE federt und an den märchenhaften Raubritterburgen vorbei sonnig nach Frankfurt gleitet, sich dort beim Dr. Dr. Paul die hochverdienten Zehntausender abzuholen – jawohl, gerade diesbezüglich scheint mir der kleine Bahnhof doch sehr passend, ja überzeugend.

Von meiner Mutter wiederum höre ich, daß ihr der weiland Minister Höcherl im Schnellzug Bonn-Bayern sehr artig hincharmiert habe – nun ja, bonnmüd zum Wochenende heimdösende Parlamentarier male ich mir auch immer gerne aus – aber freilich: die möchten wohl schon starke Minderheit sein. So wie Strauß offenbar nie Eisenbahn fährt, schon deshalb, weil er in der Bahn vor lauter Vitalität zu fickrig würde, so düst die neue Top-Garnitur der Möllemanns ja wohl eh nur noch mit dem Hubschrauber oder mindestens mit dem Mercedes hin und her; führt dabei, so war kürzlich zu erfahren, hektische Telefongespräche mit Scheichs und schönen Frauen und Schaumschlägern von seinesgleichen Graden, natürlich mit unseren Steuergeldern –

– aber freilich, dies Bonn-Hektische muß auch schon der älteren Generation geeignet haben, dem Minister F. J. Strauß zumal, der einst (so steht's im »Schwarzbuch«) seinem Fahrer Anweisung gab, an der Kreuzung nicht zu halten, in der Folge um ein Haar mit einer vollbesetzten Straßenbahn zusammengebrummt wäre – und dann noch gegen jede ministerielle Sitte herumrandalierte. Ja, doch, auch da wäre ich gern als Zaungast dabeigewesen, als Strauß keifte und zeterte, allein: Bonn-typisch ist das wohl nur in Maßen; Ähnliches leistete Strauß ja dann auch (s. Goykes Buch, S. 256) in Hamburg.

Polizisten, Taxifahrer, Chauffeure, Sekretärinnen: ein interessanter Personenkreis, stelle ich mir vor, ein Bonn-exemplarischer. Gern würde ich mal so einem Taxifahrer seine Erlebnisse ablauschen – die entlarvenden Memoiren einer Sekretärin lesen – aber erstens sind einschlägige Bücher noch merkwürdig dünn gesät, zweitens brauche ich dazu wiederum nicht nach Bonn. Was Kohls Intima Juliane Weber der Welt mitzuteilen hat, lese ich etwas enttäuscht in Springer-Blättern und auch dies, daß die Dame bei Peter Boenisch' kürzlicher Hochzeit als Stargast auftrat. Seltsam seltsam. Geheimnisvoll und immens geheimnislos zugleich.

Halb verblichene und eben deshalb schon fast mythische Namen assoziiere ich mit Bonn. Weniger Adenauer und Erhard als vielmehr Männer der minderen Riegen, von denen man nicht mehr so genau weiß, was sie eigentlich zeitlebens so getrieben haben: Birrenbach und Burgbacher, Mende und Mikat, Ertl und Egon Franke. Gern lese ich immer vom Wirken der »Kanalarbeiter«; noch lieber erinnere ich mich des Falls Julius Steiner aus dem Jahr 1972 mit all seinen pikanten Facetten. Steiner, dem CDU-Schnarchkrachsack aus dem Schwäbischen, ist es ja zu danken, daß es keinen Kanzler Barzel gab – sicherlich, bei diesen Schmierengeschäften wäre ich gern als Mäuschen dabeigewesen – auch bei den Bagatellen am Rande, die man in der Folge in der Presse nachzukosten bekam. Meine Lieblingsgeschichte ist die, daß Steiner im Abgeordneten-Hochhaus sein Zimmerchen unter der Hand mit dem Journalisten Aigner (übrigens aus meiner Heimatstadt) teilte, um diesem etwas außerhalb der Legalität die Miet- und Telefonkosten für seinen Bonner Klatsch-Pressedienst zu sparen; wofür sich jener Aigner dann später dergestalt bedankte, daß er der Welt mitteilte, Steiner habe alle tägliche Post sofort ungelesen in den Papierkorb gesteckt – das Lesen, habe Steiner bedeutet, lohne die Mühe nicht. Ja freilich, bei dieser Menage à deux wäre ich vielleicht doch, zum Schauen und Michwundern, gern für ein paar Tage der dritte im Bund gewesen.

Bonn ein »Treibhaus«? So verfehlt, ja unleserlich Koeppens Bonn-Roman mich heute dünkt, so falsch ist seine Titel-Metapher. Schwüle? Exotik? Wuchern dunkler Geheimnisse? Ach was. Anläßlich von Bölls gleichfalls schwerst mißglücktem Bonn-Roman »Frauen vor Flußlandschaft« flackerte die Diskussion auch wieder darüber auf, ob's denn a) überhaupt einen kompetenten Bonn-Roman gebe und b) wie dieses poetisch gestaltete Bonn beschaffen sein könnte. In seiner Rezension des Böll-Buchs im »Spiegel« sprach Reinhard Baumgart von der

»Ungeheuerlichkeit« der Stadt, ihrem »Gespenstischen, Grotesken«, das sich womöglich der literarischen Darstellung entziehe. Die »Welt« konterte, das stimme doch gar nicht, in Wahrheit sei Bonn lediglich »unterhaltsame Geisterbahn« und »biedere Schießbude« – und ich glaube, hier hat nun Springers Blatt viel rechter.

Was die Schießbude anlangt: Schriebe ich einen Bonn-Roman (tu ich aber partout nicht), ich ließe ihn anheben damit, daß ein Politiker in seinem Garten übungshalber auf Maulwürfe schießt. So etwas berichtete nämlich dpa jüngst über den Ex-Spitzenmann der FDP, den Angeklagten Dr. Scholl. So etwa, so halb dämonisch, halb schlicht behämmert, stelle ich mir die Bundeshauptstadt vor.

Wie überhaupt, nochmals, mein Bonn eins einer großen undurchdringlichen Torheit wäre. Was mir indirekt der FAZ-Mann Helmut Herles bestätigt, dessen unsäglich schlecht erzählte Geschichten seines Bonner Anekdotenbuchs »Fürchtet euch nicht« (1984) auch ihrem Gehalt nach akkurat so weggetreten sind wie z. B. die kunstvoll-fiktiven Bonn-Anekdoten, die Hans Traxler schon vor zwanzig Jahren herausgab. Man kann sich Funktion und Treiben der Politik in dieser Stadt offenbar gar nicht dümmlich, stümperisch, ja kindisch genug vorstellen – das Ganze hat in seiner Absenz schon wieder etwas heimatlich Anrührendes.

Herles wähnt, für Brecht hätte Bonn ein Anregungsquell sein können. Das möchte ich bezweifeln; es sei denn, ein später Brecht hätte seine dramaturgischen Konzepte überprüft. Andererseits wundert man sich doch, daß weder die Fibag- noch viel später die Flick-Affairen bis heute je theatralisch Belangvolles eingebracht haben: sei's etwa Dokumentartheater, sei's ein Boulevardstück. Und jedenfalls, schon lange träume ich persönlich von einer Komödie, die mindestens in höchsten Hardthöhen- wenn nicht schon Brüsseler NATO-Kreisen spielt und die alte Tradition des Militärschwanks bzw. der Militärklamotte wieder aufgreift. Oder ist unser Theaterleben noch immer so bigott, daß es z. B. die herrlich verhaute Sache Wörner/Kießling/MAD mit einem Tabu belegt?

Nein. Schlicht verschlafen. Weggedreht. Wie Bonn.

Freilich: Trotz all seiner Reize, es bleibt dabei – ich möchte Bonn nicht kennenlernen noch aus der Nähe erleben, und böte mir die Stadt auch stündlich zum Anschauen geheimdienstliche Alkoholexzesse und Geheimdienstschwulitäten und Straußsche Verkehrsübertretungen sonder Zahl. Es bleibe bei der medialen Kenntnisnahme durch Presse, Funk, Fernsehen. Denn ich vermute: erst diese Vermittlung produziert und suggeriert den wahren Reiz des monströs Nichtigen, das da wimmelnd werkelt. Und wie froh ich als Wahl-Frankfurter natürlich bin, daß die ganze gewappelte Bagasch nach dem Krieg sich nicht am Main niedergelassen hat – das zumindest, denke ich, kann man mir gut nachfühlen.

MEIN LIEBES BAMBERG

Anläßlich eines neuen Fotobands

Wer A sagt, muß auch B sagen, und wer aus Amberg stammt, der ist entsprechend auch befugt, über Bamberg zu schreiben, nämlich diesem Buch ein Vorwort. Abgesehen von Bergamo. Dazu aber äußerte ich mich in Romanform schon ausreichend 1983. Und hier mal ganz zu schweigen davon und von der nachgerade enigmatisch-symbiotischen Symbolik, daß die Luftlinienentfernung Amberg–Bamberg ziemlich genau 72 km sein dürfte; was multipliziert mit 1004, in welchem Jahr Heinrich II. den Bamberger Dombau begann, exakt auf jenes 73 000 hinausläuft, das wohl die heute aktuelle Einwohnerzahl Bambergs sein möchte – doch ehe ich mich im Lexikon-Artikel festlese und in noch mystisch frappantere Korrespondenzen verbeiße, hier doch besser alsgleich zu Bernhard Kümmelmanns neuem Bamberg-Buch.

»Ein Buch um der konvulsivischen Schönheit willen«, beteuert etwas augenzwinkernd der Verlag in seiner Vorankündigungsbroschüre, und setzt gleich noch, Hubert Sowa zitierend und vorschiebend, eins drauf: »Ein Buch (...) geschaffen aus der tadellosesten Dichtergesinnung.« Wahr. Dichterisch ist fraglos, daß in Bamberg »haltlos scharrende Menschen« wohnen sollen, wie uns Autor Kümmelmann in seiner Bildunterschrift versichert. Wobei dem zugehörigen Duplex-Bild dann konsequenterweise Menschen mangeln und das Foto also lediglich ein herrliches und absolut unverwechselbares »Einkaufszentrum« (mit »Hotel«) zeigt. Ich selber kann das mit dem Haltlos-Scharren bisher nicht bestätigen noch dementieren – positiv vermag ich aber vielmehr zu sagen, daß die Bambergerinnen ein viel schöneres, erotischeres, lerchenhafteres Fränkisch zwitschern als, narrt mich da nicht e-te-a-hoffmannesk eine Erinnerung, die Nürnbergerinnen und Erlangerinnen zusammen. Doch.

Aber schon geht's ja freilich bei Sowa und im Verlagsanpreisungs- bzw. -abschreckungstext weiter: »Ein schreckliches Buch, schrecklich wie die Posaunen des Gerichts«. Stimmt das? Sicher, z. B. Bernhard Kümmelmanns Bild »Vor der Nervenklinik« läßt eben diese stark an die progredierend progressiven Kirchenneubauten der Fünfziger Jahre gemahnen und in diesem Sinn evtl. einen Kreis schließen – aber sonst? »Schrecklich«? Ich persönlich jedenfalls liebe und schätze »Cities«, vor allem dann, wenn sie mitten in der Altstadt liegen und also mindestens eine Tiefgarage haben, – die von Kümmelmann fotografisch gebannte neudeutsche Hl. Trinität »City-Altstadt-Tiefgarage Geyerswörth« aber läßt mein schon Bamberginkliniertes Herz um so tiefengaragenpsychologisch höher schlagen, als dies wunderbare Tableau auch noch ein »Mövenpick«, ein »Metropol Bistro« sowie schließlich die Verheißung einer »Pizza Baguette« birgt und enthält – und eben dies, jenseits der touristisch eher geläufigen, ja ordinären Schönheiten von wegen »Klein Venedig« usw. – macht Bamberg ja nicht New York und nicht Paris, ja nicht einmal Amberg nach.

»Bamberg, die Traumstadt« heißt es einmal unverkennbar, ja fast unüberlesbar ironisch, ja sarkastisch bitter, im Text – und das wiederum wird durch die Inschrift auf dem Altstadt-Garagenfoto »Bitte ruhig und locker verhalten« ja nur bestätigt – ja, doch, in gewisser Weise gebiert dieses Verhaltens-Duo den gewissermaßen Traummenschen der vielleicht nicht nur Bamberger Zukunft; obwohl »relaxt« noch eine little bit Idee traumhafter schimmerte, ja phosphoreszierte. Ob Bamberg aber nicht wirklich und wahrhaftig und ganz ohne Ironie die Traumstadt an der

Mündung von Regnitz und Main, die Traumstadt des Landes, gar der wiedervereinigten Republik ist? Ehrlich gesagt, ich weiß nicht gar zu viel über diese prinzipiell wohlbeleumdete Residenz- und Bistumsstadt, und dies trotz etlicher durchaus in sympathischer Erinnerung abgelagerter Kurzbesuche. Gottseidank bin ich kein Historiker und hüte mich auch jetzt und weiterhin, das Lexikon oder entsprechende Fachbücher zu wälzen, nein, das bringt keinen Segen. Eher schon das vorwissenschaftliche Hörensagen. Von weit überdurchschnittlich vielen Sonnentagen, von denen Bamberg verwöhnt werde, höre ich hin und wieder läuten – und seufzen andererseits vom sozusagen omnipräsenten Läuten einer machtvoll auftrumpfend scheint's ubiquitären wahrhaft steingewordenen Cattolica. Ihr gewachsen, so vernehme ich bzw. reime es mir zusammen, ist man als Bamberg-Bewohner wie auch als Gast noch am ehesten mit dem so wie der Dom und der Reiter gleichfalls fast weltbekannten Schlenkerla-Räucherbier, so ähnlich heißt es wohl – und ich weiß auch definitiv und ohne Einflüsterung von außen, daß ich in Bamberg den besten Frühstückskaffee meines Lebens gesaugt habe; doch, da kenne ich mich aus, das macht allerlei Punkte für ganz Bamberg, ich aber keine Schleichwerbung, wo das denn war.

Der schon vorgenannte E.T.A. Hoffmann und Hegel, weiß ich, waren mit Bamberg geistesgeschichtlich erheblich im Bunde, die Frühromantik mit Tieck und Wackenroder desgleichen – heute, erlausche und lese ich, soll in Bamberg ein Dezennium lang schon die Statthalterei der deutschen Sprache (»seit Arno Schmidts Tod«) aufhältig und wohnhaft sein und, laut »Spiegel«, der Stadt stellvertretend neuen Ruhm ergattern. Spielte nicht mal so um 1965 ein deutscher Kinofilm »Die Jungfrau von Bamberg« ebenda? Hm. Ja, doch, mich übersät heftig der

Eindruck, daß Bamberg, möge es auch, wie angeblich Kümmelmanns Buch »schrecklich« sein, ganz schön lebendig und aktiv und dynamisch und am Machen und am Wursteln und Werkeln ist rund um sein berühmtes City-Center. Oder wie der Franke sagt: Echt satisfied bis high vor lauter cooler Easiness und schwerer Power.

Bernhard Kümmelmann ist 1955 in Bamberg geboren und lebte, wenn auch zuweilen im Rahmen »menschlich-kulturellen Siechtums«, allzeit allhier. Ich selber, abgesehen von meiner hohen Amberg-Abstammung, bin Jahrgang 1941, auch diese Differenz markiert natürlich einen unweigerlichen Unterschied im sagen wir: Lebensgefühl, ergo auch in der Adaption, der Resorption z. B. einer Stadt. Kümmelmanns Buch lagert, wenn ich's mir recht zusammenreime, ziemlich ambi-, ja schwer polyvalent zwischen allen möglichen Gefühlen, zwischen Abscheu und Zuneigung, Neugier und kafkaisch »bösem Blick«, zwischen dem Gefühl, »Opfer auf dem Altar der Unverborgenheit« (Sowa) zu sein – und möglicherweise auch Treue, Loyalität, jedenfalls Anhänglichkeit. Ob man jede Stadt in welche einen das Datum geburtszufällig geworfen hat und/oder in welcher man dauerhaft zu leben hat, – ob man eine jede solche Stadt letztlich von Herzen haßt? Zumindest zuweilen? Gegebenenfalls eher rituell denn habituell und hormonell? Ist so eine Haltung ehrlich? Naiv? Kritisch? Oder vielleicht doch nur im Sinne des von Hegel nicht zuletzt in Bamberg scharf bedachten dialektischen Dreischritts von Erkenntnis und ergo auch Stadt-Erkenntnis – leicht zurückgeblieben und insofern immer revisionsbedürftig? Fest zu stehen scheint mir immerhin, daß 1. ich selber gottseidank nicht in Bamberg geboren bin und deshalb 2. immer wieder inkliniert interessierter Bamberg-Besucher sein werde. Und daß 3. auf diesem Feld der Heimat, der Heimatprägung und des eventuellen Heimathasses am tunlichsten keine Suppe so heiß gelöffelt werde, als daß das am Boden schwer beschädigte Faß am Ende das Kind mit dem Bade auslaufen lasse, ehe der Krug zum vergifteten Brunnen gestiefelt ist und alles zu spät ist und den Regnitzbach hinunterrauscht; jenen, in dem vor einigen Wochen sogar das bekannte Zwergnilpferd Elsbeth von Fürth aus sich aufmachte, stromabwärts Bamberg sich zu nähern, ganz offenkundig um seine Neugier auf eben diese Stadt zu stillen. Jedenfalls, wenn laut Hölderlin endlich alles schon scheinbar den Fluß hinunter ist und auf dem Mainweg hin zum glänzenden Würzburg und zum glücksgleißenden Frankfurt: dann, ja dann, könnte es, mit Hyperion zu hypothetisieren, ja durchaus sein, daß auch der fürwitzige Bamberg-Kritiker und Bamberg-Buch-Verfasser oder -Leser sich, spät aber doch gereift, reuig an die Brust schlägt und die Augen auf, um mit dem Hl. Paulus die ganze volle Wahrheit zu erkennen, so wie er selbst von dieser erkannt ist. Dann nämlich ist er endlich so weit und hat sein Reifezeugnis auch wahrhaft verdient: Wenn er, über alle dialektischen Brandungen von Stadthaß und Stadtkritik und Center-City-Parkhaus-Go-and-Drive-Fragen hinweg bereit ist, so wie Amberg, so wie Friesenheim, so auch Bamberg als »Heimat im Blochschen Sinne« (Helmut Kohl) zu begreifen; aber ja doch, aber immer.

»Bim-Bam-Bamberg« hörte 1970 die Schriftstellerin Hannelies Taschau, die hier wohl eine Zeitlang wohnte, es in dieser Stadt praktisch allezeit katholisch und schon metakatholisch hohnglockenläuten. Ich weiß nicht, wie weit dergleichen Realität und Repräsentanz und Referenz hat oder aber nur Suggestion und Autosuggestion sog. kritischer Schriftsteller ist; aber daß eben derlei immerhin auch den letztlich fraktionslos bestbeleumdeten Kirchen- und Kirchengeschichtskritiker Nachkriegsdeutschlands an- und hierher gelockt hat, Karlheinz Deschner also, der lange Jahre jedenfalls sehr nahe der Stadtmauern hauste und arbeitete: Soll man diesen Segen dem abermals dialektischen Umschlag alleine zuschreiben – oder nicht eben auch ein Gutteil Bamberg ihmselber? Der genius loci catholicus, er frißt seine Kinder offenbar eben doch nicht, jedenfalls nicht mit Haut und Haaren; sondern nährt sie eher und gebiert dann eben Schafe im Wolfspelz o. s. ä.; jedenfalls ist Deschner, klar, natürlich irgendwo auch ein sehr kryptochristlicher Mann, wenn ich's recht verstehe – und das nun wäre für mich wiederum ein starker Grund, selber doch eben nicht unbedingt in Bamberg leben zu wollen; so sehr ich das Jesuswort »Euer Wort sei jaja oder neinnein« im Prinzip auch immer schätze.

Aber: Hat Bamberg eigentlich aktuell einen Bischof? Erzbischof? Ich weiß es nicht, weiß, wie gesagt, überhaupt nicht gar zu viel von dieser Stadt, und möchte das auch so bleiben lassen. Ja, richtig, gelegentlich trägt mir der Wind aus Bamberg allerlei von gewissen kulturpolitischen Umtrieben und Eifersüchteleien zu; von bis hin zur Universität reichenden Ehrendoktorwürden weniger James Joyceschen als substantiell glatt Wilhelm Buschschen Gepräges; doch, auch da bin ich sehr dafür, daß derlei Großmannssehnsüchte und Winzigkariertheiten und wollüstige Schaumschlägereien ewig fortbestehen auch und gerade in unseren alten schönen deutschen Städten. Erfreut registriere ich aber gleichzeitig, daß es Bamberg im Sport offenbar nirgends gar zu weit gebracht hat, weder im Fußball noch im Handball; noch wie etwa Darmstadt andererseits im sprachwichtigtuerischen Akademiegemopse gleichfalls hochbuschischen Anstrichs – am ehesten scheinen sie noch im Korbball und im Schach zu erigieren, die Bamberger, aber auch da wohl nur eher maßvoll – richtig, auch das spricht wiederum sehr für

Bamberg, und ich hoffe, daß all das auch im Zuge der deutschen Neu- und Wiedervereinigung genauso bleibt und überhaupt alles schön beim alten. Und wer ebendies als fatal repressive Toleranz taxiert und bekrittelt, dem sei hier final mitgeteilt, daß eins immerhin, daß mindestens eins erheblichst für Bamberg Punkte macht: Daß nämlich meine neueste komische Lieblingsgeschichte (von der vorerwähnten prima Ehrendoktorschaft mal abzusehen) überhaupt nicht zufällig akkurat hier in dieser Stadt Bamberg spielt; eine nicht einmal erfundene Geschichte, nein, derlei kann man nicht erfinden, das tönt doch zu sehr authentisch, ja, wenn Sie mir erlauben, nachgerade bamberg-spezifisch:

Ein Konzert der Bamberger Symphoniker ist mit Wucht und Schrumm zu Ende gegangen – großer, langanhaltender Beifall – das Publikum beginnt schon abzutauchen – da reißt es einen Herren in der ersten Reihe hoch und ganz offenbar aus dem Schlaf. Er schaut etwas verstört und halb vereinsamt um sich – der Applaus hat schon geendet – unser Mann aber begreift jetzt schlagartig alle Zusammenhänge. Wirft beide Arme hoch – brüllt magna voce hin zum Podium: »Bambärgä! Einmooolig!«

Eben. Ganz genau, das ist es.

WEIN UND BIER

»In Ochsenfurt am Main«, singt der singende Kellermeister und fränkische Humorpoet Peter Fischer auf der einschlägigen höllischguten Single des Noriton-Verlags Fürth, »da schmeckt der Wein so gut«, und im einzelnen heißt das genaugenommen: »Nicht nur der Wein schmeckt gut, nein, auch das Bier schmeckt fein«, und das ist nun wirklich eine geniale Lösung, denn jeder Minderdichter hätte hier ja trivial gereimt: »Nicht nur der Wein schmeckt fein, nein, auch das Bier schmeckt schnier.«

Prost, Ochsenfurt! Ahoi!!

DIE DICHTER UND IHRE TORE

Über die Interaktionen von Fußball und Literatur

Wußten Sie, Leser, schon, daß nicht nur Stuhlfauth, Banks und Jaschin große Torhüter waren, sondern auch z. B. Männer, welche auf die Namen Henry de Montherlant, Albert Camus und Vladimir Nabokov hörten? Daß der letztere, huldigend dem frühen König Fußball, eine entsprechende, überaus magische Szene in seiner Autobiografie überliefert; daß Camus den Fußball als die wichtigste Schule des Lebens deklariert; und daß Montherlant das Spiel mit dem Rundleder für poetischer als Racine einschätzte, andererseits aber ein Gedicht über Fußballschuhe (souliers de foot) abfaßte, und gar kein schlechtes?

Sollten Sie aber wissen, verehrte Leser!

*

»Nationalspieler Hölzenbein hat – wie jeder Fußball-Star – seinen festen Stamm von Anhängern. Für den Frankfurter aber schwärmen sogar die Schriftsteller, die ihn literarisch verewigten. Ror Wolf nennt ihn in seinem Buch ›Punkt ist Punkt‹ den ›unheimlichen Schneisenschläger‹, und Eckhard Henscheid schreibt 1972 in seinem historischen Roman ›Die Vollidioten‹, daß Netzer-Hölzenbein für ihn das ideale Mittelfeldgespann der deutschen Nationalmannschaft sei« (»Bild«-Zeitung, 1974).

Der Fall ist leidlich bekannt. Ohne des Dichters Ror Wolf und mein, seines Kollegen, Engagement wäre die Bundesrepublik 1974 niemals Weltmeister geworden. Wir beide waren es gewesen, die sich via Roman und Fußballbuch, via FAZ und »Kicker«-Leserbrief dafür so unermüdlich wie unverbrüchlich stark machten, den Eintracht-Mittelfeldhexenmeister Hölzenbein, zuerst gegen den Willen des Trainers H. Schön, in die Nationalelf zu boxen. Und wenn man dann sich erinnernd in Rechnung stellt, daß Hölzenbein es war, der in einem schon ziemlich zugunsten der spielerisch überlegenen Holländer kippenden Spiel mittels einer »Schwalbe« einen Elfmeter erwirkte, welcher aber den Umschwung einleitete und den späteren Weltmeistertitel aus der Taufe hob o. s. ä. – : dann weiß man nicht nur, was man weiß; sondern auch, wem sich dieser Titel letztlich verdankt. In aller Selbstbescheidung verweisen Ror Wolf und ich hier nur – ehe es mit 16 Jahren Verspätung der Trainer Schön am Ende selbst noch merkt – auf die abermalige engstumschlungene Verklammerung und Verschwisterung von Poesie und Fußball; von Fußball und von Poesie.

*

Gottfried Benn und (man staune abermals) Robert Musil waren wohl die ersten gewesen, die sich innerhalb des Deutschsprachigen öffentlich und interessiert bis emphatisch für die Novität, die Emergenz Fußball bzw. dessen sukzessive rundfunkmediale Spannungskitzel aussprachen. Aber dann, von den 60er Jahren an, ging es von Ludwig Harig bis Karlheinz Bohrer, von Horst Tomayer bis Jürgen Theobaldy, von (leider, die beiden hätte es nicht gebraucht) Werner Herzog und Peter Handke bis zum vorerwähnten Ror Wolf an unverhohlener Inflammiertheit mal jeweils hoher Expertenschaft nicht allein Schlag auf Schlag, sondern manchmal fast zu dick her: Sogar der alte Adorno, glaubt man Berichten seiner Schüler, soll auf seine sehr späten Tage noch beinahe seiner leisen Neugier nachgegeben und, hörend von gewissen Korrespondenzen zwischen dem Denkstil der Kritischen Theorie und der Spielkultur der Frankfurter Eintracht (der Ära Pfaff-Kress-Grabowski), fast den Weg ins Waldstadion gefunden haben –

– Nietzsche? Nein, Nietzsche noch nicht, ihm fiel es noch relativ leicht, sauber zu bleiben. Allerdings, einen wichtigen Partialaspekt der Sache sah er messerspitz voraus: »Eine ungeheure Nötigung, fernzusehen« (Ecce homo, 1888) – ja, das ist wahr: Jeden Samstag, 18.15 Uhr, jeden Samstag, 18.15 Uhr ...

*

Was aber haben denn nun Literatur und Fußball so groß Gemeinsames, auch und gerade wieder angesichts der momentanen Frankfurter Buchmesse und vor dem Hintergrund der wiedergewonnenen Weltmeisterschaft? Nun, es ist zunächst das im Clausewitzschen Sinne sinfonisch, ja symphonisch Großkompositorische des symbolischen Kriegs als allegorisch-spielfreudiger Frieden und umgekehrt. Es ist sodann die reine Ästhetik eines Grabowskischen Dribblings oder eines Hölzenbein-Nickelschen Doppelpasses in der Tradition und im Geist von Immanuel Kants »interesselosem Wohlgefallen« als Bestimmung des Ästhetischen – oder aber (weil diese Zeitung nun halt mal in München rauskommt) meinetwegen auch eines traumfest plazierten Beckenbauerschen Schlenzpasses aus dem Fußgelenk heraus über 45 Meter hinweg: Kurzum, der Fußball versteht sich für die danach hungrigen, ja süchtig Lebenssinn suchenden Dichter ganz im novalisschen Eingedenken der mittelalterlich-modernen wiedergewonnenen Einheit als einer retrospektiven Utopie auf ca. 70 mal 120 Metern als die annähernd unverhoffte Offenbarung der Eucharistie als euphorische Epiphanie –

Noch nicht ganz? Versuchen wir's später nochmals.

*

»Der Gymnasialprofessor Karl Planck wollte ein solches Ansinnen« – den Ball mit den dafür vermeintlich denkbar ungeeigneten Füßen zu traktieren – »noch 1898 nicht wahrhaben und plädierte in seiner Schrift ›Fußlümmelei‹ entschieden gegen dieses so ›wundersame Spiel‹, bei dem Hände und Arme ›doch nur eine stete Versuchung‹ seien. – Heute wissen wir Modernen, daß gerade darin der Reiz des Spieles liegt: jenes erstaunliche Maß an Körperbeherrschung zu gewinnen, um die Unzulänglichkeiten des menschlichen Körpers, die sich gerade in der Konfrontation mit dem banalen Ding« – dem Ball – »offenbaren, zu transzendieren und so ein Gesamtkunstwerk zu schaffen, das letzte vielleicht.«

Aus: Rolf Lindner, »Der Satz ›Der Ball ist rund‹ hat eine gewisse Tiefe« – die beiden anderen Herberger-Sätze »Ein Spiel dauert 90 Minuten« und »Der nächste Gegner ist immer der schwerste« freilich sind erkenntnistheoretisch auch nicht zu unterschätzen.

*

»Derle Ahlers, Otto Rohwedder, Herbert Panse, Kalli Mohr und Hanno Maack . . . wenn ich den letzten Goethe-Vers vergessen habe, werde ich den Eimsbütteler Sturm noch aufzählen können.«

Wenn schon sonst immer seltener, aber wo er recht hat, hat er auch schon sehr recht, der Tübinger Professor und Rhetor und halboffizielle TV- und DFB-Fußballsänger Walter Jens; ein wenn schon nicht so ganz glaubhaft von Lessing und Fontane, so doch sicht- und hörbar hundertprozentig vom Fußballsport ziemlich Besessener. Jawohl, so eine Mannschaftsaufstellung ist Literatur, ist Lyrik, Litanei und Langstreckenepik in nuce – allerdings, diese abermalige ja: Fusionierung von Fußball und Literatur betrifft nun weniger die Rhetorik als vielmehr Magie:

nämlich die literarisch-magische Komponente des Fußballs; eben vor allem in der puren Gestalt schierer Mannschaftsaufstellungen, deren orakleische Kraft zuweilen direttissima an Goethes »Urworte orphisch« anknüpft; und die wie Prousts Roman ins früheste Kindheitsmythische zurückgeleiten – ja, ein durchaus horkheimerisch-adornoisch verstandener Rekurs von Aufklärung und Rationalität in Atavismus und Mythos.

Den der Fußball wie die Dichtung leistet.

Allein, es sollte natürlich nicht beim Sturm von Eimsbüttel bleiben. Sondern jeder höhere Kulturmensch – auch Frauen und Weiber sind aufgerufen! – möge mindestens fünf, möglichst zehn der wichtigsten Aufstellungen seines Lebens beherrschen. Der subjektiv und objektiv wichtigsten. Also z. B.: Die deutsche Weltmeistermannschaften von 1954 und 1974, die Eintracht Frankfurt-Meistermannschaft von 1959, die Club-Meistermannschaft von 1952 ff., das 1860-München-Team von 1965, sodann natürlich die 1. FC Amberg-Meisterelf von 1952: »Aures – Lang – Brunner – Wollak – Meßmann – Thiem – Schreiner – Thaler – Herbst II – Braun – Birner« –

Was? Wen? Nein, die deutsche Weltmeistermannschaft vom 8. 7. 1990, die muß man nicht wissen. Die ist sportlich wie literarisch komplett unerheblich; nein, besten Dank, die nicht.

*

Anfang der 80er Jahre, da soll es in der »Spiegel«-Redaktion Manier und Manie geworden sein, grundsätzlich und überhaupt nur noch, so da zwei sich trafen, über (Sozialismus und kapitalistische Entfremdung am Arbeitsplatz hin und her) Fußball und nix als Fußball zu reden; auf höchster informeller Ebene und mit aller-energischstem Engagement, ja mit Inbrunst, versteht sich.

Dergleichen Maniakerei ist eher von Übel; nämlich allzu sophisticated, bzw. aufgeblasene Resignationsironie der unter Augsteins Nibelungenfron nichtsnutzig Ächzenden; Fußball also als die klassische und von Marx und Marcuse verbotene Verinnerlichung. Nein, das ist gewiß nicht der Sinn der Sache, weder des Fußballs noch der Intellektualität – ahaaaber:

Zusammen mit Fritz Walter in einem Buch zu erscheinen, nämlich als dessen Co-Autor, wie *mir* das erstmals 1982 glückte (fußball literarisch, hrsg. von Karl Riha) – : Das ist (außer vielleicht, daß mein Name neulich erstmals Einzug in ein Kreuzworträtsel hielt), vom Nobelpreis nicht zu reden und vom albernen Büchner-Preis nicht mal hohnvoll zu spotten, wahrscheinlich doch das Größte im Leben eines deutschen Dichters. Doch.

*

Wie sehr andererseits die kuriose Liaison Fußball-Literatur resp. Akademikertum über lange Zeit eher verwirrte, das versinnlichte schön der Stadionsprecher von Eintracht Frankfurt, der sich 1964 exemplarisch vertat, nämlich anstatt »Im Tor die Nummer 1: Dr. Kunter« diesen mit »Im Tor der Dr. Nr. 1: Kunter« ankündigte.

Und das immerhin bei einem Eintracht-Clubpräsidenten Achaz von Thümen, der damals gleichzeitig als Präsident der Johann Wolfgang Goethe Universität amtierte!

Konkludierend derart sensualsymbolisch die schönen Verse des Ror Wolf, welcher da im Poem über die Fußballweltmeisterschaft in Spanien (1982) einen dort ausgeführten Scherenschlag seinerseits mit einem »Gedicht von Goethe« vergleichend ins Benehmen brachte.

Falls er Klaus Fischers exzellentes Scherenschlag-Fallrückziehertor gegen Frankreich meinte: Mich selber gemahnte dieses allerdings eher an: Rainer Maria Rilke . . . Rilke, ja . . .

*

War es in den späten 60er, in den 70er Jahren vom Philosophen Horkheimer bis zum Soziologen Hortleder Consensus wenn nicht omnium, so doch sämtlicher Intellektueller resp. Linksliteraten, daß der Sport, der Massensport Fußball zumal, die Perpetuierung des Kapitalismus mit anderen, nur scheinbar menschenfreundlicheren Mitteln sei, geeignet, die Verschleierung der objektiven Klassenkampfsituation mittels eines immunisierend raffinierten Verblendungszusammenhangs vom spielerisch befreiten Homo ludens als der virtuell gleichfalls schon emanzipierten Arbeiter- und Angestelltenschaft und – –

– naja: Jedenfalls sieht man das seit circa spätestens 1978 nicht mehr so. Nicht mehr so eng. Sondern auch und gerade die mit der Literatur weithin ja identische Linke liebt gerade dies am Fußballspiel, daß es die unleugbaren gesellschaftlichen Widersprüche als Antinomien bzw. soziale Dichotomien dialektisch ummünzt in – äh – – na, hier soll dann besser der Habermas halt weiterdenken.

Was ich aber noch nachdrücklich zu beherzigen geben möchte: Noch immer wartet die Welt, ja ganz Gesamtdeutschland sehnlich auf den »großen und menschlich bewegenden literarischen« (Reich-Ranicki d. Ä.) exemplarischen Fußballroman – ein umfängliches Prosatrumm namens »Die Mannschaft« von Friedrich Torberg handelt nur im ersten Teil von einer Fußball-, dann aber wesentlich von den »Schwimmtrotteln« (Torberg) einer Wasserballermannschaft. Nun, G. Zwerenz' Versuch im »Playboy« schlug einst leiderleider an totaler fußballerischer und stilistischer Unbedarftheit fehl – und der hochreife W. Jens wäre mit so einem Werk ja zwar öffentlichkeitsbearbeitungsstrategisch eine Zeitlang wohltuend aus dem Verkehr gezerrt; allein, ihm liegt die Romanform nachweislich nicht so besonders. Müßte also ggf. ich selber ran, mit Federzeichnungen von sagen wir F. K. Waechter – hm, ja, bei entsprechendem Vorschuß – aber eigentlich wollte ich ja auf was noch ganz anderes hinaus:

Es ist zwar der »Sport, der um die wachsende Geistesschwäche herumfuchtelt« heutzutage ein noch gigantischer und gräßlicher fuchtelnder, als sich das Karl Kraus 1912 in der »Fackel« vorzustellen vermochte, zumal der sprachliche, welcher z. B. dem auf dem Entwicklungsstatus eines 8jährigen Kindes stagnierenden Munde eines sogenannten »Kaisers« Franz entquallt –: allein, fesselt nicht auch derlei Dreck und Schleim aus Trainer- und Spieler- und vor allem Sportreportermund via ihre derart gestatteten Überlegenheitsgefühle die Literaten an den Fußball? Doch, durchaus. Und jedenfalls, meine drei langjährigen Lieblingsschoßkinder aus Sportreportermund sind 1. das anonyme »Diese Bilder benötigen keinen Kommentar*s*« aus den frühen 70er Jahren; 2. Das Wolfram Essersche »Das Spiel der deutschen Mannschaft ist zu eng, zu weit« von 1974; und schließlich, mein Top-Darling aus dem Jahr 1984, ausgestoßen von einem sinnberaubt überwältigten Eberhard Figgemeier anläßlich des hochdramatischen Pokal-Match Schalke–Bayern (6 : 6): »Was dieses phantastische Spiel für den Fußball gebracht hat, ist nicht wiedergutzumachen!«

Das Geniale an Figgemeiers lauthals schimmerndem Ewigkeitslichtlein nun freilich ist, daß das zerebral ursprünglich ins Auge gefaßte »ist nicht mit Gold zu bezahlen« ja fast noch einen Hauch abertörichter funzelt ...

*

Ezechiel 626,37, ca. 697 v. Chr.: »Und es wird einer kommen, 17 Klafter hoch und 1860 Unzen schwer, und sein Leib wird sein biegsam und regsam und schlank und doch wohlgenährt und seine Schopflocke wird kringeln fast wie die ringelige des Mohren, sein Geist aber wird groß sein und erhaben wie der Hauch Gottes, der einst über den Wassern schwebte, ja, kommen wird er dereinst, wahrscheinlich noch 1990 oder doch 1991 n. Chr., wie Nostradamus geunkt, und er wird herrschen im Mittelfeld und die Bälle verteilen wird er, wie er's braucht, und die Dichter des Reiches werden singen seinen Ruhm all ihr Lebtag und, warte nur bald, endlich in Verzückung berückender Schöne vergehen und – – –« (Torso).

*

Noch einmal: Wo gründet die durchaus klopstock-hölderlinische Begeisterung der Literaten, Dichter für den Fußball? In dessen geballter Dramatik? Epik? Eleganz und Anmut der Bewegungen? Oder doch vielmehr in einem mit 100 000 Menschen gefüllten Olympiastadion als der gerammelt sichtbaren Quantität der wünschenswerten verkauften Buchauflage?

So wird es sein.

*

Ja, es mögen Nabokov, Montherlant und Camus ja gute Torleute gewesen sein. Allein, die wahren, großen, oft säkularen Denker und Menschenführer standen fast immer auf halblinks: Fritz Walter, Pfaff, Puskas, Pele, Eusebio, Bernd (»Hammer«) Nickel, Cruiff, Platini, Rivera, Maradona, Eckhard Henscheid (DJK Amberg).

*

Nach dem erweiterten 4. Murphyschen Gesetz § 3, Absatz 2 wird alles-alles immer-immer schlechter. Das stimmt aber letztlich doch nicht ganz. Seit August 1990 wird, völlig unverhofft, immerhin eines besser: Nach den schon vorerwähnten, zum Teil unglaublichen sprachlich-gedanklichen Ohnmächtigkeiten und Inferioritäten aus dem Gakkermaul des Franz (»Kaiser«) Beckenbauer, so sie uns seit 1984 zäh und weit über die Schmerzgrenze hinaus belästigten und beleidigten, geht es jetzt mit dem erstaunlich eloquenten und der pointierten Rede und sogar der zarten Ironie durchaus fähigen Berti Vogts und seinem ähnlich gearteten Assistenten Rainer Bonhof in verblüffender, ja überrumpelnder Weise um gleich: vier Klassen aufwärts.

Die Frage bleibt allerdings und allenfalls, ob *wir* Literaten und sonstwie Bemittelten uns darüber freuen sollen. Ob nicht sechs Jahre Derwall-Sermon und ebenso langes Beckenbauer-Gewäsch uns letztlich überaus herzlich gefallen haben. Ob sie uns – nicht mächtig fehlen werden.

*

Ein schlußendlich allerletztes Mal: Was fesselt den Literaten, den Lyriker, den Onomatopoeten gar an das Wesen Fußball? Dies z. B.:

Loy
Voss Popp
Pott Moll Horn
Kroth Zorc Roth Thon Solz

Ersatz:

Groh, Toth, Holz (i.e. Hölzenbein).

So Eckhard Henscheid schon 1968, überarbeitet 1979. Sein Freund Ror Wolf kam, unabhängig davon, 1970 zu ganz ähnlichen Resultaten; derweil ein dritter Großmeister, Ludwig Harig, 1990 die künstliche Terzine als für die Mannschaftsaufstellung angemessen erachtete:

»Ob Illgner, Aumann, Immel oder Stein:
es kriselt im Gehirn von Beckenbauer.
Noch kam er nicht mit Berti überein,
den letzten Mann zu finden und auf Dauer« – –

*

Seit heute, 3. September 1990, 8.45 Uhr, aber weiß ich, wie Bernd Hölzenbein 1970 ff. an guten Tagen spielte. Nein, nicht wie Goethe, eher schon wie Eichendorff, aber nein: sondern vielmehr wie das einleitende Allegro vivace beim Tempowechsel »Gloria« von Mozarts »Vesperae« KV 339.

*

»Kenntnisreicher Künstler am schwarzweißen Balle! Ach, abermals weiden die Augen auf Dir! Hurtig treibst du das Leder nach links, kühner umkurvst du den grätschenden Stopper, zaubernden Fußes entläßt du den Lib'ro in Scham. Leichthin, Euphorion erinnernd, vergleichbar auch durchaus der zarten Gazelle, dribbelst du torwärts und spannst doch den Fußnerv alljetzt schon zur Bombe – Denn kaum hinkt die Macht deines Schusses der Pracht nach Bernd Nickels, genannt ›Dr. Hammer‹« –

– ja, klar, wenn fußballerisches Fachwissen und homerisch-hexametrischer Kunstverstand so zur Konvergenz gezwungen, wenn der Geist des Angriffs und der hüpfige des Daktylus so lückenlos innig eins werden wie hier bei dem berühmten Dichter Eckhard Henscheid (Hymne auf Bum Kun Cha, 1979): dann ersteht nicht nur abermals eine Sub-, nein, eine Meta-Variante des Wagnerschen Gesamtkunstwerks. Sondern ahnungsvoll gestiefelt wird da gar ein weiterer Siebenmeilendribbelschritt zum definitiven Paradies auf Erden. Das sich da eines vielleicht schon nahen Tages errichten wird in Gestalt eines gebenedeiten (aber mindestens:) Quadrupelpasses Bein–Binz–Andy Möller–Bein, explosiv elektrisierend wie eine Chopinsche chromatische Terzenkaskade vor dem Klanghintergrund der von Karl Carstens ausgewählten schönsten Gedichte deutscher Zunge (inklusive meiner aufgewühlten Cha-Hymne!), versetzt mit dem aromatischen Odeur einer geradezu dionysisch-metanietzscheanisch orgiastischen Orgastik, oh, aaah:

»Herzschöner Mann! Flutlichtumschwärmt auf den Flügeln der Flanke, jetzt plötzlich der rechten, Füllhorn der Technik, Fülle des Seins!« (ebd.) –

– im Heideggerschen Sinne. Auflösend vielleicht werweiß sogar noch in Bälde sämtliche gesamtgesellschaftlichen Grundwidersprüche und Marx' Entfremdung obendrein. Im Geiste Kohls, Herbert Habermas' und Berti Vogts'. Oder jedenfalls so ähnlich.

Wir immerhin heißen Euch hoffen.

*

Ergänzend lesen wir dazu aus der Feder des nämlichen Autors in der FAZ-Sonntagszeitung vom 8. 7. 90 u. a.:

1986 in Mexiko vertrat die »Gurkentruppe« (Uli Stein) des »Suppenkaspers« (ebd.) Beckenbauer unsere »Bananenrepublik« (Otto Schily) und erreichte einen sehr unwürdigen 2. Platz. 1990 im »Land, wo die Zitronen blüh'n« (Goethe) wurde derselbe Beckenbauer nicht müde, sein eher unverhofftes Bonmot: »Wenn uns jemand schlagen kann, dann nur wir selber« so oft zu wiederholen und simultan mit dem Statement zu konterkarieren: »Die Italiener sind praktisch unschlagbar«, daß wir – damit endgültig in der Ursuppe des Niemandslands der »Dichter und Denker« (Hermann H. Cherusker) eingetroffen sind.

*

»Seit acht Jahren«, so weiß der deutsch-orientalische Trainer Dietrich Weise, »stagniert der Weltfußball«.

Ach nein. Nach meiner Rechnung seit mindestens den großartigen Spielen der Holländer 1974. Wenn nicht seit der brillanten deutschen Europameister-Mannschaft von 1972. Und wenn ich dann freilich etwa an das grandiose Europacup-Endspiel Real Madrid–Benfica Lissabon (3 : 5) denke – oder gar, drei Jahre vorher, das hinreißende Glasgower Finale Real–Eintracht Frankfurt (7 : 3) – geschweige denn die begnadete ungarische Wundermannschaft von 1950 rund um Ferenc Puskas, Kocsis, Hidegkuti – von der ewiglichen Breslauer Elf nicht mal zu träumen. Ach was, Dietrich Weise, eigentlich stagniert der Fußball seit der Jahrhundertwende.

*

Daß, wie schon meine Großmutter geringschätzig anmerkte und Theo Lingen im Titellied des epochalen Spielfilms »Der Theodor im Fußballtor« singt, 44 Fußballbeine (minus ggf. 4 der Torhüter) geschlagene 90 Minuten lang einem einzigen Ball nachlaufen, den sie dann, so haben Statistiker jetzt errechnet, im Schnitt 2 Minuten lang am Fuße führen: Zeit wär's schon, daß man jedenfalls mal probehalber andere Varianten durchspielte, mit zwei oder drei Bällen, die da simultan in drei Leuchtfarben bei einem computergesteuerten kombinierten Punkt-Wett-System aus Toren, Ecken und Auswärtsballberührungen – ach Gott, mit was für Gedankenfaserungen man sich doch sinnlos die Zeit vertreiben muß, bis das WM-Spiel Bundesrepublik–England endlich angeht!

*

Daß aber nicht nur Beethoven seine Eroica Napoleon, sondern neuerdings auch ein Klinsi Klinsmann sein Tor (gegen Holland) dem unrechtmäßig relegierten Völler widmet: zu diesem Kulturnovum sollte sich wenn schon nicht Habermas, so doch mindestens Johannes Gross in seinem philosophierenden Tagebuch was schwerst Nachdenklerisches einplumpsen lassen; ich selber hab keine Zeit, ich muß ins TV-Training im trentinischen Erba umschalten, ja, guten Tag, Werner Zimmer, was gibt's Neues?

*

Als »Vulgar-Nationalismus« hat der auswärtige Staatsminister Helmut Schäfer die »emotional maßlos überzogene einseitige Reportage« des schnauz- und backenbärtig allzeit etwas gar regressiv strahlegrinsend-zähnebleckenden ARD-Spitzenmanns Heribert Faßbender anläßlich des Deutschland–Holland-Spiels und namentlich den insultorischen Wunsch, der argentinische Schiedsrichter sei schleunigst »in die Pampa zu schicken«, gebrandmarkt. Na, so arg ist das nicht. Wenn er halt nichts anderes weiß über das schmale Land am Rio di Pampa mit seinen unbelehrbaren Papuas, der Mann aus Einstein-Land. Und seien wir froh, daß er ihn immerhin nicht ins KZ-Gulag oder so geschickt hat.

*

Die Vorstellung, daß M. Reich-Ranicki nicht zufällig Literaturkritiker, sondern etwas weniger zufällig Fußballtrainer geworden wäre, ein auf der Bank zäh und jäh brüllender und verzweifelt gestikulierender und in der Pressekonferenz schwer r-rollender (»Derr Elfmeterr gegen uns warrr unberrrechtigt, meine Herrren!«) und leicht lispelnder Coach: Doch, die Vorstellung hat was, dochdochdoch . . . vielleicht wäre ja auch noch genügend Zeit, daß sein sodann schwerstreifes Brüllgenie . . . ja, doch . . . bis 1994 . . .

*

Die drei berühmten Lehr- und Leitsätze des Sepp (»Josef«) Herberger: 1. Der nächste Gegner ist immer der schwerste; 2. Ein Spiel endet erst nach 90 Minuten; 3. Der Ball ist rund – sie empfangen ihre sportliche Würde und intellektuelle Dignität nicht nur aus der derart geleisteten, ja gewissermaßen zu Ende gedachten Entfaltung des klassischen Hegelschen Denkdreischritts von These–Antithese–Synthese; nein, 150 Jahre nach Hegels Tod läßt sich der Weltgeist, im Sinne seiner den Geist im tiefenzeitlichen Werden zu sich selbst führenden Dialektik, erstmals in die sonst verhüllten Karten schauen; nicht so sehr, um seine eigene, die List des dichotomischen Weltgeists, zu enttarnen, sondern um gewissermaßen negativ dialektisch sein spätes Hobby, den Sport, der den Fußball als zu Ende gebrachten und reflektierten Skat, ähäm: vielmehr Staat als das Wirkliche der Vernunft jenseits von Hegels philosophischem Grau in Graugans (Fragment).

ZUR SPARKASSENKRITIK

Der Verdacht, dem ich hier schon einmal Ausdruck verlieh, daß nämlich speziell das neudeutsche Kabarett- und Kleinkunstpublikum in seinen Verhaltensritualen nicht ganz geheuer sei, er erfuhr kürzlich neue Nahrung anläßlich eines Auftritts des Komiker-Duos Matthias Beltz & Heinrich Pachl im Frankfurter Theater am Turm: als nicht nur die bloße Nennung des Namens »Walter Wallmann«, sondern auch des der »Frankfurter Sparkasse von 1822« beträchtliche Heiterkeit, ja Begeisterung auslöste.

Ist dies Kabarettpublikum so brechtgeschult bank- und sparkassenkritisch, daß allein die Namensnennung Hohn und Spott gebiert? Oder doch eher so linkisch-selbstzufrieden, daß schon das erstbeste Reizwort genügt, die Welt nach Pro und Contra zu erfassen, so bombensicher, wie es der gleichzeitig nebenan im Volksbildungsheim erbarmungslos herumwortspielende H. D. Hüsch seine Leute in jahrzehntezäher Aufklärungsarbeit gelehrt hat? Oder ist hier erbarmungswürdig eine Art Yuppie-Humor am Wirken dergestalt, daß 1987 minus 1822 exakt 165 ausmacht und so alt überhaupt niemand wird und also – –?

Noch seltsamer, ja unheimlicher nur, daß die gleichen Leute dann bei Beltz/Pachl auch ein paarmal an den *richtigen* Stellen lachten.

KRAFTBOLZEN

Sind sie nicht schrecklich, diese beifallheischerisch ewigbarock kraftmeiernden Gewaltbuchtitel wie »Starckdeutsch« (M. Koeppel) oder »Unschlecht« (G. Späth) oder gar »Sauwaldprosa« (U. Dick)?

Schrecklich. Und erst was drinsteht: »Zementschwammerl« (Dick)!

Furchtbar, »glaubstas, furrrchtbar« (a. a. O.). Deogratzmichamarsch, dös is wohr.

SEDLMAYR TOT

Stand der Mörder am Grabe?

An ihm war alles falsch. An ihm war nichts rein, bei ihm kam alles zu allem. Und war doch so einfach und platt.

Alles war falsch an ihm. Im Kugelkopf der Schnauzer wie der vorgeschobene Schauspielerberuf. Und am falschesten waren die eine vox populi ersetzenden Einschätzungen der Medialapparate: der »Parade-Bayer« (»Abendzeitung«) sowieso, aber auch der »Allzweck-Bayer« (»taz«). Am nächsten kommt der Sache noch die »Süddeutsche Zeitung«, welche in Sedlmayr ein »wirtschaftliches Gesamtkunstwerk« ersah. Aber auch das ist falsch. Sedlmayr war vielmehr nur eine irgendwie steinzeitliche, prädiluviale, ja vorweltliche Geldabgreifmaschine.

»Die Gewappelten derblecken« wollte laut »Abendzeitung« der unlängst mit 64 Jahren Erschlagene, er sei ein »Vertreter der kleinen Leit« (ebd.) gewesen. Alles gelogen; so hanebüchen gelogen wie bis dahin das vor Frenesie sich ausschüttelnde Begeisterungslachen derer, die von CSU-Stoiber bis zu SPD-Rothemund zur Hebung des Nockherberg-Starkbierniveaus sich alljährlich als Vertreter der Gewappelten derart derblecken ließen, daß sie wahrlich Freudentränen weinten über der Genugtuung, von Sedlmayr und seinem Schreiber H. Burger wahrgenommen worden zu sein. Burger, SZ-Autor und Sedlmayr in puncto Widerwärtigkeit ebenbürtiges Pendant: »Er hat die Starken herausgefordert und die Schwächlichen geschont.« Kein Wort wahr. Er hat die mehr oder weniger Starken gebauchpinselt und die Schwachen fast noch entschlossener ausgenommen als die satirischen Hüsch, Kittner und Scheibner miteinander es seit Jahrzehnten auch tun.

Unsinn, Folkloreabhub, zuweilen zynisch-reines l'art pour l'art. Mit einer gewissen Verwandtschaft zu prominenter Literaturkritik. Der Dreck, den, ohne zu erahnen, wie obszön er gärte, der SPD-OB G. Kronawitter am Grabe Sedlmayrs daherspintisierte, er hätte in seiner antithesenfesten Sinnlosigkeit – »in das Herzliche mischte er ein bißchen Grant, in den Humor einen Schuß Bitterkeit« – von Reich-Ranicki stammen können.

Josef-Othmar Zöller vom Bayerischen Rundfunk gleichfalls am so plötzlich offenen Grabe: »Ein bißchen Hirnbeiß, ein bißchen Qualtinger«. Und ein bißchen Hamlet notabene, Mephisto, Karl Valentin – und Nestroy als Gerhard Polt von Gustl Bayerhammer nicht zu vergessen. »Der geliebte Grantler« war er den Bayern und werweiß Deutschen – so in einer fix anberaumten AZ-Serie Rudolf Schröck mit einem wein-lachenden Auge über jenen, der »nichts mit Saufen, Sepplhosen und Schuhplatteln zu tun hatte«. Sondern nur mit dem Trachtenfilzhut, dem Cityjanker und dem ewig wie ein Heilsversprechen umklammerten Weizenbierpokal. Aber nicht einmal der Serientitel stimmt. Er kann zwischen »Grantler« hie und – der nämlich war, den nämlich spielte Sedlmayr – »Grattler« i. e. Kleingewerbetreibender stv. für Kleinbürger, Kleinexistenzler, Spießer, dort nicht auseinanderhalten.

Man braucht kein besonderes Talent für Individual- und Sozialpsychologie, um den Code, das Erfolgsgeheimnis Sedlmayr zu entschlüsseln. Obschon evident der Unsympath an sich, war er für viele, für fast alle – und nicht nur Bayerntrottel – Identifikationsgestalt und Ichideal; weil in ihm sie ihre eigene – wenn man denn will: kleinbürgerliche – Schäbigkeit exakt wiederfanden, dies modern-zeitlose Syndrom aus Aufmischbereitschaft und Selbstekel; gleichzeitig aber beschwichtigt und nämlich versichert wurden: der Mann sei zwar widerwärtig, geldgierig, von üblen Leidenschaften verzehrt (wie sie selber) – aber eben deshalb letzten Endes ein Eccehomo, wie er heute zu sein hat: bauernschlau, gemütlich, trinkfest, unerschütterbar – wie abermals sie selber.

Solche recht raffinierte unio mystica von Projektion und mehrfacher Fehlprojektion, des Imagos wie der Semantik, erklärt den Erfolg, die Hingegebenheit an Sedlmayr zur einen Hälfte – die andere: Der Mann war überhaupt keine Rolle, kein Schauspieler. Er spielte immerzu, und insofern mit vorbildlicher Unverwechselbarkeit, sich selber: den kleinkarierten, raffsüchtigen, zuweilen schlecht-selbstironischen Knalldeppen der aktuell-akuten deutsch-süddeutschen Prägung; auch Realität und Folklore werden da bald eins. Und genau dieser Depp und Widerling – man braucht dazu gar keine Kollegen-Nachrufe, um es zu wissen – war der Verstorbene wirklich. Sein scheinbares Doppelleben in der realen Schwulenwelt signalisiert mitnichten einen Gegensatz; sondern Identität; allenfalls die Kompensation eines gar zu hähnekrähend Verlogenen. Und weil diese Einheit von Person und Mimenfunktion weit jenseits der konträren und mithin revidierten Schillers oder gar Brechts eine derart bruchlose war, deshalb befriedigte Sedlmayr nicht allein alle möglichen finsteren Spießer-Sehnsüchte – genau darum war er in gewisser Weise sogar ein sehr guter Schauspieler, technisch oft nicht sehr fern von Polt. Sondern, in einem ebenso antiquierten wie avancierten Sinn, eins mit sich und identisch; nämlich als der jederzeit parate Darsteller des Arschlochs schlechthin prächtig besetzt; mit keinem geringeren als sich selber.

Er war weißgott mehr als ein planer Mime. Sondern seit seiner künstlerischen Aushebung durch Syberberg sogenannter Volksschauspieler und sogenannter Polit-Satiriker; Fernsehpolizist und TV-Landarzt; omnipräsent im Werbefunk und ubiquitär im Werbefernsehen, weit vor der landesüblichen Konkurrenz, dem sich wechselseitig scharf beäugenden und bekriegenden Münchner Medieng'schwörl. Eine staunenswerte Ämterkompatibilität im allseitigen Simulations- und Verblendungszusammenhang –: spätestens mit seinem 10 Farbquadratmeter großen Eintreten für den jederzeitigen Genuß von Weizenbier, nämlich als wünschenswert vereinsamter und von den Mitmenschen abgeschotteter Berufsrentner und Dakkelbesitzer, war Sedlmayr so populär wie Strauß, bekannter als der heutige Ministerpräsident samt seiner Regierung.

Und identifikationsformierender. Patronus Bavariae, eine metapolitische Instanz. Die Verlogenheit oder wahlweise Verblödetheit, die mediale wie die gewissermaßen so-gerade-noch reale, sie ist nicht nur unter weißblauem Himmel eine äußerste; der Realitätsschwund reißend, – wohl selbst in des gerissenen Sedlmayr Hirn. »Das ist nicht mehr nur einfach gelogen«, so Hermann L. Gremliza 1985 in strukturell verwandtem Zusammenhang, »denn es gehört zur Lüge, daß sie in einem wie immer verqueren Verhältnis zur Wirklichkeit steht. Was hier geschieht, ist von aller Realität entbundene, freie Kunst: vollendeter Nonsense.«

Je blöder, desto missionarischer; je mehr ihnen durchgeht, desto enthemmter führen sie sich auf. So lautet das Erste Thermonukleare Gesetz der entropischen Psychoenergie. Nur eins, eins ließ der Sedlmayr sich diesbezüglich entgehen, eines war ihm zeitlebens nicht mehr vergönnt: die entschlossene musikalische Zusatzverschweißelung mit dem gottesmutterfrohen Naabtal-Duo.

Ein Journalist bot vor einigen Jahren Sedlmayr die öffentliche Wette an, für Geld würde dieser alles tun, sich im Zweifelsfall auch vor versammelter Fernsehkamera einen runterholen. Daß keine Strafanzeige o. dgl. seitens des sog. Schauspielers erfolgte, wird seinen guten Grund haben. Den Gegenbeweis anzutreten, wäre Sedlmayr schwergefallen.

Ein Arsch trat ab. Ein warmer Regen für die sommerlochpanische Heimatpresse. Indessen aber nur »Bild« wahrhaft himmlisch zwischen Vater Graf/Stasi/Sedlmayr/Boris-Kati-Stefanie hin- und wiederschaukelte und schunkelte, derweil lebte die einst, ja letzten Endes bis heute als linksliberal scheinfirmierende Münchner »Abendzeitung« satt geschlagene fünf Wochen komplett ausschließlich von der Leiche Sedlmayr – schamlos, ja wie in einem berauschend-berauschten Offenbarungseid ihrer eigenen Pressemoralbeteuerungen dieser allesaberauchalles (DDR, Oper, sogar Beckenbauer) subordinierend; völlig überbauentkleidet und in der Not »Mörder! Mörder!«-Rufe im Friedhof türkend.

Ob der Mörder nun wirklich am Grabe stand, konnte sie zwar ebenso wenig rauskriegen wie ARD und ZDF, die aber beidesamt – auch dieses Novum wollen wir fest- und hochhalten – nicht allein vom Ableben, sondern auch von der Beerdigung in »heute« bzw. »Tagesschau« berichteten; ein Vorzug, der z. B. Norbert Elias bald darauf nicht gegönnt war. Kaum verzeihlich allerdings, daß beide nicht schon am Vormittag live vom Waldfriedhof übertrugen. Die Chance, ein dicker Hund dieser Größenordnung – sie kommen so bald nicht wieder.

WISSENSCHAFT UND KOMIK

»Gott ist vom Schöpferstuhl gefallen.«
(Alfred Mombert)

Es ist noch nicht gar lange her, da erteilte ich hier dem Biologen Jan Behnechen das Wort, auf daß dieses darüber klage, daß es mit dem (Natur-)Wissenschaftler-Humor partout nicht weit her sei. Anders sieht's allerdings schon immer mit dem mehr oder weniger unfreiwilligen aus.

Nun verstehe ich ja letzten Endes partout nichts von Quarks und Quanten, aber wenn ich z. B. im Buch des Physikers Harald Fritzsch »Vom Urknall zum Zerfall« lese: »Das typische Wasserstoffatom hat deshalb einen charakteristischen Durchmesser von 10^{-8} cm, weil es sich für das Atom nicht lohnt, größer oder kleiner zu sein« – dann raffe ich Dummi zwar gleich noch weniger; aber dafür tut's, anders als bei Fritzsch, der den Satz vermutlich ganz naiv-korrekt niederschrieb, wenigstens ein paar kleine Knälle. Ein paar Seiten weiter: »Was ist der Grund dafür, daß Schneekristalle einander ähnlich sind? Wir wissen jetzt die Antwort: die Quantenphysik.« Das nun wiederum glaube ich nicht ganz, hier muß ich wohl lachen, weil das sicherlich nicht sein kann, weil nämlich hier ausgerechnet der Naturwissenschaftler Flausen zeigt und unlogisch, gallettihaft fast formuliert; vielleicht ja auch sein Genre sabotierend ironisch, ich weiß es nicht genau.

Sicher bin ich mir aber, daß er das Foto am Ende des Buchs, das Fritzsch zusammen mit dem polnischen Papst zeigt, völlig unironisch abgedruckt hat. Und hier befinde ich mich wieder auf meinem ureigenen Feld. Hier muß ich lachen, nicht nur über die Eitelkeit eines erst 45jährigen

Physikers und die faktisch völlig sinnlose Präsenz des Fotos. Daß es ausgerechnet der reaktionäre, in die Voraufklärung, ins Mittelalter zurücktreibende Pontifex ist: Das ist ein finaler Urknallschnapsidee-Effekt von 10 hoch mindestens minus drei.

HERR ZEITGEIST PERSÖNLICH

Alfred Edel – Leben und Werk

> *»Im Anfang war das Wort.«*
> *(Joh. 1,1)*
> *»Name ist Schall und Rauch.«*
> *(Goethe)*
> *»Er stirbt ja schon, hält aber immer noch Reden.«*
> *(Dostojewski)*

Haben Sie, verehrter Zeitgenosse und Beherrscher von 37 146 Schwachsinns- und sonstigen Prominentennamen, schon mal von Alfred Edel gehört? Nein? Dann sagen Sie zur Strafe den Namen jetzt ganz schnell zehnmal hintereinander auf. Das hat er nämlich gern. Der Alfred Edel. Und außerdem verdient er es.

Gewisse gut unterrichtete Kreise halten Alfred Edel für das nebst Charles Chaplin und Karl Valentin bedeutendste komische Genie des Jahrhunderts. Andere Deuter reden vom begabtesten Dummschwätzer der Nation. Eine dritte Deutergruppe erkennt in Alfred Edel einen Egomaniker in Schmerz und Lust und von atemberaubender Unverfrorenheit, einen Modell-Narziß mit verheerendem Goldmund – vor allem zum eigenen Lobpreis.

All das hat was für sich. Faßt man zusammen, ist Alfred Edel der fleisch- und vor allem schallgewordene Geist des letzten Jahrhundertdrittels.

Wer ist Alfred Edel?

Alfred Edel, 44 Jahre, 175 Zentimeter groß, ledig, wohnhaft Frankfurt am Main, ist Angestellter einer Werbeagentur, Filmschauspieler, Party-Schreck, Romanfigur, TV-Unterhalter, Frauenfreund, Emanzipationsfeind, Ex-Politiker, Wissenschaftler, Philosoph, 17. Jahrhundert, 21. Jahrhundert, Niederbayer, Frankfurter, Heiliger, Narr, Faust, Don Juan, Don Quixote und Frankenstein. Alfred Edel ist das himmelschreiende Paradox unserer Zeit.

Faktotum der schönen neuen Welt

Wem bisher das hohe, wenngleich wiederum zweischneidige Glück versagt blieb, Alfred Edel leibhaftig über den verworrenen Weg zu stolpern, der tröste sich mit der Gewißheit, daß er als aufmerksamer Beobachter des jungen deutschen Films einen wichtigen Sektor Edelschen Wesens zu begreifen sich immerhin schon imstande sah. Das macht vor allem: wesentlich spielte Alfred Edel ziemlich ausschließlich nur sich selber.

Der in Air und Statur eher an einen niederbayerischen Raiffeisenkassendirektor erinnert oder an einen erzbischöflichen Nachwuchs-Domkapitular; dessen durchaus Franz-Josef-Strauß-nahes Sprachmelos diese seine Heimat auch kaum verleugnet: der verkörpert merkwürdigerweise in all den von ihm heimgesuchten Jungfilmer-Filmen den Intellektuellen, den Spät- und Lang- und Endzeit-Intellektuellen; als Professor, als scholastischer Logiker, als Privatgelehrter, als Landarzt, als Marketing-Chef, als futuristischer Entertainer, als Weltraumfahrer und als Bundestagsabgeordneter – und das alles ist Alfred Edel und alles zusammen.

Edels Regisseure müssen das zumindest gewittert haben, besonders und von Anfang an Alexander Kluge, bei dem Alfred Edel »für eine Brotzeit« als arrogant-sadistischer Kathederfrosch neudeutscher Peinlichkeit in »Abschied von gestern« debutierte, was ihm ähnliche Rollen in fast allen Kluge-Filmen eintrug. Auch in einem seiner letzten und bedeutsamsten Filmeinsätze, in Werner

Herzogs »Jeder für sich und Gott gegen alle«, spielt Alfred Edel – hier als Gegenprinzip zur existentiellen Unschuld Kaspar Hausers – einen alt-neuen Intellektuellen, einen spitzfindigen Theologen, unbelehrbar und deshalb allzeit modern. Denn noch die pharisäische Sophisterei, die vitale Verkrachtheit dieser Karikatur aus dem gelehrten 19. Jahrhundert beleuchtet den gegenwärtigen Stand der Weltgeschichte und ihres Geschäftsführers: des Intellektuellen als Hansdampf in allen Sackgassen, als Faktotum der schönen neuen Welt; der zwar partout nicht weiß, wo's menschheitsmäßig lang geht, aber ist doch eh wurscht.

Erneut spielte Alfred Edel hier sich selber, und damit nähern wir uns langsam einem Zentrum seiner Entelechie. Wo der Welt, nach Wagners »Götterdämmerung«, Weise nichts mehr melden, da hat der Charme des Lärms das Sagen. Die Welt ist, so Edels künstlerische und existentielle Botschaft, arg aus den Fugen, aber der Rest ist keineswegs Schweigen. »Verstört ist der Weltlauf. Wer ihm vorsichtig sich anpaßt, macht eben damit sich zum Teilhaber des Wahnsinns, während erst der Exzentrische standhielte und dem Aberwitz Einhalt geböte« (Adorno, Minima moralia).

Wahrhaftig, es scheint, Alfred Edel hat diesen Antagonismus Kritischer Theorie bereits überholt und sich somit an die Spitze der philosophischen Bewegung gesetzt: kraft exzentrischer und rücksichtsloser Anpassung an den Aberwitz. Des auslaufenden Jahrhunderts nämlich.

Ein Held unserer Zeit

Alfred Edel dient einer Frankfurter Werbeagentur als »Konzeptionist« der »Zielgruppenstrategie«, der »Sales-Promotion« sowie der »Basis-Motivforschung zur Entwicklung kreativer Langzeitprogramme« – er zeigt aber auch ungescheut politisch Flagge und definiert sich nämlich unwidersprechlich als »erkenntnistheoretischer Materialist und moralischer Idealist altliberal-katholischer Schule mit phänomenologischer Grundbegabung«; was immer das nun wieder sein mag.

Alfred Edel war der erste nackte Mann im deutschen Nachkriegsfilm, er poussiert gern mit Glamouretten wie Sydne Rome und Hannelore Elsner, war sich aber auch nicht zu schade, um 1965 im akademischen Streitgespräch mit Adorno die kritische Theorie weiterzuspinnen, nämlich als Assistent an der Frankfurter Universität.

Alfred Edel revolutioniert zwar die Werbung dieses Landes, indem er die drei klassischen Frauen-K's »Kirche, Küche, Kinder« durch das neuere Triptychon »Klamotten, Kosmetik, Koitus« ersetzt und sogar deren »jahreszeitlich motivierte Wertorientierung« ausmacht; gleichzeitig beschert er den ZDF-Zuschauern als Moderator seines eigenen Einmann-Genies schrilldreist die vierte Dimension: »Meine Damen und Herren, die Zeit gibt mir noch etwas Raum . . .«

Alfred Edel reist am Nachmittag mit dem TEE von Frankfurt nach Bonn, »weil ich so geil war und im Bonner Freibad die geilsten Weiber sind«, plaudert dort mit Günter Grass, reist zurück, ist immer noch geil, verschreckt deshalb am Abend im Frankfurter Club Voltaire intellektuell noch fragile Studentinnen mit einem besitzergreiferischen Kurzreferat über die Anthroposophie bis zur nachweislichen Schlaflosigkeit und zupft sich, vor allgemeiner Erregung selber schlaflos, noch in derselben Nacht die Kotelettenhaare aus.

Alfred Edel, von der Jungfilmer-Avantgarde begehrt wie kaum ein Kollege aus der Profi-Riege, obwohl er sich keinen Text merken kann noch will, legt sich, der Mythe und der Metaphysik gleichermaßen gläubig, »jedesmal, wenn's mir schlecht geht«, eine neue Lederjacke zu. Gegenwärtig hängen in seinem Schrank 16 Stück.

Alfred Edel trabte zwar während der Zeit der allgemeinen Unruhe vollinhaltlich hinter den roten Fahnen her, erschüttert aber heute Alicens Mannschaft gern mit der nicht neuen, aber nachhaltigen These: diese ganze Emanzipation sei am Ende nur die Schuld jener frühchristlichen Kirchenväter, so da ihren Lehrern und allem Anschein zum Trotz der Frau eine menschliche Seele zugeschanzt hätten. Doch versöhnt Edel im nächsten Moment mit Galanterien wie dieser: »Du, ich hob a schöne Haut, Evi, willst du amal fühlen? Wirklich, a wunderbare Haut, du! Gib a Bussi! Wo host'n Komma?«

Ein Intellektueller? Fraglos. Der einzige konsequent intellektfeindliche Bewohner der Republik? Auch das. Begreife, wer mag, auch Alfred Edel selber hat es wohl aufgegeben und redet sich, gefragt, was ihn im Innersten so zusammenhält, mit einem feurigen »Ich bin ahistorisch, ehrlich, du, ich bin phänomenologisch ahistorisch« heraus.

Ein aufmerksamer Blick in die Vita enträtselt immerhin dies und jenes.

Max Webers Erbe

Des Ahistorischen Werdegang, seine momentan evidente und flagrante Existenz sind eine Synthese aus Dunkel, Wahnwitz und furchtloser Alltäglichkeit. Daß einer »etwas Bedeutendes werden will« (Edel über Edel), gleichzeitig aber dabei »anonym bleiben möchte«, hängt als Leitstern über der Ausfahrt, welche mit einem mehrmaligen Schulverweis (»Die Lehrer waren dem Ausmaß meiner Phantasie nicht gewachsen«) am Gymnasium zu Passau anhebt und mit dem Abitur bei den Regensburger Domspatzen (»Ohne daß ich ein Wort singen kann«) einen ersten Höhepunkt erzielt. Die eigentliche faustische »Vielfaltsproblematik unserer Existenz« (Edel) eröffnet sich dem niederbayerischen Notarssohn nach 20jähriger Befangenheit im erzkatholischen Milieu der Heimat mit dem Studium zu München, Würzburg und Berlin, nämlich der Disziplinen (in dieser Reihenfolge:) »Jura, Volkswirtschaft, Psychologie, Soziologie, Politologie, Theaterwissenschaft und Philosophie«. Prägend wird zunächst »die Erkenntnistheorie vom alten Professor Britzelmeier, einem der wenigen Aufklärer in Bayern«, die sich mit der von Passau in die Aura Academica herübergeretteten liberal-katholischen Grundgesinnung überaus glückhaft verbindet: »Viel essen, viel trinken, fromm sein und a bißl geil.« Und fast immer schlägt das Fragmentarische von Alfred Edels Vita, wie es sich hier erstmals abzeichnet, ins Fortuneske aus: »Ich hob damals alles kursiv gelesen, von der Marinologie bis zum Max Weber« – dieser hat offenbar nachhaltigst gewirkt, Edel schätzt ihn heute noch, ohne nachzudenken und Angabe von Gründen, als »meinen geistigen Lehrmeister«, und außerdem: »Ich hab ein halbes Jahr im Max-Weber-Institut gearbeitet, dann haben s' mich rausgeworfen, haha!«

Simultan ersteht ein »Männerbund«, welcher für Edels elitären Eklektizismus wegweisend wird ebenso wie für seine phänomenologische Vielfaltsgesinnung. Vorzüglich, laut Edel, durch seine Besetzung: Kluge, Schamoni, Nettelbeck, Herburger, Herhaus; auch die Alt-Cracks Erich Kuby und Hans Werner Richter treten in Alfred Edels Schwabinger Kaffeehausleben auf und ein. »Frauen waren nur peripher vertreten, die wollten unsere Harmonie nicht und haben versucht, uns zu bekehren, und Bekehrung, das nenne ich emotionale Erpressung. Wir haben damals«, erinnert sich Alfred Edel laut und lauter, »die totale Illusion erlebt, nämlich die Endzeit in der

Jetztzeit verwirklicht. Ich kenne das Paradies, genau, das Paradies!« versichert Edel glühend, und wenn man ihn nicht fühlt, wird man ihn schwerlich erjagen, »wir waren damals ein Ferment, das die Studentenrevolte antizipiert hat«, und jetzt wird selbst dem gläubigen Zuhörer zügig schummrig im Kopfe, indes erkennt Edel heute klar: »Politik ist Ausdrucksarabeske«, und damit ist für ihn die Studentenrevolte auch schon intellektuell abgehakt und erledigt.

Damals, synchron zur Kaffeehauszeit, entzog er freilich der Politik seine Dienste mitnichten: Der Reihe nach betreute er die Bayernpartei (»weil sie gegen die Obrigkeit war«), den Vorsitz des Liberalen Studentenbundes und endlich das Bildungsreferat des damaligen SPD-Landesvorsitzenden Waldemar von Knoeringen. An der Theke der Schwabinger »Fendstube« hielt Edel gleichzeitig beim Plausch mit dem CSU-Vorsitzenden Josef (»Ochsensepp«) Müller die Verbindung zum Klassenfeind – ein frühes Beispiel für Edels heutige Forderung einer »Verbindung von radikaler Erkenntnis und gemütlicher Moral«, und man darf sich immer wieder einmal dessen wundern, daß dieser Mann bei solchen Agglomeraten und sonstigen Tränklein aus seiner Hausapotheke bei all seiner materialistischen Robustheit nicht selber schreiend davonlaufen muß.

An der Frankfurter Uni hat Alfred Edel anschließend als eine Art freischaffender Assistent »viel mit'm Adorno reflektiert und mit'm Habermas« – als Frucht verblieb die Erkenntnis: »Besser ein schönes Kleid als ein dogmatischer Gedanke«; welche Edel nach mancherlei weiteren Vorstellungen in den Zentren der Kulturindustrie (»Bei der FAZ, das is' natürlich net gut gangen«) zum endlichen Eintritt in die Werbung veranlaßt, »mein siebter Beruf, und der, den ich bisher am längsten ausüben tu!«

Ehrgeizlos, aber eitel
Ein paradigmatisches Intellektuellen- und Kreativenlos unserer Tage? Das auch, aber auch etwas mehr und durchaus Trostreicheres. Zunächst besticht Alfred Edels Verhältnis zur Reklame durch Lupenreinheit und echte Wärme. Sie dient ihm als »Schlüssel der Welterklärung«; hier fühlt er sich, anders als in der ungemütlichen moralischen Luft der Hochkultur, »akzeptiert von Leuten, die mit gekürzten Lebensläufen ganz gut leben« – und ob er nun diese Sentenz selber gefunden oder Alexander Kluge oder sonst wem knallhart nachgeredet hat: heute ist Alfred Edel ein wohldotierter und fachlich geschätzter Konzeptionsprofi.

Gleichzeitig läßt ihm die Zeit noch Raum zur Mitwirkung in Stücker 20 Jung-Filmen. Außer bei Kluge und Herzog etwa in Roland Klicks »Supermarkt«, Norbert Kückelmanns »Die Sachverständigen«, Helma Sanders »Gomorrha«, Brustellin/Sinkels »Berlinger«, Jochen Richters »Umarmungen«, Geissendörfers »Sternsteinhof«. Edel: »Ich mach' das alles nebenbei, du, zum Freundschaftspreis oder zu Stargagen, höhöhö, ehrgeizlos, aber eitel.«

1975 erschließen sich ihm zwei neue kreative Dimensionen: Im ZDF stellt er sich als Altfilmer, Teufelsgeiger und Armer Gigolo Arnold Hau in eigener Moderation vor, vergammelter als je zuvor ein Fernsehmensch sich vor die Kamera wagte; und er liefert Alexander Kluge das Figurenmodell des Werkschützers Rieche aus dem Roman »Lernprozesse«, der jetzt als »Starker Ferdinand« verfilmt wurde.

Nicht ganz überzeugend nehmen sich deshalb Alfred Edels Altersperspektiven aus, sein geplanter Rückzug aufs Land, in die Heimat: »Ich möcht' meditieren, du. Ich möcht' auch meine Liebe zur Trivialkunst pflegen, besonders dort, wo sie mystagogisch wird. Also bei Karl May.

Außerdem bin ich leidenschaftlicher Operettenfreund ... dann Richard Wagner ... Faust II, nicht Faust I, der ist zu durchsichtig ...«

Der lange Marsch

Meditation – Trivialkunst – Mystagogik – Erkenntnistheorie – altbayerische Liberalität nebst Geilheit: Es fällt nicht ganz leicht, dem Uneingeweihten den Eigensinn solcher Alfred Edelscher Vokabeln zu vermitteln. Sie tragen nicht den geringsten Hauch von Ernst und Wortwörtlichkeit. Niemand in diesem Staat hat indessen und infolgedessen mit der Bankrotterklärung von Wort und Sinn ernster gemacht – ohne daß er es doch im Einzelfall so ganz genau wüßte. Das vor allem erschafft Alfred Edels kaum vergleichliche, wahrhaft moderne, die Bezirke von Parodie und Selbstparodie weit hinter sich lassende und wahrhaft unveräußerliche Komik.

Deren Theorie muß noch geschrieben werden. Warum redet einer so goldenes Blech wie das aus der Edelschen Intellektuellen-Digest-Kiste? »Ich hasse Dogmatiker und Formalisten, und sie hassen mich auch«, erklärt Edel, und es ist dieser Satz ebenso sinnreich-sinnfrei wie jeder andere Edelsche auch. »Hier ist nichts rein, hier kommt alles zu allem« (Hofmannsthal), und auf einmal, ja blitzartig gewinnt der Edelsche Kosmos aus Werbebranche, Neu-Film und bereits strukturell verblassender Academia in seiner barbarischen Gegenwärtigkeit die Qualität von Traum und Lust. Der Schopenhauer neben dem Bierseidel auf dem Bücherbord, Max Webers Wissenschaftssoziologie verbunden mit einem (wortwörtlich:) »utopisch strukturierten Maoismus« (Edel) als der Vision einer optimalen Weltordnung; die gnadenlose Beherrschung des akuten Blabla-Jargons und seine restlose Entlarvung zugleich: Edel weiß sehr gut, daß er Quark quatschen muß – seine

Größe ist, daß er nicht nur die Stirn hat, ihn ungescheut denn auch zu quaken, sondern daß und wie er die Tiefe der Selbsterkenntnis negiert und munterst weiter Blech schwallmeit: »Der Kluge ist einer, du, der sieht sich in der Aufklärertradition Schiller, Brecht und Kluge. Was bei ihm fehlt, ist das mystagogische Moment. Er ist ein moralischer Rigorist. Ich bin einsam. Wie steht's denn bei dir mit die Weiber, Bua? Mit die Mädel? Der Film von Peter Stein, du, der ist Oberflächenrealismus, szenisch ultramondän, szenisch ultramondän, du. Suggestiv, aber nicht situationsreflexiv . . . oder?«

Wort- und Totschlag. In der totalen Nonsenserklärung der Welt trägt die humane Kunstfigur Alfred Edel tatsächlich das formale Erbe Karl Valentins fort, von welchem er sich doch in seinem festen Unglauben an das letztlich Gute sehr wohl scheidet. Die Welt, unbeschadet Edels Bekennntnis zu Fortschritt und Mao, tappt unverdrossen auf der Stelle, und Alfred Edel ist insofern tatsächlich der Proletarier, der unter die Intellektuellen gefallen ist, als er diese davon sehr das Fürchten lehrt.

Dieser Mann und Operettenliebhaber ist Frankenstein; aber eben doch im Edelschen Sinne »moralisch gemütlicher«. Ginge es heute darum, das neue Menschenbild zu küren, Alfred Edel, 44 Jahre, wohnhaft in Frankfurt, wäre als Kandidat laut zu empfehlen. Kommen so am Ende doch noch gute Zeiten auf uns zu? Soviel steht fest: Wo die Grenze zwischen Kompetenz und absoluter Inkompetenz, mithin auch zwischen Ernst und Komik, zwischen Rokoko und Science Fiction, Zeit und Raum so verwehtverblasen sind wie bei Alfred Edel, da stellen sich zwar mit Sicherheit Verwirrung und Chaos, am Ziel des langen Marsches vielleicht aber doch – frei nach Heinrich von Kleist – Unschuld wieder ein und Anmut.

An diesem Text hat stark Bernd Eilert mitgearbeitet.

SPIESSERS HIMMEL

Wes Ungeistes Kind in Wahrheit die sind, die auf S. 1–5 des Blatts verantwortungsstark zu dem Ressentimentsgelaber der Herbert Kremp, Enno von Loewenstern und Peter Gillies mit den deutschnationalen Köpfen nicken, – das enthüllt Woche für Woche die Samstags-Humor-Seite der »Welt«, genannt »Kleines Welttheater«, zum Finalausklang der Beilage (unglaublich, aber sie heißt so:) »Geistige Welt«. Gewiß, auch die analogen Satire-Humor-Abteilungen der »Süddeutschen« und der »Frankfurter Rundschau« sind kleine bis mittelschwere Unglücke und Plagen – was hier aber, zur Idiotensicherheit kenntlich gemacht durch eingestreute Narrenkappen-Vignetten, auf den gebildeten Reaktionär einwuchtet, keinen Deut weniger rücksichtslos als die »Neue Revue«- und »Praline«-Witzseiten: das hat etwas von Epiphanie und – Aufklärung zugleich. Wundersam freiwillig entlarvt der ewige Spießer am Ende des Blattes seinen Himmel, der die Deppen-Hölle ist.

Ersparen wir uns den Platz, dies zu beweisen – bitte, legen Sie hin und wieder 1,50 DM für Springer an und um sich selbst zu überzeugen: Wahrhaftig scheint der »Welt«-Humor geeignet, einer aktuell aufgefrischten Faschismus-Theorie mit auf die Beine zu helfen.

NEUE ZÜRCHER

Von der »Neuen Zürcher Zeitung« in ihrer totalen Symbiose aus totaler Verschnarcht- und Emmentalkäskariertheit einerseits und totaler Weltläufigkeit andererseits könnte selbst die FAZ noch einiges, und nicht nur die wunderlich sinnig-unsinnigen *kursiven* Hervorhebungen und die obstinat feierliche Schreibweise »ae«, abschauen. Seit einem halben Jahr habe ich das Blatt nun abonniert – und jeden Tag finde ich, mit Kafka (Brief an Felice 24. 11. 12) zu reden, eine Perle, die nur für mich bestimmt scheint: »Eine äußerst kehlfertige Dame (ihr Name sei hier schonungsvoll verschwiegen) führte den helvetischen Jodel (samt Jodellied) durch sinnentleerte Virtuosität und kreuzdumme Texte *ad absurdum*« (aus einem Volksfest-Bericht).

Ja, unsere alten, 203 Jahre alten Krautkopf-Zeitungen ... gerne stelle ich mir immer wieder vor, wie die Redaktionsmannschaft von Fred(!) Luchsinger über Erich A. Kägi, Hans Zwicky und Ferdinand Hurni bis hin zu Heinz Bitterli(!!) ständig bedroht ist, vor Schwäche von den Schreibtischen zu purzeln. Aber aufgepaßt wird noch! Scharfkritisch und sinnenthemmt erbarmungslos!

PS: Eine eigene Wochenend-Humorseite hat das Blatt gottseidank nicht; nein, die braucht's da wirklich nicht, weißgottneinnicht. Hier ist der Beweis:

Kurzmeldungen

Luzerner Feuerwerk. Rund 50 000 Personen haben am Samstag abend um und auf dem Luzerner Seebecken das Feuerwerk verfolgt. Nicht inbegriffen in dieser Zahl sind jene Luzerner, die das Spektakel von ihrer Wohnung aus angesehen haben. *(sda)*

Schäferfest auf der Gemmi. Rund 3500 Besucher haben am Sonntag das 25. Schäferfest auf der Gemmi besucht. Mehr als 1200 Schafe stürzten sich von den umliegenden Berghängen an die Ufer des Daubensees, wo »Gläck«, eine Mischung aus Kleie und Salz, ausgestreut worden war. Vorgängig hatte ein ökumenischer Gottesdienst stattgefunden. *(sda)*

OBJEKTLOSE AGGRESSION

Die derzeit, bei härtester Konkurrenz, ekelhafteste deutsche Zeitschrift, die bis vor kurzem harmlos-betuliche Tanten- und Prominenten-Gartenlaube »Bunte« aus dem von Haus auf eher beschaulichen Stall des weiland Senators Burda, welche mit Günter Prinz' Übernahme der Blattleitung zu einer wahrhaft gnadenlosen Hochglanz-»Bild«-Zeitung im Quadrat um fast 180 Grad umgepolt wurde – dieses Woche für Woche den Sozialneid und eine Art objektlose Aggression aller gegen alle schürende Topjournal der offenkundig vollends hemmungsfreien neunziger Jahre frug in einer seiner jüngsten Ausgaben reich mit dokumentierenden Fotos garniert: »Mini und Moral – Wieviel darf eine anständige Frau zeigen?«

Der Fall ist tückisch; aber auch lustig. Nicht allein beleuchtet er, wie unverzichtbar, ähnlich wie die »Sünde«, die scheint's ausgediente bürgerliche und/oder christkatholische Kategorie der »Anständigkeit« als purer Atavismus ihrer eigenen Abgewirtschaftetheit noch immer regiert; zumindest für die Journaille und ihr als ohnehin schwachsinnig vermutetes Leserpublikum. Seine wahre Reife und Süße und wahrhaft »unanständige« (L. Rinser) Perversion erlangt der Spuk durch die Evidenz des eigentlich auch seitens dieser Leserschaft Unübersehbaren: Daß in den letzten Jahren niemand, nicht mal »Bild«, so rücksichtslos Remedur geschaffen hat; nämlich die Ärmel hochgekrempelt hat, den ohnehin überaus vagen und konsistenzlosen Begriff der »Anständigkeit« allwöchentlich noch weiter auszuhöhlen, wesenlos zu machen, durch das eh waltende Gegenideal einer vollends von ihrem eigenen Dreck verzauberten, ja besessenen Geld-und-nochmals-Geld-Gesinnung zu liquidieren.

Mit einem – doppelte Perversion und Korruptivität – gewissen Recht sogar.

DIE DEUTER MOZARTS

Zum drohenden Jubeljahr

Zur »Mozartkugel« ernannte schon vor Jahren der Kleinschriftsteller Hermann P. Piwitt den Großkritiker Joachim Kaiser, und im je Einzelnen sieht das so aus, daß der süddeutsche Musikpapst zwar bei Wagner das »Götterdämmerungs«-Glück feiert, im exakt feuilletonistischen Unterschied dazu aber anderentags »das eigentliche Mozart-Wunder« sich »ereignen« hört und sieht. Und wehe freilich, es stellt sich nicht recht ein: »Der Aufführung« (dem Salzburger »Figaro« 1972) »fehlte es nicht an Sensibilität, Gefühl und Verstand; aber am Gleichmaß von Harmonie, Not und Glück.«

Wahrscheinlich auch noch an der Harmonie von Glücksnot und von Ebenmaß.

»Mozarts Schönheit« würdigt dagegen 1958 einmal mehr der Wiener Burgtheaterchef Friedrich Heer – zuweilen nun allerdings recht befremdlich so: »Mozart ist ein Genie des Gehorsams, des Gehorsams als einer urmächtigen, überwindenden Kraft.« Was immer das nun wieder genau unken mag, was das »geniale Vergessen« Mozarts bzw. seiner Bühnenfigur Susanna betrifft, so ergänzt hier sehr schön der Biograf und langjährige Salzburger Mozarteumsleiter Bernhard Paumgartner, es zeige in der Rosen-Arie eben dieses Vergessen »eine der bedeutendsten Leistungen unseres« (!) »Meisters. Es enthüllt uns endgültig das tiefere Wesen dieses reizenden Mädchens.«

Auch dann, wenn dieses subkutan vielleicht doch eher ein Flietscherl sein möchte.

Kein Wort wahr, sondern Wunschkind, Schimäre und Kitsch, sei laut Wolfgang Hildesheimer an dem, was

Paumgartner über Mozarts Empfang durch die Wiener zu Papier bringe. Aber was das mozartgroßfeuilletonistische Schwärmen und Fantasieren anlangt, so hat auch der der Fama nach gegenläufig-rationale Hildesheimer seine merkwürdigen Meriten: Mozart sei »vielleicht das größte Genie der bekannten Menschheitsgeschichte«, »ein unverdientes Geschenk an die Menschheit« usw.

Alfred Einsteins Mozartbuch beläßt das offenbar obligat Närrische der Materie eher im fast unmerklich Dezenten; Annette Kolb fabuliert erst gegen Ende ihres »Mozart – Sein Leben«-Werks ziemlich Unziemliches: »Die ganze Nacht ist stürmisch gewesen. Schnee und Regen über Wien. So starb diese Glorie des Katholizismus.« Im weitesten Sinn der Aufklärung per Kritische Theorie verpflichtet zeigt sich Ivan Nagels »Autonomie und Gnade – über Mozarts Opern« (1985) – allein, das hält den Verfasser keineswegs ab von Mysterien der Art: »Verrat wäre demnach die Uhr der Freiheit, schließlich der verrückt beschleunigte Stundenschlag der Moderne. Vielleicht liegt darin das tiefste Thema von ›Don Giovanni‹«.

Kannitkapiern? Ulrich Dibelius, wie ähnlich der noch jüngere Volkmar Braunbehrens (»Mozart in Wien«, 1986), ist ein vergleichsweise sachlicher Mann. Das reißt ihn (in »Mozart-Aspekte«, 1972) allerdings nicht immer vor Fragen zurück der Art: »Wo ist sonst noch so viel Traurigkeit in lächelndes Frohsein umgewandelt worden?« als im letzten Klavierkonzert KV 595 – nein, auch unsere jüngeren Deuter kommen um den steinaltewiglichen Mozart-Interpretations-Gemeinplatz des »Lächelns unter Tränen« und seine zahllosen Varianten nicht herum. Das Inkommensurable ist es, das dialektisch Höhere, was bei Mozart nicht so sehr die gesamtheitliche Menschheit, sondern speziell die gewappelten Mozart-Deuter hinanzieht – eben: das Kaisersche Wunder. Zumal dann, wenn dieses

Wundersamliche noch über die Mozartkugel hinaus zur schieren und randvollen Rauschkugel hin abhebt; so geschehen am 17. 9. 71 in der »Süddeutschen«, wenn Kaisers entflammter Joachim anläßlich einer im Furor südteutonicus enthemmten Konzertkritik vergißt mitzuteilen, *welches* Konzert denn da nun eigentlich genau gespielt wurde.

Erst da nämlich, jenseits solcher quantité négligeable, in dieser bestürzend hingeschmolzen imperialen Höhe, »kommt heutige Mozart-Deutung so richtig zu sich selbst, ja selber« (Eckhard Henscheid).

VOM RHEIN ZUM MURMELTIER

Die Schweiz im Spiegel des Glacier-Express

Im Prospekt waren sie versprochen worden – und also hatte bei der ersten Fahrt 1982 meine neugierige Erwartung besonders ihnen gegolten – und tatsächlich, akkurat um 17 Uhr, beim Eintreffen des erschöpften Zugs im Bahnhof von Zermatt, waren sie zur Stelle, die neuen Gäste halsglockenbimmelnd zu begrüßen: eine halbhundertschaft starke Herde munterer Bergziegen. Ja, in der Schweiz. Da sind ja sogar die halbwilden Tiere pünktlich wie die Mauerer.

Bei meiner jüngsten Glacier-Express-Fahrt freilich am Pfingstsonntag 1990: In Zermatt kein Bergziegen-Begrüßungskorps zu sehen noch zu hören. Nein, die Schweiz ist auch nicht mehr, was sie mal war. Schon in Chur hatte der Zug unerklärliche vier Minuten Abfahrtsverzögerung.

*

Die wild zerklüftete Albulastrecke von St. Moritz herunter, den ersten graubündischen Teil der Route, die hat der Glacier-Express in einer satten Stunde flott hinter sich gebracht. Für einen schönwettrigen Pfingstvormittag ist die komfortabel neubepolsterte Bahn nicht eben schon rappelvoll besetzt – ich entsinne mich: als ich seinerzeit vor acht Jahren mein Glacier-Debut gab, da hatte eine Metzgerinnung sich recht breit gemacht zum ehern ausladend quietschvergnügten Gruppenlärm der schon fast erhabenen Art. Heute sind vorerst nur ein paar wanderträchtig nußölbraungetönte Wadlstrumpf-Ehepaare im Coupé – und ein vereinzelter junger Mann samt einem Paar Compact Ski; wie sich herausstellt nach Zermatt unterwegs. Im Winter gibt es, habe ich gelesen, hier neuerdings via Glacier-Express eine Art Wander-Skipaß-Union zwischen St. Moritz und Zermatt – ganz offenbar, um der sonst schon machtvoll drohenden Skilangweile gegenzusteuern.

In Italien, so weiß man, wird jeweils der regional schönste Mann Polizist; in der Schweiz meist Schaffner. Filmschaffner quasi in einer Heimatfilmeisenbahn. Mit Ringelschnauzbart, Schweizerdeutsch und möglichst wasserblau verschmitzten Augen. Mein heutiger: Ist schön, aber noch etwas zu jung. Auch fehlt ihm das rechte brummig-bärbeißige Heidi- respektive Almöhi-Organ.

»Umstrittener Bischof Haas treibt gläubige Katholiken in Scharen aus der Kirche«, erfreut bei der mittäglichen Kaffeepause auf dem Churer Bahnhof der Reklameschrieb eines deshalb gleichfalls hocherfreuten heimischen Boulevardblatts nicht nur mich, sondern vielleicht auch zwei neugierig lesende Nonnen. Die »Schweizer Illustrierte« stößt ins gleiche frohe Alphorn: »Wolfgang Haas – Der verhaßte Bischof«. Der heilige Mann sieht tatsächlich aus, als hätten ihn Gottfried Keller, Ludwig Thoma und Fellini bei einem schon übertrieben maliziösen Brainstorming gemeinsam erfunden – der sich erstmals jetzt ins Blickfeld schiebende junge Churer Rhein aber ist genauest, wie sein Name sagt: die grünlich pure Lauterkeit, jetzt auch noch glitzernd in der aus barockdramatisch vielfarbigen Wolkenbrummern hervorbrechenden zarten Junisonne.

Hinter Reichenau, beim Zusammenfluß von Vorder- und von Hinterrhein, werden die Felsformationen rechterhand allgemach türmender, säulenhafter, zum Teil auch wilder, bizarrer von Gestalt. Die Lokomotive ist flußaufwärts in Fahrt – ich schätze: 60, fast schon 70 Stundenkilometer. »Speiseraum-Restaurant«, so lautet das Schild im schönen, rundum rötlich holzverkleideten Bahnhof von Reichenau – ach, man müßte ja, zumindest für deutsche Augen, allein solche schönen Wörter schon unter Naturschutz stellen lassen – in dieser kargen Zeit der ewigen »Shops« und »Food-Stations« und bestenfalls der »Snack«-Büdchen! Und dabei ist dieses wie aus der Ferne längst vergangener Zeiten herüberwinkende gastliche Etablissement scheint's gar noch durchaus in Betrieb!

*

Nach Ilanz zeigen sich, etwas entfernt, die ersten Juni-Schneeberge; hochragende Kaventsmänner, Vorfeldtrupps der Tödi-Region wohl. Unsere Rhätische Bahn offenbart keinerlei Schwächen, wenn sie jetzt langsam ernsthaft zu klettern beginnt. Am Bahnhof von Disentis/Mustér eine ziemlich gewaltige Massen-Bewegung älterer Semester, welche sich als »Himmelreich-Reisen-Frankfurt« von Tiefencastel nach Zermatt herausstellt. Und einen annähernd höllischen Krach veranstaltet. Gottseidank dann aber doch nicht in meinem, sondern im anderen, im nachfolgenden Sonderzug Einlaß anstrebt. Immer diese lauten Deutschen.

Mühsam ernähren sich nicht nur das Eichhörnchen und der nachbiblische Mensch im Ganzen; sondern vor allem auch die Eisenbahnerbauer, die jetzt, beim mählichen Erklimmen der höchsten Panoramaposition, dem 2033 Meter hohen Oberalppaß, sich schon raffinierte Kunststückchen an Tunnel- und Serpentinentricksereien hatten einfallen lassen müssen. Links von der Zahnradstrecke auf dem Bergrücken: Furchtbar anzuschauende Verheerungen, Tausende kreuz und quer umgemähter Bäume – kaum einen ließen die Winterstürme vom Februar dieses Jahres stehen. Noch halb zugefroren der kleine Oberalpsee. Durchaus vorweltlich mahnt jetzt vieles: Felstrümmer für einstige Riesen als Waffen oder als

Tand hergerichtet – dazwischen hat's noch spärliche Blumen, solche mit sandfarbenen bis maisgelben großen Blüten, nein, keine Dotterblumen, aber – wie heißen die denn bloß nur? Ach, wenn unsereins in Flora doch nicht gar so mäßig beschlagen wäre!

Hinter der Paßhöhe wird der Landschaftscharakter bald wieder milder, sanfter, malkastenbunter. Ein Ideal des Eisenbahnreisens, eins unter mehreren: daß man notfalls aus dem fahrenden Zug steigen, neben ihm hergehen und in würzigluftiger Höhe Blumen zupfen kann. Auf seiner Streckenklimax, der Oberalpregion, gestattet der Glacier-Express es immerhin tendenziell – freilich eben nur tendenziell: Die Schweiz ist, und war es lang vor jeder High-Tech-Ära, das Land der genauen Uhren und der trotz – siehe oben – gelegentlicher Ausnahmen doch unabdingbaren Pünktlichkeit; selbst in mehr als 2000 Meter Höhe. Bleibt nur der bezauberte Blick aus dem Waggonfenster:

»Wie färbt si der Rase / grüener rechts und links, wie stöhn mit chräftige Triebe / neui Chrüter uf, wie prangen in höhere Farbe / Bluemen ohne Zahl . . .«

Genau. Und daß der Johann Peter Hebel dieses sein gemütvolles Gedicht allerdings eher der Basler Gegend entlehnt hat, macht gar nichts. Dafür erkenne ich botanischer Ignorant jetzt klar und voller Stolz: wenn schon nicht Edelweiß, so doch unleugbar: Enzian! Und das Purpurrote: Dürften Alpenrosen sein.

*

Die ständig kreisende Spiralzirkeleinfahrt von der Oberalp hinunter nach Andermatt und im Rahmen eines Straßen- und Eisenbahn-Schleifen-Geschlinges wie auf der Achterbahn: Das Ganze gemahnt an die kunterbunte Wiese eines Kinderfests, bei welchem die weinrote Glacier-Express-Wagenequipe als ihre eigene Kinder- und

Volksfestversion den Wiesenfestplatz umrundend abgrenzt: »Klein wie alles in diesem Land« (Frisch, Stiller).

Es muß ein eigenwilliges, ein eigentümliches Land sein, dessen bedeutendste oder immerhin (nach Genf-Romanshorn) beinahe bedeutendste Eisenbahn-Transversale mehr oder weniger eine ins Große dimensionierte Spielzeugbahn mit 291 pittoresken Brücken und 91 kindertraumniedlichen Tunnels ist, die vorbeizieht an Gems und Eis und Brünnlein – eine Bahn, welche auch staunlich behende Kehren- und Kletterkunststücke vorzuführen vermag; nebst gastronomischen: Der Speisewagenkellner seit je zur Demonstration artistisch weineinschenkend auf der schiefen Ebene zur Oberalp hinan – ein Fall sogar für den Physik- und Geometrieunterricht.

Die Glacierbahn also denn als Paradigma, als Emblem, als Symbol der Schweiz? Ihres Reichtums, ihres Luxus, auch des Früh- und Spätkapitalismus? Der Schweizer Wackerheit und Zähigkeit?

Das Thema des Schweizer oder zumindest des Schillerschen Wilhelm Tell ist die Wiederherstellung von Natur und Naturrecht als Ziel des irgendwann aus den Fugen geratenen Lebens – aber es gibt neben solchen pathetischen ganz offenkundig auch überaus verspielte, kindliche Züge im Schweizer Wesen; so dünkt's manchmal dem verwunderten deutschen Gast. Natur selber hat andererseits eine quasi eingeborene Neigung zur Künstlichkeit – das mag dann, von pragmatisch-funktionalen Gründen abgesehen, ein Ding, ein Werk wie das Glacierbahn-Unternehmen halbwegs erklären. Wie mir's vorkommt: ein Menschenwerk als eine unio mystica aus Notwendigkeit im Sinne des Gebots der Verkehrsentwicklung hie – und aus naiver Ingenieurs- und Spielfreude dort; kantisch gesprochen: aus absichtslosem Wohlgefallen, dem Gelingen jenseits fast aller Zweckgebundenheit.

Ein Drittes mag verklammernd hinzugekommen sein: Die Idee des locus amoenus, der Idylle also, als einer uralten und ewigjungen Utopie der – nun doch wohl über den Schweizer als solchen hinaus – Menschheitsgattung. Idylle, das meint vor allem die enge nachbarliche Zusammenführung eigentlich entfernter Dinge; auch der heterogensten. So wie auf einer anderen Ebene in Köln am Rhein einmal Strom, Hauptbahnhof und Dom auf knapp hundert Meter konvergieren und eine unverhofft rare Einheit, eben ein Idyllisches, bilden, – so im eher bukolisch-romantischen Sinne der Fels des Matterhorns, die gesprenkelte Blumenwiese und die Schienenspur, die fast noch durch den unwirtlichen Gletscher führt. Wünschen möchte ich mir da nur noch etliche Bedarfshaltestellen an Heuschobern und Kuhställen und dergleichen: irgendwie sozusagen am Stall von Bethlehem.

*

In einem schon älteren deutschen Fernsehfilm über den Glacier-Express wurde dessen elanvolle Fahrt durchs graubündnerische Vorderrheintal recht penetrant mit den erwachenden heiteren Gefühlen bei der Ankunft auf dem Lande, also dem 1. Satz der Beethovenschen Pastoral-Sinfonie, untermalt. Das stimmt aber, ich hab diesmal genau aufgepaßt, nicht so ganz. Eher schon gemahnt diese muntere, flußaufwärts fast unmerklich ansteigende Reisebewegung an – eine luftige Rossini-Ouvertüre? Hm. Honeggers Pazific-Ouvertüre? Nein, noch gleich viel weniger. Schon eher an den Kopfsatz von Prokofieffs Klassischer Sinfonie – oder vielmehr: an das neugierige vorwitzige Peter-Motiv aus »Peter und der Wolf«?! Naja, auch noch nicht ganz. Na gut, dann halt, wenn schon Beethoven, dann eben an den Beginn seiner Waldstein-Klaviersonate; in einer möglichst gemächlichen, etwas großväterlichen Version; einer gleichsam eisenbahnlich gemütlich heruntergestapften.

Ganze Schwadrone von Schlauchbooten befinden sich an diesem sonnigfrischen Pfingstsonntagmittag auf dem sprudligen Vorderrhein. Möglicherweise, ich hab mal so was gelesen, Fahrten, welche von der Schweizer Bundesbahn organisiert sind und »Raft-Adventures« o. ä. heißen. Nach Reichenau wandelt sich stark das Uferbild, wechseln die Felsformationen ihr Antlitz. Ich erinnere mich an ein sehr typisches Gemälde von Ferdinand Hodler – aber betraf das nicht vielmehr das Rhone-Ufer? Wie ausgespült und ausgewaschen ragen nun die rundlichen Felsen hoch, abgesetzt von den waldigen Hügelkuppen – und gemahnen gleich an was nur? Jawohl, genau, an gewisse archetypische Szenerien aus dem Wilden Westen, ja, an »Monument Valley« und dergleichen! Der Berg ruft plötzlich – kalifornisch, arizonaisch!

Von wegen Beethoven und Hodler! Zu schweigen von Prokofieff!

Aber wahrscheinlich sind Berge, Seen und Meere musikalisch eben eh nicht allzu dingfest zu machen . . .

*

Am 5. August 1969 verstarb im Krankenhaus von Brig der seinerzeit wohl einflußreichste und zumal in linken studentischen Kreisen charismatischste Philosoph und Vordenker Theodor W. Adorno. Der folgende Passus über einen Gegenstand, welcher sonst weniger im Blickfeld des abstraktionsfreudigen Kritischen Theoretikers lag, verdankt sich wahrscheinlich als deren Nebenprodukt gewissen Nietzsche-Forschungen oben im Engadin; wie symbolisch könnte er aber auch Brig und dem Eisenbahnwesen des Wallis entsprungen sein:

»Wer einmal den Laut von Murmeltieren hörte, wird

ihn nicht leicht vergessen. Daß er ein Pfeifen sei, sagt zu wenig: es klingt mechanisch, wie mit Dampf betrieben. Und eben darum zum Erschrecken. Die Angst, welche die kleinen Tiere seit unvordenklichen Zeiten müssen empfunden haben, ist ihnen in der Kehle zum Warnsignal erstarrt; was ihr Leben beschützen soll, hat den Ausdruck des Lebendigen verloren. In Panik vorm Tod haben sie Mimikry an den Tod geübt« (Aus: Sils Maria, 1966) –

– und genau da hat der aus Frankfurt angereiste Privatzoologe übertrieben oder falsch beobachtet oder sich zumindest wieder mal pro domo seiner Lebenstheorie verspekuliert. Oder aber die Murmeltiere des Wallis sind andere als die des Engadin. Die den Glacier-Express gleichsam über Zermatt hinaus und zum Matterhorn und Monte Rosa hoch nochmals verlängernde Gornergrat-Zahnradbahn jedenfalls erfreut kurz vor ihrer Endstation mit zwei gänzlich todesunerschrockenen Murmeltieren, die, aufrecht postiert, dem vorbeiächzenden und jetzt anhaltenden Zug wie Zaungäste salutieren – nein, es sieht ihre Haltung sogar ganz so aus, als ob sie als Schaffner bzw. Fahrdienstleiter ihm gleich die Abfahrt wieder freigeben wollten.

Gegen irgendeine eßbare Art von Festangestellten-Gehalt. Und freilich gerade ohne mechanisches Pfeifen.

Ein Disney-Land? Mimikry ans gänzlich unpanisch gemütliche Leben des Wallisers und das halt sowieso nicht mehr verhinderbare Touristik-Unwesen? Gleichviel, so oder so zu Recht haben die Zermatter dem Murmeltier im Stadtzentrum einen liebevoll prächtigen Brunnen errichtet.

*

Ja, doch, es stimmt: Die Schweizer Murmeltiere, um einen bekannten Vers von Morgenstern zu variieren, sie sehen alle aus, als ob sie Unterschaffner wären.

Und die Sommerblumenwiesen ganz wie von Claude

Monet gemalt. Und die Nebelschwaden bei der Rückfahrt über den wilden Schluchten von St. Niklaus wie von Goethe selbst poetisch beschworen; anläßlich seiner herbstlichen Harzreise nun freilich . . .

Franz Schuberts und Wilhelm Müllers schlesisch-wienerischer »Hirt auf dem Felsen« aber lagert mitnichten romantisch-idyllisch auf eben diesem, sehnsuchtsvolle Blicke übers Land hin werfend. Sondern beschaulich-behaglich – das rechte Knie gewinkelt, das linke Bein gestreckt wie bei Schwind – zusammen mit seinen vierzehn braunen Kühen zwanzig Meter neben dem Gleiskörper des ihn nicht weiter juckenden Glacier-Express.

*

Als Goethe im Zuge seiner Schweizer Reise, kaum hatte er gelegentlich der Ansicht der Lauterbrunner Staubbach-Wasserfälle sein großes Gedicht »Des Menschen Seele gleicht dem Wasser« hinter sich gebracht, über den Schmadribach, wo er den Tiroler Maler Joseph Anton Koch traf, übers Jungfraujoch und den Aletschgletscher sich auf Brig zu abseilte, wo er hoffte, bei der Jungfernfahrt durch den neueröffneten Simplon-Tunnel mit dabei zu sein, um nach seiner eigenhändigen Matterhorn-Erstbesteigung mit dem Orientexpress über Turin und Venedig endlich seinen langjährigen Wunschtraum, den persischen Osten im Verein mit seiner Suleika – ach was, das kauft uns ja doch nicht mal der alte Goethe- und Bahnhofsexperte Fritz (»Jott«) Raddatz ab.

Aber schön wär's freilich, läge in der Kultur- und Berggeschichte alles noch viel inniger, »idyllischer«, bei- und aufeinander.

So wie im 5,8 Kilometer langen Kehrtunnel der Albula-Strecke St. Moritz–Chur, dem Beginn der Glacier-Bahn, diese buchstäblich auf sich selbst übereinander.

Was, wie ähnlich im Fall des Wassener Tunnels der Gotthardbahn, vielleicht ja nicht nur den zugereisten Japaner oder den hochmütigen Bundesdeutschen, sondern werweiß sogar den baulich-bohrerisch verantwortlichen Schweizer selber immer wieder mal mit Verwunderung, Verblüffung, ja mit einer merkwürdigen Art gleichwie von sich selbst betörter Entzückung erfüllen mag.

Auch wenn, o Trauer, der letzte Schweizer TEE dort am Gotthard jetzt seine Dienste aufgekündigt hat.

*

Im Jahr 1991, wenn ich das richtig aufgeschnappt habe, soll, zusammen mit der Schweiz insgesamt, auch der 4478 Meter ragende Berg der Berge, das Matterhorn, irgendein Rundjubiläum begehen. Wie diesen wahrhaft steilen Zahn aber nochmals angemessen ehren? Nun, mindestens zwei Gamsen auf einen Streich wären zur Strecke gebracht, sofern der augen- und ohrenscheinlich derzeit stark unterbeschäftigt-ungeforderte und deshalb vielleicht psychisch angeknackste Reinhold Messner, anstatt die langweilige Antarktis im Alleingang nun nochmals zu durchlatschen, das zugegeben auch schon etwas gar oft bekraxelte Matterhorn anginge, allerdings eben dann im Rückwärtsgang und ohne Seil noch Pickel; dafür aber mit auf der Stirn eingebauter TV-Sofortbild-Kamera sowie das letzte Stück dann im Handstand rückwärts ohne Sauerstoff – – –

Ja, das wär' echt prima.

Daß man einen Eisenbahntunnel durch die Eigernordwand schlägt, um mit einer elektrischen Lokomotive die fast 4000 Meter hohe Jungfrau hinaufzugelangen, das ist so gerade noch plausibel. Die schwindelerregenden Abgründe der Glacier-Schlußstrecke Brig–Zermatt aber erheischen nicht nur allerhöchstes Vertrauen in die rhätisch-schweizerische Eisenbahnkunst selbst noch im unklar halbwelschen Wallis; nein, diese Strecke, und das meint auch mein kritischer Reisebegleiter Botho S. Dammer, läuft partiell auf Gottesherausforderung hinaus, ja auf pure Hybris. Auch wenn das Ganze seit Jahrzehnten täglich mehr als ein dutzendmal so gerade noch, aber frappierend gutgeht.

*

Die Eßsituation in Zermatt freilich ist eine glatte Impertinenz; und für Dammer und mich deshalb – gleichfalls entschieden eine Herausforderung. Nebst einem späten Triumph: Nach 17 vergeblichen Anläufen hocken wir endlich so zivil wie preiswert wie durchaus gemütsam und wohlbeköstigt da, wo der ganze Segen seinen Ausgang nahm: im »Buffet« des Bahnhofs. Das diese Schleichwerbung eben deshalb wohl verdient.

*

Dagegen hat das Mittagessen am andern Tag, mitten im Furka-Tunnel und bei höchst dezent ausgetüfteltem Tischlampengefunzel im sonst dunklen Speisewagen etwas gewissermaßen Psychedelisches, deliziös Hedonistisches, fast schon Vergnügungsübertriebenes. Warum hat dieser Tunnel noch in keinen Kriminalfilm Eingang gefunden?

Freilich heißt der Speisewägelchenbetrieb im Reiseprospekt beklagenswerterweise jetzt halt doch »Mini-Snackbar-Service«. Kein Glück ohne Reue. Aber der Spinat schmeckt wiederum famos.

*

Bei der Retourfahrt durch das nebelschwer verhangene kluftige Mattervisptal von Zermatt nach Brig versichert uns ein seinen Kurzurlaub beschließender japanischer Banker ziemlich euphorisiert, daß a) seine Landsleute ja keineswegs nur die Jungfrauregion kennten und ästimierten, sondern in einem fortgeschrittenen Stadium der Alpenpassion eben doch das Matterhorn präferierten; und b) daß gegen dieses weder der heimische Fudschijama noch auch die infrastrukturell eher zurückgebliebenen Himalaja-Riesen eine Chance hätten.

Dies den Schweizer und insbesondere den Walliser Lesern zur Beruhigung.

»Eine schöne Gegend veredelt den Menschen, die erhabene stimmt ihn erhaben«, dekretiert Ludwig Tieck. Uns hat man der Chance, uns erhaben zu fühlen, auf dieser Fahrt teilweise beraubt. Es spart zwar eine gute Stunde, ist aber doch recht bedauerlich: daß man seit acht Jahren mit der Eröffnung des 15,4 Kilometer langen Furka-Tunnels die alte Furka-Paß-Route, bei der das Glacier-Bähnchen auf gute 2400 Meter hinaufzuklettern hatte, praktisch eingestellt hat – jene also, die vorbei am Dammstock-Rhonegletscher führte, angesichts dessen Erhabenheit und eisig-archaischer Größe vor gut zweihundert Jahren der reisende deutsche Schriftsteller und Goethe-Zeitgenosse Wilhelm Heinse ohnmächtig geworden war: »Schauer auf Schauer«, notierte er später immer noch schauernd, hätten ihn beim Blick auf dieses »Gebeinhaus der Natur« übermannt und buchstäblich zu Boden geworfen –

– nun, ihm blieb eben auch nicht die doch letztlich sehr große Sicherheit des Rückzugs ins Eisenbahn-Innere. Die Schweizer aber, wenn ich einen entsprechenden Zeitungsbericht recht gelesen habe, möchten künftig im Zuge allseitig-exzessiver Gefühlsberieselung auch dem Gefühl des Erhabenen wieder eine reelle Chance als Sonderservice einräumen: durch gelegentliche Extrafahrten über die alte, seit acht Jahren stillgelegte Furka-Rhonegletscher-Strecke.

Wollen wir das loben? Ja, wir wollen's loben.

*

»Rheingold! Rheingold! Reines Gold!« So singen in Richard Wagners Tetralogie im schauerschön-wehmütigen Terzett die drei Rheintöchter klagend zu Wotan empor, und dann: »Traulich und treu ist's nur in der Tiefe!«

Im Fall der sinnbildhaft aufreißenden Frühlingsnacht der dem Wonnemond weichenden Winterstürme, im ersten »Walküre«-Aufzug also, schwebte dem Dichterkomponisten glaubwürdig der Eintritt aus der noch schneeverdüsterten Gotthardregion ins wetterwendisch schon magnolienbeblühte Tessin vor. Wo aber wohl sollte der Rhein »traulich und treu« sein? In der Gegend von Worms gewiß nicht mehr, dort ist er zwar tief, war er freilich auch um 1850 schon ökologisch mächtig am Versacken. Der junge Rhein aber bei Chur und Reichenau? Der gleißt zwar wonnig grünlich und türkis und lädt gewiß Rheinnixen zum im eigenen Glanze seligen Gleiten ein – indessen seiner traulich lauteren Treue fehlt nun wieder die rheingoldintegrale Tiefe! Grad für Schlauchbootzwecke reicht die doch nur!

Es gibt, so der vorerwähnte Philosoph Adorno, kein richtiges Leben im falschen; und vor Wagners hemmungslosen Phantasmagorien ziehen selbst Schweizer Rhein und Glacierbahn den kürzeren.

*

Diese besorgt allerdings auf der Rückreise ganz kurz vorm Ziel noch eine letzte Verblüffung, ein sehr achtbares Wunder: Von Disentis ab, vorderrheinabwärts, führt die mit zwölf Wagen feiertäglich überlange Rhätische Eisenbahn auf höchst kurviger, z. T. schwindeliger Strecke vor, was sie jenseits all ihrer Spielzeugniedlichkeit auch technologisch verläßlich drauf hat – und erreicht sogar auf Dauer richtiggehend flachländisches Intercity-Tempo.

Viel jacher kann auch Siegfrieds Rheinfahrt einstens nicht gewesen sein.

*

Geißeln dagegen muß man, trotz eines gewissen Überraschungseffekts, dringlich und äußerst eine durchaus undefinierbare Musik, die auf unserer Rückfahrt ab Disentis ganz plötzlich durch die Zuglautsprecher kracht, zirpt und überwiegend brummt: Etwas, das wie Liturgie und Almauftrieb zugleich tönt, plump und dumpf und vor allem gänzlich sinnfern – nein, da ist zum unguten Schluß aber wirklich eine Beschwerde bei der Rhätischen Bahn angezeigt; welche hiermit also laute:

»Die Integral-, ja Kardinalgemeinheit dieser den Fahrgästen aufgezwungenen, ja hinterrücks übergestülpten Dünnpfiff- und angeblichen Mandolinenmusik gibt jenen besorgten Stimmen recht, die da auch seit langem dem Schweizer Kultur- und Eisenbahnhochkultur- und überhaupt Humanitätsbegriff nicht so ganz mehr über den felsigen Weg trauen. Bitte beseitigen Sie sofort, ja schleunigst jene furchtbare, ja kreuzelendigliche Musikbelästigung, ehe wir uns ansonsten gezwungen sehen, diesen Lobpreisartikel gewaltig beleidigend zu beschließen!«

Das aber wollen wir nun doch nicht tun. Sondern ein zweites Mal der Vermählung von Hinter- und von Vorderrhein samt dem munteren Schlauchbootverkehr uns freuen. Sowie vorab der wohlmundenden Mandelhörnchen am Bahnhofsbüfett von Chur.

EICK, GOLF, WAHN

Die FAZ veröffentlichte unlängst eine Verlagsbeilage von 24 Seiten mit sage und schreibe 53 (dreiundfünfzig) verschiedenen Artikeln über den Golfsport (davon rund die Hälfte verfaßt von dem Ex-Quizmaster und Ex-FAZ-Lokalchef Erich Helmensdorfer) – einer dieser Artikel aber entbarmte sich nicht, die diversen Golf-Gedichte des ehemaligen FAZ-Herausgebers Dr. Jürgen Eick im Rahmen eines nicht enden wollenden Riemens vorzustellen –, und weil diese zu Klapphornversen geronnenen, des Pudels wahre Kleinbürger-Großsehnsüchte auf den Kern von Regression reduzierenden Reimereien gar so strotzend doof sind, daß selbst Eicks Herausgeber-Exkollegen erschrecken dürften, deshalb wollen wir wenigstens eine von 14 einander überaus ähnlichen, jene, die zudem auch noch des Dichters Hang zum mild Schweinösen thematisiert, hier würdigend und zur weiterführenden FAZ-theoretischen Anregung auch unserer Leser festhalten, ja -bannen:

»Zwei Damen spielten oben ohne,
Auf daß der Anblick sich mehr lohne.
Die Herren war völlig baff,
Und landeten sofort im Rough.«

PS und mein vorläufiges Fazit: Im Leitartikel können sie's zur Not noch verbrämen, die zerebrale Not; komische Reime bringen's an den Tag.

FAZ-MAGAZIN-FRAGEBOGEN

Eckhard Henscheid, Schriftsteller

Der Fragebogen, den der Schriftsteller Marcel Proust in seinem Leben gleich zweimal ausfüllte, war in den Salons der Vergangenheit ein beliebtes Gesellschaftsspiel. Wir spielen es weiter: heitere und heikle Fragen als Herausforderung an Geist und Witz.

Einerseits graut den FAZ-Magazin-Redakteuren zwar offenkundig selber und nicht unerheblich vor jenen Wichtigkeitsvertretern, Indiebrustwerfern und Bedeutsamkeitskaspern, so da seit einem Dezennium den altproustischen Fragebogen so leidenschaftlich gerne wie leserseits unverzichtbar für die Freitagsbeilage ausfüllen; und man schätzt deshalb sehr die konterkarierenden Stimmen von Schriftstellern, Satirikern und sonstigen Spaßmachern, welche da das betreffende Betroffenheitsgefinstere rund um die ewiggleichen Meistgehaßten der Geschichte (Hitler, Stalin, neuerdings Saddam Hussein – bald, sobald es sich herumgesprochen hat: Lenin) und die entsprechenden Lieblingsheldinnen in der Wirklichkeit (Mutter Teresa, meine Frau, Rosa Benelux o.s.ä.) wenigstens ab und zu etwas auflichten und mit zweidrei Funken Witz, Frechheit, Subversion erhellen. Andererseits schleudert eben dieser Fragebogen seine Redakteure dann erst recht in allerlei Gewissens- und Entscheidungskonflikte:

Viermal seit 1983 bat das FAZ-Magazin den Schriftsteller und »Titanic«-Mitarbeiter Eckhard Henscheid um einen ausgefüllten Fragebogen. Als dieser im September 1990, weich geworden, endlich ausfüllte, war es auch wieder nicht recht recht, und das Hochglanzblatt hat sich erwartungsgemäß nicht drucken trauen dürfen mögen. Aus plausiblen Gründen. Zwar gehört die FAZ zuweilen

– neben (eine seltsame Gemeinschaft) »konkret« und »taz« und »Titanic« – durchaus zu jener kleinen Fronde deutscher Preßprodukte, die da dem allgemeinen Gutheits-Laber-Fortschritts-Edelressentiment-Syndrom-Gegackere der Zeit (und eben auch der »Zeit«) wenigstens manches Mal und wenigstens halbwegs entschlossen Opposition und Obstruktion entgegenstemmen. Aber im allfälligen Zweifelsfall dann eben doch nicht.

Nicht so vollständig medial versierte »Titanic«-Leser seien dahingehend unterrichtet, daß das bei Henscheid zentral thematisierte und rumorende Pärchen Otl und Inge Aicher-Scholl eines ist, welches u.v.a. in der »Zeit« glatte 1½ Druckseiten lang gesamtregielich und -verantwortlich Dutzende schwerdummdeutscher Großappelle ausgesuchter Vorzeigerüstungsgegner (Drewitz, H.-E. Richter, Rinser, Dr. Alt, Albertz – praktisch die komplette Quatsch-Corona) betreibt und veröffentlicht.

Eine entschärfte Version erbat das FAZ-Magazin. Dafür aber nun war wiederum dem E. Henscheid sein eigenes Artefakt zu kostbar:

Was ist für Sie das größte Unglück?
Der Tod (durch Erschießen, Erhängen usw.).
Wo möchten Sie leben?
In Weißrußland oder in Rosenheim.
Was ist für Sie das vollkommene irdische Glück?
Freiheit (»Freedom«).
Welche Fehler entschuldigen Sie am ehesten?
Gorbatschows momentane Formkrise.
Ihre liebsten Romanhelden?
Die Gebrüder Raskolnikoff. Der Verschollene. Tokeah or the white rose (Charles Sealsfield).
Ihre Lieblingsgestalt in der Geschichte?
Der alte Raskolnikoff.

Ihre Lieblingsheldinnen in der Wirklichkeit?

Petra Karin Kelly, Inge Aicher-Scholl.

Ihre Lieblingsheldinnen in der Dichtung?

Lisa, Lola, Lolita, Aida, Lotte, Montezuma.

Ihre Lieblingsmaler?

Dürer, Klee, Otl Aicher.

Ihr Lieblingskomponist?

Mozart, Schostakowitsch, Giselher Klebe, Orff.

Welche Eigenschaften schätzen Sie bei einem Mann am meisten?

Weiße Weste.

Welche Eigenschaften schätzen Sie bei einer Frau am meisten?

Rosenlippen.

Ihre Lieblingstugend?

Weisheit.

Ihre Lieblingsbeschäftigung?

Rosen züchten (weiße).

Wer oder was hätten Sie sein mögen?

Inge oder Hans Scholl.

Ihr Hauptcharakterzug?

Verwegenheit, fast Tapferkeit.

Was schätzen Sie bei Ihren Freunden am meisten?

Haß auf Hitler (Nazis).

Ihr größter Fehler?

Feigheit (vor Hitler u.a.).

Ihr Traum vom Glück?

Otl Aicher heiratet Inge Aicher-Scholl.

Was wäre für Sie das größte Unglück?

Hitlers (oder Bormanns!) Wiederkunft.

Was möchten Sie sein?

Bismarck oder (wahlweise) K. Adenauer (oder Mende).

Ihre Lieblingsfarbe?

Bismarckblau.

Ihre Lieblingsblume?
Bismarcklilie (oder besser doch: die weiße Rose).
Ihr Lieblingsvogel?
Bisamadler bzw. Weißmeerscholle.
Ihr Lieblingsschriftsteller?
Inge Aicher-Scholl.
Ihr Lieblingslyriker?
Christa Wolf-Ferrari (Cabrio) sowie Rose Ausländer und ihr Gedicht »Weiße Rosen aus Athen«.
Ihre Helden in der Wirklichkeit?
Inge Aicher-Scholl, Peter Weiß, Rosi Mittermaier.
Ihre Heldinnen in der Geschichte?
Sophie Scholl u.v.a.
Ihre Lieblingsnamen?
Inge, Otl, Aicher und Scholl.
Was verabscheuen Sie am meisten?
Geschwister Hans und Sophie Scholl (»Juwelen-Scholl«).
Welche geschichtlichen Gestalten verachten Sie am meisten?
Inge und Otl Aicher-Scholl.
Welche militärischen Leistungen bewundern Sie am meisten?
Beckenbauers Sechserabwehrreihe gegen Holland (2:1).
Welche Reform bewundern Sie am meisten?
Simon Mayrs Opernreform (»La rosa rossa e la rosa bianca«).
Welche natürliche Gabe möchten Sie besitzen?
Aussehen wie A. Hitler (oder Saddat Husserl).
Wie möchten Sie sterben?
Schmerzhaft, ja qualvoll (Alzheimersche Meise bzw. so wie O. Lafontaine neulich fast).
Ihre gegenwärtige Geistesverfassung?
B'suff'n und gefaßt (wie Otl u. Inge Aicher-Scholl).
Ihr Motto?
Im Weißen Rössl am Wolfgangsee, da steht das Glück vor der Tür (Aicher-Scholl!).

FAZ, DDR, GEISTLICHKEIT

Noch einigermaßen gebräuchlich, wenn auch gleichfalls schon leicht altdeutsch-verstaubt, gemahnen uns etwa die Bildungen »fügsam«, »genügsam«, »duldsam«, »wundersam«, »kleidsam« usw. – »friedsam« ist in Richard Wagners »Meistersingern« (er kannte die Club-Fanhorden noch nicht) Nürnberg; »liebsam« ebd. der holdselige Ehestand. Der FAZ aber blieb es unlängst vorbehalten, einen »schonsamen Beitritt der DDR« als den wünschenswert sichersten Weg zur Einheit via Unter-Überschrift zu empfehlen, und dafür, was immer nun ganz genau dieser offenkundig leicht verrutschte Gedanke raunen mag, sei dem Blatte der Dank gesagt, nämlich für dieses ebenso treusame wie g'spaßsame Beharren auf dem unentwegt Altsamen.

Bei dieser thematischen Gelegenheit aber auch noch rasch ein einschlägiges Exempel aus der gleichfalls heute schon leider halbvergessenen Kollektion der einstmals sehr beliebten sog. »Pfarrerverse«:

»Und der Pfarrer von Kempten,
Der stärkt seine Hemden
Im eigenen Samen,
In Ewigkeit, Amen.«

DER WOLF FORDERT DEN EBER

Kasparow gegen Karpow in Sevilla

Ginge man nach seinem jüngsten Buch, der Quasi-Autobiographie »Politische Partie«, dann müßte der gegenwärtige Schachweltmeister Garri Kasparow ein ziemlich schlichter Denker mit einem überaus einfältigen Weltbild sein. Nun erfährt man aber, daß auch ein englischer Topjournalist hinter dem Buch steht, der es ihm offenbar nach besten, das heißt in diesem Fall nach schlechtesten Argumentations- und Mythosmustern vorgekaut hat.

So kann man für den Weltmeister wieder hoffen.

Seit dem 10. Oktober läuft in Sevilla abermals eine Schachweltmeisterschaft – und damit innerhalb von drei Jahren zum viertenmal hintereinander das Evergreen Anatoli Karpow gegen Garri Kasparow, von dem nicht wenige fürchten, es werde den Schachfreund bis zur Jahrtausendwende weiter begleiten. Kasparows Buch »A child of change« (mit dem knalligeren deutschen Titel bei Droemer Knaur) gehörte im Vorfeld von Sevilla zum Schlachtgetöse, aber auch zur Strategie des amtierenden Weltmeisters gegen den früheren. Gemeint war es – wenn denn der englische Journalist nicht alles selber geschrieben hat – als Provokation und zugleich als Abrechnung: mit Karpow und mit »seinem Lager«.

Karpow hat den Fehdehandschuh, der wieder mal weit über die 64 schwarzweißen Felder hinausfiel, auf seine eher lautlose Weise aufgegriffen und zu aller Überraschung schon zwei von sechs ausgetragenen Partien für sich verbucht, dreimal unentschieden gespielt. Wer sechsmal gewinnt, ist Weltmeister. Gewinnt keiner sechsmal, dann ist der 24jährige Kasparow nach 24 Partien Weltmeister, falls er mindestens zwölf Punkte gemacht hat.

Der um ein Jahrzehnt ältere Herausforderer Karpow braucht zwölfeinhalb Punkte – dreieinhalb (zu zweieinhalb) hatte er nach der sechsten Partie.

Auch wenn wir's seit langem nur mehr mit Russen zu tun haben, welche die Schachkrone unter sich ausmachen, so steht doch auch das Match von Sevilla ganz in der Tradition jener Orientierungsklischees, die seit 1972 immer wieder das über die Schachkreise hinaus öffentliche Interesse hervorkitzeln sollen. Mit Spassky–Fischer kam es 1972 in Island sozusagen zur symbolischen Entscheidung Ost contra West; 1978 beziehungsweise 1981 war beim Fight Karpow gegen Kortschnoj die Entscheidung eine zwischen dem sogenannten linientreuen System-Repräsentanten Karpow und dem prinzipienlosen Renegatentum, verkörpert in dem Dissidenten und Neu-Westler Viktor Kortschnoj, also gleichfalls zwischen Ost und West.

In gewisser Weise setzen Kasparow-Karpow diese plakative Antithetik fort. Karpow fungiert als das Prinzip konservative Linientreue, Kasparow als das Gegenprinzip Aufbruch und Hoffnung und Dynamik der Jugend. Der Zufall fügte es, daß man's diesmal noch symbolischer hinbasteln konnte: Der junge Armenier wird als Projektion von Glasnost, als Analogon zu Gorbatschow gehandelt. Karpow blieb nur das undankbare Los, weiterhin für Breschnew-Ära und Systemerstarrung stehen zu müssen.

Kasparows – oder des Engländers – Buch hat das seine dazu getan, mit Posaunentönen dieses bequeme Denkmuster zu perpetuieren. Es schildert nicht nur den steinigen Weg des »jungen Genies« zur Weltspitze und repetiert den längst bekannten Kampf des jüdischen Armeniers wider die bis 1985 angeblich »karpowtreuen« Moskauer Bürokraten sowie gegen die intriganten Funktionäre des Weltschachverbandes FIDE (»Gens una sumus«). Immer wieder läuft Kasparows Botschaft im Buch auch auf die Quintessenz hinaus: »Die mit dem Namen Michail Gorbatschow verknüpften Reformen waren mein Lebenselixier, waren meine einzige Chance, und sie kamen zur rechten Zeit. Ohne sie hätte ich nicht den Sieg« – über Karpow und die ganze Richtung – »davontragen können.«

Wahr daran ist wohl das berühmte Körnchen, mehr nicht. Der Rest ist Journalismus, PR, Mythos für Erwachsene, der, wie allezeit, darauf aus ist, die Welt, auf daß diese sinnfälliger werde, in Manichäismen aufzuteilen, zum Beispiel in Licht- und in Dunkelmänner. »Glasnost« aufs Schachbrett zu projizieren, sozusagen zum personellen und gar Epochen-Schachstil zu erklären, ist zu 95 Prozent Unfug. Denn natürlich hat es zu allen bekannten Schachzeiten gleichzeitig beide Idealtypen gegeben: den Feuerkopf wie den Bedächtigen, den »Genialen« wie den Routinier, den Mehr-Abwehrspieler wie den Mehr-Angreifer. Spitzenspieler, sogenannte Großmeister, waren wesentlich immer alles zusammen.

Wie selbst der Laie weiß, besteht Schachspiel in Theorie und Praxis aus einer wechselseitigen – und an die Geheimnisse und nämlich Gesetzlichkeiten des Kosmischen angrenzenden – Metamorphose von Materie und Zeit, Zeit und Raum, Raum und Materie und in der Folge Sieg. Mit Ost-West-Dominanz hat das ebenso wenig zu tun wie mit Bürokratie oder mit Glasnost; Bürokratie oder Glasnost mögen allenfalls im Atmosphärischen und Psychologischen spürbar werden. Als ob ausgerechnet eines der schachlichen Juwelen des Jahrhunderts, der Ex-Weltmeister, Angriffs- und Opferzauberer Michail Tal, ein Ausdruck der Chruschtschow-Ära gewesen wäre! Möglichst zu schweigen von dem Paradox, daß auch Kasparow seine vielleicht allerbesten Partien schon unter

Breschnew, Andropow und Tschernenko zuwege brachte, bevor er – nach dem allerdings hochverdächtigen Matchabbruch von 1984/85 – gegen Karpow im zweiten Anlauf endgültig Champion wurde. Eine im Augenblick wieder wacklige Würde.

Metaphern und Epitheta sind etwas Schönes, aber nur zuweilen Erhellendes. Von 1978 bis 1981 redete man nachhaltigst vom »sanften Tolja« (Karpow) und von »Viktor, dem Schrecklichen« (Kortschnoj). Für Sevilla 1987 hat der Ex-Weltmeister Boris Spassky das Doppelbild vom »scheuen und wendigen Wolf« (Karpow) und vom »wilden Eber« (Kasparow) beigestiftet. Spassky selber wird am besten wissen, daß derlei fabelhafte Vergleiche im Schach fast gänzlich Fabeln bleiben – die Wahrheit ist da viel prosaischer. Die derzeit 15 bis 25 Weltspitzenspieler rangieren in einem Tabellensystem von 2600 bis 2700 sogenannten und nach einem komplizierten System errechneten ELO-Punkten. Was ungefähr besagt: Der Weltmeister, ein Mann vom ELO-Wert 2700, spielt um ein bis drei Prozent statistisch besser als der fünfzehntbeste Spieler der Welt. Und kann also jederzeit gegen diesen eingehen, wenn er ein paarmal in schlechter Tagesform antritt oder sich eine Krise erlaubt.

Kasparow scheint das ganz anders, systemgläubiger, zu sehen, er fühlte sich vor dem Match gegen den nominell noch immer fast gleich starken Karpow sicherer denn je. Donnerte er sich selber Mut zu? Auch derlei Vulgärpsychologie spielt im Schach eine nicht geringe Rolle. Möglich ist natürlich auch, daß Kasparow wirklich an seine historische Perestroika- und Glasnostbestimmung glaubt. Ein Wunder wär's nicht. Spitzenschachspieler vermögen zwar, meist messerscharf, Dutzende von Zugvarianten und Subvarianten durchzurechnen, computerähnlich riesige Partienprogramme zu speichern – die klarsten Gedanken außerhalb des Bretts sind ihre Sache, wie bekannt, nachweislich trotzdem nicht. Vielmehr prangt die Schachgeschichte als ein riesiger Materialschutthaufen nicht nur für Wahnsinnsnähe, sondern auch für ausgesprochen regressive Infantilismen und offensichtliche Denkverwehungen.

Sei's drum, Karpow hat erst mal auf seine »wölfische« Weise nachdrücklich auf Kasparows graugänsiges Imponiergeschrei geantwortet.

»Zäher Start der neuen Ära«, mäkelte die »Süddeutsche Zeitung«, auf Gorbatschow-Glasnost anspielend. Sunnyboy Kasparow, der sich zuletzt immer forcierter westlichen Jugend- und Erfolgsleitbildern annäherte und dabei immer populärer und everybody's darling wurde, konnte jedenfalls tagelang drüber nachdenken, ob sein zuletzt zur Schau gestelltes Selbstbewußtsein nicht doch schon ganz auffällig und einfältig Größenwahnsinn streifte – und das in Anbetracht eines Rivalen, den 1985 immerhin ein Boris Spassky als den »vielleicht stärksten Weltmeister aller Zeiten« bezeichnete und der all seine Amtszeit hindurch immer etwas unterschätzt war, weil er sich medial eben nicht ganz so gut »verkaufen« ließ.

Erinnern mochte sich Kasparow vielleicht auch daran, daß derselbe Karpow vermutlich noch immer Weltmeister wäre, hätte ihn nicht ein einziges Mal, in einer wahrhaft geschichtsträchtigen Minute, sein sonst so guter und perfekt funktionierender Geist verlassen: Als Karpow, im ersten Match 1984, beim unglaublichen Stand von fünf zu Null, im 33. Zug der 41. Partie einen so naheliegenden wie gewinnbringenden Bauernzug übersah – ansonsten er katastrophal vernichtend sechs zu null obsiegt hätte und es in der Folge einen Weltmeister Kasparow womöglich niemals mehr gegeben hätte.

Vor Sevilla tönte Kasparow, ernstlich habe er in absehbarer Zeit keinen Gegner der Welt zu fürchten, einen derzeit zwölfjährigen Russen später mal ausgenommen. Die Experten-Prognosen lauteten kaum weniger locker auf zwei zu eins für ihn. Von solchen Selbstverständlichkeiten kann, nachdem Karpow in Führung ging, partout nicht mehr die Rede sein. Denkbar durchaus, daß der angebliche Repräsentant der Breschnew-Ära ein Comeback zuwege bringt – er wäre damit der vierzehnte Weltmeister in der Geschichte des Schachspiels.

WOLF GEGEN WOLF

Eine Umfrage der »Zeit«-Redaktion 1990

»Die Zeit«: Was erwarten Sie von Deutschland, was wünschen Sie dem vereinten Land?

E. H.: Ich gehe vor allem davon aus, daß der nun gesamtdeutsche Literaturstandard sich durch das vermutlich massierte Eindringen des gesammelten DDR-Literaturquatsches von Christa Wolf bis Wolf Biermann noch einmal verschlechtern und verfinstern wird; jedenfalls vorerst. Umgekehrt sind die Leipziger und Weimarer Literaturfreunde für unsere halbwegs lesbare West-Literatur von Wolf Wondratschek bis Ror Wolf bei allem guten Lesewillen einfach zu blöde; vorerst jedenfalls.

LIEBER WILLY BRANDT!

In einem schon älteren Buch (von Baring) über Dich, die sozial-liberale Zeit und einige noch ältere, aber recht pikante Weibergeschichten über und rund um Dich, Genosse Willy, lesen wir aber auch, Du habest seinerzeit irgendwann einmal so zwei Jahre vor Deiner Abdankung, damals aber noch in irgendeinem Überschwang in Anlehnung an die Brüder Kennedy auf dem SPD-Parteitag 1972 den Begriff »Kompassion« eingeführt bzw. diese Mitleidenschaft als Losung ausgegeben.

Jetzt, weil man nachher halt nie mehr was davon gehört hat, wollten wir, Willy, mal fragen, wo – was? Wie? Hast Du selber ganz vergessen? Aha. Über den pikanten Weiber-Passionsgeschichten? Und jetzt – fällt's Dir auch wieder ein und wie Schuppen – ?

Danke, das genügt auch schon.

CARLO SCHMID SEL.!

Also *Sie* waren das? Während Engholm die »politische Kultur« nachweislich erst 1987 im sensiblen Munde wälzte; während H. Kohl bei der Wende 1982 sie erstmals dem seinen entschwallen ließ; derweil schwadronierten Sie, Schmid, schon – schallplattenmanifest gemacht – 1965 von der »fehlenden politischen Kultur in Deutschland«.

Ach, Carlo Schmid unsel., wenn Sie wüßten, was Sie – während Ihre Baudelaire-Übersetzungen (»Ananassen und Bananen«) längst passé und perdu sind – *damit* Folgenschweres angerichtet haben!

DRAMATISCHES RINGEN

Engholm contra Bresser im ZDF

Schlimm, wenn man, als einer der großen Seher des Landes, sich so gänzlich irrt und also Abbitte leisten muß. Ich muß. In der »taz«-Serie »TV-Zombies« hatte ich vor Jahr und Tag in dem inzwischen designierten ZDF-Chef Klaus Bresser ein Medien-Null-Produkt, einen windigen Wurschtel, einen übereifrig Überangepaßten, kurz: einen Voll-Zombie erkannt. Doch siehe, jetzt, seitdem Bresser im öffentlichen Gegenschlag in Figuren wie Feller und von Lojewski den kopfnickenden Lakaien-Journalismus ausmachte und damit vor zwei Wochen einen mittelschweren politischen Skandal auslöste, – jetzt hat die Wahrheit die Seiten gewechselt: Klaus Bresser ist ein Held, ein Renegat, ein Siegfried, fast wie der Dr. Alt ein Prometheus wider den Gott Fernseh und den Gott Fernsehkarriere zumal. Franz Josef Strauß' demonstrative Flucht vor Bresser vor vierzehn Tagen, die den Großbayern en passant auch als geheimen ZDF-Besitzer offenbarte, ist der Beweis.

So kann man sich täuschen, jetzt fällt's mir wie Schuppen von den beschämten Giftzähnen – und einen letzten Beleg lieferte die letzte Folge der Sendereihe »Was nun, Herr N.«, die Bresser seit Jahr und Tag zusammen mit seinem Top-Yuppie Wolfgang Herles bestreitet. Und wie er dem diesmaligen Gast Björn Engholm auf den Zahn fühlte! Mit messerspitzen Fragen: »Ist Politik« (Bresser reißt furchtlos die Augen auf) »ein schmutziges Geschäft?« – »Was haben Sie gedacht« (Bressers Miene legt sich seitwärts ins schmerzlich Betroffene) »als Sie erfuhren, daß Barschel tot ist?« – »Stört Sie der Gedanke« (soeben tritt die Dialektik der Aufklärung in den höheren

Journalismus ein) »daß Sie die Wahl am 8. Mai gewinnen könnten – dank dieser Schmuddelkampagne (Barschels und Pfeiffers)?«

Abbitte leisten muß ich aber auch gegenüber dem Gast, dem, wie Bresser selbst, im »Zweifelsfall eher linken« sozialdemokratischen Pfeifenraucher und Hoffnungsträger Engholm, in dem ich vor sechs Wochen und gleichfalls viel zu fürwitzig ob seiner ewig besonnenen und deshalb schwer erträglichen Tuguthaftigkeit die eigentliche Pfeife von Kiel 1987 vermutet hatte. Nichts falscher als das. In Wahrheit ist auch Engholm, welcher einst, um 1968, »mit euphorischen Gefühlen in die Politik ging«, ein Feuerkopf, ein Mann, der mit der Titanenpranke sein Jahrhundert in die Schranken weist. Der täuschend gemütvoll ewig an seiner Pfeife nuckelnde Kieler Schwede beweint die »riesigen Reibungsverluste« der Berufspolitiker und lobt den »Dilettantismus« seiner Partei: beim Nichtwittern von schwarzen Gaunereien. Für 1988 sieht dieser SPD-Führer keineswegs einen legitimen, sondern einen »fast legitimen« Regierungsanspruch eben jener Partei in Kiel; in der Spätfolge von H. Böll will er »ein Stück Zärtlichkeit in die Politik einbringen«. Und manchmal geht mit ihm vollends resolut der herkuleische Gaul durch: »Mir mißfällt an mir, daß ich nicht früher und hartnäckiger zurückgeschlagen habe« – allein: »Ich hasse eigentlich fast nie.«

Von seinen Kindern wird er nicht gefragt, sondern unnachgiebig adornoisch »kritisch gefragt«; mit Lessing möchte er »mit dem Kopf fühlen und mit dem Herzen denken« – und überhaupt ist dieser lodernd Grüblerische ein unveräußerlich unverbrüchlicher Rufer nach »politischer Kultur«, noch vor Marion Gräfin und Helmut Kohl, den wohl derzeit unerschütterlichsten.

Darin geht er letztlich auch mit Bresser d'accord, so

unbarmherzig beide ansonsten geistig miteinander ringen. Engholm eher wie David in der Denunziantengrube, Bresser mehr wie Daniel gegen den muffigen Fernsehleviathan. Bresser wirkt, seit er weiß, daß er ein Held ist, richtiggehend von seiner eigenen Metamorphose ermutigt, doch, so was gibt's. Die vibrierend erregenden Fragen schießen ihm immer hingerissener, ja lichterloher aus dem Mund: »Was hielten Sie damals, 1983, von Barschel?«

Wahrscheinlich ist jenes Medium, das solche kritische Hinterfragungen gebiert, noch viel lemurischer, maustoter, als sich das irgend jemand genau vorstellen kann. Wesen aus einer anderen Welt ringen da atridenartige und auch noch mit sog. Persönlichkeitsprofiltafeln ausgereizte Kämpfe um politische Bestkulturen aus, und keinem, weder Bresser/Herles noch Engholm, kommt auch nur 1 Wort der aufrechten Freude über den soeben leider zu Ende gegangenen Kieler Großquatsch über die andauernd bedrängten Lippen. Na, wahrscheinlich bin *ich* einfach ein anderer, ein böser Mensch.

BARSCHELS HUMORISTIK

Ich lese grad – ausnahmsweise, bitteschön – in eigenen früheren Arbeiten für diese Kolumne herum, und was lese ich, im März 1982? Daß U. Barschel »für herausragende Bemühungen um die innere Sicherheit« den wohlgemerkt lustig gemeinten Bullenorden des Bundes Deutscher Kriminalbeamter erhalten habe, wohlgemerkt damals noch als Kieler Innenminister. Mir mißfiel das damals schon gewaltig, diese unterm Panier des Karneval betriebene Vermixung von allem und jedem – und Barschels launige einschlägige Büttenrede zumal, die in der Forderung gipfelte, jeder gewalttätige Demonstrant habe künftig im Zuge einer »Vermummungserlaubnis« eine Narrenkappe zu tragen; aus heutiger Sicht kriegt der damalige Narhallamarsch-Vorgang übers Unsägliche hinaus etwas wie verkalkt Dämonisches, ja Dämonologisches.

Aber andererseits ist die Sache auch wieder komplett banal, geheimnislos. Barschel hatte einfach, wie man heute, aus dem Mund seiner Sekretärin, genauer weiß, eine mächtige, eine richtig zelotenhafte, eine andererseits schon fast naive Freude daran: möglichst oft in der Zeitung zu stehen.

IN BRANDEIGENER SACHE

Zur Lage der deutschen Literaturkritik

Wenn ein Ingenieur andauernd Statik und Mörtel; wenn ein Elektriker andauernd Stromstärke und Widerstand; wenn ein Musiker andauernd einen Lokomotivenpfiff mit einer Trambahnklingel verwechselt: dann wird es um sein berufliches Fortkommen nicht gar zu gut stehen. Wenn ein Schreiber fortwährend Form mit Spannung, Stil mit Aussage, Idee mit Gehalt, Gehalt mit Manier, Witz mit Tragik, Unvermögen mit Urkraft durcheinanderbringt: dann kann er immer noch Literaturkritiker werden und es in dem Fach ziemlich weit bringen, ohne daß er sein Leben lang dabei weiters groß auffiele.

Literaturkritiker, und das stimmt meist leider nicht nur in der Übertreibung, sondern ziemlich wortwörtlich: haben keine Ahnung. Sie können so gut wie nichts, sie wissen zu wenig, sie begreifen kaum etwas – ihnen schwant oft nicht ein Schimmer, wovon und worüber sie schreiben. Ich möchte das hier vor allem an meinen eigenen Erfahrungen mit der deutschen Literaturkritik während der letzten fünf Jahre aufzeigen und darstellen. Den Odem von Unvornehmheit, den die nahezu tabuisierte Absicht, als Autor Kritikern zu kontern, mit sich führt, ich nehme ihn ungescheut auf mich. Beleidigtheit oder gar Erfolgslosigkeit als Motiv scheiden im übrigen ziemlich aus; die deutsche Literaturkritik hat zwar, gemessen an ihrem Wert, meine Bücher nicht gerade üppig, aber doch zu 90 bis 95 Prozent lobend und stark lobend traktiert – freilich: nicht anders als bei den eher tadelnden finden sich bei den lobenden Rezensionen Torheiten sonder Zahl.

Form und Gehalt, Stil und Pose, Roman und Polemik:

es hebt damit an, daß sie schon in den Grundbegriffen, den Schulkategorien fast alles verwechseln, die falschen Schubladen ziehen – und im Bereich des Komischen, in dem sich meine Arbeiten überwiegend tummeln, ist es schon fast hoffnungslos. Die Grundbegriffe des Komischen: Humor – Ironie – Satire – Nonsens – Polemik – Kalauer – Pointe – Parodie –: ich wüßte in der Bundesrepublik keine zehn professionellen Literaturkritiker, die das zuständige Begriffsrepertoire einigermaßen korrekt beherrschten, die da nicht fortwährend zuverlässigst danebenlangten: in einer Weise, die eigentlich einen begabteren Pennal-Mittelstufler beschämen müßte. Es verlangt ja keiner, daß sie profunde Einsichten äußern, die Rezensenten; sondern nur, sie möchten Idee, Form und Stil eines Werks einigermaßen korrekt charakterisieren; aber im Umfeld von Komik klappt's halt schon gar nicht mehr. Natürlich sind die Kategorien des Komischen nicht starr, sondern fließend, dynamisch, von Fall zu Fall neu zu klären und zu entwickeln – aber einiges sollte sich doch herumgesprochen haben, zum Grundkonsens gehören, wenigstens der Profis. Tut es aber nicht; ich greife ziemlich wahllos ein paar Exemplare aus meinem Rezensionshäufchen heraus:

Mehrfach wurden meine beiden ersten Romane, »Die Vollidioten« und »Geht in Ordnung«, als »satirische« gewürdigt, so von der »Süddeutschen Zeitung«, vom »stern« und der FAZ – was grober Unfug ist. Sie sind beide, wie auch noch der dritte Band der Trilogie, wesentlich realistische Romane, humoristisch-realistische, meinetwegen auch komisch-realistische – etwa in der Tradition (ich nehme, um mich verständlich zu machen, ein paar große Namen) von Sterne, Dostojewski, Jean Paul, Tschechow, Svevo, auch noch von Kafka und Beckett (aber diese Sisyphosarbeit ist ja auch noch immer zu tätigen, jahrzehntelang vom Lesen vertrocknete Hirne dahin zu erweichen, Dostojewski, Kafka und Beckett als Großhumoristen begreifen zu wollen) – und diese drei Romane schneiden allenfalls nebenher etliche sozusagen (zeit-)satirische-Grimassen. Satirische Romane – eine Kürzestdefinition: spiegelverkehrte, verzerrte oder sonstwie verklausulierte lachhafte Darstellung von »Wirklichkeit« – wären z. B. »Gullivers Reisen« und zu Teilen etwa auch »Don Quijote« und Voltaires »Candide« (Postscript zur Buchfassung: Acht Jahre nach Niederschrift dieses Artikels für den »Raben« 1983 ist die Lage verhauter und schlimmer als je: 86 Prozent der Kommentatoren der Böll-»Rabe«-Henscheid-Gerichtsaffaire vom Sommer 1991 schwallten und schwafelten von »Satire« und was diese im Sinne Tucholskys usf. dürfe oder nicht mehr dürfe –: dabei ging es bei dem quatschauslösenden Böll-Kurzverriß um alles, bloß partout nicht um »Satire«!)

Der SZ-Rezensent bringt die »Vollidioten« auch in Koalition mit der Kälte der Hemingway-Geschichte vom »sauberen, gutbeleuchteten Café«. Wiederum ist vielmehr das Gegenteil richtig: Wenn dieser Roman sich seither viele Freunde gemacht hat, dann vor allem wohl dank der Wärme, mit der der Erzähler seine Hauptfiguren in entscheidenden Momenten einspinnt. Ich kann's hier nicht beweisen, man glaub' es mir halt so.

Ein anderer, noch gröberer Unfug, meist in lobender Form, wurde den Romanen parallel zum ersten angetan: Es seien dies »Nonsens-Romane«. Zuerst schrieb das ein Herr vom Literaturblatt »konkret«, dann einer von der FAZ – und das ist nun wirklich wahrer Nonsens. Zwar, wenn ich's recht in Erinnerung habe, neigt und flattert die vollkommen realistische Grundstruktur der Trilogie-Romane hin und wieder (aber eigentlich nur an je drei, vier Stellen) ein bißchen in die Zonen von Nonsens hinüber, sagen wir: hin zur Vernebelung von jedem Sinn und Verstand, denen beiden die Romane eben sonst durchaus auf der Spur sind. Die Behauptung eines Nonsens-Grundrisses des Ganzen ist aber so indiskutabel benebelt, daß wir uns einfachheitshalber mit der strahlend simplen Problemlösung begnügen: die jeweiligen Rezensenten wissen so wenig, wovon sie reden, daß sie die Bücher eigentlich gar nicht gelesen haben könnten, überzeugten sie einen nicht doch hin und wieder vom Gegenteil. Übrigens ist auch die formbildende »Ironie«, welche der Rezensent des »Kölner Stadt-Anzeigers« dem zweiten Roman attestiert, nur sehr bedingt richtig. Ironie findet allenfalls über die Hintertür einer Ober-Union alles Komischen wieder statt – der Grundgestus aller drei Romane ist aber vielmehr anti-ironisch, nämlich klassisch humoristisch, nämlich einem planvollen Chaos verpflichtet – ich habe nun allerdings keine Lust, den klaftertiefen Unterschied theoretisch weiter auszuklaftern; man kann das in jedem besseren Lexikon nachlesen.

Aber freilich, die Unfähigkeit, der Unwille, auch nur das Gröbste gröblich auseinanderzusortieren – nicht nur die erkenntlich Dummen sind davon befallen. Ein sonst eher wacher Literaturkritiker und -professor assoziiert dem von F. W. Bernstein und mir herausgegebenen Lesebuch »Unser Goethe« nicht nur »Nonsens«, sondern gleich auch noch »sophisticated nonsense« – ein zweifellos doppelter Unfug; denn a) sind von 1200 Buchseiten allenfalls 30 mit Nonsens-Texten bestückt, b) sind Grundidee und Grundgestus des Buchs vielmehr und gut erkenntlich die einer sozusagen respektlosen Hochverehrung – und was c) »sophisticated« Großmächtiges bedeuten soll, wollte ich ja schon immer mal gern erfahren; ebenso wie den Sinn der Allzweckvokabel »slapstick«, die mir auch schon angehängt wurde; beides bedeutet, jedenfalls auf meine Bücher angewandt, nichts, in Worten: absolut nichts.

Ferner tituliert der Rezensent die beiden Herausgeber als »Oberspaßmacher der Nation«. Dazu hat Hans Mentz in der »Titanic« (12/82) das Nötige gesagt; gegen dieses Etikett aber, dessen Verwendung m. E. auch im Falle, sagen wir, von Otto Waalkes unbedacht, ja töricht wäre (denn Waalkes ist nichts anderes als Karl Valentin auch: ein großer, seriöser Komiker), verteidigt mich gewissermaßen gönnerisch der FAZ-Rezensent anläßlich des Kafka-Buchs »Roßmann, Roßmann . . .« – gefällt sich aber seinerseits wieder darin, den Grundcharakter meiner Arbeiten und dieses Buchs im besonderen als »Nonsens« festzumachen. Wäre ich primär Nonsens-Autor, ich hätte nichts dagegen und wäre soweit aus dem Schneider – nur: lassen sich allenfalls 2,5 Prozent meines bisher gedruckten Werks als (und auf die Definition sei jetzt gnädigerweise verzichtet:) »Nonsens« klassifizieren. Ja, wenn's nur Schubladendenken wäre, was da ruckelt und rubbelt – aber sie verlassen sich ja nicht nur stur auf ihre Schubladen, sie ziehen auch noch immer zuverlässig die falschen raus! Dem FAZ-Rezensenten seien im nachhinein 1000 Mark Honorar geboten, sofern er innerhalb der 270 Seiten »Roßmann« auch nur eine Seite Nonsens dingfest machen kann. Wenn dies Kafka-Buch ein Nonsensbuch ist, dann ist Kafkas »Amerika«-Roman auch eins, aber immer!

»Albern«, »Witzeln«, entnimmt der FAZ-Mann dem Text ferner pejorativ, wie sein Kollege meinem Opernbuch zu viele »Kalauer«. Das alte Elend: Und wenn es ihnen Tucholsky, Karl Valentin, selbst Joyce schon hundertmal vorgebetet haben: daß auch Kalauer, daß das auch bequem und gedankenlos so genannte »Witzeln« spezielle Funktionen haben, Kunstgriff sein möchten, sagen wir, z. B. um die Kalauerigkeit der Welt selber zu spiegeln: Sie begreifen nichts, sie ahnen nichts – und auch dann nicht, wenn es ihnen der Klappentext ahnungsvollhelfend vorkaut. Dafür reicht's dann freilich noch zu einem kritisch abschließenden Kalauer von echter Frankfurter Allgemeiner Eleganz: »Über weite Strecken dieses Kafka-Buchs lebt (Eckhard Henscheid) über seine literarischen Verhältnisse, und das heißt nichts anderes als: er schreibt unter seinem Niveau.« Ja freilich, auf das weinzierliche Niveau solcher artistischer Paradoxa kommt unsereins »Leichenschänder« und »Oberspaßmacher«, der »dem Tiefsinn mit Nonsens beikommen« (!) will, eben nie, dazu braucht's schon das Format jener, die im wohlverstandenen Auftrag ihres obersten Literaturherrn vor sich hinschreiben, sturheil in die erlesensten Analysen und Antithesen hinein, in der gut begründeten Hoffnung, nimmer möge etwas von ihrem Unverstand aufkommen – kommt es aber doch zuweilen überdeutlich: so z. B. anläßlich einer Lesung in Frankfurt, als der irgendwie apriorisch vergrätzte FAZ-Rezensent unfreiwillig hintereinander dies abermals erlauchte Paradox über mich zu Papier brachte: »Der Lieblingsautor der Intellektuellen« und, ein paar Zeilen später: »Der ideale Autor für Lesefaule«.

Ja, was denn nun.

Der schieren Ignoranz und Dummheit reicht das Ressentiment noch allzeit hilfreich seine Hand. Was man weder weiß noch, wüßte man's, kapiert, das kann man immerhin ungescheut und ungestraft bemosern. Wer selber keine zehn Zeilen vernünftiger Prosa zu Papier zu bringen vermag, der mag bei den 49 Texten des »Scharmanten Bauern« immerhin auf Verdacht raunzen, diese Texte seien samt und sonders nach demselben Humormuster gestrickt. Das Denkschema eines klassischen deutschen Rezensenten, es walkt so schlicht und zugenäht und eingedeckt mit Allzweck-Ressentiments des Wegs, daß der Begriff des Eindimensionalen auf Euphemismus hinausliefe – blind tappen die Herren mitsamt ihrem Kopfstiefel vorwärts, offenbar ohne größere Kalamitäten die Angst niederhämmernd, ihr Hirnschwurbel würde gar zu evident, ja epiphanisch. Viele meinen's sogar gut. Kriegen sich vor Lachen nicht mehr ein – andere vor Weinen; zu bemerken, daß beides mal in einem Buch unter einem Deckel zuhause sein könnte, ist schon Ausnahme. Das bringt in der Folge den Wahnsinn mit sich, daß Autoren spätestens nach dem zweiten Buch »festgelegt« sind. So einer »ernste Prosa« schreibt oder auch nur penetrant genug ernstelt, so hat er gefälligst sein Leben lang bei dieser Stange zu bleiben, und viele junge Handkes kapieren das auch früh und schön. So einer aber etwas so ephemer Obskures wie Humor, Satire, Nonsens produziert (ja selbst Parodien haben noch immer mit dem Oberlehrer-Vernichtungsblick des Zweitklassigen zu rechnen) – dann hat auch er wenigstens sein Leben lang bei diesen Leisten zu bleiben, sonst setzt es was, sonst möcht' sich ja kein Schwein mehr zurechtfinden, im nationalen Literatursalat. Damit aber alles seine Ordnung habe, ist eben das zu 95 Prozent aus »ernsthaften« Beiträgen bestehende, nur allerdings einigermaßen irrlichternd durcheinandergemischte Goethebuch »Nonsens« und »Spaßmacherei« – und ebenso taxiert ein Rezensent der Wiener »Presse« das Kafkabuch als »Satire«; was aber abermals großer Quatsch ist, weil allenfalls die filmenden Schullehrer in allenfalls der zweiten Geschichte so etwas wie eine, wie Lehrer Ulli sagen würde, »satirische Ebene besetzen«. Noch plausibler, schon genial, argumentiert eine namenlos taube Rezensentennuß der »Neuen Zürcher Zeitung«, die, weil sie, zu Recht und aus dem Dämmer hochschrekkend, dem letzten kurzen Text des Buchs, einem Thekengeschwätz über Kafka, derbe Töne entnahm (und diese Schluß-Burleske betrifft wohlgemerkt 5 von 270 Seiten!) – einfachheitshalber gleich dem ganzen Buch »ordinären« Charakter bescheinigt. Daß es neben Prosa auch Rollenprosa gibt, das hat sich bis zur NZZ auch nach 203 Jahren noch nicht rumgesprochen. Gut so, und doch hat's etwas Bängliches und Bangemachendes: Sie wissen nichts, sie kapieren nichts, sie können nicht mal plan lesen – in diesem Fall den Rahmen einer Geschichte; wär' ja auch zuviel verlangt.

Und wieso – um den etwas uferlosen Exkurs ins Allgemeine zu riskieren – sollten sie? Warum sollte in diesem unserem Sprachkulturkreis ausgerechnet das Buchrezensionswesen noch einen Hauch von Verstand verströmen? Was sagt mir vielmehr mein Gedächtnis über das Wesentliche der Saison 1982/83? In der »Zeit« lese ich, aus der Feder des obersten Buchrezensenten, das Erstlingswerk einer gutverkäuflich schönäugigen Jungautorin sei ganz primatoll: es wahre nämlich, so im vollen Ernst der Hauptbeleg, sogar die Symmetrie der Form, einmal eingeführte Motive kehrten später sogar wieder. Sage und schreibe – ein rares Mirakel.

Was soll man zum Unflat des leitenden »stern«-Literatur-Redakteurs sagen, dem zu einem Buch des Autors McEwan dies einfällt, Kafka (und nun passen Sie auf:) »grüße aus der Ferne«? Kann der Wurstel je eine Zeile Kafka gelesen haben? Kann diese Vulgaritätskanone m. m. zwischen Schubert und Gershwin nicht mehr unterscheiden? Und wenn ich in der »Frankfurter Rundschau«, zu Papier gebracht vom leitenden Literaturredakteur ihmselber, lese, Thomas Bernhard (jetzt, da er nichts mehr taugt, nimmt man ihn vollrohr wahr und ernst) habe da und dort die für ihn so »typische Rollenprosa« verfaßt, dann – dann wird's abermals und irgendwie schütter wundersam; denn wenn ein Autor sein Leben lang nun partout *keine* »Rollenprosa« abgeliefert hat, sondern nur immerzu und über alle Figuren hinweg seine gleichsam unveränderliche Bernhard-Prosa, dann eben Bernhard; es sei denn, man verstünde diesen ewiggleichen Bernhard-Ton eben als Rollenprosa – und das ist wieder Nonsens.

So geht's zu in deutschen Rezensentenschreibmaschinen, zu schweigen von unser aller Haupt-Beschwer und -Zumutung, Marcel Reich-Ranicki, der gegenwärtig reinsten Inkarnation der Karl Krausschen Literatur-Preß-»Maffia« – nein, eben nicht zu schweigen: denn tatsächlich wäre über seinen meist seitenbreit gewalzten Oberlehrersumms und -schrott kein Wort zu verlieren, übte Seine Horribilität nicht tatsächlich und immer noch und offenbar sogar in steigendem Maße ganz reale Gewalt aus; sei's im Rahmen von Stücker 20 Preis-Jurys, sei's im Pressionsverein mit dem aus halbdebilen Oberärzten und pensionierten Generälen sich konstituierenden und wichtigmachenden FAZ-Kulturteillesermob, der seine anachronistische Existenz mit Kultur verwechselt, der aber, so ein Autor Pech hat, ja noch immer massiv über Auflagenwohl und -wehe nicht weniger Bücher entscheidet, partiell auch über die schiere »Präsenz« von Autoren – und der sich nicht entblödet, das seit zwei Jahren läufige Affentheater der Reich-Ranickischen Cour d'amour rund um Frau Ulla Hahn und ihre Lyrika sich gefallen, ja als kulturelle Richtschnur aufschwätzen zu lassen – wenn's nicht auch wieder so zum Lachen wär', wär's wahrhaft gespenstisch; und nochmals umgekehrt.

Obwohl er mich persönlich bisher nur spärlich tangiert hat, möchte ich für einen längeren Augenblick jetzt doch bei diesem in seiner Weise durchaus bemerkenswerten Manne verweilen; denn noch in seiner annähernden

Selbstpersiflage eines Kritikers prangt er nach wie vor unvergleichlich und exemplarisch für die kulturellen Zustände im Lande; für ihre tiefe Barbarei. Reich-Ranicki wurde häufig und immer wieder attackiert, meist wenig glücklich, nämlich »politisch«, nämlich über seine Biografie – aber solche Polemik wider den »Stalinisten« (u. ä.) macht m. E. nicht allzuviel Sinn; etwas anderes und Unseliges ist es, das hier am Walken ist – und schon deshalb nicht zu leicht zu fassen und zu attackieren, weil es trotz allem halt auch immer wieder amüsiert, weil unter vielen Farblosen im Lande hier immerhin eine »Figur« am sturheil groben Unheilstricken ist. Machte man sich die Mühe, auch nur die groteskesten Fehlurteile Reich-Ranickis während der letzten zehn Jahre zu sammeln und aufzuzählen, das Schicksal pochte als Wahnsinn 49mal an die Türe – aber macht nichts, alles vergessen, weiter wird geröhrt und gedröhnt und Meinung geblökt, buchstäblich magna cum voce, nämlich immer häufiger nicht allein im Kulturblatt, sondern verstärkt im Fernsehen – und welcher Redakteur des Medialzeitalters ließe auch eine solche pittoreske und so angenehm platt daherdonnernde Kunstfigur sich entgehen?

In einem Land, in dem, jeder weiß es oder ahnt es, Literatur, schlechten Gewissens oder entschlossen, ohnehin nur noch in Zirkus-, nämlich Ablenkungs- und Beschwichtigungsfunktion auftritt und sich äußert: in einem solchen Lande hat naturgemäß der lauteste Platzhirsch und krähendste Kulturgockel das größte Sagen. Dessen bewunderungswürdig pastos vorgetragene Rezensions- und Urteilskunst dabei in nichts anderem besteht als in zwei ständig rotierend wiederholten rhetorischen Bauerntricks: 1. In der Kritik ex negativo: »Epische Elemente sind in diesen Gedichten (Ulla Hahns) kaum vorhanden, Balladen und Moritaten, Fabeln und Parabeln gibt es überhaupt nicht« – Fotos, Romane und Lokalpossen übrigens auch nicht, 2. Dem Schein-Paradox, der ihre eigene Phraseologie und Nichtswürdigkeit übertönenden Antithese. Wer die Peinlichkeit von Reich-Ranickis Laudatio auf den 50 Jahre alt gewordenen Peter Rühmkorf 1979 live erleben durfte, diese die Grenze von Senilität und Debilität definitiv verwischende Revolver-Rhetorik à la »In Peter Rühmkorf verehren wir ebenso den poeta doctus wie den Bürgerschreck, den Magister ludens ebenso wie den fröhlichen Vagabunden« (o.s.ä.), diesen 20 Minuten lang sich hinquälenden hinterletzten Bildungsbürger-Hirndreck, diesen erbärmlichen und noch in seiner Erbarmungswürdigkeit wieder rücksichtslosen Altherren-Schmonsus aus der Volkshochschule von 1930: dem schwant abermals, in welchem gesegneten Lande wir leben, abzulesen auch durchaus am Standard seiner repräsentativen Literaturkritik, auch wenn dieser, gemessen an H. Kohl eo ipso und angesichts dessen, daß im Herbst eh raketenstationiert wird, achtrangig sein mag. Aber jeder Kohl und jeder Reagan verfügt andererseits über sein Spiegelpendant Reich-Ranicki, sein Schmarrenäquivalent in der Kulturabteilung, die ihn auch selber noch ohne Scham als »hochqualifiziert« (FAZ 29. 6. 83) abfeiert. Wobei die törichte Besinnungslosigkeit dieses Meinungs- und Meinungsbildungsgedengels des Leitenden Platzhirschen im Fernsehen jeweils besonders schön zu beobachten ist. Ohne auch nur eine Sekunde dem Nachdenken über eine Frage, der Suche nach einer Formulierung einzuräumen, schnarrt unser Lautester los, das ewig gleiche Einerlei, in alle Röhren, in allen vom Volksempfänger gern gehörten Phrasen. Selbst wenn der Mann ein Hirn zum Denken hätte, er ließe ihm ja einfach keine Zeit, einen Gedanken ordentlich zu produzieren.

Dabei haben die Aktionen des noch immer »führenden

deutschen Literaturkritikers« (was eine Obszönität! – aber so wird's nun mal genannt, und er hört's gerne) natürlich nicht eigentlich mit Literatur mehr zu tun, sondern a) mit blanker literaturpolitischer Machtentfaltung und b) mit Pathologischem. Wer sich des unglaublich vulgären, nur dem Remmidemmi verpflichteten Vorschlags Reich-Ranickis erinnert, Musils großen Roman in einer auf ein Drittel gekürzten FAZ-Volksausgabe auf den Markt zu schmeißen; wer abermals miterleben durfte, wie dieser Kulturvolksmann noch kürzlich in Bad Homburg einem Originalschweizer Hutträger namens Hermann Burger den Hölderlin-Preis überreichte (eine vierfache Perversität – zählen Sie ruhig mal nach!), und zwar nach dem z. T. identischen Paradoxa-Rhetorik-Schema, das vier Jahre vorher Rühmkorf erleiden mußte: dem fliegt vom Kopf der Borsalinohut und womöglich sogar der Begriff der Unmoral in den betörten Sinn. Wenn man aber dann freilich wieder mitvollziehen darf, mit welcher Greisenhartköpfigkeit unser Mann die Verlagsprodukte sagen wir eines unwiderstehlich aufstrebenden Schweizer Jung-Verlags negiert oder verreißen läßt (denn diese Drecksarbeit erledigen freilich dafür gut bezahlte Vasallen und Aftervasallen): dann stellen, da, unfrei nach Kleist, die Dumpfheit durch ein Unglaubliches gegangen, auch wiederum die Heiterkeit sich ein und fast schon Grazie.

Die Digression, es stand zu befürchten, wurde arg digressiv – und müßte noch viel länger und annähernd jörg-schröderesk schweifen, versuchte ich allhier, auch nur das Gröbste an wechselseitigen Verschlungenheiten von Literatur und Literaturkritik und Literaturpolitik darzustellen – und in der Folge: von öffentlicher Sicherheit und öffentlicher Verblödung. Ich mache mich hier trotzdem anheischig, in Stenoform: In einem Land, in dem eine Christoph Meckel genannte wahre Personifikation des Mittelmaßes mit Hilfe der Literaturkritik Stücker zwanzig Literaturpreise einsacken durfte; in einem Land, dessen gesammelte Kritikerschaften einen Gerhard Zwerenz immerhin gut zehn Jahre ungestraft gewähren ließen, bevor sie etwas merkten; in einem Land, in dem Autoren-Kritiker wie Martin Walser und Peter Hamm mit ihrem Literaturüberdruß derart ungeniert und schlechtsnobistisch kokettieren, daß sie, »inversiv«, jeden nichtigen, aber aparten Stiefel als »Geheimtip« gedruckt weiterzuempfehlen dürfen zu müssen meinen zu raunen oder so ähnlich; in jenem Land, in dem noch eine Luise Rinser, deren reflektorischer Apparat unter dem eines 8jährigen, deren erzählerisches Vermögen unter dem eines 6jährigen Kindes krebst, als Literatur, gar als aufklärerisch »linke« durchgeht (nein, über all diese Gaunereien hilft keine alberne »Autoren-Solidarität« hinweg) –: in einem solchen Lande sich als Kritiker zu bewegen, ist, frei nach Heinrich Lübke und diesen gezielt zu Ende bringend, etwas völlig Anderes anderen Ländern bzw. der Dichtung bzw. einer halbwegs ordentlichen Feuilletonistik gegenüber – kurz, es ist der substanziell reine Scheißdreck.

Wobei, um in einem großen Schwung darauf zurückzukommen, »Ernstler« (den Begriff führte Robert Gernhardt im Nachwort der »Welt im Spiegel« ein) vergleichsweise besser dran sind: sich grave stilisierende Autoren wie Grass, Handke, Strauß noch immer eher Anspruch auf angemessene Behandlung zu erwarten haben als komische, als Humoristen. Humoristische Schriftsteller haben im deutschen Kulturbannkreis noch allemal mit dem ganz besonders Disqualifizierten, dem Unsäglichsten zu rechnen. Und wer sich, wie ich, gern und häufig zwischen den Fronten bewegt, der ist am allerübelsten dran. Um zum Beschluß wieder furchtlos von mir selbst zu berichten: Offenbar weil ich überdurchschnittlich oft Form und Ton, Form und Tendenz wechsele, verlieh mir das »Deutsche Allgemeine Sonntagsblatt« den schönen Titel des »Rundum-Schreibers«. Und das will wahrhaft nichts Gutes besagen. Denn siehe, das Rundum-Schreiben verwirrt. Texte und Buchproduktionen haben in Reih' und Glied angetreten sich möglichst nicht voneinander zu unterscheiden. So will es das Gebot des Gradaus-Schreibens.

Ja, humoristische Autoren haben viel zu leiden in diesem Lande, selbst wenn sie viel gelesen werden; und ich besonders: Statuiere ich etwa das mehrfache Paradoxon, daß der mit Abstand beste der drei Trilogie-Romane, die »Mätresse«, zwar gemessen an ihrem Schwierigkeitsgrad viel zu massenhaft gekauft wurde (knapp 50 000mal); daß aber dieser dicke Roman, der nach meiner Meinung zu den erheblicheren der Nachkriegsliteratur zählt, lediglich durch einen Fernsehfilm und durch drei Buchempfehlungen gewürdigt wurde und keine einzige ernsthafte Buchrezension hinterm Ofen hervorlockte; statuiere ich ferner und gleichzeitig, daß ein Vollschmarren wie Karin Strucks »Mutter« schätzungsweise und allen gerammelten Ernstes wohl hundert Rezensionen aus dem Loch pfiff –: dann verfestigt der trübe Verdacht sich vollends zur fröhlichen Gewißheit, daß die deutsche Literaturkritik insgesamtlich den im Normalfall allzeit offenen Arsch im entscheidenden Augenblick ganz eminent nicht aufbringt.

Soll man sie noch immer ernst und wahr und zur Kenntnis nehmen, die alten Schnarch- und Seich- und Pfeifenköpfe, genannt Kritiker und Großkritiker? Die Altvorderen und immer Hinterherhinkenden und Dösbattel und Schreihälse, die da den Hammer immer noch in der Hand und blökend hochhalten, als aussterbende Gattung angstvoll noch einmal ihre Pfründe sichernd? Sie können nichts, sie wissen nichts, sie kapieren nichts, es ist zum Lachen und zum Jammern – und doch muß man sie schallend ehren. Wenigstens einen von ihnen, den sicherlich Kleinsten unter den Großen, ihn möchte ich Ihnen zum Abschluß vorstellen – und zwar geht er so:

Der »Münchner Merkur«, zuständig für einige Hunderttausend süddeutsche Konservative, veröffentlicht zwar kaum Buchrezensionen – dafür beschäftigt er aber ersatzweise den Altfeuilletonisten Ernst Günther Bleisch. Ihn schickt das Blatt scheint's ziemlich allabendlich in der Münchner Gegend rum, Dichterlesungen zu besuchen und – kritisch zu würdigen. Die Totalität des Nonsensvorgangs überforderte sogar ein literarisches Superhirn, Bleisch aber macht das Beste draus. Er geht hin, kennt selbstverständlich meist weder Buch noch Autor, hört sich an, was zu hören ist, schnappt auf, notiert, geht wieder heim und setzt sich tags darauf an die Schreibmaschine, die Leser des »Münchner Merkur« zu bedienen.

Und ganz nebenher die Würde des deutschen Kritikerberufsstands ein letztes Mal zu retten. Ich hatte in meinen jungen Jahren zweimal das Vergnügen, von Bleisch heimgesucht zu werden. Beim erstenmal schrieb Bleisch ca. 70 Zeilen mit rund 40 sachlichen Fehlern – nach der zweiten Begegnung etwa 80 Zeilen mit leider nur noch ca. 25 Fehlern. Beim ersten Artikel war so gut wie alles falsch. Meine Herkunft, mein Alter, die im »typischen Schwabing« angesiedelte Romantopografie (von »Geht in Ordnung«), die Romannamen, Zitate, sogar der Verlagsname. Versteht sich, daß die Deutung um so schärfer stimmte.

Ernst Günther Bleisch. Die drei Wörter sollten wir uns sehr gut merken. Sie könnten dereinst für literaturkritische Avantgarde stehen. Ernst Günther Bleisch. Ehre seinem Namen.

TEGTMEIER UND ANDERE

Wie lieblos all diese Komiker sind, wie leblos. Wie sterbensmäßig freudeleer und unbeteiligt sie, die noch immer Volkshumoristen genannten TV-Chargen, die ihnen, von wem auch immer, auferlegten Rollen herunterspielen, als ob es Schicksal, als ob es Strafe wäre. Jürgen von Mangers ARD-Wiederauflage »Also äährlich . . .« ragt als ein besonders zermürbendes Beispiel, weil sein Ruhrkumpel Tegtmeier, anders als die Produkte vieler geborener Komik-Zombies, vor 25 Jahren ja durchaus sein Teil Charme, Witz, Wahrheit hatte. Und so ist denn Manger heute tatsächlich am erträglichsten, wenn er glatte Reprisen uralter Hüte zu bringen nicht sich scheut. Der Rest ist Grausen. Sicher, auch große Komiker/Satiriker/Kabarettisten hatten ihre Stillstände und müssen hin und wieder mit der linken Hand aus der halben Kraft schöpfen – und manche, abhängig vom Auftraggeber, müssen hin und wieder schlechter sein, als sie sein müßten. Natürlich, auch von mir hochgeschätzte lebende Einschlägige meiner Bekanntenkreise machen oft zwischen Forum A und Forum B Qualitätsunterschiede; und sicherlich ist die Publikumserwartung ein böser Fingerdruck. Bei Manger und Ähnlichgesinnten aber streift mich mit Eiseskälte das Gefühl, der möchte, selbst wenn er könnte, gar nicht mehr anders wollen.

Verwandter Fall: Warum denn quält sich ein so fähiger Schauspieler wie Hans Brenner, der in einer Polt/Müller-Szene schnell zu Hochform aufläuft, seit wieviel – 100? – Freitagabenden durch eine Bayern-III-Chose »Nix für ungut«, deren Witz einfach nicht funktionieren kann, weil die irgendwelche Zeitgeist-Materialien abgreifende »Idee« des Ganzen, ein Pförtner-Monolog, kraft ihrer humorblinzelnden und dabei aber auch keine Sekunde lang sich krumm machenden Beliebigkeit Inspirationsferne sozusagen vorab garantiert?

45 bzw. 5 Minuten keinerlei Spaß an den eigenen Späßen abzustrahlen, keine Spur von Laune, Lust, Leben: ein hartes Brot. Den Fernsehkomikern beim Geldschaufeln zuzusehen, wäre zwar auch nur im Falle Gerhard Polt witzig; aber wenigstens konsequent.

BETRIFFT: HEINO JAEGER

Daß heutzutage von jedem dritt-, viert-, siebtklassigen Satiriker, Komiker, Kabarettisten im Medienverbund und zumindest im halben Dutzend LPs, MCs und allermindestens ausgewählte Druckwerke sich auf dem Markt herumtreiben, diesen noch unübersichtlicher und, sofern das noch ginge, unappetitlicher zu gestalten: das müßte ja nicht sein. Weil aber der inzwischen 50jährige Heino Jaeger, der neben, ja vielleicht sogar knapp vor Polt einzige grandiose, ja geniale Mann seines Fachs ist (bzw. war; er tut, wie man hört, seit vielen Jahren keinen Streich mehr) – dem Fach komischer Sketch/komische Szene in Texterfindung und Interpretation –, ohne jegliche Übertreibung ein Jahrhundertkomiker, der fast konkurrenzlose, schon manchmal unheimlich genau hinhörende und zur rezitatorischen Mimesis fähige »Ohrenzeuge unserer Zeit« (so ein früherer Radiokritiker): Deshalb wäre es schon sehr, ja äußerst, nein forciertest wünschenswert, daß – von einem unlängst erschienenen verdienstvollen Sammelband über den Zeichner/Maler Jaeger abgesehen – sein nur noch dissolut zerstreut, wenn überhaupt, auf etlichen alten Schallplatten und privaten Funkmitschnitten etc. präsentes Werk wenigstens in medienverbundlicher Auswahl (LP/Buch – eine Videoplatte wird sich vermutlich nicht machen lassen) wieder und zwar schleunigst zum Vorschein käme. Es handelt sich hier nicht nur um eine Verpflichtung gegenüber dem Genius, sondern um eine Wohltat für alle seitens der laufenden Mediokritäten von Hildebrandt bis Richling Molestierten oder doch recht Ennuyierten.

Welcher Verlag, welche Plattenproduktion, welcher Merchandiser packt's heut' noch an?

SPD-HUMORKULTUR

Daß ausgerechnet jene, deren Kulturbegriff im Sinne ihrer vielberufenen »politischen Kultur« in den letzten zehn Jahren die Skala von Klaus Staeck über Bettina Wegner und Ute Lemper und BAP bis hin exakt zu H.-D. Hüsch und Dr. Diether Dehm umfaßte, daß also ausgerechnet die neue und alte deutsche Sozialdemokratie ausgerechnet im kainsmäßigen Sternzeichen des unermeßlichen Dixiefans und Oldtimers und zu allem Unterfluß auch noch Grass-Freunds B. Engholm ausgerechnet die connections als offene joint-venture zu oder mit den Kulturschaffenden 22 Jahre nach W. Brandt wiederbeleben und verdickend verdichten soll und will –: das ... äh: diese Kurz-Polemik hat, mit dem alten SPD-Fan Samuel Beckett stoßzuächzen, als Satz lang genug gedauert. O Gott, o Gott; o Lüge und/oder Verblendung.

Wie recht ich diesbezüglich allzeit hatte oder häufig schwanend ahnte, das enthüllt mir in seiner ganzen tran- und traurigkeitsgesättigten Unermeßlichkeit erst jetzt so ganz ein Tonband, das mir der Weltgeist z. Hd. Christian Meurer selber zuspielte: einen sog. Westfälischen Abend der SPD aus den frühen 70er Jahren, ein bunter Abend Unter der Conférence von Marie Schlei und mit u. a. Helmut Rohde, Peter Conradi und Klaus Matthiesen als Solo-Humoristen; und das Ganze ist, sicherlich nochmals forciert durch die Zeitkluft von rund fünfzehn Jahren, so schaurig, so schauerlich, so schauderhaft inferior: daß als die kulturellen Ziehväterfiguren dieser aktuellen deutschen Sozialdemokratie seltsamerweise weniger Siegfried Lenz' minderbedarfter Masurenhumor noch Bölls dünnsinniger Clown noch HA Schults clevere Collagen-Chuzpe, sondern vielmehr eben höchstens der gute neudeutschdoofe Hüsch oder noch vielmehrer und genauer Herbert Hiesel und Walter Sedlmayr als angemessene Stammeltern sicht- und hörbar werden. Hier nämlich ist dieser Volkspartei letztendlich wahrer Himmel.

Und das ist ja eigentlich wieder ganz prima so; oder?

MÜNZ' NACHFAHREN

Karl Kraus' herrliche, in der »Fackel« von ca. 1910 nur leider viel zu selten traktierte Realfigur des Reporter-Interviewers Siegmund Münz, dessen, von anderem Wahnwitz abgesehen, journalistische Spezialität a) darin gründet, daß er allzeit vielperspektivische Intensivgespräche mit speziell balkanisch-levantinischen Königen, Exzellenzen und sonstigen Magnaten zum Druck ins Wiener Blatt befördert, obschon er doch, wie er manchmal selber eingesteht, nur immer gerade für fünf Minuten bei jenen vorgelassen wurde; und die b) so notvoller- wie aber auch konsequenterweise darin mündet, daß er dabei viel mehr an seinen höchst eigenen als an den Welteinsichten der hohen Visitierten interessiert ist (z. B. »Fackel« 321–22, S. 1 ff.); so daß K. Kraus zu Recht pointiert, der bulgarische König interviewe wieder mal S. Münz.

Seit Jahren bin ich nun meinerseits auf der Suche nach einem rechtmäßigen Nachfahren Münz'; einem leading Repräsentanten seines offenbar unsterblichen journalistischen Proto- und Idealtypus für unsere neuere und neueste Zeit. Eine Zeitlang schien es so, als habe man ihn im noch eher jüngeren Theo Sommer zu finden; damals, als dieser mit dem schon seinerseits unbremsbaren, aber noch als Verteidigungsminister in seinen Explosivmöglichkeiten leidig kasernierten und aber bereits hochverehrten Helmut Schmidt im Schlafwagen-Doppelzimmer unter kuscheliger Bettdecke heikelste Nato-Strategie spielte; und dabei mindestens ebensoviel militärisches Sommer- wie Schmidt-Genie vor den so und so wohlig schauernden »Zeit«-Lesern ausgebreitet wurde. Aber dann, nach 1975 entwickelte sich Theo-Ted doch mehr und mehr zum eher schlaffen Hamburger Hock-Redakteur und ließ sich dabei auch immer williger und willenloser in seine allgemeinen metaphorisch-metaphysischen Unholdereien und Havarien plumpsen (und nochmals und weit über Gremliza hinaus bäumt sich da immer wieder mal die Frage auf, was die Gräfin Marion sich wohl seinerzeit dabei gedacht hat, als sie ausgerechnet diesen schwäbischen Geschichtsschmarrer und Lateinschranzen und Schlunzkopf schlechthin bei sich als ihren eigenen Stellvertreter einstellte; vermutlich nichts; wie sollte, könnte sie?) –

– nein, Sommer brachte's dann eben doch nicht ganz; nahe aber kam dem Prinzip Münz unlängst in einer FAZ-Tiefdruckbeilage und im rauschenden Zuge eines brausenden Artikels über Max Frisch kein Zurückhaltenderer als Unser-immer-noch-Lautester, M. Reich-Ranicki in allenfalls halber Ruhiggestelltheit: im Rahmen eines mopskreglen und gockelhahnfidelen Textquatsches, welcher implizite und wie in vollends verblendeter Selbsthypnose immerzu pro domo behauptete, ohne seine Knallköpfigkeit, Reich-Ranicki, existiere der Max Frisch letztendlich irgendwie recht eigentlich gar nicht: »So war Frisch doppelt zufrieden. Ich hatte den ›Gantenbein‹ gerühmt und die Gegenargumente in Frage gestellt. Meine Kritik, nur sie, war die Ursache der überaus herzlichen Begrüßung im Foyer des Luisenhofs« – –

– o Greisentorheitswahn. Noch reifer dünkt mich in diesem thematischen Münz-Zusammenhang allerdings eine Münzsche Sub- und Metavariante, die zur gleichen Zeit sich im Nürnberger Stadtblatt »Plärrer« fand, wo nämlich ein Portrait des Erzählers Leo Perutz die Überschrift »Widerborstig und staubtrocken« abkriegte. Das nun aber nenne ich fast andächtig rücksichtslose Selbstausbeutung des Artikelschreibers Thomas Wörtche. Denn auf die Wörtche kommt's ja heutzutage nun wirklich längst nicht mehr an. Zwar ist Perutz' Prosa ja z. B.

eher »hauchzart und feuchtwarm«, aber Journalisten haben nun mal primär ihren vor allem verbalen und porösen Hirnschwurbeleien möglichst freiströmenden Lauf zu lassen. Im Zuge einer derzeit im Entstehen begriffenen Lingua Quarti Imperii. Und insofern hätte Münz-Wörtche freilich noch präziser und trefflicher »staubig und windig« oder eben gleich »ex und hopp« drüberschreiben können; doch, das eben hätte er wollen.

DER LIEBLOSESTE VON ALLEN

»Selbst das Geld geht in Verwesung über.«
(Der Handwerksbursch im »Wozzeck«)

H. Rosenthal ist tot. Glaubte man »Bild«, verharrte er bis zuletzt in der angestammten Würdelosigkeit: Das einzige, was ihn auf dem Todkrankenlager bewegt haben soll, sei gewesen, möglichst schnell wieder mobil zu werden, um wieder ins Fernsehen zu kommen.

De mortuis nihil nix denn die nackte Wahrheit. Rosenthal war unter vielen witzlosen TV-Entertainern der witzloseste und witzfernste; er war unter vielen (hier ist das Schwerwort nun wirklich mal angezeigt:) menschenverachtend lieblosen der, neben Biolek, liebloseste; bis hin zur »perfekten Gleichgültigkeit« im Zuge seiner »unerbittlichen Unterhaltung« (»Der Spiegel«). Daß ausgerechnet der Liebloseste von seinem düpierten Volk am meisten geliebt wurde – an diese ethnologische Dialektik reichen schlußendlich auch keine intrikatesten Adornoschen Deutungsmodelle mehr heran, dergestalt, die Leute wollten halt partout angeschmiert werden. Denn den großen humanen Kulenkampff, den mögen sie ja durchtriebenerweise am zweitliebsten.

Rosenthal war unter vielen medialen Wesenlosen das Ens irrealissimum. Er war – Weizsäcker täuscht sich – ein Übel, eine Plage.

Postscript zur Buchausgabe: Das mit dem »großen humanen Kulenkampff« stimmt mindestens seit 1991, seit seinem schauerlichen TV-»Interview« mit H. Apel (SPD) leider auch nicht mehr. Noch ein Übel, noch eine Plage.

BADEN IN BELCANTO, RUDERN IN RISORGIMENTO

Auf Schallplatte entsteht ein kompletter Verdi

»Jede Musik«, so lautet eins der Orakel aus Giuseppe Verdis kompositionstheoretischer Dekretenkiste, »hat ihren Himmel«. Und die Verdische, so darf offenen Herzens nachgeseufzt werden, deren eine ganze Menge. Nur: man kannte einige davon bis jetzt nur mehr so vom Hörensagen.

Von der »Aida« hat es momentan sechs, von der »Traviata« neun und von »Rigoletto« gar zehn Schallplatten-Gesamtaufnahmen; allein nach Maßgabe des Bielefelder Katalogs. Lang schien es so, als ob's auf dem Verdi-Sektor mit den Erfolgsopern, dem Kanon, den Ohrwürmern sein Bewenden hätte; als ob selbst Verdi-Herolde zeitlebens auf die Kenntnis von allenfalls elf der 26 Opern eingeengt blieben; denn mehr bieten deutsche und auch italienische Opernhäuser kaum, und der Verdianer konnte allenfalls abstrakt in Partituren nachahnen, wovon die Operngeschichte des 19. Jahrhunderts in Glanz und Grauen und jedenfalls faszinösest kündet.

Mag sein, daß die Not der Übersättigung des Schallplattenmarkts, die fatale Beschränkung auf ein kleines wieder und wieder gekäutes Reservoir an Mundigem, der Vater des Gedankens war, der den Produzenten die Wahrnehmung des Entlegenen und Verschollenen geradezu aufdrängte: Im Fall Verdi hat offenbar das leidige Überangebot der »Aidas« den Segen der Disparata namens »Il Corsaro« und »I Masnadieri« herbeigezaubert: Discophil und discoman ist inzwischen fast all das zu hören, was seit hundert Jahren meist nur von der Phantasie der Verdi-Gemeinde okkupiert war.

Die fast komplette Verdi-Edition – 24 der 26 Bühnenwerke sind heute ohne weiteres zu erwerben – gehört zu den Glückstaten der Schallplatte in ihrer spezifischen Begabung. Denn leider und ein für allemal ist das Gros der Verdi-Opern für die Bühne nicht zu retten, bis inklusive »Macbeth« und »Simon Boccanegra« reicht das Aufführbare – das wird so bleiben und sollte es wohl auch, obgleich ein Versuch etwa mit Verdis Schiller-Adaption der »Räuber« lohnen und jedenfalls Spaß machen könnte. Fürs blanke Hören indes erweist sich als reine Lust, was auf dem Theater in Ungemach, Lächerlichkeit und wohl auch linder Langeweile versänke. Jenseits aller eher snobistisch relevanter Kuriositäten-Pretiositäten und Spezialisten-Marotten, denen die Schallplatte hin und wieder schon fast zu gerne nachgibt, erweist sich der unbekannte Verdi, massiert oder dosiert genossen, als Hörlabsal, als historische Beschwörung und erstrangiges Studienmaterial in einem. Zu erleiden und mitzugenießen ist der dornige, struppige, seltsam obskure und deshalb so beispielhafte Weg eines Genies, dem eben dieses noch weniger in die Wiege gelegt wurde als den meisten der Kollegen unter den Fixsternen.

Der unbekannte Verdi, er ist fast deckungsgleich mit dem der (sein Wort) »Galeerenjahre« von 1842 bis zum »Maskenball«. Es ist die Zeit der teils drückenden, teils widerstandslos akzeptierten Abhängigkeiten von Rossini, Bellini und Donizetti; der Subordination unter diese schon Kanonisierten; die Zeit der Enttäuschungen, ja Katastrophen und der eher nationalen Achtungserfolge; die Zeit der Stilfindung. Wobei die übliche Teilung nach dem »frühen«, dem »mittleren« und »späten« Verdi einigermaßen problematisch ist – auch dies beleuchten die neuen Schallplatten jetzt verstärkt: »Troubadour« ist vom »Maskenball« so verschieden wie der »Tannhäuser«

vom »Tristan«. Übergreifend für Verdis Gesamtwerk zeigen sich drei Grundzüge, besser: Ideen – diese allerdings bis zu »Rigoletto« so gut wie exklusiv: Der neuere, historisch gesehen zweite Belcanto-Stil; das entstehende neue italienische Volkslied; und die »Risorgimento«-Pose; und mit diesen dreien hat man es bei den neuen Verdi-Kassetten hervorragend, genußreich und auch erheiternd grell zu tun.

Der Opernerstling »Oberto« prangt jetzt ebenso auf Schallplatte (eine alte Estro-Armonico-Aufnahme) wie die folgende erste und für lange Zeit einzige komische Verdi-Oper »Un Giorno di Regno« (Philips, Dirigent Lamberto Gardelli, mit Fiorenza Cossoto und José Carreras). »Oberto« war 1839 ein Achtungserfolg, »Einen Tag König« im Jahr drauf eine solche Pleite, daß Verdi sich schwor, keine Opern mehr zu schreiben – und tatsächlich meinen Biografen noch heute, das Ding sei noch schlechter als der allerschlechteste Rossini.

Nicht unerheblich zu kennen sind beide Werkchen gleichwohl. Sie beglaubigen z. B. erstmals Verdis Affinität zum Volkslied, zur neapolitanischen Canzone, die ja exakt am 7. September 1835 in Neapel geboren sein soll und deren tragende Rolle für die Gestalt der italienischen Oper nicht erst Busoni unterstrich. Hiervon bediente sich der 28jährige Verdi und gleichzeitig von der schon entwickelten Kunst des wiederum verwandten älteren Belcanto, dem Schönsang Donizettischer und Bellinischer und noch früherer Prägung. Wie Verdi beide »Ideen« mischte, wie ehrgeizlos er die Vorbilder zunächst oft kopierte und wie er aber auch sofort das Essentielle traf: die spezifische Ambivalenz des italienischen Belcanto-Ausdrucks, dies ist gerade an den beiden ersten Opern recht schön zu studieren. »Der Schatten des Sterbenden wird mich immer verfolgen«, jammert im »Oberto« ein Tenor –

»Immer werd ich an der Seite der Geliebten sein«, freut sich in »Giorno di Regno« ein Herr Eduardo – der Ausdruck der Musik ist beidemale vollkommen gleich, nämlich irgendwie unentschieden schmerzvoll-freudenreich; es ist die besondere Gleich-Gültigkeit des Belcanto, seine synthetische »Gemütlichkeit« jenseits irgendwie von Gut und Böse und von Psychologie ja sowieso.

»Nabucco« (hier empfiehlt sich die Decca-Aufnahme unter Gardelli mit Tito Gobbi) ist bis heute von der mythisch-romantischen Entstehung umraunt – nach eigenem Zeugnis fühlte sich Verdi beim Lesen des »Va, pensiero« ein zweites Mal geboren. Donizetti soll nach der Uraufführung 1842 im Eisenbahnzug ein ums anderemal ausgerufen haben: »Dieser Nabucco! Schön! Schön! Schön! Das ist Genie!« – und Verdi selbst gab zu Protokoll: »Mit dieser Oper beginnt meine eigentliche Laufbahn des Künstlers.« Heute denkt man über das Werk nicht mehr ganz so gut; der bei aller strukturellen Transparenz geheimnisvollen Schönheit und Magie des »Teure Heimat«-Chors hält die restliche Oper nicht stand. Zu studieren bleibt an ihr aber die Geburt des »Risorgimento«-Stils, der die nächsten Opern so einzigartig prägen sollte. Risorgimento, musikalisch nicht ganz leicht zu definieren, meinte ursprünglich die politische Einigungsbewegung wider die österreichische Fremdherrschaft – Verdi hat zu diesem Nationalkurs sozusagen den sinnfällig stringenten Ton gefunden, einen quasi- und protopolitisch kämpferischen, patriotischen; zuerst eben im »Nabucco«-Chor.

Bei »I Lombardi« (1843) führte das zwar zu einem furchtbaren Amalgam aus »Kreuzzugsgetöse, Waffenlärm und Schicksalstragödie« (Biograf Hans Kühner), und man hört das Ganze heute wohl am besten als Gaudi, mehr oder weniger als Pop-Kunstwerk. Aber mit dem machtvollen Chor »O Signore dal tetto natio« identifizierte sich die italienische Autonomie-Sehnsucht abermals, und spätestens mit dem »Ernani« (1844) galt Verdi als »Erwecker«, später gar als »Maestro della rivoluzione italiana«. Wer's patriotisch nachempfinden will: »Lombardi« hat Philips herausgebracht, mit dem Dirigenten Gardelli und Cristina Deutekom, Placido Domingo und Ruggero Raimondi; »Ernani« gibt's als RCA-Kassette mit dem Dirigenten Thomas Shippers und den prominenten Protagonisten Leontyne Price und Carlo Bergonzi.

Ebenfalls bei Philips (Gardelli, Katia Ricciarelli, Carreras) erschienen »I due Foscari« von nochmals 1844. Über das Werk, berichtete Donizetti, der freilich Vergleichbares verbrach, habe man bei der Wiener Uraufführung sehr gelacht, als ein Terzett im Stil eines Strauß-Walzers über die Bühne geschunkelt sei. Lachen darf man noch heute. Ernster werden aber soll man beim Debut von Verdis leidenden Vatergestalten: mit seiner Arie »O vecchio cor« eröffnet der greise Doge die Reihe der Rigoletto und Amonasro und Philipp; die auch schon das nächste Werk verstärkt, »Giovanna d'Arco«, die erste Schiller-Veroperung, mit der schmerzlichen Figur des Vater Thibaut. Diese »Jungfrau von Orleans« hat EMI unter dem Dirigenten James Levine eingerichtet, die schon gewaltig troubadouresken Polonaisen-Strettas schmettern Montserrat Caballé, Sherill Milnes und wiederum Domingo.

Nur auf einer alten, nicht mehr ganz befriedigenden Estro-Kassette (mit dem Dirigenten Jonel Perlea) präsent ist »Alzira« von 1845, nach Voltaire; geradezu bombig und abermals in Galabesetzung (Caballé, Bergonzi, Raimondi und Milnes unter Gardelli, bei Philips) der »Attila«, die erneute Apotheose der Risorgimento-Pose mit wilden Entladungen, »patriotischen« Rhythmen und den sinnig-unsinnigsten vaterländischen Appellen: »Avrai tu l'universo, resti l'Italia a me!«

Die »schauern machenden Erschütterungen«, welche sich Verdi von derlei höherem Unfug erhoffte, sie stellen sich zwar heute nicht mehr recht ein, aber gut können wir die Charakterisierung Rossinis nachempfinden, der Verdi jetzt einen »musicista con l'elmo« nannte, einen oft lärmig mit dem Helm operierenden Kompositeur.

»Macbeth wird etwas Großes«, ahnte Verdi, im »genere fantastico«, und Jahre danach: »Macbeth ist mir lieber als meine anderen Opern.« Über die dramatische Qualität, die »nordisch« kompositorische Wucht der »opera senza amore« ist apologetisch wenig mehr zu sagen, hier erwartet den Plattenkäufer nur mehr die Qual der Wahl. Rezensenten schrieben sich vor Jahresfrist die Finger krumm, welche Neueinspielung wohl die glanz- und gehaltvollere sei: die DGG-Kassette mit dem Dirigenten Abbado (und Shirley Verrett und Piero Cappuccilli) oder die EMI-Edition mit Riccardo Muti (und Fiorenza Cossotto und Sherill Milnes) – und einigten sich auf Remis; eine weitere und preiswerte Alternative wäre eine unverblüht ältere: die Aufnahme mit Erich Leinsdorf. »Ich möchte, daß die Lady überhaupt nicht singt«, forderte Verdi im ersten opernrevolutionären Eifer, später korrigierte er: »Die Stimme muß teuflisch klingen.« Dem kommt bis dato keine Aufnahme nach. Die Ladies Verrett, Cossotto und Rysanek singen die finsterste Bosheit um die Wette vom schwarzen Himmel herunter – aber letztendlich halt himmlisch, ja fast celestisch.

»I Masnadieri – Die Räuber« sind Verdis zweiter Schiller-Anlauf, ein Monstrum, ein Unikum, schallplattenpräsent abermals in prominenter Philips-Prachtbesetzung (Gardelli, Caballé, Bergonzi, Cappuccilli, Raimondi). Schillers Sozialkritik ist beim Teufel, es triumphiert das italienisch übergelagerte »Urmenschliche«, und dies ist nun wirklich Schauerromantik, herrlicher Leierkastenblödsinn, ein zuweilen scheint's absichtsvoll witziger:

denn wenn es Verdi um den dramatischen »effetto« geht, gibt's eben einen Räuberchor notfalls als Geschwindmarsch und gar als Walzer. Die Moor-Brüder Bergonzi und Cappuccilli singen im brillanten Attacken-Stil wahre Gewitter aus letzlich blauäugigen Wolken heraus; die besondere italienische Stimmtechnik des Scheinaffekts, der vorgetäuschten Emphase. Glorios das Finale, das alle Antinomien der Welt in die bare Gemütlichkeit jenseits von Gut und Böse und Dramenkultur auflöst; ein Terzett zwischen Wiener- und Musette-Walzer, und einmal glaubt man sogar das (spätere) herzerweichende Lied »O du mein Kufstein, holleri hollereida« herauszulauschen. Das Ganze klingt wie der Beschluß einer Betriebsfeier, bei der es die Herzen halbbetrunken zum ewig euphorischen Himmel zieht – und doch, vergleicht man damit das 15 Jahre spätere ätherisch feinst gewebte Finale von »Macht des Schicksals«, in der raffinierten Faktur wohl, nicht aber in der Gesinnung hat sich viel geändert.

Wie überhaupt die Entdeckung von Ähnlichkeiten (mit den späteren Meisterwerken) eine durchaus zweischneidige Sache ist. Denn dem Spaß gesellt sich die etwas bittere Erkenntnis bei, wie sehr Verdi allzeit mit Wasser kochte, andersherum: wie vieler Vorübungen es oft bedurfte, bis aus Konvention und Fingerübung und Handwerk beinahe plötzlich durch große und kleine Impromptus und formale Weitungen und Vertiefungen das geniale Moment entsprang, das wir als eben Verdi verehren und lieben. Wir Hörer lernen, als leis Enttäuschte: daß Verdis Genie, mehr als das anderer, ähnlich allerdings auch hier dem Antipoden Wagner, sich als eine Synthese unzähliger Einzeltricks darstellt; erst als er sie alle beherrschte, mit dem »Don Carlo« von 1868, begann »es«, mit einem quasi dialektischen Überschlag von Quanti- in Qualität, gleichsam von selber zu quellen.

»Il Corsaro«, 1848 von Verdi fast widerwillig geschrieben, ist ein wunderlicher dreifach tragischer Schmarren nach einem Byron-Text. Die Oper enthält Interessantes (z. B. nach Rossini-Manier eine selbstzitatliche Kontrafaktur aus »Masnadieri«); im wesentlichen aber (das kann die Philips-Kassette mit Gardelli, Caballé, Norman und Carreras nicht überspielen) Unsinn und Klamauk; wobei die Frage abermals verdienstreich zu untersuchen wäre, ob Verdi die heute so hörbare Komik schon wesentlich mitkomponierte! Warten müssen wir vorerst noch auf die »Battaglia di Legnano« von 1849, deren »Viva Italia«-Hymnus und deren textlich-musikalische Patriotismen der Lärm-Oper nicht nur mächtigen Premierenerfolg, sondern gar den Ehrennamen einer »Opera della rivoluzione« einbrachten. Scheint's war man mit derlei Etikettenschwindel damals schon fix und freigiebig bei der Hand, und Verdi erweist sich mit diesem Werk endgültig als (Auch-)Pragmatiker: Er war wohl schwerlich politischer Komponist; eher frühe Personifikation jenes heute recht bekannten Künstlertypus, der politische Anfälligkeiten seines Publikums mit Forza und Fidelità treulos nutzt und benutzt – ein nationaler Seelen-Manipulateur. Der es andererseits aber auch wieder ganz ernst meinte: Das im Jahr 1848 komponierte Kampflied »Suona la tromba« wider die Österreicher veröffentlichte Verdi in der Hoffnung, es möge als italienische Marseillaise »bald im Kanonenfeuer auf den Ebenen der Lombardei gesungen werden«. Woraus nichts wurde, Novaros »Fratelli d'Italia« lief ihm diesbezüglich den Rang ab.

»Luisa Miller« nach Schillers Trauerspiel stellt Verdis erste »bürgerliche Oper«. Das Erbe Bellinis schaut wieder deutlicher hervor, Musik und Text wachsen gedeihlicher zusammen, polyphone Züge überdecken das altbewährte Schrumm-ta-ta. Zwei, drei Arien waren bisher populär, es lohnt, das ganze Werk zu kennen. Hier konkurrieren wieder scharf die Decca-RCA-Aufnahmen mit Cleva (Moffo, Bergonzi) und Peter Maag (Caballé, Pavarotti).

»Stiffelio« war 1850 ebenso ein Mißerfolg wie die Umarbeitung »Aroldo« von 1857. Zu Recht. Wer dennoch wissen möchte, wie Verdi kurz vor dem großen Schlag des »Rigoletto« eingebrochen ist, dem wird mit den Estro-Einspielungen beider Fassungen geholfen.

Ein Zwitter an Rang und Ruhm blieb allzeit »Les vêpres Siciliennes« von 1855. Das Werk folgte dem halben »Traviata«-Fiasko, es bezeugt einen Rückfall in die besagte »politische Oper«; zudem war Verdis Kopf damals eigentlich von seinen Lear-Plänen gefesselt. Ein ziemliches Pappmaché-Personal vermochte ihn kaum zu inspirieren, das Thema – Sieg Italiens über Frankreich – scheint die Musik ins Unentschiedene zu färben: weder ganz Verdi noch ganz Meyerbeer. Als Bühnenwerk ist die »Vesper« kaum zu retten; aber die Musik ist (Berlioz hat's zuerst gemerkt) partiell erstrangig, nicht allein die populäre Ouvertüre. Einen beträchtlichen Bekanntheitsschub leisten könnte James Levines neue, furios strotzende, schon dreifach prämierte RCA-Einspielung (mit Martina Arroyo, Domingo und Milnes) – hier haben wir bedeutende, zumindest interessante Musik vom Ausklang der »anni di galera«, die den Vorzug hat, noch fast ungehört zu sein.

In gußeiserner Samtenheit dagegen prangt Abbados DGG-Aufnahme des »Simon Boccanegra« (mit Mirella Freni, Cappuccilli, Ghiaurov und Carreras) in der Zweitfassung von 1881. Auch und vor allem der »Simon« ist ein Verdisches Schmerzenskind. Er meine eigentlich etwas »leidlich Gutes« gemacht zu haben, seufzte Verdi nach dem Mißerfolg von 1857 mit bitterem Understatement – denn in Wahrheit war es etwas Exzellentes, bis dato Unerhörtes. Wir hören nicht nur eine Art Integral aus dem

»frühen«, »mittleren« und »späten« Verdi; der »Papa dei cori« stellt uns erstmals ins Strahlengewitter der späteren meisterlich »gemischten« Massenchöre; die sonoren Töne, die »sublimi cantici« des opus maximum »Don Carlo« klingen an; wir schwelgen, werden hin- und hergerissen zwischen einem aufpeitschenden Librium und einem sämig kalmativen Valium, das sich sowohl der raffiniert gemischten Tonpalette wie der neuen Harmonik der kleinen Tonschritte verdankt, die sogar auf die später so signifikante »Eintönigkeit« des »Otello« vorverweisen. Ein lyrisches Juwel leuchtet mit Amelias Arie »Come in quest'ora bruna«, die neben dem Hirtenknaben-Pastell von Puccinis 3. »Tosca«-Aufzug wohl zarteste und duftendste der gesamtheitlichen italienischen Oper.

Alles in allem: circa 60 Stunden Kuriosa, Pretiosa und Rara verdiana. Wer noch immer nicht genug hat, dem singt als Varia neuerdings Carlo Bergonzi auf einer Philips-Kassette stilkundigst und schmelzenmachendst 31 Tenorarien aus 25 Verdi-Opern vor. Und wer dann doch leicht bescheuert und verdreht ist und deshalb von Belcanto schon gleich gar nicht mehr lassen kann, der soll sich halt den gleichfalls heranwachsenden Donizetti-, Bellini- und Rossini-Gesamtaufnahmen zuwenden, eintauchen und drin zugrunde gehn. Es sind nämlich auch da nachgerade endlose Wunder und Wonnen im Antanz.

DREIMAL BLÖDE

Drei besonders eminente humorkritik-relevante Blödheiten der letzten Monate sollen aus Gerechtigkeitsgründen nicht ungewürdigt bleiben:

Daß Gary Larson der »Woody Allen unter den Cartoonisten« sei, diesen gedankenfernen Stuß glaubt ja nicht einmal sein deutscher Goldmann-Verlag und setzt ihn deshalb in scheint's zitierende Gänsefüßchen – wer aber ist dann wohl der Urheber dieses Stiefels? Allen? Larson? Der befreundete Großhaderner Lug- und Trug-Verlag?

Dagegen feiert der Kölner Kiepenheuer & Witsch-Verlag den Neuroman »Die Nacht der Amazonen« seines Neuautors Herbert Rosendorfer klappentextlich dergestalt, Rosendorfer erzähle »mit der ihm eigenen Mischung aus praller Komik und vielstimmiger Distanz« – und das eben, ich hab's hier vorhin in einer kleinen Testreihe durchprobiert, geht und geht nun mal nicht, nein, mit vielstimmiger Distanz kann man nun mal nicht erzählen. Und auch die pralle Komik, versteht sich, ist beiläufig geschwindelt.

Zum dritten aber mag der weiland FAZ-Oberliteratur-Kritiker M. Reich-Ranicki ein gewaltiger Flachkopf und ein machtgeiler Widerling gewesen sein, ein Überschreiter der Leichen, die seinen Weg pflastern, ein durchaus und sehr beschränkter Bücherleser und -beurteiler auch: Aber gegen den dreifach törichten Ideen-Bild-Umsetzungsschamott des weltberühmt-hochgelobten Nürnberger satirischen Zeichners und »Meistermalers« (»Der Plärrer«) M. M. Prechtl muß man ihn doch verteidigen; den hat er nicht verdient. Denn blind und mit dem Brett vorm Hirn – welch ein doller Einfall – las Reich-Ranicki, von aller ohnehinnigen Visualisierungsbanalität mal abgesehen, ja akkurat und eben nie! Sondern immer und jederzeit scharfäugig hellwach im Dienst der Macht und Intriganz!

Aber, apropos, was ist das dritte eigentlich, was da der R.-Ranicki dem Prechtlschen Hörensagen nach tut, außer daß er a) vernagelt ist und b) ein Buch (v)zerreißt? Das Buch c) zudem mit dem Maul zerfetzen = fressen = derart den Autor bestehlen?

Man wird es nie erfahren; Gott sei Dank.

ZUR DRUCKFEHLERFRAGE

In der »Fackel« Nr. 172/6 beklagt Kraus, vorausahnend Hüsch, die waltende »Wortspielhölle« – prompt macht der Setzer eine »Wortspielhöhle« draus; welchen Fehler Kraus in der »Fackel« Nr. 173 korrigiert. Wetten möchte ich aber trotzdem fast, daß Kraus den Druckfehler getürkt hat, derart die stupende (ein Druckfehler, gemeint ist: stupide) Mitdenkkraft des Druckfehlers vorzuführen.

WORTSPIELHÖLLE

»Einstweilige Verführung« betitelt sich die deutsche Fassung eines neuen Films von Francesco Nuti. »Der Grimm auf Märchen« benennt sich eine im Zinnober-Verlag erschienene Anthologie von allerlei Märchenparaphrasen, -neudeutungen und -karikaturen. Vom noch immer und wie altersstarrsinnig weiter und sei's objektlos vor sich hin grassierenden »Anti-WAAhnsinns-Festival«-Unwesen hier fast schon nicht mehr laut zu seufzen.

Höllisch. Pestialisch, um auch mal eins, ein fast gutes und neues zu riskieren. Wenn das, trotz meiner dauernden Appelle, nicht bald aufhört mit dem Wortspiel und der immer erschütternderereren Wortspielartistik, dann sehe ich mich nächstens wirklich noch gezwungen, wie vor zwanzig Jahren Adorno, nach der Polizei zu rufen.

Ist auch die schon infiziert und süchtig (»Schuh – Po – Hals – Maul«, siehe bei P. Rühmkorf, Über das Volksvermögen): Dann eben, meine letzte Hoffnung, nach Schönhuber.

TRIPELSINN

Wortspiele mit Doppelsinn, ich klagte darüber bereits zu wiederholten Malen schmerzhaft und klage, die neueren unermüdlich-unermeßlichen allseitigen und jetzt allfällig über uns hereinbrechenden DDR-Artefakte im darüber brechenden Aug' und Ohr, abermals und laut –, doppelsinnige Wortspiele sind, von Karl Kraus angefangen, meist etwas ganz Furchtbares, das Geisttötende schlechthin, die Hölle schon auf Erden. Kürzlich aber war es der Pharmagruppe Menley & James, München, vergönnt, im Rahmen einer Zeitschriftenannonce zugunsten der Medikamente Contac 700 und Contac H dem wortspielenden Dreifachsinn zur – meines Wissens – Premiere zu verhelfen. »Schnupfen? Husten?« spottet eine flotte Jeans-Schöne, »Macht mich nicht an« – und das heißt ja wohl 1. Überfällt mich nicht. 2. Macht mich nicht willig, und 3. Steckt ihr (Plural) mich bitte damit nicht an!

Ein dreifach Hoch der damit sich selbst überbietenden Werbeagentur und dem unbekannten Texter, der dieses in einer schon aberwitzig kreativen, den Urgrund der Welt erträumenden Stunde gebar und sich selbst in den Schatten stellend erfand – ja, doch, das Dreifache überzeugt mich, so überwältigt, daß ich nur mit dem erbarmungslos platten, im (jawohl:) Modernen modernden Doppelsinn des erbitterten Ulla Hahnschen Gedichtband-Titels krähen kann: »Spielende!«

PS: Auch O. Lafontaine (SPD), entnehme ich gerade dem »Spiegel«, soll ein weidlicher Meister des so gearteten Wortspiels sein. Schon deshalb wird ihm (auch ich kann's nochmals:) meine hier noch einmal warnend erhobene Stimme – im Dezember 1990 fehlen.

BIDERBER ALTENBERG

Über den nicht nur von Karl Kraus gepriesenen Peter Altenberg weiß ich immer noch zu wenig, ich fand zu ihm bisher keinen rechten Zugang. Aber die folgende Besprechung des Cabaretts »Elf Scharfrichter in München« in der »Fackel« (Nr. 149, 1903) hat mir doch überaus gefallen:

»Ich sah viele, recht ehrliche mannhafte Anständigkeit, so Chorgesangmäßige von echtem Schrot und Korn (. . .) Ich sah biderbes Wesen (ich habe keine Ahnung was dieses Wort bedeutet), dennoch sah ich biderbes, treuherziges, sangeslustiges Wesen . . .«

Ich weiß es, ehrlich gesagt, momentan auch nicht. Und hüte mich, es nachzuschlagen. Nein, das bringt keinen Gewinn.

NOCHMALS: WORTSPIELE U. Ä.

Wiederholt habe ich in den letzten Monden Karl Kraus, Gremliza, Arno Schmidt und manche andere ob ihrer Aphorismen, Wortspiele und anderer und verwandter Doppelsinnigkeiten gelobt oder, häufiger, getatzelt – in einiger Eile trage ich hier noch den schweren Fall der Hamburger sogenannten Kult-Autorin Ginka Steinwachs (»ein mund von welt«, Zeichen + Spuren o. J.) nach, die es tatsächlich zu Wortspielen wie »Tabula phrasa« bringt oder auch »Original . . . auch Ori/ginka/l«, o je, o je – bzw. »netzer kommt aus der tiefe des raumes (ror wolf), ich aber komme aus der tiefe des (T)raumes«, o mei o mei (Alfred Leobold).

Ein wahrlich beklommenes Zeugs von wahrhaftiglich beklemmender Torheit, und nicht allein das: In einem tiefsten Sinn ist hier alles wahrheitswidrig und gelogen, bis hin zu der still ächzenden Pein, daß das besagte Zitat gar nicht bei Ror Wolf vorkommt, sondern in einer Hanser-Fußballanthologie von Dieter Kühn und Ludwig Harig aus dem Jahr 1974. Besser gefallen haben mir wortspielmäßig da vergleichsweise schon manche und mir zum Teil unerhörte Kalauer in Brösels »Werner beinhart«-Film; aber, lieber Leser, da hab ich doch tatsächlich meinen Beweis-Notizzettel verlegt; wenden wir uns deshalb rasch wieder anderen und qualvollen Beispielen zu: Hörbar von Hüsch und seinesgleichen abgelauscht ist die aktuelle Feuerzauberrakete der allerneuesten SPD-Hoffnungsträgerin Renate Schmidt (Nürnberg), rückhaltlos entfacht und entfackelt am 25. 1. anläßlich der neueren anti-amerikanischen Friedenskampagne: »Wer Anstoß geben will, muß auch Anstoß erregen können« – hier kommt nämlich nur die angeblich produktive Schein-Antithese vollrohr und vorbildhaft auf die Abfangrakete ihrer eigenen und puren Tautologie zurück. Wird umgekehrt ein Match draus? »Wer Anstoß erregen, muß Anstoß ge . . .«? Nein, Quatsch bleibt Quatsch, und er wird auch dadurch partout nicht geringer, daß er angeblich sogar Gustav Heinemann zitiert.

Wenden wir uns deshalb schnell einem noch etwas eminenteren und noch pastoraleren Scheißdreck zu, einem, der zugleich auch mein letztes-aber-auch-wirklich-letztes Wort zum Fall Christa Wolf sein möge – abgedruckt ist der Karfunkel in der Rubrik (ich schwindle nicht:) »Common (Non)Sense« des »Bonner Generalanzeigers« vom 20. 1. – und die betreffende »Hommage à Christa Wolf« lautet in ihrer beseligenden Stringenz und alzheimerischen Repräsentanz wörtlich: »Wenn Männer sagen, daß etwas Männersache sei, dann handelt es sich entweder um eine Kinderei oder um ein Bubenstück.«

Und zu verbessern wäre die Prunkkraft dieser prangenden Bräsigkeit allenfalls noch durch das verdeutlichende, allerdings schon fast zu virtuose »wenn Männer sachen, daß etwas Männersache sei« – sowie evtl. durch die Steigerung: »ein bübisches Gesellenstück, das sich als Herrenreiterei selbst entmannt« – nein, lieber doch nicht, der Common (Non)Sensist Hans Günther Schmitt ist an kreuzsensibler Dämlichkeit leider nicht einzuholen. Notre hommage!

Als eine arge und ärgerliche Unart mahnt mich andererseits auch der Typus Kalauer, den der Schweizer Nachwuchspoet Urs Allemann exzessiv exerziert: »Ich lüge das Blaue vom Himmel herunter, dann lüge ich das Blaue in den Himmel zurück« (»öz & kco. sieben fernmündliche delirien«, Zürich 1990) – äh bäh, und auf solchen vollkommen geistlos-routinierten Tieftriefsinn sollen wir reinfallen? Wir doch nicht. Noch delirieren wir ja noch nicht komplett! Hah!

(PS: Zumal schon im Jahr drauf Allemann in Klagenfurt sich ganz zu Recht zum »Babyficker« poetologisch umschulen ließ.)

Um aber nochmals rasch auf die Herrlichkeiten des Genres diesseits der Friedenskundgebungen und Wochenendbeilagen, nämlich inmitten der Hochkunst noch jenseits der zeitgenössisch eidgenössisch eitlen Jungschriftsteller zurückzukommen: Verwundert, fast verstört hat mich seit langem die verehrerische Freude an dem nun schon seit Jahrzehnten dauerzitierten Arno Schmidtschen »Wir werden Scheitan«. Ist das, werte Schmidt-Gemeinde, nicht eher eine besonders kunstlos-affektierte mindesten dreifache Top-Trivialität der mühsam einen Gedanken vortäuschenden Senilität? Ja mei, der größte Stiefel hat halt immer noch den größten Absatz, auch in Schmidt-Kreisen – und dieses Karl Kraussche ist zwar ein ausnahmsweise gutes Exempel, – wie nichts Gutes trifft es aber halt die Gattung selber. Beim fast allzeit bösen Scheitan.

Postscript zur Buchausgabe:
Einen Reklamefritzen als Großwesir des nun wiederum eingleisig zweideutig luxurierenden Wortspiels aber hat kurz vor Redaktionsschluß das Schauspiel Frankfurt per Litfaßsäulen-Werbung zur akrobatischen Hochseilform angestachelt:

»Stellen Sie sich nicht an. Nehmen Sie ein Abo.« – »Sprechen Sie über das Schauspiel Frankfurt. Nicht ohne Vorstellung.«

Na, da kann man nur noch mit Johnny Schopenhauer nachächzen: »Wir laden ein. Dahin, wo die Welt mit jenen Brettern vernagelt ist, die seit je die Welt als Vorstellung bedeuten. Kurzum, ans Licht der Rampe, an die Laderampe . . . äh: die Leselampe . . . äh: die Raupenlese . . .«

IN MEMORIAM SEDLMAYR

Daß der im Hochsommer d.l.J. erschlagene Volksschauspieler W. Sedlmayr kein über die Maßen begabter oder gar schöpferischer Humorist noch ein besonders erigierender Nockherberg-Satiriker gewesen war: recht überflüssig, es nachkartend zu sagen, hätte ich den Sachverhalt hier nicht früher eh schon mal kurz gestreift. Er war, Sedlmayr, ein die Privat- und die Schauspielerexistenz qua Werbung, Reklame und Fernsehen und nochmals Fernsehen vollends unentwirrbar vermixender und vermantschender Geldsack, ein Wichtigmacher und Widerling par éminence und deshalb Leitbild und sie wärmend aufrichtende Identifikationsgestalt zahlloser brüderlich gleichgearteter Bayern und Biertrinker.

Komisch war er so gut wie nie, nicht mal (wie etwa J. von Manger) ein zuweilen brauchbarer und routinierter Komikdarsteller. Eins aber, eins aus seiner Sphäre finde ich doch, eine geraume Zeit nach Sedlmayrs gewalt- und sommerlich-unterhaltsamem Ableben, sehr, ja überwältigend komisch: Daß, abgesehen von dem realmedialen Irrsinn, daß in den Tagen und Wochen nach des Mimen Tod jeden Tag mindestens ein Sedlmayr-Film im Fernsehen lief – daß, davon zu schweigen, eines der beiden Kinder seines Sekretärs, des zuweilen des Mordes verdächtigten Schauspielers Dahms, »Delphin« hieß. »Delphin Dahms«, jawohl. Ob wohl aus ihm im Lauf der Zeit ein Adoptivkind o. dgl. »Delphin Sedlmayr« hätte werden können? Nein, »Delphin Dahms« ist schon optimal.

»Flipper Dahms«? »Pottwal Sedlmayr«? Nein, es bleibe schon bei »Delphin Dahms«.

SEHR GEEHRTER HERR MICHAEL GIELEN

Ein offener Brief an den scheidenden Frankfurter Opernchef

Sehr geehrter Herr Gielen, meine Auftritte im Frankfurter Opernhaus werden immer kürzer. Zuletzt, bei der »Verkauften Braut«, stand ich nach 13 Minuten schon wieder vor dem U-Bahn-Schacht Theaterplatz. Sieben Minuten gingen, bei wohltuend geschlossenem Vorhang, auf die Ouvertüre. Allein, die Autobahn-Filmeinblendung zum Orchestervorspiel sowie die szenischen und kostümlichen Schönheiten des einleitenden Frühlingschors überschritten dann sofort die Augenschmerzgrenze. Zweieinhalb Stunden lang mir derartige Plagen zuzumuten – dafür war ich mir denn doch zu schade; und ich retirierte; nach Hause, zum Grammofon.

Bei Glucks »Alceste« in der Frankfurter Oper hielt ich ca. eine halbe Stunde, zwei Bilder lang, durch. Freilich, als dann ein unverkennbarer KZ-Aufseher tatsächlich auf irgend so ein griechisches Volk einpeitschte, so weit ich mich erinnere mit rambomäßig freiem Oberkörper obendrein, da war's mir abermals zu dumm. Zumal ich vorher schon im Programmheft zwar nichts über Glucks Oper erfahren, wohl aber ein Foto von Marilyn Monroe entdeckt hatte, die irgendwie Alcestes Archetypus gewesen sein soll oder umgekehrt; und viel erfahren hatte ich darin auch darüber, was, sehr geehrter Herr Gielen, der Heft-Redakteur, Ihr Dramaturg und Adlatus Klaus Zehelein, die letzten Monate über von Bloch über Benjamin bis Bataille alles Hochkarätiges zusammengelesen hatte; das nämlich wurde dem Publikum als Werkeinführung jetzt aufgetischt, daß es eine Art hatte.

Durchhielt ich, mit zusammengebissenen Zähnen, bei Puccinis »Manon Lescaut«, vorgeführt von dem Gastregisseur Heyme. Obschon auch hier allein die Szenenmotiv-Konstante einer Coca-Cola-Neonröhre, welche gleißend alle vier Bilder der Oper durchleuchtete und zweifellos die trügerische Verheißung Amerika meinte, zur Flucht von Rechts wegen hätte zwingen müssen. Vor allem, nachdem auch hier, wie so häufig in der Frankfurter Oper der letzten Jahre, ein als Nazi-Charge kenntlich gemachter Höfling einen Pariser Salon notabene des 18. Jahrhunderts brenzlig machte; zu schweigen von den feschen Beuys- oder auch Bogart-artigen Hüten, unter deren Krempe Manon und Des Grieux am Ende durch die glühende amerikanische Wüste stolperten, selbstverständlich mit dem Outfit von Trenchcoatmänteln bedacht. Indessen, die Sänger vollbrachten derart Bravouröses, daß man den Krempel an Oper, Augen möglichst fest zugepreßt, so gerade noch durchstehen konnte.

Auf Hans Neuenfelsens »Macbeth« von 1979 und seine »Aida« von 1981 als die medienspektakelträchtige Apotheose des neuen ab da häufig so genannten Frankfurter »Regietheaters« komme ich zurück. Hier nur so viel, daß dies doppelte und wahrhaft zu allem entschlossene Kasperltheater kraft seiner steten Inklination zum Verbrecherischen aber auch schon derart dumm, korrupt und pathologisch auftrat, nämlich die doppelte Pathologie eines Regie-Solisten und seines von ihm mehrheitlich faszinierten Publikums offenbarend, daß man – drinbleiben mußte. Beide Inszenierungen prägen sich bis zum heutigen Tag als Epiphanien des neudeutschen Geistesgauner- und nämlich Deppenwesens ein und wirken als solche womöglich noch ziemlich lange nach, – nein, alles was recht ist: Damit haben sich Neuenfels, Frankfurt und leider auch Sie, Michael Gielen, in die Annalen der Regressionsgeschichte des ausplätschernden 20. Jahrhunderts für lange Zeit fest eingraviert.

Das Ganze, noch mal, nennt sich, wie Ihnen bekannt, Opernregietheater und ähnlich, es wird oder wurde immerhin schon geraume Zeit von den kritischen Kontrollinstanzen der Stadt und des Landes hochgepriesen, in summa von der substanziell steinkonservativen FAZ nicht weniger als von der linksliberalen »Frankfurter Rundschau« und der »Zeit«, und von unseren fashionablen Theaterjournalen sowieso. Der immerwährend immergleiche antibourgeoise und antiopernbetriebliche Radikal- und Radiputz-Gestus fährt sogar Kritikerpreise ein; das Regietheater geht nun ins zehnte Jahr, nämlich zurück auf 1977, als die sogenannte »Ära Gielen« mit einem schreilauthals begrüßten »Don Giovanni« einsetzte, einem heute noch zu sehenden und so gerade noch erträglichen Stilmischmasch seltsamster und entschlußlosester Bildästhetik und -symbolik – ja, ein Dezennium währt der Schmus nun bald, und dabei ist die Windigkeit, Lächerlichkeit, Sturheit des von Ihnen, Michael Gielen, den jeweiligen Gastregisseuren und Zehelein, dem sogenannten zweitwichtigsten Mann der sogenannten »Gielen-Crew«, seit zehn Jahren nimmermüd, ja nimmersatt angeleierten und am Überleben gehaltenen Opernregiestiefels eine derart in die Augen und ins Gemüt rumpelnde: daß möglicherweise selbst Sie, der Sie übers Jahr die Ära Gielen beenden wollen, die Schande inzwischen insgeheim erkannt und eingesehen haben könnten. Wenn aber noch nicht, möchte ich Ihnen die Struktur des zehnjährigen Debakels hier ein wenig auseinanderlegen.

Um nicht falsch verstanden zu werden: Mitnichten bin ich einer der Fachleute, der – so oder so – Professionellen, die seit seiner Geburtsstunde jenes Frankfurter Regietheater kommentieren, beruflich pro oder contra argumentieren, sozusagen als halber Lebenszweck in ihm sich ausbreiten. Noch bin ich Experte in Sachen Frankfurter

Oper und Opernbetrieb; noch gar, was seine personellen Interna anlangt. Nein, ich bin mitnichten einer der Berufsdeuter, die Ihr und Zeheleins Wirken affirmativ (das tut die große Majorität) oder aber maulend (das tut fast niemand mehr) verfolgen, nämlich davon mehr oder weniger ihren Lebensunterhalt bestreiten. Nein, vielmehr bin ich seit 17 Jahren nur relativ regelmäßiger Besucher der Frankfurter Oper bzw. war es – von der Oper verstehe ich allerdings fraglos etwas mehr als so mancher Sänger und Dramaturg und Dirigent – und in dieser schlichten Eigenschaft als Amateur, als Fan und Freak, als, wenn man so will, »Naiver«, unterstehe ich mich hier, nach zehn Jahren (nein: nicht Wut und Trauer, aber doch) Ärger und Lachzwang ein wenig den Mund aufzureißen; nämlich: abzurechnen. Vermeiden möchte ich dabei eigentlich eine prinzipiengrundsätzliche Debatte pro und contra »Regietheater«, ich denke, da sind die Meinungen aller Beteiligten längst getauscht und die Argumente fast bis zum Gehtnichtmehr bekannt. »Regietheater«, liest man seit zehn, nein eigentlich reichlich 20 Jahren, wolle die Werke »hinterfragen« und »aufbrechen«, ihren szenischen Subkommentar liefern (in der Praxis läuft's meist umgekehrt: die Musik ist allenfalls noch Subkommentar der Regie); es bürste die Werke wider den Strich, nämlich wider die Aufführungskonvention, ja manchmal gegen die verdrängten ureigentlichen Intentionen ihres Autors, die es zu »dechiffrieren« (FAZ) gelte; es unterlaufe und zerstöre im gleichen Atemzug die Erwartungshaltung eines auf kulinarische Opulenz und also Gedankenarmut eingestimmten Publikums; es insistiere auf einer neuen und elementaren und vor allem visuellen Sinnlichkeit. All dies, Michael Gielen, sind vertraute Phrasen, seit zehn Jahren bis zur Albernheit vorgetragen und gehört. Bekannt ist auch, was die eher minderheitlichen Gegner meinen: »Sicherstes Indiz für die Agonie des Theaters ist das Regietheater«, befindet z. B. schon 1973 der Dramatiker Hartmut Lange gegen dieses; Thomas Brasch 1982: »Die Regisseure sind die Verhinderer einer wirklichen Veranstaltung«; der Kritiker Karl Schumann, gleichfalls 1982, versteht Regietheater als »visuelles Verdeutlichungstheater für Unmündige«; und Michael Schneider nennt 1984 das Auf und Ab der Stile des Regietheaters eine »konjunkturbedingte Schmierenkomödie«.

Diese und verwandte Argumente kennen Sie, sehr geehrter Herr Gielen, samt den abermals griffigen Gegenargumenten: vom Aufbrechen obsolet gewordener Rezeptionsschemata, vom Postulat eines jeweils Einzigartigen, Kon-Genialen der Regiearbeit, das allein den Werken dienlich sei. So kommen wir schlecht weiter, probieren wir's also andersrum: mit ein paar groben Evidenzen:

Es mag ja sein, daß das Regietheater im Einzelfall vor zehn oder zwanzig Jahren (damals nämlich erlebte man dies Regietheater z. B. schon in Nürnberg) sein Erfrischendes hatte, seine geschichtliche Bestimmung meinetwegen; so weit denn Operntheater, das sei mal sehr offen gelassen, überhaupt Derartiges für sich reklamieren darf, nämlich nicht vielmehr ein ziemlich heilloser, ja wesentlich widersinniger Anachronismus an sich ist – und, wenn überhaupt, besser via Schallplatte überdauern sollte. Bleibe dahingestellt, ob Regietheater denn je irgendwo eo ipso das Erleben von Oper per Sinnlichkeit, Gedankenreichtum, »Subkommentar«, Schürfarbeit vertiefte, ich selber wüßte letztlich keinen einzigen Fall und habe da erhebliche Zweifel. Drei Aspekte aber, hoffe ich, müßten auch Ihnen, dem Mit-Inaugurator der Frankfurter Bewegung, am Ende Ihrer hiesigen Tage auf- und einleuchten:

1. Regietheater zehrt, einigermaßen paradox von sei-

nem Ende her, von der Strategie, einem ziemlich blinden Mechanismus: Alles als reaktionär, banausisch und ewiggestrig zu verdammen, was eben dies Regietheater nicht einsieht und mitmacht; sondern sich, aus guten oder weniger guten Gründen, dagegen wehrt. Wer die Macht hat, hat das Recht. Nörglermünder werden durch die Kraft des Faktischen gestopft – hier und nirgends sonstwo geht's lang, und wer nicht für uns ist, der ist eben zurückgeblieben und ewiggestrig. Möglicherweise aber ist es heute doch schon wieder ziemlich couragiert, dem Reaktionsverdacht sich auszusetzen und wider die Wider-den-Strom-Schwimmer zu schwimmen und zu löcken; nämlich Unfug Unfug und Stiefel Stiefel zu nennen; auch auf die Gefahr hin, maßvoll zu übertreiben. Regietheater, mit einem Wort, ist – geboren zu Zeiten der antiautoritären Bewegung – autoritär bis auf die Knochen nicht nur im Regielichen, sondern auch noch in den flinken Ritualien der Abservierung etwaiger Andersdenkender.

2. Die platterdings idiotiefeste Routine und/oder Zwanghaftigkeit, ja Zwangsneurotik, in welche Regietheater bald einmündete, um dort unverdrossen und ewigjung wie am letzten Menschheitstag weiterzuwursteln – sie ist selbst von den abgebrühtesten Protagonisten schwerlich mehr zu übersehen. Und gründet vermutlich im regimeartigen Anspruch der Betreiber-Herrschaften selber. Die Beliebigkeit, mit der das »Aufbrechen«, »Aktualisieren«, »Sinnlichmachen« der Werke ins offenbar Perennische perpetuiert wurde und wird: Sie strahlt als eine noch erhabenere Gedankenferne, Utopieferne, als selbst das »alte Operntheater« beides je zuließ. Noch in der ideenärmsten Provinztheateraufführung findet sich mehr Treue zu den Werken bewahrt als in der zeitgeistverstockten Gesinnung jener, die auf teufelkommraus zum 183. Male Großfurore machen, weil sie halt sonst schon gar

keinen Hund mehr hinterm Ofen vorzulocken vermögen; woran eben sie letzten Endes selber schuld sind.

3. Das gelegentlich so genannte »hermeneutische Ideal« des Regietheaters, an den Werken der Operngeschichte alles »ernst« zu nehmen, nämlich szenisch-bildlich umzusetzen und auszudeuten (übrigens in zweiter paradoxer Bewegung dann auch wieder möglichst locker, »postmodern« sich zu gerieren): Dies sich selbst auferlegte Postulat, diese »Idee« verkehrt sich – vermutlich, geehrter Herr Gielen, haben Sie's auch längst registriert – rasch ins nachgerade Gegenteil der vorgesehenen »Aufklärung«. Der Kunstprolet, den es vorgeblich mit Aug und Ohren, Haut und Haaren zur Kunst-Bewußtheit zu erziehen gilt: Eben der braucht sich jetzt, bis hin zur Bewußtlosigkeit, überhaupt keine halbwegs eigenen Gedanken mehr abzuquälen. Weil ihm alles, wozu es bislang der Anstrengung eines etwaigen Mitdenkens, eines autonomen »Rezipierens« bedurfte, mit dem szenischen Holzhammer derart eingebläut wird, daß ihm die besagten und verdrehten Augen samt den Ohren übergehen. Die kritisch-antiimperialistisch hochgeworfenen Brathähnchen, das zudem noch spekulativ dumme und namenlos abgeschmackte Gaskammer-Finale der schon angesprochenen peinstrotzenden Frankfurter »Aida« wirrköpfigst Neuenfelsischen Althirns von 1981 wären dafür zwei wahrhaft schaudervolle Beispiele – und darüber hinaus zwei, die ein Schlaglicht werfen auf die zurückgebliebenen Bedürfnisse einer mental inferioren Kulturschickeria, die genau mit derlei unbedachtem Schnickschnack optimal bedient zu werden hofft. Angeblich »tobte damals der Kulturkampf«; in Wahrheit war alles längst entschieden: Außer der Erwekkung professionell schnarchender Kritiker und smarter Pausengespräche leisteten die Hähnchen natürlich gar nichts, und schon gar keine Aufklärung über Entwick-

lungspolitik, Vietnam und Auschwitz – welch eine Anmaßung und Torheit im übrigen, ausgerechnet per Oper jenen die Augen zu öffnen und Betroffenheit einzujagen, die tagsüber zu faul zum Lesen einer Zeitung sind! Muß man, spätestens jetzt weniger geehrter Herr Gielen, an dieser Stelle wirklich noch weiter argumentieren? Ihnen die Verdrängungsbedürfnisse und -techniken eines neubürgerlichen Theaterpublikums auseinanderlegen, dem eben durch solche voll saturierten Opernmätzchen aber auch noch der letzte Funken von »politischer Bewußtwerdung« ausgepustet wird?! Ob man Oper nun eher im Sinne von Historie, von Seelen-Symbolik, von bürgerlicher Utopie versteht: Selbst im Sinne eines rigiden Regietheaters wurde hier ja doch lediglich der hanebüchenste Unfug an Viertelwissen unter die darob schwer erfreuten Kunden verramscht – zumal von einem Regisseur, über dessen Kopfverfassung Sie, Herr Gielen, sich vorab hätten kundig machen können, hätten Sie die der »Aida«-Aufführung gleichsam beigefügte, von vorn bis hinten unzurechnungsfähige »Animations«- (so nennt man das heutzutage)-Broschüre des Regisseurs auch nur überflogen: eine Neuenfelsische freie Rhapsodie über Verdi und Sylvia Plath, welche deutlich, ja nachweislich, die Grenze entweder zum Verstörten oder aber zum Publikumsverarschenden überstieg, um sich aber dann erst vollends in sich selber zu versteigen – zu diesem Text habe ich mich (in »Titanic«) schon ausführlich zu Wort gemeldet. Ein wahrhaft wahnsinnig gewordener scharlatanischer, fast satanischer Hirndreck, dem man mit der Charakterisierung »krankhafter Narzißmus« viel zu viele Ehre antut. Wie auch der läppischen »Aida«-Inszenierung selber, die für Karl Schumanns Charakterisierung des Regietheaters geradesteht wie keine andere: »Was auf den Tisch kommt, wird gegessen, und zwar ohne Widerrede.«

Was Neuenfels im übrigen von diesem seinem Volk, den Essern, dem Regietheaterpublikum hält, das hatte er zuvor schon, bei seinem Frankfurter »Macbeth«, zu dem sich noch etlicher Widerstand rührte, expressis verbis und coram publico, nämlich im Theater, mit einem Wort und laut manifest gemacht: »Arschlöcher!« Ein gallig sprachmächtiger Herr, fürwahr; ein Ausdruckskünstler.

Sehr geehrter Herr Michael Gielen, nun ist es also doch passiert, ich habe mich doch hinreißen lassen und Argumente vorgetragen; und dies, obschon solche Kraftanstrengung den schmählichen Intentionen der Frankfurter Opernwindigkeit und -windmacherei ja letztlich nur entgegenkommt und willfährt; habe einige Argumente wiederholt, die Sie, Gielen, vermutlich auch längst kennen – sie aber mitnichten wahrhaben mehr wollen, weil – und das kann Ihnen unsereins immerhin nachfühlen – keiner gern nach zehn Jahren Missetaten freiwillig ein Einsehen hat, wo kämen wir da hin. Unverdrossen will ich's aber gleichwohl noch andersrum probieren: So Sie denn heute Rückschau halten auf die »Ära Gielen-Zehelein« – wird Ihnen da, auf Ehr' und Gewissen, nicht hin und wieder selber etwas trübsinnig, mulmig, ja übel zumute – über dieser merkwürdig verschwiemelten Kunstbilanz? Einem Saldo, hinter dem wohl auch etliches weniges Vernunfthaltiges zu sehen und zu erspähen ist, vor allem aber doch: Dummheit, Schamanenwesen, monströse Scharlatanerie – bis hin zur puren Widerwärtigkeit? Ihr partiales Lebenswerk, Gielen, Ihre Frankfurter Hinterlassenschaft! Hat sich's, in der Rückschau, wirklich gelohnt, Aidas, Alcestes, Sieglindes Schicksal lächerlich zu machen, damit der funeste Schmäh möglichst breitseitig in die Zeitung kommt? War der gesammelte Frevel an Verdi-Wagner-Mozart notwendig, auf daß die (Ihnen und mir gleich ekelhaften) Opernbanausen, die bis dato in den

Pausen notdürftig über Sängerleistungen gackern mußten, weil sie der Musik eh nicht zuhörten, jetzt über ägyptische Putzkübel, über der Lady Macbeth Lederlook sich hermachen durften wie die Geier? War die nun wirklich schlimm-elitäre Arroganz angezeigt, genialisch sich gerierende Unausgegorenheiten in den sich maßlos überschätzenden Hirnen der Zehelein, Neuenfels etc. pp. locker-triumphal rechtbehalten zu lassen gegen jene Volks- und Volksbühnenopernfreunde, nur weil diese ihren intuitiv-instinktiv richtigen Abscheu vor dem schlechtsnobistischen Frankfurter Opernunrat zwar mehrfach zu artikulieren versuchten, indessen darin eben nicht so versiert sind wie Sie, Gielen, Ihr Zehelein und die beruflich ja von der ganzen Regietheaterchose nur immerzu profitierenden Helfershelfer im einschlägigen Preßwesen?

Oder glauben Sie wirklich dran? Wie an eine Mission? Ist schon gar keine Verständigung über Gut und Böse mehr drin? Alexander Kluge: »Ich halte das Frankfurter Musiktheater für das einzig authentische, außerdem für das beste in der Bundesrepublik.« Und ich, Opernchef Gielen, sehe und höre, mehr als cum grano salis, eigentlich nur noch seit Jahren Zeigefinger, Dachlatte, Holzhammer. Und spätpubertäre Flegelei – die braven Volksbühnenfreunde haben ganz recht. Sowie letzten Endes Musikfeindlichkeit, Unmusikalität, wie sie einige Ihrer Regisseure, Michael Gielen, nachweislich auszeichnet. In einem Fall möchte ich gar auf ausgeprägten Opernhaß tippen, Haß auf jene komponierenden Genies, die der Tölpel mit den unverfrorensten und ungeeignetsten Mitteln zu übertrumpfen sich anmaßt.

Sehr geehrter Herr Opernchef Gielen, was ich Sie in eben diesem Gedankengang sozusagen ganz diskret fragen möchte: Wenn man Sie z. B. eine Mahler-Sinfonie dirigieren hört oder Ihre Interviews liest, dann ist man ja fast geneigt, Sie eher für einen geisttragenden, nämlich komplexerer Einsichten fähigen Menschen zu halten. Wieso aber kommt's dann, daß ein solcher und zudem wahrscheinlich nicht ganz unmusikalischer Mann die wahrlich dämonisch-zerstörerischen Torheiten seiner sogenannten Regisseure fatalerweise nicht nur toleriert, sondern, oft selber am Pult stehend, offenbar sogar noch begeistert von ihnen ist? Waltet hier, fortschreitend Ihr Hirn vernebelnd, eine Art Autosuggestion dergestalt, der Unfug möchte letzten Endes doch zu irgend etwas nütze sein? Überträgt sich diese Selbstvernebelung als Bedeutungshuberei am Ende auch auf die Vokalisten, die Choristen, welche die Schmach mitzutragen ja auch erst mal gezwungen sind? In einem einzigen Fall, der »Aida«, wohl auch, wie man las, Widerstand formierten, jetzt aber – definitiv resigniert haben? Noch intimer gefragt, Opernchef Gielen: Wie vermag ein ohrenscheinlich musikalischer Mensch wie Sie es zu ertragen, wenn – nehmen wir als Klimax der Peinlichkeit nochmals »Aida« 1981 – edelste Musik von fast vollkommener Inspiriertheit, Musik umwölbt von einer ganz bestimmten geschichtlichen Klangaura, Musik, deren kostbare Stilsynthese die Imagination Alt-Ägyptens mit dem Gestus des italienischen Risorgimento vermählt – wie, Gielen, konnten Sie am Pult es erdulden, daß dieser wunderbare Musikflor durch die nimmermüde zäh tapsigen Schaumschlägereien eines wildgewordenen Regie-Unholds fast sekündlich so niedergemäht, so zerstückelt wurde, daß sinnvolles Hören schlechthin undenkbar gemacht war? Nämlich solches, das das ruhig-gelassene Atmen der Musik möglichst ungestört und ungepeinigt nachvollzieht; wovon aber in Frankfurt vom Start weg keine Rede sein konnte noch sollte, nein, nur das nicht!

Der Text, dekretierte immerhin Mozart, möge in der

Oper der Musik gehorsame Tochter sein. Um wie viel zwingender gälte das für Regieliches; worum sich Mozart freilich, zu seiner Entlastung, noch wenig zu sorgen brauchte. Schon recht, aus dieser Mozartschen Bestimmung ex negativo erhebt sich noch keine positive Idee, wie Oper heute in Szene zu setzen sein könnte; wie man, sagen wir, Verdi oder Wagner heute »politisch« ausdeutet, so, wie sie etwa Zeit ihrer Uraufführung »gemeint« gewesen waren; ohne daß eine Regie im Rekurs darauf gleich wieder ins Alberne kippen dürfte. Es existiert vermutlich einerseits keine weittragende Idee, wie historische Oper heute zu realisieren sei – und es ist hier andererseits auch nicht um gelungene oder ehrenvoll knapp gescheiterte Anstrengungen zu tun, die in den zehn Jahren Gielen-Ära auch zu beobachten waren. Sondern vielmehr frage ich mich u. a. erneut, wie ein Adornit wie Sie den wesentlich aus Sottisen und Zynismen sich konstituierenden Regieschmus über Jahre hinweg unverdrossen zu tragen und zumindest mitzumachen sich nicht zu schade war – wo doch gerade Adorno, der ja gesellschaftstheoretisch nicht ganz unbeschlagen und auch nicht eben der Reaktionärste war, noch auf seine späten Tage immer wieder wehrhaft gegen das Spekulative, Skandalschielende, das Mätzchenhafte des aktuellen Musikbetriebs zu polemisieren sich aufgerufen sah. Ihr Lehrer Adorno, der im Zweifelsfall noch allzeit für die einzig erträgliche Realisierung des Unrealisierbaren sich aussprach: Für die relative Gediegenheit und Diskretion der Vermittlung, welche das Geheimnis der Werke wenigstens nicht apriori schon zuschüttet, indem sie es lauthals freizuschaufeln vorgibt.

Und Ruth Berghaus? Die geistvolle Brecht-Schülerin und Vorzeigedame Frankfurter Regie-Tiefsinns? Sie kam mich, Opernchef Gielen, bisher von allen Ihren Leuten am teuersten zu stehen. Zweimal 40 DM zahlte ich unlängst für 23 Minuten »Walküre«. Als Hunding in, selbstverständlich, goldblinkender Ritterrüstung in seine, logo, Artdeco-Wohnung einmarschierte, einen grasgrünen Spielknaben-Teddy namens Siegmund zu stellen, da war's mit meinem frühen Exodus abermals soweit. Rette sich, wer kann – der Dünnpfiff war zwar schwindelerregend, aber leider auch entgeisternd. Einer von uns, Berghaus oder ich, muß einfach doof sein.

Sehr geehrter Herr Gielen, sprechen wir hier nicht weiter von der grauslichen Selbstbeweihräucherung Ihrer Gielen-Truppe in deren Glanzzeiten vor fünf Jahren; noch von der Abbürstung renitenter Kritiker und widerwilliger Opernbesucher, die, wenn sie nicht Claqueure waren, wie schon gesagt, allemal als Vorzeige-Banausen herhalten mußten. Erinnern wir hier nur sehr flüchtig an das Kuriosum, daß, wahrscheinlich in der epidemischen Folge des Frankfurter Opernschwachsinns, seit 15 Jahren glatt verpennt wird, daß es im Musiktheater auch Operette gibt – abgesehen von der Wiedergabe einer Handvoll klassischer Werke fiel diese einfach dem Vergessen anheim – niemandem von der Direktion fiel's offenbar auf und aufs Hirn – und erst 1986 bemerkte die Theaterzeitung einen gewissen »Operettennotstand«. Vergessen wir, statt uns zu ärgern, hier auch besser rasch mal das ambiguische Unwesen dergestalt, daß es zwar in Frankfurt immer bedeutende Anstrengungen gab, modernes Operntheater von Berg über Busoni und Schreker bis Zimmermann zu bewältigen, daß aber auch solche Leistungen meist einen bösen Haken hatten: Mir jedenfalls, der ich diese Rara gern kennengelernt hätte, mußten sie unzugänglich bleiben, wollte ich mir nicht den schrägen Nervenkitzel antun, im nachhinein nicht zu wissen, ob ich jetzt Busonis oder Neuenfelsens »Doktor Faust« erlebt hatte. Bei Verdis »Maskenball« fiel's leicht: Da durchschaute ich, was ich sah, als entsetzlich aufgesetzten, ganz und gar Verdi-fernen Regiespuk. Und beim »Freischütz« wär's mir leicht gefallen; aber da wollte ich, nachdem ich die Szenenfotos, diese topmodische Adaption des Neue-Wilden-Stils mitgekriegt hatte, schon gleich gar nichts mehr sehen und hören. Frankfurter Oper kommt manchmal auch billig: Der ärgste Quatsch legt oft schon vorab Verzicht nahe.

Wie soll's weitergehen in Frankfurt, nach der »Ära Gielen«, jener, die vielleicht doch nicht so ganz zufällig zeitlich mit der reaktionär-postmodernen Wallmannschen koinzidierte? Wie soll's weitertrudeln jetzt, da nach zehn Jahren Publikumsverhöhnung selbst den tragenden Matadoren die Verflachung des lachhaften Prinzips nicht länger entgeht? Wandern noch mehr gelangweilte Schauspiel-Regiecracks in die Oper ab, diese vollends zu verwüsten? Droht nun doch, daß, wie schon mal vorgesehen, Neuenfels sich nicht allein an Verdi, sondern zu seinem Pläsir auch noch an Wagner und Mozart vergeht?

Oder packt nächstens irgendein anderer Salonesel Verdis »Don Carlo«, dessen exegetische Ressourcen, wie von mir schon mal in einer Satire dargestellt, gerade fürs Regietheater noch mitnichten erschöpft sind? Mittels gut sichtbarer Hakenkreuze wird der Eskorial zum Führerhauptquartier erklärt, König Philipp in Schaftstiefeln macht den Hitler, Posa im Braunhemd wahlweise Goebbels oder den Grafen Stauffenberg – der Titelheld Carlo aber wird als Aida hinterfragt? Oder trifft vielmehr ein, was ich gleichfalls schon vor Jahren, als in Frankfurt sehr erwartbarerweise auch noch »Der Wildschütz« als Anti-Biedermeier-Stück decouvriert wurde, glossistisch so vorausgewiesen hatte: Lortzings »Waffenschmied« wird als insgeheim kriegstreiberisch und kryptofaschistisch sowieso entlarvt; so daß, wie der Premieren-Rezensent saldieren könnte, dies Werk »als 385. Oper nach dem Krieg gegen den Strich und wider die Konvention inszeniert und gebürstet sowie aufgebrochen wird; dabei aber wird gleichzeitig die Erwartungshaltung des im bürgerlich-unkritischen Rezeptionskanon befangenen Bourgeoisie-Publikums zertrümmert, zerfetzt oder zumindest zerstört (A. Arsch)«.

Sehr geehrter Herr Opernchef Gielen, ich bin dessen nicht sicher, ob's nicht tatsächlich so realsatirisch kommen und rücksichtslos weiterwalzen wird. Heiße Sie aber schon mal, von Ihrer nächsten Wirkungsstätte aus das hochgradige hiesige Opernschauspiel weiterhin klammheimlich im Auge zu behalten. Wenn's geht sogar mit etwas schlechtem Gewissen, ja mit Scham.

Postscript:
Interessanter, nämlich noch syndromatischer als der vorausgegangene Text, geschrieben im Mai 1986, nämlich ursprünglich für eine Anthologie mit dem schönen Arbeitstitel »Focus Frankfurt«, welche zur Buchmesse 1986 herauskommen sollte, sind womöglich seine ersten Folgen und die Begleitumstände des Nichterscheinens der Anthologie: Ein mindestens dreifaches Lehrstück zur zeitgenössischen Verluderung und Verstörung im kulturellen, hier vor allem im drucktechnischen Bereich:

1. Als die ursprünglich für den linken Frankfurter Verlag »Neue Kritik« konzipierte Anthologie dem vorgesehenen Redaktionsschluß getreu soweit beieinander war bzw. sich schon dem vorgesehenen Erscheinungstermin näherte, erfuhren die meisten Autoren keineswegs von der Verlagsleitung, auch nicht vom Herausgeber, sondern von anderen Autoren: Die Sache sei nach dem Befund und Willen der Verlagsleiterin und der Lektorin gestor-

ben; die Beiträge der Anthologie seien nämlich mitnichten so »fetzig links«(!), wie man sich das erwartet und erhofft hatte. Wohlgemerkt: Die Beiträger wie der Herausgeber sahen, auf Treu und Glauben arbeitend, nie vorher einen Vertrag, nie ein Honorar – noch kriegte ich z. B. auf meine spätere Nachfrage hin je auch nur einen Antwortbrief. Dies offenbar als Quittung dafür, daß die Autoren ihre z. T. ausgreifenden, arbeitsintensiven Artikel auf mündliche Absprache mit dem Herausgeber hin für lächerliche 300 DM zu erstellen sich bereit erklärt hatten; der vermeintlich guten, aufklärerischen Sache und einem angeblich armen Verlag zuliebe.

In der Folge hieß es dann eine Zeitlang und ganz unverbindlich, der Frankfurter »Pflasterstrand« werde das Buchprojekt übernehmen und (manche Beiträge waren ja sehr aktualitätsbezogen) beschleunigt realisieren – dann vernahm man auch davon nichts mehr. Monatelang keinen Mucks. Der seinerseits geprellte Herausgeber aber hielt sich jetzt auch an den Stil des Ganzen und sich bedeckt, insofern er es nun gleichfalls nicht mehr nötig fand, die Autoren über den Stand der Dinge auch nur irgend zu unterrichten.

2. Vorabgedruckt wurde ein Großteil meines bisher noch nicht komplett veröffentlichten Texts im September 1986 im »Pflasterstrand«, aus vorher schon ins Auge gefaßten strategischen Gründen, – vorabgedruckt in einer recht merkwürdigen Textauswahl, kraftvoll druckfehlerreich bis hin zur Sinnentstellung und versehen mit postmodern-unsinnigen Fotos. Gegen diesen Teil-Text veröffentlichte der »Pflasterstrand«, der, wie ich vorher schon wußte, dem Frankfurter Opernschickimicki-Wesen insgesamt eher wohlwollend, ja zum Teil schwer bewundernd begegnet, prompt eine Gegenpolemik; eine wahrliche Pamphletorgie, deren Autor sich natürlich nicht die

Mühe machte, meinen ganzen und der Redaktion vorliegenden Text und seine Gedankenabfolge auch nur zur Kenntnis zu nehmen; eine Beschimpfung des Tenors: Hier habe man es mit einem Mount Everest an Dummheit, reaktionärer Gesinnung, mit einem Sakrileg an den Neufrankfurter Regieopernwerken zu tun. In einer der nächsten Blatt-Ausgaben hatte es dann noch eine Rezension des inzwischen durch R. Berghaus neuinszenierten »Siegfried«, eine Besprechung, deren offensichtlich sehr jugendlicher Verfasser a) seiner Begeisterung über diese Art von Opern theater freien Lauf ließ; b) mich des Unverständnisses dieses tollen »Siegfried« zieh (welchen ich gar nicht kennen konnte – noch auch allerdings mehr wollte; die tiefst schmähliche »Walküre«-Inszenierung Berghaus' vom Frühsommer hatte ich nachträglich noch in meinem Text berücksichtigt); und mich c) endgültig in die rechtsreaktionäre Schnarcherecke placierte. Als ob es die im Operngenre heute noch gäbe; als ob nicht umgekehrt die Akzeptanz des Regietheaters längst bei den reaktionärsten Bayreuth-Wagnerianern eine festgebuchte wäre. 17 Jahre Dienst an der linken und linksliberalen Aufklärungsfront meinerseits – merke – nützen also gar nichts. Sondern rinks und lechts, abermals mit Jandl zu stöhnen, kann man hart wilkrich reicht velwechsern.

3. Schon zuvor – allerdings ein halbes Jahr nach Erstausgabe meines Texts – war tatsächlich eingetreten, was dieser im Zuge einer kurzen Adorno tangierenden Passage längst geahnt hatte, irgendwie. Gielen, stellvertretend für seine Frankfurter Opernregietheatermannschaft, kriegte wirklich und wahrhaftig den Adorno-Preis der Stadt; einen Preis also, der, wenn ich's recht deute, eher mit dem Geist radikaler Kritik und allerdings auch Pietät vor den von Adorno meist so genannten obersten Kunstgebilden zu tun haben sollte denn mit Mode, Krach und

Schickimicki. Logisch, daß die gleichfalls der Aufklärung und dem Fortschritt allzeit verpflichtete »Frankfurter Rundschau« diese Preisvergabe laut lobte – die Laudatio auf Gielen aber hielt (und das hätte sich allerdings kein Satiriker am Schreibtisch erfinden trauen) jener, der fünf Jahre vorher sein vollends verruchtes Aida-Auschwitz-Finale damit begründet hatte, von Adorno sei das Gedichteschreiben nach Auschwitz untersagt worden: H. Neuenfels also, angesichts dessen und seines Operndrecks der alte Adorno aber nun wirklich (ich weiß das) vor Schmerz, Pein und Ekel aus dem Grandhotel Abgrund schnurstracks und brünnhildengleich in den Main gehüpft wäre.

Noch logischer, fast schon gar zu logisch, daß wiederum ein halbes Jahr später ein Buch auf den Markt kam, »Durchbrüche – 10 Jahre Musiktheater mit Michael Gielen«; ein Buch, welches zum abermaligen Male das Frankfurter Opernregietheater als (man kann's wirklich nicht mehr hören) »radikal«, »entschieden«, »provokativ«, »innovativ«, als vorbildlich schickeria-fern und adorno-verpflichtet preist, als revolutionär und richtungsweisend – und dies, obschon der verschmockte Krampf nachweislich schon seit ca. 1970 auf Provinzbühnen wie Nürnberg und Kassel rumort, ja tobt.

Momentan, ein womöglich letztes Wort auf aktuellem Stand zur finsteren Sache, soll er in Stuttgart noch mehr wüten als in Frankfurt.

FRANKFURTS MAGISCHES DREIECK

AFS – SGE – NFS

Was die »Frankfurter Schule« sei, das hat sich in der zivilisierten Welt halbwegs herumgesprochen: Jene auch mit dem Etikett »Kritische Theorie« firmierende geballte Macht philosophisch-soziologischen Denkens und Forschens nämlich, die, zurückgehend auf das weiland Frankfurter »Institut für Sozialforschung« der Zwanziger/Dreißiger Jahre, heute vor allem mit den Namen Max Horkheimer, Theodor W. Adorno und (der einzig noch Lebende unter den Cracks) Jürgen Habermas assoziiert wird. Die Frankfurter Schule: Teils bürgerlich-großbürgerlichen, teils marxistisch ideellen Ursprungs (vergleiche dazu das Suhrkamp-Bändchen »Intellektuellendämmerung« von Wolfgang Schivelbusch, »Zur Lage der Frankfurter Intelligenz in den Zwanziger Jahren«), meint und meinte sie vor allem eine sehr spezielle, sehr rigide Kultur-, Gesellschafts- und Ideologiekritik; sie hatte über längere Zeit etwas nahezu sakrosanktisch Esoterisches an sich; im Zuge der 68er-Studentenbewegung wirkte sie zwar kaum in die Tiefe, aber sehr stark in die Breite; so sehr, daß selbst Straußens CSU von ihr nolens volens argwöhnischen Wind bekam und angesichts von Adorno et al. leider Gottes von einem »geistigen Sumpfboden« für »Revolutionäre« beziehungsweise »pervertierte terroristische Minderheiten an unseren Hochschulen« etc. faseln zu müssen glaubte – natürlich ein kompletter Unfug, denn wenn etwas speziell abendländisch-kulturgeprägt war, dann wahrlich profund das Denken der Horkheimer, Adorno, Herbert Marcuse, Fromm – und paradox genug wuchs gleichwohl der Ruhm der Frankfurter Schule derart an und war nicht länger zu leugnen, daß sich zu Beginn der 80er Jahre selbst Frankfurts CDU-Oberbürgermeister Wallmann dazu bereitfinden mußte, auf eben sie stolz zu sein, nämlich eigenhändig den Adorno-Kulturpreis zu verleihen, und zwar an den Linksdenker Habermas, ausgerechnet.

Komischkomisch; und genau dies ist das Stichwort für die seit etwa fünf Jahren so bezeichnete »Neue Frankfurter Schule« (NFS). Was hat's nun mit der wieder auf sich?

Wer den Namen »Neue Frankfurter Schule« erstmals in die Welt plaziert hat, ist heute nicht mehr genau auszumachen – möglicherweise war's ein NFS-Mann selber –, er war jedenfalls gut beraten; denn zwar handelte es sich bei der alten Frankfurter Schule um ostentativ seriöse und meist professorale Herrschaften schwergewichtigen Gehalts; indessen die NFS eher mit dem Leichten, Spielerischen, Komischen und nicht partout Wissenschaftlichen zu tun hat; kurzum, es geht um eine ganz überwiegend heute in Frankfurt lebende und operierende Zeichner- und Autorengruppe, die sich wesentlich schon ab 1962 im Zeichen des alten »pardon«-Satireblatts zusammenfand, die seit 1979 das Nachfolgejournal »Titanic« gemeinsam betreut und auch sonst nicht eben faul ist im Produzieren von Cartoonbüchern, Satireanthologien, Romanen, Drehbüchern und Filmen in fast perhorreszierender Fruchtbarkeit. Konkret: Es handelt sich um die Zeichner und Autoren Chlodwig Poth, Hans Traxler, Robert Gernhardt, F. W. Bernstein, F. K. Waechter, Peter Knorr und Bernd Eilert; es handelt sich ferner um ihre Eleven und Nachwuchsleute; und schließlich, der Verfasser dieser Zeilen gehört wohl auch dazu. Und, nochmals, wer immer den Begriff der NFS geboren hat, fest steht 1., daß so unterschiedliche Organe wie FAZ und »Bild«, wie »Lui« und »Westermanns Monatshefte« ihn zwischenzeitlich gern und dankbar aufschnappten; 2., daß bei der NFS tatsächlich so etwas wie eine stilbildende Schule anliegt; und 3., daß der Name durchaus bewußt jene ältere Soziologenschule rezitiert.

Warum, mit welchem Recht? Erteilen wir hier dem Deuter der Zeitschrift »Lui« das Wort: »Was will die NFS? Komik machen, das auch, und zwar sehr. Und sonst? Aufklärung betreiben wie die Väter der ersten Frankfurter Schule? Mindestens. Ich schätze, daß die Säulen der NFS durchaus auf jenen der Kritischen Theorie ruhen oder diese symptomatisch verlängern ... In gewisser Weise haben die Erben nur das Terrain beziehungsweise Medium gewechselt und das Spektrum verbreitert; von der Philosophie und Sozialwissenschaft auf die Felder Cartoon, Zeichenstrip, Satire, Nonsenspoesie.«

Alles klar? Noch nicht? Nun, um es sehr verkürzt an zwei Beispielen darzustellen: Was Horkheimer/Adorno als »Dialektik der Aufklärung« beschreiben, diese Analyse leistet in sozusagen komischer Optik und virtuos verkürzt ggf. auch ein »Schnuffi«-Zeichenstrip von Gernhardt, in welchem der Held zwar allzeit Gutes wirkt, in dem aber eine ihn begleitende Maus im vierten Bildchen notorisch besoffen ist. Und wenn Herbert Marcuse über »repressive Toleranz« reflektiert, dann mit ähnlichem Befund wie Chlodwig Poth, wenn der seine berühmten Strips vom »progressiven Alltag« kritzelt.

Noch nicht überzeugt? Na, dann lesen Sie halt mal in den Marcuse wieder hinein, und anschließend schauen Sie sich Poth oder Bernstein an. Doch, doch, auch wenn keiner vom NFS-Zentralpersonal präzis in Frankfurt zur Hoch-Zeit »Kritische Theorie« studiert hat – der nominelle Adorno-Schüler Michael Rutschky muß es schließlich wissen, wenn er der NFS im »Merkur« attestiert: »Die Erben Adornos.«

Krankfurt, Punkfurt, Gestankfurt oder auch Mainhattan, wie Frankfurt aufreizend geistreich immer wieder benamst wurde –: es ist ja dies nicht einmal die halbe Wahrheit. Zwar lehrte Adorno einst auch die »Negative Dialektik«, aber deren subtile Denkweisen und Denkmethoden darf man ja ebenso ungescheut zum Positiven schlagen wie etwa die kunstreichen, aktuelles Frankfurt freilich voll »einbringenden« Zeichnungen von NFS-Traxler; und daß Frankfurt alles andere als ein Inbild von Negativität ist, das lehrte nicht zuletzt immer wieder allzeit die Frankfurter Eintracht (SGE), jedenfalls an ihren guten Tagen; da nämlich war sie vor einigen Jahren immer noch Inbegriff fußballerischer Delikatesse und Hochkultur, die über den Fußball weit hinausweist. Hier nämlich schließt sich ein erster Kreis: Was die Pfaff, Grabowski, Hölzenbein, Nickel zuzeiten produzierten, das war nicht nur Fußballkultur an sich. Es scheint in Eleganz, Brillanz und Frechheit das genaue Analogon zu dem zu sein, was die NFS-Zeichner und Autoren auf ihren Sektoren leisten. Eine Waechter-Zeichnung, hat einmal ein schlauer Beobachter gesagt, das ist wie ein Hölzenbein-Dribbling oder ein kluger Paß von Grabi. Und – um die Beweisführung synästhetisch zu runden – Waechter revanchierte sich, indem er sowohl Grabi wie Holz wie »Hammer« Nickel im Bild festhielt. Zu schweigen davon, daß der sehr NFS-nahe Dichter Ror Wolf herrliche Eintracht-Gedichte fabrizierte; nicht zu schweigen davon, daß ich selber den Eintracht-Koreaner Bum Kun Cha in einer großen Hölderlinschen Hymne verewigte, ja verewigte.

Schließt sich ein magisches Dreieck? Haben auch die Väter der Kritischen Theorie mit dem Eintracht-Glanz ursächlich zu tun? Nun, dieser Beweis ist schwerer zu erbringen. Zwar war der große Eintracht-Elogist Ror Wolf nun wiederum dezidierter Adorno-Schüler; zwar könnte man auch durchaus stilistische Parallelen zwischen der hochgestochenen Diktion Adornos und der hochangereizten Spielkunst Grabis erkennen – und eben dies hat nun wiederum kein Geringerer als ich bereits getan; nämlich in meiner Fußball & Philosophie verschwisternden Anekdotensammlung »Wie Max Horkheimer einmal sogar Adorno hereinlegte« – tut mir leid, daß ich mich selber zitieren muß, aber da heißt es über die Gründung der ersten Frankfurter Schule an entscheidender Stelle:

»In ganz Deutschland«, rief (Adorno), »als unvergleichlich hat immer wieder die evident hohe Spielkultur der Frankfurter Eintracht sich gezeigt. Warum sollten wir, in legitimer Analogie dazu, nicht mit einem jenseits aller unveräußerlichen Dialektik stringenten ›Die Frankfurter Schule‹ ins kurrente Gerede uns bringen und so in Geschichte der Philosophie, die, nach Hegel, auch immer Philosophie von Geschichte ist, uns eingravieren?« »In Ordnung«, stimmte Max Horkheimer sofort zu – und die »Frankfurter Schule« war gegründet.

Leider, über die Anekdote hinaus ist der Beweis schwer zu führen, daß die Väter der »Kritischen Theorie« etwas mit der 1920 aus einer Fusion entstandenen und damals noch unter dem Dominat des FSV darbenden Eintracht am Hut hatten. Aber die Vorstellung, daß Horkheimer und Konsorten 1927 zur sogenannten Main-Bezirksmeisterschaft als Schlachtenbummler in den Riederwald gepilgert seien, diese Vorstellung hat etwas durchaus eminent Ideologiekritisches. Und überhaupt Sinniges.

PS 1987: Nein, der Zirkelschluß-Beweis ist auch zwei Jahre nach diesem ursprünglich für den »Merian« geschriebenen Artikel nicht zu erbringen: daß es die alte Frankfurter Schule und die Eintracht schon miteinander hatten. Aber doch immerhin ein Indiz, eine nachgelieferte Anekdote: Der ehemalige Adorno-Schülerintimus Professor Becker erzählte mir kürzlich, in den mittleren 60er Jahren sei es ihm beinahe gelungen, Adorno ins Waldstadion zu locken – neugierig sei der Philosoph immerhin geworden ob der damals einsetzenden Intellektuellen-Marotte für Fußball. Erkundigt habe er sich wiederholt nach den dort zu sehenden Massenphänomenen rund um Grabowski – überwogen habe freilich schließlich die Ängstlichkeit dessen, der sich auch sonst lieber fernab im Abstrakten bewährte, als sich um ihm unvertraute Kulturen zu kümmern. Es scheint mithin ausgemacht, daß Adorno die Eintracht nie sah – allenfalls im Fernsehen; der Möglichkeit sollte anständige Adorno-Forschung immerhin inständig nachspüren.

HALBABSTINENZ

Eine Zwischenbilanz aus dem Jahr 1988

15.43 Uhr. Noch drei Stunden und 17 Minuten. Um 19 Uhr, erst um 19 Uhr kriege ich die erste Tageszigarette. Wie jeden Tag. Um 9 Uhr bin ich aufgestanden. Zehn Stunden, bis 19 Uhr, will ich heute wieder nikotinabstinent bleiben. Erst in – inzwischen sind es nur noch – drei Stunden 15 Minuten gibt es die erste Tageszigarette.

Denn ich will es so. Ich hab mir das, aus guten Gründen, zugegeben, selber auferlegt. Seit nunmehr – Augenblick –: acht Wochen und zwei Tagen bin ich Halbtags- oder Abendraucher. Richtig, daß ich über die Zahl der Tage so genau Bescheid weiß, das beleuchtet, ganz ähnlich wie beim Trinker oder Alkoholiker, ja recht eigentlich den Grad, das ganze Ausmaß der Sucht – allein: Die beiden leugne ich nach 30 Jahren Raucherkarriere ja auch gar nicht – und zweitens darf ich sagen: Zwischenrein vergesse ich ja auch schon mal, daß und wie lange ich schon auf Entzug bin – dochdoch, die Heilung, wenn es denn eine ist, die Heilung via Vergessen ihrer selbst, die schreitet gut voran.

Wenn's wahr ist. Denn wie schon gesagt, es ist ja eigentlich gar kein Entzug, sondern ein nach landläufigen Maßstäben eher rarer, ja kurioser Halbentzug – und ob der Kamerad Körper, der Kreislauf, der Stoffwechsel sich solche halben Lösungen überhaupt gefallen lassen, das ist ja nach acht Wochen noch längst nicht raus. »Euer Wort«, so befiehlt der Herr Jesus, »sei jaja – neinnein, alles darüber ist vom Bösen« – durchaus denkbar, daß mein Körper mir demnächst auf leidvolle Weise noch signalisiert, er habe einen Vollraucher krankheitsstrategisch lieber als so einen moralisch Unentschiedenen –

– es ist ein Kreuz. Denn andererseits spricht nämlich und eben auch viel Physisches für diese Halblösung. Für welche mir etliche Abend- und Okkasionsraucher Vorbild gestanden haben. Zugegeben solche, die ja immer nur sporadisch oder abends pafften, während ich seit dreißig Jahren von früh bis spät qualmte und qualme; wofür sich dieser Körper nun, im Zuge meines achtwöchigen Partialentzugs, selbstverständlich mit mittleren bis schweren Entzugsschmerzen rächte und weiter rächt. Allerdings – »Wie ist Natur so hold, so gut« (Goethe) – hatte ich mir den Nikotinentzug eigentlich sogar härter, barbarischer, deprimierender vorgestellt. Verblüfft registrierte ich schon nach ein paar Tagen Abstinenz, daß die vermeintlich allerbeste und mithin »unverzichtbarste« (Genscher) Zigarette des Tages, die erste nach dem Morgen-Bohnenkaffee, mir schnell, ja jäh durchaus entbehrlich geworden war. Gut, ein bißchen zuckt's noch immer in den zigarettengewohnten Fingern, des Morgens, wenn es gilt, alle Lebensenergien zu sammeln – allein, der Vorteil, das durch den Frühstückskaffee hergestellte körperliche Hochgefühl nicht mehr mutwillig durch eine zusätzliche Zigarette vermeintlich steigernd zu gefährden –: der, so möchte ich meinen, kompensiert ziemlich leicht den gleichwohl unleugbaren leisen Verlustschmerz beim Frühstück – und tagsüber, so sei schnell noch Interessierten und Nachahmungswilligen gesteckt, helfen gegen den physischen sowohl als den psychischen Entzug am besten die Surrogat- bzw. Gegengifte: Nach Möglichkeit nicht gerade Alkohol und auch nicht gar zu satt Schleckereien – sondern vor allem starker Tee und Kaffee. Beide ersetzen nicht nur als – angeblicher oder wahrer – Wach- und Konzentriertmacher noch am ehesten das Nikotin; unbelastet vom Rauch verträgt das Herz ja jetzt auch große Mengen von den beiden.

16.05 Uhr, noch zwei Stunden 55 Minuten. Die physischen Entzugsschmerzen, so weiß oder vermute ich, sind relativ leicht und bald zu überdauern und zu überlisten – andere Torturen freilich verharren zäher. Zumindest meine leiblichen Qualen, möchte ich meinen, wären nämlich längst ziemlich passé, hätte ich ganze Sache gemacht, hätte ich mich zur Generallösung des Totalentzugs aufgerafft. Geblieben indessen wären da gleichwohl die viel langfristigeren und haarigeren psychischen Entzugsleiden, die wohl auch nach zwanzig Jahren Abstinenz noch nicht ganz verschwinden. Das war und ist mir recht klar – und deshalb entschied ich mich ja auch für die Partial-, für die kleine und humane Lösung, für den Halbtagsrauch als Test. Noch genauer gesagt, überschreitet der Entscheidungsvorgang freilich das Feld der schieren Humanität und führt über einen schmalen Grenzstreifen unmittelbar in zentrale Bezirke der Theologie. Im Grunde geht's um das Bildmodell Hölle – Fegefeuer. Die Hölle – das ist für den leidenschaftlichen Raucher: nie mehr rauchen. Die Vorhölle, das Fegefeuer entsprechen der täglichen Reinigung, der täglich zehnstündigen Kasteiung auch, leicht zu tragen durch ein ebenso jesusmäßiges wie Blochsches »Prinzip Hoffnung«: In zehn, in sechs, in vier Stunden darf ich ja schon wieder. Fast wirkt so die Kasteiung im Sinne der Steigerung durch Polarität als Lustvermehrung. Natürlich, die geradere Gedankenlinie des Theologischen belehrt mich, daß das Nicht- und Nie-mehr-Rauchen ja ganz im Gegenteil nicht die Hölle, sondern die Erlösung, das Paradies vorstellen – aber das ist ja eben die furchtbare Dialektik, die wahrhaft Kierkegaardsche Paradoxie alles Theologischen – und immerhin: Meine Halblösung, das Teilzeitrauchen, sie bleibt auch in diesem Fall dem Purgatorium zugeordnet – und jedenfalls: Noch zwei Stunden 40 Minuten, dann darf ich wieder.

Von Experten, Mit-Sorgenbrüdern hörte ich die letzten Wochen zuweilen, ich sei offenbar der erste Deutsche, der, als einstiger Starkraucher, die halbe Lösung schaffte. Freut mich – und ich kann hier allen ähnlich Labilen/Halbherzigen und Opfern der vierten Freudschen Kränkung trotz aller Bitternis nur magna voce zurufen: Folgt mir nach, ist gar nicht so schwer, jeden Tag wird's (auch das gehört zur Theologie) 19 Uhr – schon mit dem Aufstehen haben wir dies Ziel vor Augen – jetzt noch 2 Stunden und 32 Minuten – –

Das heißt, heute werde ich, als gereifter Halbabstinenzler, die Ziellinie auf sagen wir: 17.30 Uhr vorverlegen. Wer inzwischen drei Seiten Gedankenaufsatz ohne jede Paffhilfe schafft, der – darf seine Abstinenzkulanz schon ganz relaxt allein bestimmen. Vorausgesetzt, er vergißt – noch 58 Minuten! – langsam das Minutenzählen bis zum großen 17.30-Uhr-Gong.

AN GÜNTER GRASS!

Sind Sie, Günter Grass, neulich auch so erschrocken wie ich, als Sie, am 14. Mai, in der FAZ diese Traueranzeige in Augenschein und dann zur Kenntnis genommen haben:

Günter Gross
Dipl.-Braumeister
* *11. 1. 1925* † *10. 5. 1991*

Furchtbar, nicht? Ein richtiggehendes kafkaeskes Erlebnis, oder, Günter Grass? Sogar das Geburtsdatum haut beklommenerweise einigermaßen hin, ist sich irgendwie – 16. 10. 1927; 11. 1. 1925 – spiegelreflexiv-chamäleonid ähnlich, wie? Tja, da hat sich offenbar irgend jemand einen blöden Scherz mit Ihnen erlaubt, Grass – und dies, *noch ehe* Sie den längstverdienten, hochüberfälligen Nobelpreis abgekriegt haben, Grass, einen wahrlich öden und makabren, ja verwerflichen Scherz, echt! Wo gibt's denn so was, eine echte Schweinerei!

Neinnein, wir waren's nicht, Grass, wo hätten wir denn das Geld her für derart verworfene, ja richtiggehend gemeine Späße. Obwohl, lachen haben wir schon müssen, als wir die Anzeige entdeckt – – Braumeister, Dipl.-Braumeister gar – tztz, hat man so was schon gehört – irgendwie gut, oder? Trifft es, trifft es nicht schlecht – oder, Grass? Also, Sie können nicht lachen? Sie finden's verdrießlich, ja – menschenverächtlich? Ach was, G. Grass, seien Sie doch froh, daß Sie als ein, mit Karl Kraus (339–40,10) zu neiden, »viel zu wenig unterschätzter Schriftsteller« sich auf die Art wenigstens bei uns wenigstens ein bißchen – – sind Sie noch da, Günter Gross, äh: Grass? Na, dann ist's ja gut, wir dachten schon, Sie seien vor Gram und Verdruß irgendwie weggetaucht und tot und – – ja, ah, dann ist ja alles gut. Ja, dann alles Gute denn auch weiterhin! Kopf hoch und voll Schnekkenslimespeed weiterhin stur auf den Nobelpreis zu! Ahoi!

LOTTI HUBER

Was ist von einem Volk zu halten, das, demoskopisch erhärtet, Helmut Schmidt für den klügsten, Albert Einstein für den drittklügsten und H. Kohl für den fünftklügsten aller Deutschen (Quelle: »stern«) offenbar aller Zeiten oder jedenfalls aller noch irgendwie erinnerlichen Zeiten hält?

Dies ist von einem solchen deutschen Volk zu halten: Daß es, neben Janosch, Groult und Rinser, seit Monaten auch noch als sicheren Festposten, per »Spiegel«-Liste aktenkundig gemacht, Lotti Huber (»Diese Zitrone hat noch viel Saft!«) zu seiner liebsten Lieblingslektüre erhöht, obgleich doch die dahinterstehende vorbildlichichidealträchtige Greisin nur eine blöde Abstaubkrachmorchel auf der Basis höchster und blödester Lautstärke, allerhöchster Toptorheit sowie eines Humors ist, der an Scheußlichkeit selbst dem auch schon sehr fortgeschrittenen und verwandten einer Trude Unruh in nichts nachgibt; im Gegenteil.

DIE VERSUCHUNG ALS VERSUCHUNG

Oder: Süßes Gift Tagträumerei

> *». . . den einzigen Beruf mit Köpfen, die bemerkenswert größer als der Durchschnitt waren – die freien Berufe – «*
> *(Stephen Jay Gould, Der falsch vermessene Mensch)*

Ich bin hart. Ich persönlich bin hart und werde immer härter. Nicht allein wider die Böll-Erbengruppe und im Dienst der literarischen Aufklärung sowie der diesbezüglich jesusmäßig reinen Wahrheit. Sondern notfalls auch ebenso schmerzlich gegen mich selber.

Ich bin kruppstahlhart. Im Jahr 1978 schon z. B. in Form der Niederschrift eines 520-Seiten-Romanwerks, das Härteste, was sich ein zurechnungsfähiger Mensch überhaupt abverlangen kann. Gußeisenhart aber auch etwa dergestalt, daß ich – und darauf bin ich recht stolz – seit 5. April dieses Jahres jeder Verführung widerstanden und nämlich keine, nicht eine einzige Tablette oder dergleichen in mich geworfen habe; keine einzige Tablette, die da auch nur entfernt im Verdacht steht, irgend zur Grauzone der Psychopharmaka und Sedativa usw. zu gehören; den Seelentrösterchen also, denen schwächere Charaktere, wie ich weiß, ziemlich widerspruchslos ausgeliefert sind. Ich aber bin: immunisiert.

Und dies, obschon ich seit 2½ Jahren – nach 30jähriger Karriere! – auch nicht mehr rauche. Und ein Bierchen oder Schnäpschen untertags fast nicht mal mehr zu den raren Ausnahmen gehört.

Was ein trüber Alltag. Dem ich da diene. Wirklich? Ich bin da nicht so sicher.

Denn sogenannte geheime Verführer: es gibt sie ja doch natürlich trotzdem, und immer noch die Menge. Ja doch. Ja, z. B. »Mon Chéri«, oder wie das leckerherbsüße Zeugs da heißt. Und nicht nur unseren Omas und älteren Witwen schmeckt. Aber auch Karamelbonbon, Malzbonbon – warum nicht? Und Traubenzucker, Pfefferminzpillen, Knabberkeksebrocken. Ah! Ah, ja, höchstwahrscheinlich ist eben all der gehaltlose Quatsch in unserer genetischen Codestruktur fest vorgesehen: daß nämlich der Mensch, statt unbelastet und unbeirrt zu denken und zu handeln, anstatt sein Seelenleben und die conditio humana zu erfüllen und voranzubringen, über weite Lebensstrecken, ja praktisch andauernd was zu freuen oder – eben zu knabbern braucht. Etwas in seiner Mundhöhle zu rubbeln oder zu wälzen, was er dann eben nach einiger Zeit wieder von sich spucken oder blasen muß –

– allein, ich bleibe trotzdem dabei, all dies tritt bei mir, ungeachtet aller verhaltensvulgärpsychologischen Schlünde und Abgründe der und mithin auch meiner Welt, ungeachtet meines wohl noch immer versteckt nachwirkenden Rauchentzugs inklusive Ersatzhandlungszwangs doch leidlich moderat auf, lenkbar, durchaus kontrolliert – und nur eigentlich die Kaffee- und die Teesucht zeigt mir bisweilen noch ihren überlegenen Meister und die hohnlachenden Zähnekrallen und auch dies, daß die somatische Software für das eine entzogene Gift (Nikotin, Alkohol) stante pe gierig nach dem anderen (Koffein) als Surrogatopiat heischt, um alles zu kompensieren oder überzukompensieren, oder jedenfalls so ähnlich.

Allerdings, auch da leiste ich heute im allgemeinen gut Widerstand und trotze dem Versucher und zeige mich als Souverän meiner Sinne im Sinne des Erfinders des homo sapiens erectus transaustralopithecus – aber jetzt werde ich mir, nach dieser gemeisterten Essay-Einleitung, nach dieser Energieleistung, wohl erst mal zwei Täßchen Espresso gönnen. Ah, wie rabenschwarz, wie bittersüß-unwiderstehlich.

Hm. Also Verführung und Verfallenheit. Ja, also, verfallener in diesem hinfälligen Sinne des immer wieder Umfälligen bin ich da schon einem anderen Seelengift und Alltagsaphrodisiacum, nämlich dem Geheimgegengift eines komplett immateriellen Psychopharmacums, welches ich schon seit Jahren, ja Jahrzehnten allschon in der je ersten Stunde des jungen Tags zum Einsatz kommen lasse und gierig in mich sauge: Es ist die erste Morgenmusik, selten aus dem Radio, fast immer vom Grammophon- oder neuerdings CD-Teller – Morgenmusik, übrigens ausgewählt, fast ausgeklügelt nach ungeschriebenen und doch ziemlich fixen Gesetzlichkeiten, denen der Morgenimagination nämlich, der euphorisierenden Aurora-Affinität der jeweiligen (fast immer: E-) Musik. Ja, freilich, es hat da, nachzulesen schon in meinem ersten Roman von 1973, diesbezüglich verblüffend kontinuitätstiftende, fixe und stabile Posten: Mozarts Es-Dur-Sinfonie KV 543, Beethovens Vierte, Mendelssohns Violinkonzert, Carl Maria von Webers »Oberon«-Ouvertüre, also das thematische Den-Schlaf-aus-den-Augen-Wischen, Schuberts B-Dur-Klaviertrio, also das thematisierte entschlossene Loswandern und mutige Ausschweifen –

– ja natürlich, selbstverständlich, auch untertags spielt Frau Musica eine noch immer beträchtliche Rolle, da kommen denn mit dem Fortwandern der Sonne auch Bruckner, Mahler, auch Jazz und Rock und allerlei griechische Panflöten dazu; kaum widerstehliche Verführer-Stimmen auch von Rita Streich über Carlo Bergonzi zu Cesare Siepi, ah che belle, che bellissime voci . . . allein:

Seit Monaten überwölbt mich fortwölbend der Verdacht, daß auch dieses schon allzu süße Gift etwas an irresistenzia der divina bellezza als alltägliches Verführungshäppchen eingebüßt hat – jedenfalls jene Matinée. Schon um nicht etwaiger Erstarrung zu verfallen, habe ich zuletzt stark zu dosieren begonnen, jedenfalls bis auf weiteres – ja, dann hätte ich denn also bald rein gar nichts mehr? An Lustgenuß und Selbstbetrug?

Morgenspaziergang? Bah. Morgenandacht? Bäh. Morgenjogging mit bird-watching? Pfuiteufel auch.

Naja, ganz so perspektiv- und hoffnungslos mahnt die Lage aber ja noch immer nicht. Bereits seit gut zwei Jahren, mit dem mählichen Ausbruch eines lange Zeit ziemlich undurchschaubaren Wirbel-Nerv-Muskel-Leidens, gehört – ich hab das eigentlich von Beginn an relativ wachsam an mir selbst beobachtet – der meist tägliche, oft täglich mehrmalige Arzt-, Krankengymnastik-, Sauna- oder Schwimmbadbesuch zu meinen regulären Einsätzen und kleinen Obliegenheiten; sprich Lastern. Ein weißes Laster gewissermaßen. So wie ja nicht erst der Romantik messerscharf die Wonne des Wehs auffiel, so sind selbstverständlich schwer leidgedeckte und schmerzgesegnete Arztkonsultationen gleichfalls hocherfreuliche kleine Zeitvertreibe, ja annähernd Alltagspralinen, höherwertige Skandierungen eines (selbst in meinem erlesenen Fall, ich gesteh's) oft doch recht ereignisschwachen und bedeutungsarmen Werkeltagslebens und Langstreckendahintreibens und Stundentotschlaggemopses – ach, welchen Genuß schafft es da, freiweg über so artige und sublime Dinge wie das HWS-Syndrom, myotendinitische Schmerzen, über den EMG- und EEG-Test, über Akupressur daherzuparlieren! Dinge, von denen ich noch 1989 auch keinen Dunst hatte, über die ich jetzt aber querbeetpalavere wie ein Alter! Von den zugehörigen

Ärzten fast zu schweigen. Erst heute habe ich wieder mein Repertoire um einen älteren, sehr soignierten und emsigen Internisten erweitert. Doch, ja, scheint ein recht profunder Mann zu sein, der Herr Dr. Steinhäuser.

Gewiß, ja, man wird immer seltsamer und immer dümmer, wahrhaftig, aber da kann doch ich nichts dafür, da ist halt die Evolution, da sind diese verfluchten ewigen Naturgesetze dran schuld!

»Das Höchste ist bleiben«, heißt es lapidar in Martin Walsers neuem Roman; und bei Benn im Gedichte: »Bleiben und Stille bewahren das sich umgrenzende Ich«. Wenn es stimmt, was Pascal unkte, daß das menschliche Unglück im Verlassen der Wohnung gründe; wenn damit gemeint ist, daß nur das möglichst vollständige und unaufhörliche Zurückgezogensein in sich selbst die profaniert-mystische Identität, mithin das Glück, garantiere, das Unglück aber die Ablenkung eben davon sei, dann – stimmt das eben mitnichten. Als Versucher wird biblisch zwar auch der Teufel vorgestellt, allein das ist nun weißgott nur ein konträrer Name für den lieben Gott: der ja ebenso der Urmutter Eva den paradiesischen Apfel zu kosten als Versuchung auferlegte wie seinen nachgeborenen Töchtern Pralinés und Nougatplätzchen und, sofern ich dieses theosophische Kernmotiv nicht ganz verkehrt deute, dann war dem als Schlange verkleideten Versuchergott ja auch durchaus selber daran gelegen, daß Eva schwach wurde – hätte er doch sonst partout keinen Anlaß gehabt, den Planeten Erde als sein höchstpersönliches Spielzeug zu basteln – freilich, auch Gott unterlag da ja wohl einwandfrei höchst freiwillig einer Versuchung in der Gestalt eines Gedankenkitzels, welcher ihn, nach der maßgeblichen Meinung älterer Experten und Scholastiker, sogar ziemlich teuer zu stehen kam, teurer selbst als den damit bestraften Menschen: Denn um die Erde und gar die

Hölle zu erschaffen, mußte Gott Sebaoth, wie jeder Ingenieur, erst einmal ein Bewußtsein beider in sich herstellen, d. h. er mußte sich aus einer leidlich langweiligen Dauerlustverfassung von (diese Zahlen werden in älteren Büchern genannt) 1000 Grad celestisch Euphorie jedenfalls vorübergehend in eine leidige, ja brutale Schmerzzone von 3000 Grad infernalisch somatisch Dol und dann 5000 Grad infernalisch psychisch Dol werfen usw. –

– kurzum, wenn schon der vorgeblich kluge Gott derartig masochistischen Versuchungen als Nervenkitzel nicht widerstehen kann noch will, dann: brauchen wir Blödmänner erst recht nicht; und ich jedenfalls werde mir zum feierlichen Abschluß dieses erhebenden Gedankengangs einen goldgelb sämigen Friesentee mit Kandiszukker freislich einfahren. Aah! Gottseidank habe ich dieser Verführung stramm willfahren und gehorcht!

Et ne nos inducas in tentationem – und führe uns nicht in Versuchung und erlöse uns von dem Übel? Ach was, das muß der Herre Gottessohn in einer unausgeschlafenen Stunde gesagt haben. Oder der Lukas hat's ihm reinredigiert, der alte Frömmler. Und ich aber werde vielmehr, Eva und Sebaoth folgend, ab sofort mich selber heftiger am Riemen reißen und viel vehementer als bisher – carpe diem! – den div. Versuchungen des Tags nachgeben. Als da wären?

Allora, nicht umsonst gilt außer Mephisto vor allem Don Juan als das mythisch-paradigmatische Inbild des »Versuchers« – ha! Jawohl, ich werde ab heute, 16 Uhr, auf meine nicht mehr ganz so jungen Tage endlich meinem alten Vorbild Don Juan, speziell dem Don Giovanni in der Version Mozarts und in der Interpretation des figürlich wie stimmlich gänzlich unwiderstehlichen Cesare Siepi, entschiedenst nacheifern. Und dies und erst recht und gerade, obwohl ich verheiratet bis unter die Decke bin. Hah! Lügen müßte ich, gestünde ich hier nicht offen ein, daß ich auf der Straße von jeher Verführungen in Gestalt schöner, wohlgeformter Damen sehr gern und durchaus übers unvermeidliche Maß hinaus nachgesehen habe. Wenn auch zumeist – eher verschämt, geniert. Nun, ich werde diese Verschämung ab sofort abstreifen und nicht darin fehlen, den Frauen sans gêne forciert und bis zum Gehtnichtmehr nachzuschauen. So wie ich, nun die letzte Emanzipationswoge abgeflacht, wieder häufiger höre, warten die Frauen ja sogar darauf, daß man, daß ich ihnen nachgaffe, möglichst auch nachpfeife, ihnen sogar nachsteige, genau so wie Don Giovanni im 2. Bild der Mozart-Oper Elvira anmacht und anquatscht – ei freilich, das Leben ist kurz, und ich werde da also von morgen an anpacken und energisch zupacken, an Trambahnhaltestellen, in lauschigen Parks, auch Mütter mit ihren kleinen Ungeheuern im Kinderwagen, aber ja, doch, gerade das, das Balgwesen, kann sehr erotisierend sein, ja, auf den Spuren des Cavaliere Don Giovanni und im Sinne des gliederlösenden Eros werde ich, vor nichts mehr zurückschreckend, als stadtbekannter Versucher und »Bild«-Zeitungs-notorischer Verführer und Schamvereitler – –

Ach was Quatsch. Stimmt doch alles hinten und vorne nicht. Öde Tagträumerei. Bin ich doch nicht geboren für. Ich, der zarte und skrupulöse Schwerintellektuelle, ich bring's doch nie nicht.

Und ist auch besser so. Für mich. Und für die Frauen sowieso.

Alsdann: lieber doch eben ein – hm, ähäm: Schachcomputer. Ein – wenn schon nicht Don Juan – »Mephisto«-Gerät, dessen Kauf, den Alltag zu entlasten, ich so lange und tapfer mich widersetzt. Was eine kleinelektronische Großversuchung. Der Schreibmaschine so endgültig Ade zu sagen. Und derart auch den nächsten Winter triumphal zu überdauern. Soll ich – soll ich noch etwas zuwarten?

Wieviel Uhr ist es? 16 Uhr 30. Tja. Alsdann eine dieser komplett wahnsinnigen RTL-Plus-Quiz-Sendungen. Oder gar einen der Nackte-Ärsche-Filme, der schrecklosen, der apokalyptisch ordinären? Und dies schon am hellen Nachmittag?! Nein und nochmals nein. Äh und ähbähbäh.

Und computerstrategisch harre ich auch noch ein paar Monate zu. Zumal ich seit einiger Zeit und im Zuge meiner Akupunkturséancen sowie der zweimal täglichen jeweils halbstündigen Entspannungsübungen der Not des Mangels an Kopfauslastung ein durchaus widerstandshaltiges, ja richtiggehend »protopolitisches« (M. Rutschky u. m. a.) Spiel abgewonnen habe, ein Spiel, das mir vorerst genauso gut gefällt: Palindrome basteln. Auch dies eine höchst passable Alltagsübung, eine durchaus probate Versuchung: Sätze oder doch Wortfolgen zu erfinden, die vorwärts wie rückwärts gleich zu lesen sind. Etliche Exemplare sind mir dabei fast schon so gut geglückt wie das allbekannte »Ein Neger mit Gazelle zagt im Regen nie«. Etwa: »Eherne Sarglager – Regal grasen Rehe«. Oder: »Eine Liebe helfe – flehe Beile nie!« Oder: »Die Lage: Motto Megaleid«. Und vorgestern bin ich nur sehr knapp an einem fast traumschön säkularen Exempel gescheitert: »Tiefe Grabreiberei bebe bierebierbar gefeit«. Noch nicht perfekt, aber sehr entwicklungsfähig, und werweiß werde ich es auf dem Feld noch einmal zu höchsten Ehren bringen und der erstaunten Welt ein entsprechendes Büchlein vorlegen, ein Nebenwerkchen gewiß, aber auch derlei gehört zu einem großen Intellektual-Gesamtwerk – – wie bitte? Ob ich auch schon dem »Zappen« verfallen bin? Also Sie meinen – diesem forciert sinnlosen Durchknipsen des gesamten 18-programmigen

TV-Angebots mit Hilfe dieses Fernsteuerungsdingsdas? Aber nein. Ich bin ja noch nicht ganz ... äh ... naja also, das heißt: Gut, dreimal im Jahr. In Hotels. Auf dem Zimmer. Immer nur nach anstrengenden, geistraubenden, relaxingheischenden Lesungen. Da sträube ich mich nicht.

Doch, da zappe ich mitunter.

Hm. Wer? Was? Was flüstert mir da meine innere Stimme zu, mein süßer Verführer? Ein Rettchen? Nach fast drei Jahren wieder ein Rettchen? Genug, nix Rettchen. Dafür aber jetzt einen Schoko-Duplo-Traubenzucker »Fittoflott«. Ja. Zum weiteren ungesträubten Regredieren.

Tagebuchskribeln wie Franz Kafka und Thomas Mann? Aber ich hab doch nix zu sagen. Nein. Und vorerst noch nicht nachgegeben immerhin habe ich auch der von Friedrich Schiller bis Ror Wolf bezeugten Alltagsverführung speziell von kleinen und großen Schriftstellern dergestalt: Sich selbst Kritiken zu schreiben. Kritiken zu verfassen über fertige oder gar zu noch zu schreibende Bücher. Endlich adäquate, einzig adäquate Kritiken jenseits der erfahrungsgemäß ja doch nur schwer inkompetenten (und zudem ja meist auch noch chimärischen) Rezensionen des Reich-Ranicki oder Raddatz. Ha! Hah! Was ein verbotenes und nun wirklich liederliches, ja leicht perverses Haupt- und Staatsvergnügen! Soll ich? Soll auch – ich? Dieser schmählichste aller Schriftstellerzeitvertreibe? »Dieser Autor ist für mich die überragende Entdeckung der letzten Jahre – Leben und Literatur in extremer Konfrontation thematisiert und virtuos miteinander verquickt. Was wäre das Leben ohne solche Literatur!« – Ha! Haha! Reingefallen! Ist gar nicht erfunden. Dergleichen schreiben mir doch die Kritiker und Kollegen – in diesem Fall Brigitte Kronauer – in ihre Rezensionen, wie sie's brauchen, wie ich's brauche. Und ich lese das dann immer wieder. Am Vormittag, am Nachmittag.

Mir zum süßen, süßen Zeitvertreib. Dulce et decorum est legere i grandi lausi ... et applausi ... et äh ...

So, und was haben wir da? »Hanuta«-Haselnußschnitte. Toll. Welch teuflisch zärtliche Verführung mitten im goethischen Dünenschutt der zähen Zeit; fast schmeck- und riechbare Verführung noch durch die Verpackung, durch die kreuzdoofe Warenästhetik hindurch. Neinneinnein, nix da. Nicht jetzt schon wieder. In drei Teufels Namen nein. Schließlich »ist demonstrativer Konsum weniger der Lohn als der Preis für den Erfolg« (Marvin Harris, Menschen) – und seine Verweigerung also: wahres Glück. Der letztlich, kraniometrische Forschung hin und her, noch Schlaueren, der wahrhaft noch Erfolgreicheren!

Allerdings und unleugbar und jetzt ganz im Ernst und Vertrauen: es hat da doch etliche und ganz spezielle, ja richtiggehend kierkegaardische Alltagsverführungen für Autoren, Versuchungen selbst für integerste, gereifteste Autoren. Nein, nicht so sehr den Herrgott Pegasus einen guten Mann sein zu lassen und schwuppdiwupp ins Kino zu rennen. Sondern vielmehr, wenn ich da einen Moment lang aus meiner Schule der Niederlagen-Geläufigkeit plaudern darf: Drohenden Schwerstarbeiten zu entfliehen, sie buchstäblich zu umschleichen, indem man – geradezu klassische Freudsche Rationalisierung, Vernünftelung – statt große Arbeiten mit ihrem bekannt einschüchternden weißen Papier in der Schreibmaschine anzupacken, sich auf Kleinzeug kapriziert, sich quasi selber abwiegelt, auf neckische kleine Essays hin, auf Aphorismen, Anekdötchen, Besinnungsaufsätze für Zeitungsbeilagen, Feuilletons –

Richtig. Wahr. Bin schon wieder einmal dieser sehr postkierkegaardschen Verführung erlegen. Jawohl. Aber diesmal wirklich nur zu absolut pädagogischen Beweiszwecken.

UNFÄHIGKEIT

Nichts auf der Welt ist vollkommen

Drei programmatisch-poetische Zeilen haben es in den letzten Jahrzehnten und jedenfalls im Deutschen zu ziemlich dauerhaften Zitatehren gebracht – und allen drei Fällen eignet eben deshalb etwas durchaus Obskures, Dubioses. Bei Alexander und Margarete Mitscherlichs seither ständig, ja zwanghaft berufenem und als Erlesenheitsausweis für besonders skrupulöse Gesinnung wieder und wieder verwendetem Buchtitel »Die Unfähigkeit zu trauern« fiel schon im Veröffentlichungsjahr 1967 auf, daß die beiden Autoren offenkundig selber nicht so ganz genau wußten, was unter diesem plakativ-impliziten Titel-Postulat zu verstehen sei; auf Seite 30 des Buchs findet sich zum Beispiel eine komplett andere Auslegung als auf Seite 50 ff.; und tatsächlich wurde dann eben dieser Buchtitel weit jenseits des Buchinhalts zu einem Selbstbedienungsladen für alles und jedes und für fast jede Art von sozialpsychologischer Halbbildung; bis hin zur schon nonsensigen Titel-Verkehrung des einstigen FAZ-Literaturredakteurs Uwe Wittstock, mitsamt der Insinuation, in gewisser DDR-Literatur vor 1989 spiegele vice versa sich die »Fähigkeit zu trauern«; was alles freilich jüngst die Witwe Mitscherlich nicht dran hinderte, nun wieder für die »Unfähigkeit« glatt die Ehrenplakette der Stadt Frankfurt entgegenzunehmen; aus der Hand des Oberbürgermeisters, der seinen zweiten Bildungsweg kraftvoll abschließt, indem er, statt einen halben Blick ins Buch zu werfen, das labrig-schwülstige Titelzitat auch noch auf Treu und Glauben nachplappert und -sabbert.

Nimmermüd beliebig und tapfer weit über die Scham- und zuweilen auch Idiotiegrenze hinaus wird seit einem runden Halbjahrhundert gleichfalls Bertolt Brechts rhetorisch-spitzfindige Frage zitiert, was das eigentlich für »finstere Zeiten« seien, in denen »ein Gespräch über Bäume fast ein Verbrechen ist. Weil es ein Schweigen über so viele Untaten einschließt« – und das Ganze ist sicherlich die inzwischen meistreklamierte Zeile der deutschsprachigen Lyrik dieses Jahrhunderts. Was sie freilich weder vor trivial-probaten Mißverständnissen schützt noch vorm blinden Falschzitiertwerden; wobei aus purem und überfordertem Gedächtniskuddelmuddel aus dem »Gespräch über Bäume« entweder ein plattes »Gespräch über Gedichte« werden kann oder ein »Gedicht über Bäume« – und ausgerechnet das letztere passierte unlängst ausgerechnet dem einstigen »Akzente«- und jetzigen Anthologie-Herausgeber Hans Bender – und gemerkt hat es in diesem Fall leider nicht sein Hanser-Verlag, sondern in seinem Brevier »Gedanken zum Gedicht« der in Benders Band in schon peinvoller Weise auch noch fehlende Robert Gernhardt; Ehre aber, wem sie, nicht nur als säkularem Lyriker, sondern auch noch als Aufpasser, gebührt.

Komplementär zu diesem eher unverhofft populär gewordenen Brecht findet sich heute häufig in allerlei belletristischen Nobelherbergen und Wichtigmachergremien die Berufung auf ein gleichfalls hochrhetorisches kritisch-theoretisches Ausschließlichkeitsdekret von wegen Lyrik und/nach Auschwitz – und eben dazu hat, zuerst im »FAZ-Magazin«, jetzt in Buchform, Johannes Gross eine prima vista etwas perplex machende Replik sich einfallen lassen. Gross: »Adorno hat hinterlassen, daß nach Auschwitz kein Gedicht mehr geschrieben werden könne. Die Wahrheit ist, daß Adorno auch vor Auschwitz kein Gedicht schreiben konnte.«

Es gehört zur höheren Klasse von Gross' scheint's völlig unqualifizierter Einlassung, daß sie im Zuge ihrer wahrhaft stupenden, antiautoritär-emanzipativen Frechheit das gemeinte großdenkerische Großdiktum auch noch ungeniert unsauber zitiert: »Nach Auschwitz ein Gedicht zu schreiben ist barbarisch«, heißt's in Adornos »Kulturkritik und Gesellschaft«. Wie viele andere vor ihm ist Gross einfach zu faul, den exakten Wortlaut zu ermitteln, und das eben mit einem gewissen generösen Recht: Das Wort wird wirklich stark überschätzt.

Postscript zur Buchausgabe:
»Was sind das für Zeiten, / wo ein Gespräch / beinah ein Verbrechen ist, / weil es soviel Gesagtes / mit einschließt?« (Paul Celan, Ein Blatt, baumlos, für Bertolt Brecht)

Postscript 2:
Untersuchenswert in einem verwandten Zusammenhang wäre auch einmal und acht Jahre nach Gremlizas einschlägiger Klage immer noch das Heinesche »Denk ich an Deutschland in der Nacht«, das ja schon im Original wohl nicht sonderlich geistreich war und das über das nimmermüde Nachplappern und unermattet sinnkonfiskative Paraphrasieren u. a. durchs deutsche Kabarett (u. a. Lore Lorentz, 25. 11. 90) heute (18. 5. 91) endlich und komplett nonsensengemäht beim Peter Gauweiler (CSU) angelangt ist, der mit ihm die »FAZ-Magazin«-Frage nach seiner gegenwärtigen Geistesverfassung pariert.

PROJEKTWELT

Eine Begriffsgeschichte

»Die Sprache fliegt den Ereignissen voraus auf den Müll.«
(Hermann L. Gremliza, 1991)

Begonnen haben muß alles, der ganze damals in seinen Folgen noch komplett unabsehbare Zauberwahn, mit Habermasens Adorno-Preisrede von 1980 und ihrem »unvollendeten Projekt (der) Moderne«. Oder aber vielleicht auch schon mit Peter Steins »Antikenprojekt« von 1980 ff. Das meinte zwar eigentlich nur die gute alte Atridentrilogie des Aischylos – aber jedenfalls war dann so spätestens ab 1985 der Siegesmarsch des »Projekts« nicht länger aufzuhalten.

Sein »Kleist-Projekt« realisierte da zum Beispiel Zug um Zug da und dort Hans Neuenfels – und es war auch dies eine Folge von diversen und offenbar eng zusammengehörigen Kleist-Inszenierungen beziehungsweise (je nach Optik) Neuenfels-Berserkereien an Kleist; aber »Projekt«: Das hörte sich doch schon gleich ganz anders an, auch für die Journalisten, die darüber zu berichten hatten und des Schreibens über irgendwelche Regiearbeiten und neue Bücher schon lange sterbensmäßig müde waren.

Und genau in diesem Sinne kriegte dann der Peter Handke neulich auch den Franz-Grillparzer-Preis keineswegs für sein allerneuestes Journal oder fürs bisherige Gesamtwerk oder dergleichen Minderes, sondern pfeilgrad für seine »mehr als zwanzigjährige Arbeit« an seinem »poetischen Projekt«, welches später vom Preisgremium auch gleich noch als ein »Beitrag zum Selbstverständnis der Epoche« elaboriert wird. »Autonome Frauenprojekte« hat es laut der Ex-Grünen Verena Krieger in der »zweiten Phase der Frauenbewegung« gegeben – dem »stern« wiederum entnimmt man, daß R. Wilsons Hamburger »Parsifal« vom März 1991 als »Projekt der Herausforderung«, so Intendant Ruzicki, gedacht ist. Und unterdessen fast zur gleichen Zeit Hans Küng zu Tübingen/München sowie weltweit mitnichten lediglich ein Buch »Weltethos« herausbringt, sondern schon per Buchtitel mitteilt, er arbeite vielmehr weit darüber hinaus die nächsten Jahre über an einem »Projekt Weltethos«, derweil läßt sich jetzt auch die FAZ namens der sonst eigentlich zurechnungsfähigen Katharina Rutschky nicht länger lumpen; sondern rezensiert am 11. Dezember 1990 keineswegs nur das neue Buch »Objektwahl« des Klaus Theweleit, sondern gibt schon in der Überschrift bekannt: »Das Projekt Theweleit geht weiter«; unter einem solchen will der es offenbar ab sofort auch nicht mehr tun.

So wie auch Jan Philipp Reemtsma vom allgemeinen Schwurbel der Zeit nicht lassen kann noch will, sondern (in »konkret« 5/91) vom »historischen Projekt (der) Linken« mystelt.

Fraglos: Das Projekt hat in den letzten Jahren nicht allein das leidig-obsolete Werk/Gesamtwerk ziemlich abgelöst, ja liquidiert; sondern zunächst als Versuch und Entwurf, später als glamourösestes Glanzprodukt des allerneuesten, ja allerakutesten »Diskurs«-Jargons sogar fast noch eben diesen in seiner ganzen blindbrütend niet- und nagelfesten Postmodernität; als nämlich, um das Mindeste zu sagen, deren derzeit chicsten und kurrentesten Anything-goes-Outfit.

Jedoch anders als der konjunkturell schon wieder wohl leicht abflauende »Diskurs« und mit ihm das nutzloseste und in einschlägigen Kreisen deshalb ästimierteste Nullphonem der letzten zehn Jahre scheint (auch wenn dann

Habermas später umgekehrt mal vom »Diskurs der Moderne« unkt; ja was denn nun?) – es scheint das »Projekt« als sprachmorphologisches Projekt so recht erst noch im Anzug; als das neben dem »Paradigma« und dem (heute vor allem Tübingen-beheimateten) »Paradigmenwechsel« aktuell zünftigste Gewäschprodukt eben jenes alten, schon wieder angejahrten Projekts der Moderne, zu welchem im Zuge eines wahrhaft atemberaubenden Bombardements an Namensdropping im Verlauf einer begnadeten Romanrezension die Literaturkritikerin Sibylle Cramer (»Frankfurter Rundschau«, 4. Oktober 1990) neben Musil, Peter Weiss, Alexander Kluge und (na freilich, der darf, wenn's zerebral hoch hergeht, so gut wie nie fehlen) Walter Benjamin auch noch die Romanceuse Brigitte Kronauer schlägt – nein, auch der durchaus zarten Frau Kronauer blieb es nicht erspart, diesem Projekt, das sogar ein »Widerstandsprojekt der Moderne« ist, erbarmungslos zugehämmert zu werden; jawohl, sage und schreibe einem »Widerstandsprojekt der Moderne«.

Wat es nich' all's giff'.

Wie aber könnte es weiterwüten und wuchernd weiterwürgen, mit jenem kurrentesten Everybody's Darling, der da zum Beispiel an hessischen Gymnasien längst auch schon herbstliche »Projektwochen«, in Baden-Württemberg immerhin »Projekttage« (für jeweils besonders intensive Lehrer-Schüler-Arbeitsdiskurse sicherlich in der Neotradition Kleist-Neuenfels) gekürt hat, und zuletzt scheint's zum Passepartout für überhaupt all's und jed's gereift ist? Als Spätfolge nicht nur Habermasens, sondern vielleicht auch jenes im 18. Jahrhundert durchaus geschätzten Berufs des »Projektmachers«, in der indirekten Folgelinie werweiß auch dessen, was noch zu Bazon Brocks Zeiten »Bewegung« beziehungsweise als Professionstitel »Beweger« hieß?

Nun, zuerst einmal sollte der dafür besonders zuständige Verlag Suhrkamp eine einschlägige Taschenbuch-Reihe: »Suhrkamp Projekte« beziehungsweise »Verständigungsprojekte« aus Unselds Westentasche zaubern – S. Fischer könnte sogleich damit kontern, daß man die heranwachsende Gesamtausgabe des Werks von Hubert Fichte in ein noch attraktiveres »Projekt Empfindsamkeit« veredelt; Rowohlt möge bei der Rest- und Ramschverwertung in Sachen Rolf Brinkmann konsequent nachziehen (»Rom-Projektparerga« oder ähnlichen Quatsch) – Piper seinerseits mit Franz Alts »Kinder-Projekt Nächstenliebe« – Hans Wollschlägers offenbarlich unvollendbarer »Herzgewächse«-Roman könnte z. B. als »Unzufälliges Biographik-Projekt einer zufällig ziemlich fragmentarischen Makulatur« o. s. ä. gerade noch bzw. ganz prima durchgehen – Peter Stein aber täte gut, täte sehr gut daran, sich endlich wieder zügiger ins allgemeine Gewäsch einzubringen, indem er zehn Jahre nach seinem Antiken-Projekt mit einem überzeugend gereiften »Projekt Antike« sogar sich selbst aussticht. Irgendwie. Reicht das nicht hin, den »Spiegel«-Karasek zu begeistern, dann möge Stein es mit einem »Diskursprojekt« oder, ist ja eh wurscht, »Projektdiskurs« probieren – eventuell auch mit einem »Paradigmenprojekt« contra den konkurrierenden Projektparadigmenwechsel Kleist-Küng-Kronauer . . .; und notfalls auch von der modernen Wirtschaft zulernen: Dort gackert man zum Beispiel längst von »Multiprojekten« und »Megaprojekten« beziehungsweise (ein Begriff aus dem Managementprojektbereich) von »Multiprojektplanung« –: so daß im Fall Handke-Kleist-Cramer sowie in der Parallele zu Boris Beckers Grand-Slam-Superprojekt eigentlich längst ein »Multiprojekt Widerstandsplanung« oder vielmehr »-planning« hoch überfällig sein möchte, desgleichen natürlich sodann ein ausnehmend hochwichtiges »Megaprojekt Benjamintheweleitrutschky« und so weiter – – ich selber aber werde hinkünftig keinesfalls mehr Minderes und Altbackenes und hanebüchen Obsoletes wie Romane, Novellen und Idyllen verzapfen: Sondern, vornehm geht die Welt auf Grundeis, schon jetzt kündige ich für den Rest meines irdischen Treibens ein gigantisches »Epik-« oder, noch besser, »Epopöenprojekt« an, jawohl, ja, genau, das mache ich! Hah!

Aber während ich hier noch schreibend Zwischenbilanz ziehe und meine Scherzchen bastle, siehe, zu was ist es da laut FAZ vom 9. März 1991 erneut gekommen? Richtig, dazu, daß die »Regisseurin Doris Dörrie ihr neues Projekt vorstellt« – und bei näherem Hinsehen stellt sich zwar abermals heraus, daß es sich auch bei diesem Projekt wieder nur um einen ordinären Film dreht (»Happy Birthday, Türke«) – aber, ja mei, in einer Zeit, wo zum Beispiel die unermeßliche, ja unsterbliche Frankfurter Kulturdezernentin L. Reisch dem 101jährigen Pater Oswald von Nell-Breuning zu dessen 70jährigem Kampf wider »Inhumanität und Unmenschlichkeit« (FAZ vom gleichen Tag) gratuliert: In einer solchenen Zeit warten wir natürlich auch schon fast gar zu lange auf einen verschärften Projektentwurf Kulturdezernat, auf eine gewappelte Projektdiskurswiderstandsleiterin Cramer-Reisch und schlußendlich auf ein definitives »Projekt Megalomanie als allgemeine diskursive Disqualifiziertheit«, genannt Rembrengerdem.

Was? Daran und an vielem anderen mehr werkelt der Volker Hauff im Verein mit Habermas und Karl Valentin jr. in der Toscana wurstelnd schon herum?

Na dann, na bitte.

KARAJAN AT HIS BEST!

Der weltbekannte »Pultmagier« dirigierte in Waldsassen
Von unserem Spitzenreporter

Man glaubt es nicht und es ist doch wahr gewesen. Es ist wie ein Wunder und wie aus einem Märchen erwacht – und trotzdem war es kürzlich kulturelle Wirklichkeit unserer näheren Heimat. Es ist einfach nicht mehr wegzuleugnen und wegzudiskutieren, obwohl es einem immer noch so vorkommt wie aus einem unwahrscheinlich schönen Traum hochgerissen: Am letzten Sonntagabend dirigierte der weltberühmte Topdirigent und weithin bekannte Taktstockmagier Herbert von Karajan in unserer heimatlichen und gleichfalls weltweit anerkannten Basilika von Waldsassen im Rahmen eines internationalen Renommé-Ensembles an Spitzenkräften Ludwig v. Beethovens berühmte Missa Solemmnis. Ein Jahrzehntereignis – eine echte Weltsensation!

Denn überraschenderweise hatte es der heute 82jährige Top-Dirigent und E-Musikstar, obwohl auf dem ganzen Erdenrund noch immer gefragt und geehrt, sich nicht nehmen lassen, ausgerechnet in Waldsassen, im Stiftland also (nicht zufällig an der bis vor kurzem noch gültigen Grenze und Demarkierungslinie zweier total unterschiedlich heterogener Weltsysteme!), ein Konzert zu veranstalten, das, initiiert und aufgezogen von Musik-Manager Justus Frantz (als Abstecher der Schleswig-Holstein-Festival-Spiele), auch höchsten internationalen Kritikeransprüchen gerecht wurde und dem anwesend erschienenen Publikum – unter ihnen auch die kürzlich runde 90 gewordene hiesige Baronin Carla von Pochl-Lettenbauer – jederzeit zu befriedigen. So hörte man es rundherum und rundheraus gesagt.

Ein herrlicher Sonntag war schon am Morgen aufgezogen, untertags »hatte es« z. T. 32 Grad Celsius und darüber; erst ca. 17 Uhr wurde es etwas kühler, schon um 18.45 Uhr begannen die ersten Konzertbesucher und Zaungäste in die schon bald vollbesetzte kulturgeschichtlich wertvolle Basilika zu schwärmen und zum Teil zu drängeln, man sah und erblickte Herren in gepflegtem Dinner-Jackett (unter anderem Startenor Peter Hofmann, der allerdings nicht mitsang, wie sich herausstellte, sondern nur seinen alten »Lehrmeister« begrüßen wollte und auch in der Nacht noch weiterreisen mußte) und modisch gestylte Damen z. T. in Lagerfeld-Fashion, z. T. im einheimischen Trachtenlook aus dem nahen Trachtencenter Stammsried . . . und dann endlich, kurz nach 20 Uhr, da erschien endlich er, der Nestor, der Superstar, Herbert v. Karajan, die unumstrittene Nummer 1 der deutschsprachigen Dirigenten.

Beethovens »Missa Solemmnis« hatte er für diesesmal ausgesucht, und entsprechend drohte die Stiftskirche (Basilika) praktisch aus ihren Nähten zu platzen, als der greise, aber noch immer ungebeugte »Spitzenmann«, die Hauptattraktion des heutigen Abends, in Anwesenheit mehrerer anerkannter Konzertkritiker, Top-Leute auch sie, angereist z. T. aus Regensburg, Straubing, München, »den Taktstock hob«, um als uneingeschränkter »Maestro« des gesamten Abends Beethovens herrliches Kyrieeleison zu Gehör zu bringen und zu interpretieren. Atemlose Spannung und Stille zugleich herrschte sogleich plötzlich da, wo noch kürzlich – in der gleichen Basilika! – ein moderner Rock-Jazz-Gottesdienst (»modern group« Tirschenreuth in Verbindung mit den Leuten rund um den berühmten Schweinfurter »Motorradpfarrer« Hias Kederer) zu hören war und erleben gewesen war. Nun also aber: Beethoven und H. v. Karajan, »echte

Klassik« also diesmal wieder, wie sie von jeher in der weltbekannten Kirche zu hören ist. Und, alle waren sich da einig –: die »Koexistenz« funktionierte im Zeichen des neuen ökumenischen Toleranzgedankens gut, ja erstklassig. So vorbildlich, wie das Prälat H. H. Stroppel beim vormittäglichen Festpredigtteil gefordert und postiliert hatte. Schon beim großen »Gloria«, das spürte echt jeder im mucksmäuschenstillen riesigen Kirchenschiff und -areal, hatte Karajan gewonnen, hatte der »Ehrengast« die Herzen der Einheimischen ebenso ergriffen wie die der internationalen Konzertfachleute und der Auswärtigen, die mit Bussen und zahllosen Privatmobilen »angechartert« worden waren, »ihn« endlich einmal »live« zu erleben . . .

H. v. Karajan. Dort vorne stand er also, vom hohen Alter noch kaum herniedergedrückt, dafür noch vergeistigter, noch musikdurchdrungener, noch genialer wie man ihn in den letzten Jahren vom Fernsehen und vom Video her in Erinnerung hatte – und hat! Was für ein Mann! Was für ein Künstler! Welch ein Mensch und zugleich fast übermenschlicher Menschheitsbeglücker! Von Jahrhundertrang. Umsäumt von hochwertiger Elektronik und modernster Mikrophontechnik stand er da, hatte die Partitur von Beethovens herrlichem Meisterwerk aufgeschlagen vor sich liegen – Experten aber berichten einstimmig, daß er sie nicht umwendete und benutzte, sondern – praktisch auswendig dirigierte! Der »Chief« der Berliner Philharmonie und anderer hochwertiger Weltorchester (Met, Mailänder Skala u. v. a. m.) hatte für die schönste und anerkannteste Messe der Weltliteratur, Beethovens Missa Solemmnis also, diesmal nicht »seine Berliner« mitgebracht, sondern vielmehr stattdessen ein buntzusammengewürfeltes, aber bestens durchtrainiertes High-quality-Instant-Orchester, das aber den hohen Anforderungen der Tempiwechsel und der Dynammik voll genügte. Schon beim Credo spürte jeder, auch der größte Skeptiker: H. von Karajan und seine Missa Solemmnis von Beethoven hatten schon praktisch gewonnen.

Unheimlich, was der Mann z. B. aus den Streichern und den Bläsern herausholte! Zum Teil echt herauskitzelte! Hatte es schon vor der Messe auf dem Kirchenvorplatz einen ziemlichen Wirbel, ja ein echtes Tohuwabohu gegeben, als Karajans langjährige elegante Ehefrau »Eliette« im goldfarbenen Lancia Extra Turbo Alpha vorgefahren war, um sich an der Hand von Peter Hofmann und seiner neuen hübschen Begleiterin Gabi (der Tenor ist noch immer nicht von seiner schönen US-Frau Deppie geschieden, die er hier ganz in der Nähe vor ca. acht Jahren zum Altare führte) in die zu diesem Zeitpunkt schon gerammelt volle katholische Basilika führen zu lassen: So zeigte nun erst Herb. v. Karajan im Credo, was für ein unnachahmlicher und dabei total verinnerlichter Sound – Frömmigkeit und Hingabe, Demut und echte Leidensbereitschaft – sowohl in Beethoven als auch in seiner Adhock-Orchester-Crew als Teamwork steckt, wenn ihn nur ein genialer Mann, die Primadonna unter den internationalen Schau-Dirigenten, behutsam hervorkitzelt, um ihn – auch noch im 83. Lebensjahr, man muß sich das einmal vorstellen! – zum Leuchten zu bringen. Hier kann man nur zusammenfassend sagen: Weltflair exclusiv – im unverkennbaren bayerisch-barocken Waldsassener Environment!

Ganz andere Töne, leisere Töne schlug dann allerdings das Sanctus an: Hellklingenden Jubel entfaltete und entfesselte Karajan da wie ein echter Barockengel, aber ohne jede Starallüren. Und spätestens beim Benidictus bewahrheitete sich, was aufmerksame Zuschauer allerdings vor dem Benidictus schon ziemlich ahnen konnten: Auch die

4 Solisten, allesamt Tops der Branche und entsprechend hochdotiert, konnten sich sehen und hören lassen; auch wenn natürlich ein Bigboss »Luciano Pavarotti« nicht jeden Tag darunter sein konnte . . . Im Maserati Sportcoupé Dry-Speedy war Karajan vom Airport Nürnberg (Privat-Jet!) von seinem Chef-Sekretär Luggi nach Waldsassen einverbracht worden – jetzt aber wirkte der fast durchsichtig-opak wirkende Seniordirigent gerade hier beim Benidictus wie ein noch unverbrauchter Youngster; als wie einer, der noch sehr wohl seinen Maserati selber fahren könnte, wie einer, der sehr wohl selber zum effektvollen Showdown nach Waldsassen (die Basilika stammt aus dem 12. Jahrhundert, also echte Romantik!) hätte powern können, oh ja, wow! Denn dieser Eindruck einer absolut totalen geistigen Frische und Fitness überwog im Falle Karajan bei allen Festgästen, die da selbst überwiegend im Smoking, in großer Abendrobe oder auch im feschen heimatlichen Dirndllook (Fa. Ebner, Stammsried) erschienen waren, und dies spätestens ab 21 Uhr, als Karajan das Benidictus sieghaft zum Finale hinsteuerte und vorwärtstrieb, wobei sich vor allem praktisch alle Holzbläser durch optimale Perfektion auszeichneten. Sowie natürlich auch das schwere Blech, das ohnehin dann alles in den Schatten stellte. Der Maestro – er schien zufrieden. Schloß – typisch Karajansche Wertarbeit – lächelnd beide Augen. Wie eben nur ein Mann, der es geschafft hat . . .

First-Class-Musik war schließlich auch beim großen Ausklang mit dem berühmten Agnus Dei den Gästen als ein echter Ohrenschmaus noch vorbehalten; füllte – Perfektion als das sprichwörtliche singiläre Stigma H. v. Karajans! – bald das hochgewölbte Kuppelrund der Asam-Brüder. Gerade in der landläufig ausgewiesenen »Konzertdiaspora Oberpfalz« hatte man so etwas, diesen international renommierten Spitzenschliff, in der Weise praktisch vorher überhaupt noch nie gehört. Was wunder, daß die zahlreichen Festgäste, unter ihnen »Regierungschef« Herbert Wurstbauer mit Gattin Marie-Therès, Landrat »Gustl« Schutzbier, 4 MdBs, 7 MdLs aus der gesamten nordbayerischen Region sowie fünf Oberbürgermeister (unter ihnen Waldsassens Sepp Wopperer, der anderentags – the show must go on – auch Karajan die Hand führte, um sich ins Goldene Buch der Stadt zu »imprägnieren«!) samt ihren Stellvertretern, bis zum großen Finish reglos in ihren Bänken und Kirchstühlen verblieben und verharrten, zumal es auch ihnen dabei wohl erstmals im ganzen Leben noch vergönnt war, den großen, ja großartigen Dirigenten, »The Leader«, wie man auch sagt, einmal im Leben so unwahrscheinlich nah, ja praktisch hautnah zu erleben. Diesen (heute kann man das ohne weiteres sagen) internationalen (ohne Lobhudelei!) Megastar unter den Classic-Tops. Eben: Karajan. Grandios, wie er auch weiterhin die Tempi auswählte, einsame Spitze die Präzision seiner haargenauen Einsätze, herrlich die Stimmen mit international attraktivem Stimmtimbre! Logisch, daß, als der »Mästro«, wie er auch hie und da hin und wieder genannt wird, sich nachher auf dem Kirchenvorplatz »zeigte«, um den Menschen zuzuwinken, ein wahres Inferno, ja Bacchanale losbrach, sobald der bejahrte Taktstockexperte dem einfachen Volk freundlich zuwinkte. Das Warten auf ihn – es hatte sich gelohnt! Sogar der anspruchsvolle Bayerische Rundfunk hatte es sich nicht nehmen lassen – er übertrug mit Ü-Wagen live aus Waldsassen!

Kaum verwunderlich, daß schon nach dem Agnus-Dei-Teil, kaum waren zweidrei Sekunden des langsamen Abschwellens und des nachatmenden Begreifens und Atemholens verrauscht, schon in der Kirche ein gedämpfter

Jubel ausbrach, der sich einfach im Zuge dieses Jahrhundertereignisses nicht mehr dämpfen und kaum bremsen ließ. Sogar der große Furtwängler hätte seine Freude an seinem »Nachfolger« gehabt – so die fast einhellige Meinung der anwesenden Kenner aus der heimatlichen und angereisten »Society«.

Ein Klangerlebnis, ein High-Tech-Klangrausch von unglaublicher Einmaligkeit und Singilarität. Einfach super. Herbert von Karajan – mehr als ein »Pultstar«, mehr als ein Taktstock-Medizinmann und Terrier, mehr als ein »Dirigent«. Ein Spitzenmann, ein Tykoon, ein Magier, der weiß, was er kann. Und will. Der lebt und mitfühlt, wenn er am Pult steht und den Arm hebt. Ein erlesenes Solistenquartett vor dem Hintergrund von mehr als 100 Orchestermusikern der Extraklasse. Sie alle Classic-Profis, zusammengekommen, durch sein Medium Beethoven hindurch Karajan die Ehre zu geben. Herby at it's best. HvK weiß, was er kann. Und er weiß, was er auch als Winner noch den Medien schuldig ist. Anything goes, wie es heute heißt. Aber nur mittels der Medien. HvK weiß es wie kein zweiter. Ein Glücksfall für Waldsassen und sein Stiftland.

All das, diese Leistungsspitze und -dichte, dieses Bewußtsein, diese real gewordene surreale Magie eines großen Menschen, sie alle hätten aber noch immer nicht den gigantischen Riesenerfolg »heimgebracht«, den Beethovens Missa Solemmnis in Waldsassen last not least errang. »Et incarnatus est«, heißt es einmal im ausdrucksstarken Credo. Und genau das ist es, that's it. Denn genau erst durch Karajans leibhaftige Fleischwerdung in Waldsassen, durch sein letztlich unglaubliches Erscheinen, durch seine immer noch soignierte und zugleich schon spiritistische Erscheinung nahm auch die Messe selber Gestalt, setzte sie sozusagen Fleisch an. Karajan live. Ein

HiFi-Erlebnis für ganz Waldsassen, für Nordbayern und die Ex-DDR (etliche Privat-KFZs aus Plauen und Gera wurden auf dem Parkplatz gesichtet). Ein – während Karajan leise lächelte – Rundumschlag für die heimische Kultur, praktisch mit einem Wort: Ein typischer und noch immer gültiger Karajan-Countdown at it's very best. Solche Konzerte – mit oder ohne Karajan! – würde man gerne öfter erleben. Sowas hält sich im Gedächtnis!

WEBERN CONTRA LEHÁR

Aus Bad Ischl berichtet unser Sonderkorrespondent

Bad Ischl, im Juli 1991. Während in den fernen Karawanken in verheerender Weise die Völker mit Waffen aufeinanderdreschen; während im nicht ganz so fernen Klagenfurt zum todlangweiligsten Male abermals das eher harmvoll harmlose Phantomgefecht Dichtung-Kritik-Medialverwurstung mit verteilten Rollen vorgeführt wird; derweil ist auch im nördlicheren und beschaulichen Bad Ischl die Hölle los. Mindestens 27 weitgehend aus Wien per Bus angereiste Kulturträger gedenken im einstigen Kurtheater und heutigen Lehár-Kino in Wort und Musik Anton Weberns und seines kurzzeitigen Wirkens an der Operettenbühne der kaiserlichen Nebenresidenz Ischl im Sommer 1908.

Es war ein seltsames, ein absurdes, ein leidensreiches Wirken. Praktisch unterm Stiefelabsatz Franz Lehárs.

Nachdem er Webern zuvor schon die ganze Woche über in Wien mit Lied- und Instrumentalmusik, in Rezitation und Film und erfreulicherweise ohne jeden Jubiläumsanlaß aufgewartet hatte, war der Wiener »Sparverein Die Unzertrennlichen«, hinter dem sich eine veritable und couragierte Theatergruppe unter ihrem Leiter und Faktotum Kurt Palm birgt, aufgebrochen, dem immer noch zwittrig behandelten österreichischen Komponisten in Bad Ischl (und tags darauf abschließend im Peter-Rosegger-Ort Vordernberg) die Hommage zu machen. Zuerst einmal mit einer kollektiven Wanderung auf den 1838 Meter hohen Loser, den der spätere Ischler Hilfsdirigent Webern 1905 in einer Tageswanderung von der Traunstadt aus bezwungen hatte. Sinnig läßt sich, während der Bus durch die schwindelkitzelnden Serpentinen zur Hüttenstation sich hinaufwindet, über den Buslautsprecher Fritz Wunderlichs ewigschöne Stimme mit Lehár-Evergreens vernehmen. Korrekt. Denn den Webern hat Wunderlich nie gesungen.

So wie umgekehrt die Operette, präsentiert vor allem in der Gestalt des kommenden Welterfolglers und in der baldigen Folge Ischler Villenbesitzers Lehár; Weberns lebensvergällend rabenschwarze Gegenwelt vorstellte: »Aus der Welt mit solchem Treck!«

Obwohl der Schüler Schönbergs gewisse Ausnahmen im leichten Fach zuließ. Zum Beispiel »Zar und Zimmermann«. Drunter freilich machte er's nicht. Mußte aber.

Dem Reinen großer Musik korrespondierte bei Webern ideell das Erhabene von Natur. Seine Berg- und überhaupt Naturverehrung schreckte vor der Berührung mit dem Kitsch da partout nicht zurück; wie ein von Kurt Palm und seinen Leuten jetzt wiederaufgeführtes Theaterstück »Tot« von 1913 beleuchtet: »Die Abendglocke – das Wasser der Quelle – so rein, so gut.«

Er war ein Naturseliger. Das Wasser des unterm Gipfel gelagerten Losersees ist rein, die Luft so duftig gut. Das Edelweiß, das Anton Webern, laut Palm, tatsächlich wie im Ganghofer-Roman über alles ging, fehlt in dieser Höhe. Aber immerhin hat es hier winzig kleine Enzian.

Am Abend im Kurtheater kommt es zu einem Kontrastprogramm Webern–Lehár und Konsorten – nicht allerdings zu deren Verheiratung. Während der heimische Haudegen und Bilderbuchtenor Karl Lobensommer mit div. Schmankerln aus der Welt der Operette charmiert, trägt mehrfach alternierend Margerete Jungen die Webernschen George-Sopranlieder vor, spielt Käte Wittlich auf dem Klavier die Variationen Opus 27 sowie Frühes etwa aus der Ischler Zeit. Der Wiener Burgschauspieler Hermann Schmid liest aus Webern-Briefen: die Leidensgeschichte eines viele Jahre über unterqualifiziert als Kapellmeister wie in einem langgestreckten Irrtum Herumgescheuchten, der dann im September 1945 im nahen Mittersil erschossen wurde, konsequenterweise tatsächlich murdered by mistake. Der Irrweg von Ischl über Innsbruck und Stettin und Danzig – das Lamento hört sich an wie vorweggenommene Thomas Bernhardsche Tiraden. Der zähe Theaterbetrieb ist es, der dem späteren pointilistischen Extremisten der Wiener Schule so zusetzt; das Metier, die Operette selber, aber auch. Ihr, der geringen Form gegenüber, kannte Webern keine Gnade, zeigte er sich allerdings auch ziemlich ahnungslos. Etwa bei seiner Verdammung der Johann-Strauß-Operette »Indigo«. Sujet und Libretto, Schmids Lesung wies es auf, sind zwar vollkommen katastrophal und korrupt, aber: als solche (»Ja, so ein Flirt ist Goldes wert«) ganz hervorragend. Für die sozusagen subversive Kraft des Schmähs und Kitschdrecks des Genres, überhaupt für Schmiere fehlte Webern, wie letzten Endes Karl Kraus, offenbar essentiell jedes Sensorium. Palms unermüdliche Unzertrennliche, schon 1989 in Wien hervorgetreten durch einen eigensinnigen Kafka-Ehrungs-Marathon, aber taten das einzig richtige: Sie ließen alle Widersprüche branden und selber reden. Mindestens 27 Mann stark in der Löwenhöhle, im somit völlig adäquat frequentierten weiland Kurtheater. Mit der vermutlich einzigen Art von Festspielen also, die heute im Jahr 1991 noch zu verantworten ist. Nach der altbewährten Anarchistenregel aller guten Subkultur: Du hast eh keine Chance, also nutze sie weidlich.

»Pan! Pan!« habe, so berichtet der Sängerfreund Josef Hueber, der noch junge Kompositeur Webern einst bei einer Wanderung emphatisch ausgerufen und sich noch emphatischer auf die Erde geschmissen: Er war wirklich ein schon fast mehr als Luis-Trenker-hafter Naturbursche und überzeugter Bergkraxler und hat kraft solcher weit über Mahler hinausgehender ungescheuter und ungebrochener Naivität und Naturmystifikation nicht zuletzt einen unverbrüchlichen Schwerreflektor wie Theodor W. Adorno eben dadurch erheblich verstört; Adorno, den frühen und eher unerwünschten spekulativen Begleiter der Wiener Schule, der solche ihn beklemmende Einfalt nicht wahrhaben wollte und konnte und durfte. Bad Ischl dagegen läßt sich nicht verstören. »Bruckner, Brahms, Kálmán und Oscar Straus komponierten hier, daß es eine helle Freude war«, so teilt das Fremdenverkehrsamt ohne falsche Scham noch Spitzfindigkeit uns mit. Webern fehlt. Mit gutem Grund. Und er soll, nun das Wiener Einbruchsintermezzo wieder vorbei, dann auch fürder fehlen.

LETZTMALS: H. WEHNER

»Auch der Zorn über das Unrecht
macht die Stimme heiser.«
(B. Brecht)

Zwar, die Meinungen über ihn sind auch interredaktionell gespalten; die Meinungen, was die Lebensbilanz angeht. Aber vielleicht darf man ihn heute, ein paar Wochen nach seinem Tod, unter komik-kritischen Gesichtspunkten so zusammenfassen:

Ein witziger, ein schöpferisch komischer Mann war jedenfalls der Sozialdemokrat Wehner nicht oder so selten, daß eher der Zufall Regie geführt haben muß. »Sarkasmus, Ironie« sagt ihm nur R. Augstein nach, aber nur, weil er's durstigdumm besser nicht weiß; nicht mehr weiß, was sowohl Wehner als auch die Begriffe anlangt. Nein, Ironie, Selbstironie, Humor eigneten jenem, wenn überhaupt, nur so bedingt, wie seine »Unerbittlichkeit« (Weizsäcker, der ja schon zu F. J. Straußens Tod keine schmachvolle Phrase ausließ) zuweilen Komik erzeugte, die eigentlich über seinen eigenen sehr platten Horizont ging. Äußerst eingeschränkt operierte Wehner, obwohl man ihn gerade da zermürbend unsinnig bejubelte, als witziger Wortspieler – als Attackierer und Attackenparierer hatte seine Rede manchmal etwas Zurückgebliebenes oder leicht abwegig Irrationales, etwas entfernt auch Surrealistisches, gleichfalls meist unfreiwillig Gutes.

Groß war H. Wehner unterm Endstrich als Raunzer, größer als clownesker Mimiker vulgo Mund- und Gesichtsverzieher, hier vor allem als zutiefst Beleidigter – riesig war er als Beller. Nein, in der Kunst des pausengestützten ansatzlos ab nihilo hervorschnellenden Bell-

Stakkatos wird dem Toten die nächsten fünfzig Jahre wohl keiner das Wasser reichen. Und in diesem Bilanzbetracht dürfte man dann als seine lebenslang beste (und tonbandlich dokumentierte) Leistung jenes gegen einen CDU-Mandatsträger herausgeschleuderte »Sie Tüffeltoffel, Sie!« zu würdigen haben, mit dem der »Onkel« (was ein besonders zäh-langlebiger Mythenschwachsinn) den zweiten Teil der sozialliberalen Koalition eines unerwarteten Tages wenigstens eine Idee erträglicher machte.

GLÜCKWUNSCH!

Am 30. 4. d. J. feiert die Wahlrömerin Luise Rinser ihr 80. Wiegenfest. Aus diesem Anlaß hat sie ein Buch, »Abaelards Liebe« (Roman, 224 S.), geschrieben, und der S. Fischer Verlag hat es mir wirklich zukommen lassen. Und jetzt das Schönste: Ich habe das Buch tatsächlich auch noch gelesen.

LIEBLINGSWITZE

Zwei Witze, die mir zuletzt zu Ohren kamen – der erste soll sich sogar in der Wirklichkeit zugetragen haben und klingt auch danach: Ein Mann telefoniert mit seinem schwerhörigen Vater: ». . . und zu Ostern fahren wir nach Rom!« – »Wohin?« – »Nach Rom!« – »Wo fahrt ihr hin?« – »Nach Rom!« – »Wie heißt die Stadt?« – »Ro-ben!!«

Der andere ist m. W. der erste Witz über einen ziemlich neuen und lang schon witzeverdächtigen Beruf – und sehr sauber konstruiert. Zwei Sozialpädagogen treffen sich: »Du, weißt du, wo's zum Bahnhof geht?« – »Nee, du, tut mir leid, weiß ich nicht. Aber ich find's gut, du, daß wir mal drüber geredet haben!«

Und beide Male geht mein Dank an Michael (»Michel«) Gölling, Nürnberg, über dessen eher unkomisch gemeinte mündliche Schnurren aus dem Nürnberg/Hersbrucker Rentner- und Grattler- und 11-Uhr-Club-Ambiente ich freilich oft noch mehr lachen muß.

WONNIGES

Nicht eben viel zu lachen gibt es in dem von Waltraud Wende-Hohenberger und Karl Riha (wer erschlägt da wen mit Kürze oder Länge?) herausgegebenen Insel-TB »Faust-Parodien«; aber schöner als bei Adolf Glaßbrenner (1844) hab ich einen scheint's ausgelatschten Reim noch nie mit adäquat vergrößertem und veredeltem Inhalt gefüllt vorgefunden: »Es blitzt die Frühlingssonne / Das Schwein grunzt auf vor Wonne.«

Ach, wer da mitgrunzen könnte.

NACHWEISE

Hoch lebe Hüsch. In: Titanic 5/91 (Hans Mentz).

Neuer Pressetypus. In: Titanic 4/87 (Mentz).

Die Wolken ziehn dahin, sie ziehn auch wieder her. In: FAZ-Magazin 19. 4. 84.

Kroetz! In: Titanic 12/88.

Kampf der Pfeifen. In: Titanic 5/88 (Mentz).

Und schreibt und schreibt und ... In: pardon 10/72; erschienen als ziemlich (und schlecht) gekürzte Version einer ungleich längeren Manuskriptfassung. Diese ist verschollen, von ihr existierte aber noch eine Rohfassung, aus deren Beständen die Druckfassung streckenweise zur jetzigen Buchfassung ergänzt und wiederaufgefüllt wurde.

TV-Pfarrer. In: Titanic 3/81 (Mentz).

Humorkneipe I. In: Titanic 11/79 (Mentz).

Der Schreckliche gegen den Sanften. In: Deutsche Zeitung 7. 7. 1978.

Sir Hansdampf. In: Titanic 7/81.

Liebes Knabberchen. In: Frankfurter Rundschau 4. 9. 71.

Romeo und Julia '71. In: Frankfurter Rundschau 27. 11. 71.

Ex-Faschingsprinzen. In: Titanic 1/80 (Mentz).

De mortuis nihil nisi quack. In: Titanic 6/80.

Mädels etc. In: Vorwärts 27. 9. 79.

Humorkneipe II. In: Titanic 5/80 (Mentz).

Disco-Deutsch. In: Deutsche Zeitung 16. 2. 79.

Dostojewski-Verfilmung. In: Titanic 8/81 (Mentz).

Autokonfessionelles. In: Titanic 3/88 (Mentz).

Bin ich ein Gi-Ga-Gantenbein? Oder ein Wuschel nur? In: Frankfurter Rundschau 3. 3. 73. Diese Druck- wurde für die Buchfassung ergänzt durch Teile aus einer erweiterten, sonst weithin identischen Textversion für den BR (1978).

Mensch, Klima, Hinz und Kunz. In: Frankfurter Rundschau 10. 10. 73.

Dostojewski-Feste. In: Titanic 10/81 (Mentz).

Karlstadt contra Valentin. In: Titanic 2/81 (Mentz).

Ententraum-Nachfolge. In: Titanic 5/88 (Mentz).

Starkbierhumor. In: Titanic 5/85 (Mentz).

Übernatürliches aus der Oberpfalz. In: pardon 9/71.

Gewaltig ist ihre Eitelkeit. In: Vorwärts 21. 6. 79.
Eine Liaison Jean Pauls mit Richard Wagner. In: Frankfurter Rundschau 1. 8. 80.
Liebling der Götter? In: Deutsche Zeitung 17. 11. 78.
Der Commendatore als Küchenfee. In: Deutsche Zeitung 16. 6. 78.
Ein dritter »Fall Svevo« soll nicht sein. In: Frankfurter Rundschau 4. 8. 79.
Italienisch. In: Titanic 11/79 (Mentz).
Der Antichrist als Welterlöser. In: pardon 1/71.
Berufsberatung mit Thomas Bernhard. Vermutlich HR 1974.
Peinlich, peinlich. In: Titanic 4/86 (Mentz).
Tucholsky-Todestag. In: Titanic 1/86 (Mentz).
Die Damenwacht am Rhein. In: Deutsche Zeitung 16. 9. 77, dort unter dem Titel »Die Sehnsucht des Croupiers Johann Glücklich«.
Nachholarbeit in Ungarn. In: Deutsche Zeitung 5. 7. 77.
Unselds Vermählung. In: Titanic 10/86 (Mentz).
Poesie und freier Oberkörper. Vermutlich Westdeutscher Rundfunk 1984.
Mischkulturen. In: Titanic 10/87 (Mentz).
Après Schumann le déluge. In: Nullnummer von Jetzt, Juni 1986.
Der Knabe Robert weinte nicht vergeblich. In: Deutsche Zeitung 80.
Nun übernehmen, Herr Heinrich Jaenecke. In: Titanic 1/89 (Mentz).
Querdenkerin L. In: Titanic 5/89 (Mentz).
Komiker und Preise. In: Titanic 8/87 (Mentz).
Eiskalt auf den Busch geklopft. In: Rheinischer Merkur 9. 4. 82.
Christlicher Humor. In: Titanic 1/87 (Mentz).
Der Erdbeerschorsch. In: Titanic 11/88 (Mentz).
Humor-Kiosk. In: Titanic 3/83 (Mentz).
Hund, Luzern und ich. In: Luzerner Neuste Nachrichten 4. 4. 85.
Bonn – wie ich's gern hätte. In: Vorwärts-Spezial 12/85.
Mein liebes Bamberg. Titelloses Vorwort zu: Bernhard Kümmelmanns Bamberg-Fotobuch, Bamberg 1990.
Wein und Bier. In: Titanic 12/89 (Mentz).
Die Dichter und ihre Tore. In: Süddeutsche Zeitung Magazin 5. 10. 90. Der Nachspann bezieht sich auf einen partiell deckungsgleichen Text in der FAZ-Sonntagszeitung vom 8. 7. 90 (Tag des Endspiels der Fußball WM 1990).
Zur Sparkassenkritik. In: Titanic 3/87 (Mentz).
Kraftbolzen. In: Titanic 4/90 (Mentz).

Sedlmayr tot. In: konkret 9/90.
Wissenschaft und Komik. In: Titanic 9/88 (Mentz).
Herr Zeitgeist persönlich. Gekürzt in: pardon 7/75 und, mit dieser Version identisch, im Sammelband »Die Neue Frankfurter Schule« von 1987.
Spießers Himmel. In: Titanic 8/83 (Mentz).
Neue Zürcher. In: Titanic 3/83 (Mentz).
Objektlose Aggression. Unveröffentlicht.
Die Deuter Mozarts. In: Merian/Vita 9/90 und WoZ 11. 1. 91.
Vom Rhein zum Murmeltier. In: Tagesanzeiger-Magazin Zürich 14. 9. 90, dort unter der Überschrift »Das Murmeltier und der Kondukteur«; sowie, leicht erweitert, in: Der Rabe 32.
Eick, Golf, Wahn. In: Titanic 4/89 (Mentz).
FAZ-Magazin-Fragebogen. Geschrieben fürs FAZ-Magazin, abgedruckt in Titanic 12/90.
FAZ, DDR, Geistlichkeit. In: Titanic 11/90 (Mentz).
Der Wolf fordert den Eber. In: Rheinischer Merkur 30. 10. 87.
Wolf gegen Wolf. Aus einer Umfrage der »Zeit«-Redaktion unter deutschen Schriftstellern am 5. 10. 90 (Wiedervereinigungs-Nummer).
Lieber Willy Brandt! In: Titanic 2/90.
Carlo Schmid sel.! In: Titanic 2/90.
Dramatisches Ringen. In: taz 21. 12. 87.
Barschels Humoristik. In: Titanic 2/88 (Mentz).
In brandeigener Sache. In: Der Rabe 4 (1984).
Tegtmeier und andere. In: Titanic 3/87 (Mentz).
Betrifft: Heino Jaeger. In: Titanic 4/90 (Mentz).
SPD-Humorkultur. In: Titanic 6/91 (Mentz).
Münz' Nachfahren. In: Titanic 6/91 (Mentz).
Der Liebloseste von allen. In: Titanic 4/87 (Mentz).
Baden in Belcanto, Rudern in Risorgimento. In: Deutsche Zeitung 28. 4. 78, dort unter der Überschrift »Lust und Leid der Galeerenjahre«.
Dreimal blöde. In: Titanic 2/90 (Mentz).
Zur Druckfehlerfrage. In: Titanic 11/87 (Mentz).
Wortspielhölle. In: Titanic 8/89 (Mentz).
Tripelsinn. In: Titanic 3/90 (Mentz).
Biderber Altenberg. In: Titanic 11/87 (Mentz).
Nochmals: Wortspiele u. ä. In: Titanic 5/91 (Mentz).
In memoriam Sedlmayr. In: Titanic 10/90 (Mentz).
Sehr geehrter Herr Michael Gielen. Geschrieben ursprünglich für eine

Frankfurter Anthologie des Neue-Kritik-Verlags; sinnverrückend verkürzt und fehlerhaft abgedruckt im Pflasterstrand 9/86; korrekt erstgedruckt in: Der Rabe 17 (1987).

Frankfurts magisches Dreieck. In: Die Neue Frankfurter Schule (1987).

Halbabstinenz. In: Feuer, Das Buch für Raucher, Hamburg 1990.

An Günter Grass! In: Titanic 7/91 (Mentz).

Lotti Huber. In: Titanic 7/91 (Mentz).

Die Versuchung als Versuchung. Geschrieben für: NZZ-Folio (Neue Zürcher Zeitung) – nicht veröffentlicht.

Unfähigkeit. In: Süddeutsche Zeitung Magazin 25. 1. 91.

Projektwelt. In: Frankfurter Allgemeine 23. 3. 91, dort unter dem Titel »Projektquatsch«.

Karajan at his best! Geschrieben für die 1991 erschienene Karajan-Anthologie »il maestro« von Stefan Siegert.

Webern contra Lehár. In: Frankfurter Allgemeine 13. 7. 91.

Letztmals: H. Wehner. In: Titanic 3/90 (Mentz).

Glückwunsch! In: Titanic 5/91 (Mentz).

Lieblingswitze. In: Titanic 3/88 (Mentz).

Wonniges. In: Titanic 3/90 (Mentz).

Inhalt

Hoch lebe Hüsch 8
Neuer Pressetypus 8
Die Wolken ziehn dahin, sie ziehn auch wieder her 9
Kroetz! 22
Kampf der Pfeifen 23
Und schreibt und schreibt und 25
TV-Pfarrer 34
Humorkneipe I 36
Der Schreckliche gegen den Sanften 37
Sir Hansdampf 45
Liebes Knabberchen 49
Romeo und Julia '71 51
Ex-Faschingsprinzen 54
De mortuis nihil nisi quack 55
Mädels etc. 59
Humorkneipe II 61
Disco-Deutsch 62
Dostojewski-Verfilmung 66
Autokonfessionelles 67
Bin ich ein Gi-Ga-Gantenbein?
Oder ein Wuschel nur? 68
Mensch, Klima, Hinz und Kunz 81
Dostojewski-Feste 85
Karlstadt contra Valentin 87
Ententraum-Nachfolge 88
Starkbierhumor 89
Übernatürliches aus der Oberpfalz 91
Gewaltig ist ihre Eitelkeit 97
Eine Liaison Jean Pauls mit Richard Wagner 100
Liebling der Götter? 103
Der Commendatore als Küchenfee 111

Ein dritter »Fall Svevo« soll nicht sein 117
Italienisch 122
Der Antichrist als Welterlöser 123
Berufsberatung mit Thomas Bernhard 136
Peinlich, peinlich 144
Tucholsky-Todestag 145
Die Damenwacht am Rhein 146
Nachholarbeit in Ungarn 153
Unselds Vermählung 157
Poesie und freier Oberkörper 159
Mischkulturen 162
Après Schumann le déluge 165
Der Knabe Robert weinte nicht vergeblich 170
Nun übernehmen, Herr Heinrich Jaenecke 178
Querdenkerin L. 178
Komiker und Preise 179
Eiskalt auf den Busch geklopft 181
Christlicher Humor 191
Der Erdbeerschorsch 192
Humor-Kiosk 192
Hund, Luzern und ich 193
Bonn – wie ich's gern hätte 196
Mein liebes Bamberg 203
Wein und Bier 210
Die Dichter und ihre Tore 211
Zur Sparkassenkritik 226
Kraftbolzen 227
Sedlmayr tot 228
Wissenschaft und Komik 233
Herr Zeitgeist persönlich 235
Spießers Himmel 245
Neue Zürcher 245
Objektlose Aggression 247
Die Deuter Mozarts 249

Vom Rhein zum Murmeltier 252
Eick, Golf, Wahn 266
FAZ-Magazin-Fragebogen 267
FAZ, DDR, Geistlichkeit 271
Der Wolf fordert den Eber 272
Wolf gegen Wolf 278
Lieber Willy Brandt! 278
Carlo Schmid sel.! 279
Dramatisches Ringen 280
Barschels Humoristik 283
In brandeigener Sache 284
Tegtmeier und andere 299
Betrifft: Heino Jaeger 301
SPD-Humorkultur 302
Münz' Nachfahren 304
Der Liebloseste von allen 307
Baden in Belcanto, Rudern in Risorgimento 308
Dreimal blöde 318
Zur Druckfehlerfrage 320
Wortspielhölle 320
Tripelsinn 321
Biderber Altenberg 322
Nochmals: Wortspiele u. ä. 322
In memoriam Sedlmayr 326
Sehr geehrter Herr Michael Gielen 327
Frankfurts magisches Dreieck 345
Halbabstinenz 351
An Günter Grass! 355
Lotti Huber 356
Die Versuchung als Versuchung 357
Unfähigkeit 367
Projektwelt 370
Karajan at his best! 375
Webern contra Lehár 383

Letztmals: H. Wehner 387
Glückwunsch! 389
Lieblingswitze 389
Wonniges 390
Nachweise 391